《史记》
指称事件时间连接成分的语篇功能研究

吴术燕 著

中国社会科学出版社

图书在版编目(CIP)数据

《史记》指称事件时间连接成分的语篇功能研究/吴术燕著.—北京：中国社会科学出版社，2021.3
ISBN 978-7-5203-8020-1

Ⅰ.①史… Ⅱ.①吴… Ⅲ.①《史记》—指称语义—研究 Ⅳ.①K204.2

中国版本图书馆 CIP 数据核字（2021）第 047330 号

出版人	赵剑英	
责任编辑	任　明	
责任校对	季　静	
责任印制	郝美娜	

出　版	中国社会科学出版社	
社　址	北京鼓楼西大街甲 158 号	
邮　编	100720	
网　址	http://www.csspw.cn	
发行部	010-84083685	
门市部	010-84029450	
经　销	新华书店及其他书店	

印刷装订	北京君升印刷有限公司	
版　次	2021 年 3 月第 1 版	
印　次	2021 年 3 月第 1 次印刷	

开　本	710×1000　1/16	
印　张	19.5	
插　页	2	
字　数	310 千字	
定　价	110.00 元	

凡购买中国社会科学出版社图书，如有质量问题请与本社营销中心联系调换
电话：010-84083683
版权所有　侵权必究

序

众所周知，学术研究是一项艰苦而枯燥的工作，需要耐得住寂寞，更要有持之以恒的毅力，才能最终取得成就。但是，这并不是说，一个天资愚钝的人，只要能够不怕艰苦与枯燥，耐得住寂寞，有持之以恒的毅力，也能做出学问。事实上，并非如此。真正能够在学术上取得成就者，大抵都是天资禀赋为中上等者。我个人认为，真正能够在学术上取得成就的学者，一定要具备三项基本条件：一是有较好的悟性；二是敏而好学，有广阔的学术视野；三是重视研究方法。之所以强调悟性，是因为没有悟性，就不能发现问题。而不能发现问题，自然也就没机会分析问题与解决问题。如此，岂能取得什么学术成就？事实上，现实生活中有很多从事学术研究的同人都在此方面有所欠缺。虽然有些人一辈子非常勤奋，写了不少学术论文甚至学术著作，但却毫无影响，在学术史上没有留下任何痕迹。究其原因，他们没有学术的敏锐性，也就是说在悟性方面差了点，以致不能发现有价值的学术问题，所选研究课题都是盲目跟风的。这样，自然不会在学术研究上有所突破，取得一定的成就。还有一些人，虽然不愿意盲目跟风，做别人已经做过的同类研究课题，但又没有悟性发现独到而有价值的选题，结果就陷入无所事事的境地。这样，自然也不会取得成就。之所以强调敏而好学，有广阔的学术视野，是因为任何学科都不是孤立的存在，而是跟其他学科有着千丝万缕的联系。因此，从事任何学科、任何专业的学术研究，都必须要了解相邻、相关学科的情况，不断学习新知识，充分吸收相邻、相关学科的理论营养，借鉴所有其他学科先进科学的研究方法。只有这样，才能始终站在学术研究的最前沿，在广阔的学术视野下对所研究的问题予以观照，从而取得突破性的学术进展。但是，现实的情况并非如此。就我们语言学科来说，很多学者囿于自己的学术视野，长期局限于细化的专业领域，不肯放眼看世界，不肯推开窗户看隔邻，于是视野越来越窄化，看问题的角度受到极大的局限，对很多语言现象都只能停留在描写的层面，根本不能从理论上予以阐释。正因为如此，他们的研究成果只能讲"当然"，而不能讲"所以然"，其研究的价值就大打了折扣，无法推动学术研究质的飞跃。

之所以强调要重视研究方法，是因为科学先进的方法对于解决问题往往具有决定性的作用。中国古人有句话，叫作："工欲善其事，必先利其器。"如果要打比方，好的、科学的、先进的方法就像是一个得心应手的工具，有了它往往工作起来便能取得事半功倍的效果。但是，在现实中，很多学者在学术研究中都对此没有太深刻的认识，以致一直停留在旧有的思维层面，因循老方法，研究很少有什么起色。

吴术燕教授这部名曰《〈史记〉指称事件时间连接成分的语篇功能研究》的学术专著，是在其博士学位论文的基础上经过修改、充实而成书的。现在这篇当年深受答辩专家一致好评的博士学位论文，就要作为一部专深的学术著作出版面世而与学术界同人见面了。我作为第一个读者，感到非常振奋。之所以感到振奋，是因为从这部学术专著中，我看到了我对从事学术研究的学人的三个期待（上文所说的："悟性""视野""方法"），都得到了很好的贯彻。

先说悟性。吴术燕是我的博士生，在复旦跟我学习了四年（复旦博士生历史上唯一实行过一届四年制，就是吴术燕这届）。根据我对她的了解，她虽表面寡言木讷，却是一个极其聪明的人，很有悟性。这一点，在她第一次跟我讨论博士学位论文选题时，我就有了深刻的印象。我们都知道，《史记》既是有名的史书，又是有名的史传文学作品，被鲁迅先生誉为"史家之绝唱，无韵之《离骚》"，因此一直是史学界与文学界研究的热点。语言学界包括修辞学界，很少有以《史记》为研究对象的，当然更无人以此作为博士学位论文的选题。最初我听吴术燕说要以《史记》为研究对象，心中不免一惊，尽管我之前在写《中国修辞史》下卷的《篇章结构修辞史》时对《史记》的篇章结构修辞问题有过研究，但还是对她以《史记》为研究对象来谈修辞问题不抱信心。还没等我提出质疑，吴术燕已然看出了我的担心，立即将事先准备好的具体选题及其初步设想的书面稿呈上。我一看是以《史记》的指称事件时间连接成分为抓手来研究其语篇功能，立即心中释然，认为这个选题角度非常好，研究范围恰当，论题集中，有研究的可行性。于是，就对她的想法予以了肯定，并由此将其博士学位论文的题目确定下来。我个人一直认为，看一个学者在学术研究的道路上是否有发展潜力，从其研究的选题上就能基本了解；而看一个博士生的博士学位论文是否写得下去并最终取得成功，同样是从选题上就能见出。因为选题最能看出研究者的悟性，如果研究者没有悟性，就不可能独具慧眼地发现问题，找到有价值的选题。吴术燕的博士论文完成后，得到了明审与盲审专家的一致好评，当然更得到了答辩专家的一致好评。其中最重要的一个方面，就是大家一致认为论文选题角度新颖，具有很高的学术价值。

次说视野。吴术燕是一个学习兴趣广泛的人，并不像一般中文系出身的学生那样，要么学术视野局限于文学的某个方面，要么局限于语言学的某个方面。关于这一点，我们只要看一看她博士学位论文的参考文献所列参考书目，就会有直观的认识。如果我们再仔细阅读全文，那么对其文理融合、中西贯通的知识结构与广阔的学术视野就有更深入的了解。全书对《史记》指称事件时间连接成分的语篇功能的研究，不仅运用到了中外修辞学理论，运用了数理分析的方法，而且尝试着以 Halliday 和 Hasan 的语篇衔接理论和语类结构潜势理论为基础，结合 Gilles Fauconnier 的心理空间及概念整合理论、Dan Sperber 和 Deirdre Wilson 的关联理论，从接受者的角度论证了接受者的语义识解和语篇识解过程，从而明确指出：《史记》的语篇从整体上来说是一个系统，指称事件时间连接成分是其中的一个子系统，也是研究《史记》语篇的一个观测点。而围绕这个观测点，则可以对《史记》的语篇进行一维观测、二维观测、三维观测。认为叙述者、时间、人物、事件，均为语义及语篇结构要素。这些要素以观测点为主要线索，可以取得语篇的衔接性和连贯性，也能据此激发接受者对语篇的认知。很明显，这样的研究结论是具有鲜明的创新性。在当下中国修辞学界，研究语篇的论著并不少，但像吴术燕这样建立在文理融合、中西贯通这样广阔学术视野基础上的研究却并不多。正因为如此，当年参加吴术燕博士学位论文答辩的专家都对此给予了高度评价。本次论文修改成书，吴术燕根据专家提出的意见对原稿内容作了较大幅度的修改，在质量上更上了一层楼。

再说方法。吴术燕的博士论文跟中文学科的其他博士学位论文相比，有不少非常鲜明的特色。其中，重视研究方法，在研究方法上突破中文学科研究的范式，自出机杼，就是一个重要的方面。论文对《史记》指称事件时间连接成分的语篇功能的研究，没有因循传统修辞学的举例说明法与归纳法，而是创造性地运用了定量统计与数理分析相结合的方法，给人以耳目一新的感觉。特别是数理分析方法的运用，尤其值得称道。如论文第三章在讨论《史记》指称事件时间连接成分的语篇模式建构功能时，吴术燕就是运用了数理分析的方法，对《史记》中的指称事件时间连接成分在语篇模式建构方面的引导功能进行了详细的论证。这其中包括四个方面：一是运用傅里叶变换解析了《史记》中的个体篇章结构，明确指出这些指称事件时间连接成分是各个事件分量的系数；二是对指称事件时间连接成分所引导的事件的三种关系做了数学分析；三是从量子力学原理的角度，对指称事件时间连接成分的语篇衔接功能进行了空间和时间平移不变的分析；四是讨论了指称事件时间连接成分对语篇结构整体上的作用（包括弱化时间概念、凸显人物和事件、增强语篇结构的紧凑感、增强了语篇内容的连贯性）。这种新颖而具创造性的论述，在中文学科的一般博士学位论文中是难得一见的，完全是因为运用了数理分析的新方法的结果。这一点，在博士论文答辩时，也是全体答辩专家都非常赞赏与肯定的。本次修改成书，吴术燕又根据专家的意见对原来的内容有所充实与优化，相比博士论文答辩时的原稿在质量上又进了一大步。

孟子有曰："君子有三乐，而王天下不与存焉。父母俱存，兄弟无故，一乐也；仰不愧于天，俯不怍于人，二乐也；得天下英才而教育之，三乐也。"孟子所说的"三乐"，前二乐是所有人都希望有的，第三乐则是做教师的专利。身为一个教师，我跟天下所有"好为人师"的同人一样，都希望能得天下英才而纳之于门下而教育之。吴术燕教授投于敝门之下，通过自己的努力，能够在学术上取得今天的成就，我是发自内心深处感到高兴与自豪。她的博士学位论文《〈史记〉指称事件时间连接成分的语篇功能研究》通过多年不断打磨，而今终于作为一部专深的修辞学著作即将出版面世，嘉惠士林，实在是可喜可贺！

学术研究没有止境。希望吴术燕教授以此著作出版为重新出发的起点，再接再厉，不断拓展学术视野，勤于思考，在学术研究的道路上越走越远，不断有所突破，取得新成就。

吴礼权

2020 年 8 月 26 日草于复旦大学

【注：吴礼权，复旦大学文学博士，复旦大学中国语言文学研究所教授、博士生导师，日本京都外国语大学客员教授，中国台湾东吴大学客座教授，湖北省政府特聘"楚天学者"讲座教授，中国修辞学会会长，历史小说作家。】

目　　录

第一章　绪论 ……………………………………………………（1）
　第一节　《史记》的叙述与语言传承 ……………………………（1）
　第二节　研究对象及相关文献综述 ………………………………（2）
　　一　研究对象 ……………………………………………………（2）
　　二　《史记》研究概述 …………………………………………（6）
　　三　时间范畴研究概述 …………………………………………（8）
　　四　语篇衔接及回指研究概述 …………………………………（10）
　　五　指示代词研究概述 …………………………………………（13）
　第三节　研究目标、研究内容及创新点 …………………………（15）
　　一　研究目标 ……………………………………………………（15）
　　二　研究内容 ……………………………………………………（15）
　　三　创新点 ………………………………………………………（16）
　第四节　研究方法、语料来源及体例说明 ………………………（16）
　　一　研究方法 ……………………………………………………（16）
　　二　语料来源 ……………………………………………………（17）

第二章　《史记》指称事件时间连接成分的语篇衔接功能 …（18）
　第一节　"是时""当是时""当是之时"等的语篇
　　　　　衔接功能 …………………………………………………（20）
　　一　"是时"的语篇衔接功能 …………………………………（20）
　　二　"当是时"的语篇衔接功能 ………………………………（27）
　　三　"当是之时"的语篇衔接功能 ……………………………（30）

四　"方是时""方是之时"的语篇衔接功能 …………………… (31)
　第二节　"此时""当此时""当此之时"的语篇衔接功能 ……… (32)
　　一　"此时"的语篇衔接功能 ……………………………………… (32)
　　二　"当此时"的语篇衔接功能 …………………………………… (34)
　　三　"当此之时"的语篇衔接功能 ………………………………… (36)
　第三节　"是日""是岁""是年"的语篇衔接功能 ……………… (37)
　　一　"是日"的语篇衔接功能 ……………………………………… (37)
　　二　"是岁"的语篇衔接功能 ……………………………………… (38)
　　三　"是年"的语篇衔接功能 ……………………………………… (41)
　第四节　"是后""自是后""自是之后""其后"的语篇
　　　　　衔接功能 …………………………………………………… (42)
　　一　"是后"的语篇衔接功能 ……………………………………… (42)
　　二　"自是后"的语篇衔接功能 …………………………………… (43)
　　三　"自是之后"的语篇衔接功能 ………………………………… (44)
　　四　"其后"的语篇衔接功能 ……………………………………… (45)
　第五节　本章小结 …………………………………………………… (49)

第三章　《史记》指称事件时间连接成分的语篇模式建构功能 ……… (51)
　第一节　个体篇章结构的傅里叶分析 ……………………………… (64)
　第二节　时间引导的事件关系的数学分析 ………………………… (76)
　　一　顺承串联关系 ………………………………………………… (76)
　　二　并列并联关系 ………………………………………………… (79)
　　三　解说补充关系 ………………………………………………… (82)
　第三节　指称事件时间连接成分的语篇衔接功能的
　　　　　平移不变性 ………………………………………………… (86)
　　一　空间平移不变性 ……………………………………………… (94)
　　二　时间平移不变性 ……………………………………………… (98)
　第四节　指称事件时间连接成分语篇建构功能的认知分析 …… (103)
　　一　时间表达背景化 ……………………………………………… (103)
　　二　增强语篇结构紧凑感 ………………………………………… (109)
　第五节　本章小结 …………………………………………………… (115)

第四章 《史记》指称事件时间连接成分的语篇识解功能 （117）
第一节 GSP理论与《史记》指称事件时间连接成分的语篇识解功能 （120）
　　一 语类结构中的时间要素与接受者的语篇识解 （122）
　　二 语类结构的人物要素与接受者的语篇识解 （153）
　　三 语类结构的事件要素与接受者的语篇识解 （162）
第二节 概念整合与《史记》指称事件时间连接成分的语篇识解功能 （173）
　　一 转换视角功能与接受者的心理空间建构 （175）
　　二 总评上文功能与接受者的概念整合 （179）
第三节 关联理论与《史记》指称事件时间连接成分的语篇识解功能 （182）
　　一 关联理论与《史记》指称事件时间连接成分的导引解说功能 （184）
　　二 关联理论与因果关系 （207）
第四节 本章小结 （208）

第五章 结语 （210）

附录 （213）

参考文献 （283）

后记 （299）

第一章

绪　　论

第一节　《史记》的叙述与语言传承

在现代语言学理论发展的背景下,"活"的语言受到诸多重视,如对新闻语篇、网络文学语篇、广告语篇的研究等,都是这方面的代表。本书的研究所依托的材料是《史记》,而《史记》属于上古时期的文本。相对而言,语言学界对上古语言材料的关注远不如对于当代语言(我们这里所说的"活"的语言)的关注。尽管如此,近年来,对于上古语篇的研究也还是引起了一些学者的重视,出现了一些研究成果,如董秀芳在《中国语文》上发表的《上古汉语议论语篇的结构与特点:兼论联系语篇结构分析虚词的功能》(2012)一文就是以上古汉语议论语篇为研究对象。

众所周知,语言和语言的组织方式具有传承性,西方曾有学者(苏珊·布莱克摩尔)在提出"模因理论"而探讨语言的传承性时就指出,语言自身的可记忆性的提高是语言进化的结果。这一观点,在为我们打开语言模因研究大门的同时,也从科学的角度论证了语言的传承性。事实上,在历史文本和当代语言作品的对比中,我们很容易发现语言的传承性。比方说,我们现在使用的一些词语以及一些谋篇布局的形式在《史记》中就已经存在。因此,今天我们关注《史记》语篇以及《史记》中的表达方式,并不仅仅是为了专书的专题性研究,也是在关注语言及语言表达方式的传承性。

本书的理论意义主要体现在以下三个方面:

一是把数理分析方法引入语篇研究的范畴,拓展了对语篇观照的观测视角,用数学建模的方法解释了《史记》语篇的立体结构以及指称事件时间连接成分在《史记》立体结构中的具体作用。

二是从信息加工理论的角度出发,注重语篇的系统性和整体性,从整体、统一的视角考察《史记》中指称事件时间连接成分的语篇功能,注重上古语篇的系统性研究。

三是把系统功能语言学的原理和认知语言学的原理结合起来,分析接受者的语义识解和语篇识解。以 Halliday 的语篇思想为指导,并结合关联理论、概念整合理论等认知语言学的基础理论,探讨《史记》指称事件时间连接成分对接受者的作用。

综上所述,本书以指称事件时间连接成分的语篇功能研究为基础,以上古语篇《史记》为依托,从科学理论的基本原则出发,关注了语篇分析的系统性和整体性。

第二节 研究对象及相关文献综述

一 研究对象

本书的研究对象是《史记》中的指称事件时间连接成分,指称事件时间连接成分是《史记》中时间连接成分的重要组成部分,我们首先从《史记》的时间连接成分说起。韩晓旭(2010)对《史记》的时间连接成分作了描写性的分类,韩晓旭基于结构和语义结合的角度,对《史记》中表示时点和时段的词语以及时间副词作了梳理性研究,下面我们列表来概述其所描写的时间连接成分。在这里,要说明的是,韩晓旭的论文中对于时间连接成分的描述细化到四级分类,我们只概述到三类,并保留使用文中的分类名称,所举的例子包含其论文中的绝大部分,但不是全部(见表1-1)。

表1-1 《史记》的时间连接成分分类(韩晓旭)[①]

一级分类	二级分类	三级分类	例子
表示时间点的词语	表时点的时间名词	表示一天之内的时间名词	晨、旦、犁明、犁旦、朝、蚤、日中、夕、昏、暮、夜
	表时点的时间短语	表示在时间流上的过去、现在、将来及日期的时间名词	今、今者、今时、今日、如今、方今、即日、后、后世、旦、旦日、明日、异日、他日、昔、昔日、古、古者、初、始、前、前时、前日、先时

---

① 分类名称采用了韩晓旭(2010)的观点,此表格是对其分类方式的概述。

续表

一级分类	二级分类	三级分类	例子
表示时间点的词语	表示时点的时间短语	数词+时间词	一时、一旦、十一年、四月、五年
		代词+时间	是时、是岁、此时、其岁、其年、其明年、其春、其夏、其秋、其冬
		短语+时间标志词	"……之时"、夜半时、当是之时、当今之时、当此时、当是时
表示时段的时间词语	表确量时段的时间短语	基数词+时间单位词	五日、十日、三月、十二年
		介词短语结构+时间词	自今以来、自古以来、自+帝王谥号+以来、自邯郸解围、自吾先人、自此始、自是之后、居一岁、居一月、居七日、居半年、居数年、居岁余、居数月、居顷之、居无何、居无几何、居久之、至夜半、至今、于今、至于今、至九月、至……时、至月余、至孝景三年、当是时、当是之时、当此时、当此之时、当今之时、当……之时
		与概数词组合表约量时段	十余年、月余、岁余、数日、数月、数岁、数十年、数十日
	表约量时段的时间词语	数字连用式	五六日、居一二日、八九百岁
		与方位短语组合表时段	一岁之中、八年之中、灭秦之后、高死之后
		时间名词重复连用结构	世世、时时、日日、宿夕
		时间名词对待连用	旦暮、旦夕、朝夕、古今
时间副词	表时制的时间副词	表动作发生在过去	尝（常）、曾、既、已、既已（既以）、已业（业已）
		表动作发生在现在	方、适、会
		表动作发生在将来	将、且、方将、方且
	表时体的时间副词	表持续长久	素、雅、终、尚、犹
		表始终	遂、竟、卒、始、终
		表随即、立即	趣、立、即、辄
		表动作行为发生不久	已而、既而
		表频率高低	常、每、数、往往
		表暂时	聊、且

韩晓旭的分类突出了形式上的描写，在其文中举例说明了相应时间连接成分形式的存在。我们关注的是时间在汉语中的语义表达路径。陆俭明（1991）从语义角度把现代汉语时间词划分为7类，包括表示时量的数量结构，时间名词，表示年、月、日的词语，表示时间的方位短语，这/那

(个)+时候/时间所构成的偏正结构,动词性词语(包括由动词充任谓语的主谓结构)+时/时候所构成的偏正结构,这/那+数量结构(表示时量)所构成的偏正结构。陆俭明先生强调了其所论述的时间词不包括时间副词,并继承朱德熙先生的观点,认为"时间、时候、功夫"是一般名词,不是时间词。下面我们也将陆俭明先生的分类列表1-2。

表1-2　　　　　　现代汉语时间词分类（陆俭明）①

序号	类别名称	例子
1	表示时量的数量结构	十天、八年、九分钟、四个星期、七个月
2	时间名词	今天、明年、中午、现在、星期六、上月
3	表示年、月、日的词语	一九八一年、宣公元年、一月、初十
4	表示时间的方位短语	三年前、四年后、一天之后、两个月以前
5	这/那(个)+时候/时间	这时候、那时候、这个时间、那个时间
6	动词性词语+时/时候	你回来时、我出发的时候
7	这/那+数量结构	这两年、那两天、这几个月、那几个星期

我们的分类采纳陆俭明先生的观点,从语义角度出发对《史记》中的时间连接成分进行分类,列表1-3。

表1-3　　　　基于语义角度的《史记》时间连接成分分类

序号	类别名称	例子	备注
1	时间名词	晨、旦、昏、暮、夜、今、昔、初……	
2	数量结构	五日、十七年、数岁、数月……	古汉语中有的数量结构表示序数,见3的备注
3	表示年份、月份、日期等	十年、秦始皇二十六年……	"十年"指"第十年"
4	方位短语	一岁之中、八年之中、秦二世之时……	
5	代词"是""其""此"打头的短语	是时、是岁、此时、其后、其明年……	
6	介词"自""当""居""至"打头的短语	自是之后、当此之时、居无何、至今……	
7	偏正结构(组合式)	秦二世元年秋、八月庚申旦	

---

① 表格中是陆俭明(1991)的分类,但在描写方面略有简化。

我们研究的对象就是表1-3中分类的前五项的大部分和第6项中的一部分，包括"是时""当是时""当是之时""此时""当此时""当此之时""是日""是岁""是年""是后""自是后""自是之后""其后"等，这些时间连接成分含有指称性质的词语，如"是""此""其"，在文本中，这些指称性质的词语往往指称上文叙述的事件，因此我们把这些时间连接成分称为指称事件时间连接成分。这里需要说明的是，有的含有指称性质词语的时间连接成分，可以指称具体的时间，如"是岁"，通过上下文语境，有的"是岁"可以确定指明具体是哪一年，如例1。

1.《史记·周本纪》：四十六年，宣王崩，子幽王宫湦立。幽王二年，西周三川皆震。伯阳甫曰："周将亡矣。夫天地之气，不失其序；若过其序，民乱之也。阳伏而不能出，阴迫而不能蒸，于是有地震。今三川实震，是阳失其所而填阴也。阳失而在阴，原必塞；原塞，国必亡。夫水土演而民用也。土无所演，民乏财用，不亡何待！昔伊、洛竭而夏亡，河竭而商亡。今周德若二代之季矣，其川原又塞，塞必竭。夫国必依山川，山崩川竭，亡国之征也。川竭必山崩。若国亡不过十年，数之纪也。天之所弃，不过其纪。"是岁也，三川竭，岐山崩。

在这一语段中，根据前文叙述，"是岁"指称的时间是幽王二年，但同时"是岁"也指称"西周三川皆震"这一年。紧贴"是岁"的上文仍然是在叙述事件，"是岁"在指称时间的同时，也包括上文陈述的事件，并且，"是岁"与指称的事件距离更近，与所指称的时间往往要追溯到更远一些的前文，因此，我们仍然把"是岁"称为指称事件时间连接成分，经过笔者对实例的分析，有这种情况的，即可以兼指事件和时间的，集中体现在"是岁"和"是年"，且所有的"是年"都是兼指，但并不是所有的"是岁"都是兼指，有的"是岁"是单一的指称事件，如例2。

2.《史记·平准书》：郡国多奸铸钱，钱多轻，而公卿请令京师铸钟官赤侧,一当五,赋官用非赤侧不得行。白金稍贱,民不宝用,县官以令禁之,无益。岁余,白金终废不行。

<u>是岁</u>也,张汤死而民不思。

在例 2 中"是岁"所指称的时间具有模糊性,侧重于指称事件。

对《史记》中的这些指称事件时间连接成分,我们将在检索的基础上进行定量和定性的分析。通过《中华经典古籍库》的检索,《史记》正文中有"是时"158 处,"当是时"51 处,"当是之时"19 处,"方是时"1 处,"方是之时"1 处,"此时"23 处,"当此时"9 处,"当此之时"9 处,"是日"16 处(符合语义要求的是 15 处),"是岁"84 处(符合语义要求的是 83 处),"是年"8 处,"是后"14 处,"自是后"3 处,"自是之后"25 处,"其后"173 处(符合语义要求的是 172 处)。经统计,我们在《史记》正文中提取符合语义要求的语段共计 591 处,因为"方是时"和"方是之时"都是孤例,即分别只有一个实例,在定量分析中被排除在外,所以,我们的实例数量总计为 589 处。而相关白话译文参照韩兆琦的《史记(全本全注全译)》(2013)和李翰文主编的《名家集评全注全译史记》(2014),在第三章和第四章的分析中也是参照这两本著作中的译文,后文将不再重复说明。

二 《史记》研究概述

《史记》是一部极富文学性的史学著作,被誉为"史家之绝唱,无韵之离骚"。从汉代开始,就有文人学者对《史记》的价值挖掘研究,一直到今天,《史记》仍吸引着中外学者的目光。通过《中国学术期刊网络出版总库》的检索(检索主题为"史记",来源类别全包括),我们发现共有 14697 条检索结果(截至 2016 年 3 月 1 日,下同),选择"篇名"为"史记"进行检索(来源类别全包括),有 3839 条检索结果。选择"篇名"为"史记",并含"语言"为检索条件,有 36 条检索结果;并含"文学"为检索条件,有 117 条检索结果。扩大检索范围,以"主题"并含"文学"为检索条件,有 1431 条检索结果,以"主题"并含"语言"为检索条件,有 437 条检索结果。从检索结果来看,研究《史记》的角度多种多样,如果分为文学和语言学两个方面,则从文学角度观照的较多，从语言学角度观照的还有较大的空间。从文学角度来看，随着叙事学理论在中国学术领域的传播和发展，学者在叙事学范畴中对《史记》的挖掘较为集中，根据笔者的数据检索，从叙事学角度研究《史记》的期刊论文约有 452 篇；博士论文 2 篇，分别是刘宁（2006）的和曾小霞（2012）的博士论文；专著 1 部，即丁琴海（2002）关于史传叙事方面的研究。从语言学研究的角度来看，能够展现对于《史记》语言方面较为深入的研究的主要有 5 篇博士论文（笔者通过万方数据，检索了语言学及应用语言学和汉语言文字学两个专业的博士论文），这 5 篇博士论文按时间顺序列举如下：陈海波（2001）关于《史记》双音词的研究，李宗澈（2004）关于《史记》量词的研究，汤勤（2006）对《史记》和《战国策》的语言进行了比较研究，刘道峰（2008）研究了《史记》的动词系统，凌瑜（2010）研究了《史记》的篇章连接标记。另外，笔者还检索了从修辞学角度研究《史记》的期刊论文，约有 56 篇。国外文献检索结果显示，从语言角度研究《史记》的有 1 篇，主要是讨论《史记》语言的口语和书面语成分；从语言外其他角度研究《史记》主要是韩文资料，且数目不多。

以上我们从数据检索的角度对《史记》研究概括进行了整体性的了解，从文献检索中我们发现，对于《史记》的研究成果较多，但大多数从静态的角度来描写，本课题的研究核心是《史记》的指称事件时间连接成分，并尝试从动态以及系统性的角度解释《史记》中指称事件时间连接成分的语篇功能。对《史记》的时间连接成分进行专题研究的成果尚且不多，就笔者的检索来看，比较有代表性的是 1 篇硕士论文，即韩晓旭的硕士论文《〈史记〉时间词语研究》（2010），该硕士论文对《史记》中表示时点和时段的词语以及时间副词作了梳理，进行了比较细致的形式上的描写性分类，但没有涉及时间连接成分的语篇功能。另外，关注这一问题的，还有基于叙事学视角的阐释，主要是有关《史记》叙事时间的研究，代表性学者是高萍（2002）和刘宁（2004），两位学者论述的角度是一致的，即从时间的线性和速度两个方面探讨了《史记》的叙事顺序和叙事节奏。高萍（2002）总结了《史记》中四种时间标示，包括"搭天桥法"、历史纪年标示、时间副词标示和时间名词标示，高萍从内外两个方向讨论了《史记》的叙事时间，向外同历史时间比较，向内同情节疏密度比较。刘宁（2004）的观点与其在博士论文中对叙事时间的论述是一致的，刘宁归纳了《史记》中叙事时间的作用，即构成立体的叙事结构，同时表达叙述者的态度和立场。前文提到的曾小霞（2012）的博士论文也探讨了《史记》中的叙事时间问题，曾小霞以荷兰学者米克·巴尔的理论框架为基础比较详细地论述了《史记》的叙述时间速度。此外，宋擎擎（2005）和宋秀秀（2014）也对《史记》的叙事时间分别进行了比较性的和专题性的探讨，前者主要论述了"以人记时"和"以事记时"的功能，后者在继承的基础上再次讨论了《史记》的叙事时间方式和叙事空间结构。从上述几位学者的研究可见，对于《史记》中时间范畴的观照仍然停留在宏观角度，且缺乏系统性研究和论证。

三 时间范畴研究概述

我们的研究要从时间连接成分切入，因此，接下来，我们首先来看看关于时间范畴的研究。时间范畴是汉语语法研究尤为关注的领域，著述颇丰，如龚千炎（1995）对时相时制时态的研究，戴耀晶（1997）对时体的研究，李向农（1997）对时点时段的研究，胡培安（2006）对时间词语的内部组构以及表达功能的研究，陈忠（2010）对时间结构的研究等等；也有学者从语篇角度关注时间范畴，如杨同用和徐德宽（2007）。

近年来关注时间范畴的博士论文也比较多，我们按其主题的差异分五个方面表述如下：

第一，从现代汉语语法方面论述的有：胡培安（2005）从内（结构）、外（表达）两个角度探讨了时间词语，陈振宇（2006）结合认知语言学的基础理论和数学分析方法研究了现代汉语的时间系统，余东涛（2006）以《现代汉语词典》作为语料来源对现代汉语时间词进行了系统性研究，贾改琴（2009）从形式语义学的视角研究了现代汉语的时间副词，肖燕（2012）以认知心理学和认知语言学的理论框架为基础探讨了时间的概念化和语言表征，徐志成（2014）以对外汉语教学中的实践为出发点探讨了现代汉语时间表达中的一些专题，李晓琳（2014）从行、知、言三个域探讨时间副词。

第二，从近代与古代语法方面论述的有：张彧彧（2012）对近代汉语的时间副词进行了描写和解释，吴金花（2006）对中古汉语的时间介词进行了系统性研究，许卫东（2006）对《高僧传》中的时间副词做了专书研究，郑路（2008）对《左传》中时间范畴相关的语言表达方式做了专书研究。

第三，从语篇角度论述的有：饶萍（2012）以现代汉语的小说文本为语料来源，探讨了汉语复合结构和汉语语篇结构的时间性照应，饶宏泉（2012）研究了现代汉语语篇中的时间推进系统，建立了模型并分析了相关因素。

第四，从心理学和思维方式方面论述的有：陈娟（2011）从适应取向的角度研究了时间人格，杨文星（2015）通过对汉语、英语本族语者的对比研究，探讨了两类受试在时间的思维方式方面对语言加工是否有所影响的问题。

第五，从文学方面论述的有：谢雪梅（2006）研究了虚构叙事中的时间问题，苗变丽的（2011）以新世纪长篇小说为语料基础，探讨了其时间表达问题，胡志明（2013）探讨了鲁迅小说中的时间表达，张贺楠（2015）讨论了当代生态小说中的时间表达问题。

时间范畴研究相关的期刊就更多，并且在现代汉语语法研究方面表现得更为集中，如王松茂（1981）、陈平（1988）、戴浩一（1988）、陆俭明（1991）、李少华（1996）、杨德峰（2006）、饶宏泉（2009）等学者都有所关注，他们或是讨论时体，或是探讨顺序，或是描写分类。金晓艳、彭爽（2008）做了时间连接成分的综述，总结了现代汉语时间连接成分本体研究的成果。金晓艳、柳英绿（2009）在金晓艳、彭爽的《时间连接成分的本体研究综述》一文的基础上增加了应用方面的研究。

对于时间范畴在语篇中的重要作用也引发了学者的关注，胡曙中（2012）提出了元话语的分类，讨论了语篇中的时间连接词，胡先生在总结前人观点的基础之上对元话语的分类作了修订，推出了一套不同于以往的分类体系。他把元话语分为语篇连接词语（text connectives）、语码注解词语（code glosses）、言外之力标示词语（illocution markers）、认识状态标示词语（epistemology markers）、态度标示词语（attitude markers）、作者读者沟通标示词语（commentaries）六大类。而语篇连接词语（text connectives）包括时间连接词（temporal connectives）。"语篇连接词语可以提示读者语篇的各个部分如何相互衔接、语篇如何被组织成一个有机整体。作者可以利用语篇连接词语引导读者通读整个语篇,并帮助读者建立恰当的记忆模式。语篇连接词语包括:序列词(sequencers)、逻辑连接词(logical connectives)、时间连接词(temporal connectives)、提示词(reminders)、话题词(topicalizers)。"[①] 关永平(2012)讨论了"语篇顺序象似性",主要是介绍了恩奎斯特(Enkvist)和冯·戴伊克的语篇结构模式。于善志、王文斌(2014)论述了英语语篇中的时制与语篇,指出时制与英语语篇的连贯性、指称性和照应性紧密相关。饶宏泉(2015)强调了时间推进模式与篇章架构的关联。

此外,很多学者都关注了时间在汉语语篇中的表达和作用,如杨同用(2002)、郑庆君(2003)、丁建新(2004)、胡培安(2006)、杨炳钧和郑涌(2007)、王燕(2008)、彭有明(2009)、金晓艳和马庆株(2010)、孟建安(2010)、饶宏泉(2011)、杨康丽(2013)、滕慧群(2014)、崔学勤(2014)、储泽祥和刘琪(2014)、周东杰和纪秀生(2015),等等。

四 语篇衔接及回指研究概述

关于"衔接",首要的文献便是 Halliday 和 Hasan 在 1976 年合著的《英语中的衔接》,Halliday 和 Hasan 在这本书中指出,"衔接是一个语义概念,它是指存在于语篇内部的、使其成为语篇的意义关系。衔接是指(语篇中)存在的把其中某成分与上文联系起来的一切可能性"。[②] 他们在该书中将英语的衔接手段分为两种:词汇衔接手段(lexical cohesion)和语法衔接手段(grammatical cohesion)。语法衔接手段包括:照应/指示(reference)、替代(substitution)、连接(conjunction)、省略(ellipsis),词汇衔接手段包括词汇重述(reiteration)、同义(synonymy)和反义(antonym)、下义(hyponymy)和搭配(collocation)等。Halliday 和 Hasan 这两位学者认为构成语篇的两个主导因素是"衔接"和"情境","衔接"是内部的,"情境"是外部的。在 Halliday 的功能语法系统中,语篇功能包括主位系统、信息系统和衔接系统。Beaugrande 和 Dressler(1981)认为,"语篇是交际活动(communicative occurrence),有七项标准,包括:衔接(cohesion)、连贯(coherence)、意向性(intentionality)、可接受性(accepta-

---

[①] 胡曙中:《语篇语言学导论》,上海外语教育出版社 2012 年版,第 179 页。
[②] Halliday, M. A. K. &Hasan, R, *Cohesion in English*, London: Longman, 1976.

bility)、语境（situationality）、信息性（informativity）以及互文性（intertextuality）。衔接（cohesion）是语篇交际活动的七项标准之一"。① Baker（2000）认为，"衔接是将语篇不同部分联系在一起的语法、词汇和其他手段的统称"。② 国内关于语篇衔接的专著主要有胡壮麟（1994）、黄国文（2001）、张德禄和刘汝山（2003）等几位学者的，胡壮麟（1994）讨论了及物性、指称性、结构衔接、逻辑连接、词汇衔接、主位与述位、语音系统、语篇结构等问题，黄国文（2001）主要针对广告语篇讨论了语篇分析问题，张德禄和刘汝山（2003）主要从内部和外部两个方面讨论了语篇连贯问题、语篇衔接与语篇连贯的关系问题以及语篇衔接与语篇连贯在实践领域的应用问题。语篇衔接相关的博士论文主要有：徐健的《衔接、语篇组织和连贯》（2004），杨一飞的《语篇中的连接手段》（2011），金宝荣的《汉语指示语及其篇章衔接功能研究》（2011）以及张明尧的《基于事件链的语篇连贯研究》（2013）。

　　关于"衔接"的期刊论文有很多，如龚晓斌（1994）从 Halliday 和 Hasan 的观点切入，即"衔接可以分为两种，即语法衔接和词汇衔接，前者包括照应、替代、省略、连接，后者则包括词汇反复与词汇同现或搭配。"③ 龚晓斌在阐释 Halliday 和 Hasan 的观点的基础上结合 Jakobson 和 Leech 的观点，总结出广义的衔接，即："广义上的衔接不仅仅局限于语法词汇层次，它应涉及语言的各个层次：音位、书写形式、语法词汇和语义，而且既包括常规也包括突出。"④ 胡壮麟（1996）提出，语篇衔接和连贯是多层次的，可以分为社会符号层、语义层和结构层、词汇层、音系层。原文阐释如下："根据以上的讨论，我认为语篇衔接和连贯是多层次的。在其上端，是社会符号层，我们不妨把语境和语用学列入这个层次。'意识形态'也可以放入此层次。在语义层，除及物性外，有逻辑连接和语篇结构。所谓语篇语义学（Martin，1992：384）实际上是通过逻辑连接构筑各个过程。第三层次为结构层，包括结构衔接和主位结构。由于句首地位的重要性，把它看作在结构层次上作用更妥。在词汇层上列有词汇

---

① Beaugrande, R. & Dressler, W, *Introduction to Text Linguistics*, London：Longman, 1981, p.3.
② Baker, M, *In Other Words：A Coursebookon Translation*, Beijing：Foreign Language Teaching and Research Press, 2000.
③ 龚晓斌：《关于衔接的几个问题》，《外语学刊》1994 年第 5 期。
④ 同上。

搭配当无异议。将照应和指称性也放在此层，因为词汇是过程，参与者和环境因子的形式体现，而照应和指称性不过是这些形式的形式而已。归根结底，它处理的是词语的问题。最后，在音系层有语调（语调选择、音调序列和音调协和），新信息和已知信息，以及语音型式。"① 牛保义（1998）在韩礼德和哈桑衔接理论的基础上区分显性衔接和隐性衔接。张德禄（2001）提出了人际意义的衔接和语篇与语境之间的衔接的观点，并认为语篇与语境的衔接机制主要包括两类：由语言形式项目预示的衔接关系，和由意义空缺形成的衔接关系两类。"从这个意义上讲，衔接等同于表达小句间和小句以上单位间的意义联系和把语境与语篇联系起来的谋篇意义。这样衔接与连贯的区别在于前者是语篇的具体意义联系，后者是其产生的整体效应。"② 张德禄（2003）指出，"语篇内部的语义关系不是十分有序的，而是错综复杂的，从而形成语义网络。不仅语篇的非结构性衔接关系可以形成语义网络，语篇的结构性衔接关系也可以形成语义网络，包括重复性关系、同类性关系、同延性关系、对比性关系和层次性关系。然而，组成语篇的整体的衔接关系实质上是层次性的，可以包括抽象程度和具体程度不同的层次。在这些层次内容或者之间，衔接关系还表现出模块性、交叉性、内包性和疏密性，表现语篇的发展过程中语篇内部复杂的语义关系"。③ 张德禄（2005）提出语篇衔接是一个谋篇意义概念。邢欣（2007）从语篇的关联功能角度划分了语篇衔接语的类别，考察了在语篇中起关联作用的形式衔接语。朱岩（2008）以《尚书》为文本依托，以韩礼德和哈桑的衔接理论为基础，总结出结构衔接分析模式和非衔接分析模式两类，"结构衔接分析模式又包括平行结构衔接、主述位结构衔接、新旧信息结构衔接三种；非结构衔接分析模式包括替代型衔接、对应型衔接、逻辑型衔接三种"④。

回指（anaphora），是语篇衔接的重要方式，回指这一语言现象一直都受到语言学界的关注，从功能、句法、语义的角度都有学者关注，如 Halliday 和 Hasan（1976）、Chomsky（1981）、Culicover 和 Jackendoff

---

① 胡壮麟：《有关语篇衔接理论多层次模式的思考》，《外国语》1996 年第 1 期。
② 张德禄：《论衔接》，《外国语》2001 年第 2 期。
③ 张德禄：《论衔接关系—话语组成机制研究》，《外语教学》2003 年第 1 期。
④ 朱岩：《上古语篇衔接机制的分析策略》，《扬州大学学报》（人文社会科学版）2008 年第 2 期。

（2005）。我们主要概述从语篇的角度对回指或其相关问题的研究。众所周知，廖秋忠（1986）和陈平（1987）两位学者比较早地探讨了语篇回指方面的问题，此后，语篇回指及相关问题吸引了诸多学者的关注。杨若东（1997）讨论了认知推理对语篇回指中代词指代的确定的影响；徐赳赳（2003）详细介绍了回指研究现状，并主要从语篇的角度研究了零形回指、代词回指和名词回指；许余龙（2002，2003）从认知语言学角度讨论了语篇回指；俞洪亮（2003）分析了语篇回指的心理表征；许余龙（2004）从句法、语义、语用的角度系统研究了篇章回指；许余龙（2005a）介绍了语篇回指实证研究中的数据库建设；许余龙（2005b）探讨了回指确认对汉语叙述体篇章中主题标示的作用；许宁云（2005）介绍了 Kibble 的语篇回指博弈论；姜望琪（2006）概述了当代回指的研究，并强调了从语篇角度研究回指的重要性；赵冬梅和刘志雅（2006）以心理学实验为基础探讨了语篇阅读中影响回指推理的因素；高卫东（2008）讨论了回指语的预设新用功能；高卫东（2009）分析了回指语的修辞性提取功能；高明强（2009）以"向右"为基本取向研究了语篇回指；马国彦（2009）以高考语文试题为实例讨论了回指语在语篇结构中的表达和确认原则及相关语用、语体因素；王军、魏义祯（2010）以汉语和韩语语料为基础讨论了语篇回指中汉语和韩语的空间指示词；王德亮（2010）以认知图式理论为基础，探讨了语篇回指的认知机制；池昌海、曹沸（2012）分析了修辞回指的形式和功能；王秀丽（2012）讨论了语篇分析中的概述回指；许余龙（2013）讨论了语篇回指理解中的溯因推理；徐晓东、倪传斌、陈丽娟（2013）从语言产生与理解的角度阐释了话题结构和动词语义对回指对象选择的影响；刘东虹（2014）从语篇建构和回指解决的角度讨论了语篇话题；王军（2014）讨论了回指的主题重构功能；徐晓东、陈庆荣（2014）从心理认知角度讨论了语篇中的代词回指问题；周小涛、王军（2014）从认知语用学角度分析了概述回指。

五　指示代词研究概述

我们所讨论的 13 个指称事件时间连接成分中具有指称性质的词语为"是""此"和"其"，"是"和"此"相当于现代汉语的"这"，"其"相当于现代汉语的"那"，那么与之相对应的，"是时"和"此时"相当于"这时","当是时""当是之时""当此时""当此之时"相当于"在这时候","是日"相当于"这天","是岁"和"是年"相当于"这年","是后"相当于"这以后","自是后"和"自是之后"相当于"从这以后","其后"相当于"那以后"。因此,我们有必要来梳理一下研究指示代词的相关文献。

吕叔湘(1964)阐释了近代指示词"这"的来源问题;黄盛璋(1983)研究了先秦古汉语指示词,对其来源问题、时间性与方言性问题、用法与演变问题、语法上的差别问题进行了详细而深入的探讨;吕叔湘(1990)讨论了指示代词的二分法和三分法;崔应贤(1997)讨论了"这"比"那"大;石毓智(1997)讨论了指示代词回指的两种语序及其功能问题,强调了两种指示代词回指格式的语篇功能;奥田宽(1998)从语用学角度探讨了"这";曹秀玲(2000)对"这""那"在语篇中的不对称性进行了描写和解释;徐默凡(2001)总结归纳了"这""那"的研究成果,重点讨论了语法意义的虚化和语用意义的不对称;方梅(2002)讨论了北京话中"这""那"的语法化问题;孙蕾(2002)讨论了指示性代词的语义特性,指出代词意义结构的多维性;俞晨玮(2002)从传统语法、语篇以及功能角度对比研究了英汉指示代词;储泽祥、邓云华(2003)探讨了指示代词的类型和共性;王道英(2003)对"这""那"的指示进行了系统性研究,介绍了"这""那"的指示类型,讨论了直接指示和回指,尤其是重点讨论了回指;蒋华、廖艳君、杨安红(2004)区分了指示代词"这"和称代代词"这";蒋华(2006)总结了指示代词的研究现状,强调了指示代词的区别与连接功能;王道英、韩蕾(2006)讨论了"这""那"类指代词的隐性回指;杨玉玲(2006)分析了"这""那"的语篇用法及不对称问题;张俊阁(2006)以明清时期山东方言语料为基础,讨论了"这""那"与时间词"早晚"的组合形式;曾伟娟(2007)对秦至汉初的指示代词进行了专题研究,做了穷尽性的统计和描写;刘希乐(2008)对《魏书》中的指示代词做了专书研究,对《魏书》中的指示代词进行了描写,并跟南朝语料指示代词进行了比较;施顺玉(2008)以《儿女英雄传》为语料,对其中的指示代词进行了专书研究,主要分析了"这""那"的指示用法和称代用法以及性状指示词;梁银峰(2012)讨论了上古汉语的指示代词在不同的语体中所表现出来的指示性的差异问题；方梅（2016）研究了"这"和"这个"，"那"和"那个"在指称和语篇功能以及指示范畴扩展方面的差别。

第三节　研究目标、研究内容及创新点

一　研究目标

本书的研究对象是《史记》的指称事件时间连接成分，具体来说，主要有"是时""当是时""当是之时""此时""当此时""当此之时""是年""是岁""是后""自是后""自是之后""其后"等带有指称成分"是""此""其"的时间连接成分。本书的研究目标就是探讨这类时间连接成分的语篇衔接功能、语篇模式建构功能和语篇识解功能。

二　研究内容

本书主要从叙述者和接受者两个维度来观测分析《史记》的语篇模式建构，以《史记》中指称事件时间连接成分的语篇衔接功能分析为基础，从信息加工理论角度出发，结合系统功能语言学和认知语言学的基本原理，关注接受者对语篇的识解和认知。

本书主体包括五章：

第一章绪论，说明了选题缘由和选题的意义，介绍了相关研究文献，阐释了研究目标、研究内容、研究方法，介绍了本文的语料来源和创新之处。

第二章《史记》指称事件时间连接成分的语篇衔接功能，在分析实例的基础上总结出选定的指称事件时间连接成分的语篇衔接功能的类型。对选定的指称事件时间连接成分进行穷尽式检索，检索的实例以附录形式呈现，在正文中分析出其语篇衔接功能。

第三章《史记》指称事件时间连接成分的语篇模式建构功能，以傅里叶变换等数理分析方法为基础，阐释《史记》中指称事件时间连接成分的语篇结构建构功能，总结分析语篇模式类型。

第四章《史记》指称事件时间连接成分的语篇识解功能，以接受者

的语篇识为研究目标，把系统功能主义语言学与认知语言学的基本原理结合起来作为理论基础，分析《史记》中指称事件时间连接成分在接受者语篇识解中的作用。

第五章结语，强调语篇研究的系统性和整体性。

三　创新点

一是从信息系统的角度关照专书（《史记》）的指称事件时间连接成分的语篇功能，强调语篇的系统性和整体性，《史记》指称事件时间连接成分的语篇功能顺应叙述者和接受者的信息处理方式，不仅在语篇衔接和语篇模式建构方面发挥了重要作用，同时也影响接受者的语篇识解。

二是把数学建模方法引入语篇功能研究的范畴中来，强调语篇组构和语篇识解中的三维观测以及语篇组构和语篇识解的动态性，《史记》指称事件时间连接成分可以作为《史记》语篇系统的观测点，语篇结构要素以语篇观测点为线索，可以组构语篇，也可以使得语篇呈现出较好的衔接性和连贯性。

三是注重语篇分析中的语义关系，深入探讨语义关系和语篇结构的联系，挖掘了《史记》语篇中的隐性结构关系，《史记》指称事件时间连接成分在发挥指称事件作用的同时，使得时间概念弱化了，突出了事件和人物这两个要素，语篇结构的紧凑感增强，语篇的连贯性也得以增强。

第四节　研究方法、语料来源及体例说明

一　研究方法

在对以往关于《史记》的研究的梳理中，我们发现，对于《史记》指称事件时间连接成分的语篇分析仍有较大的空间。神经认知语言学学者兰姆强调，语言是个信息系统。我们把语篇看作一个系统，那么指称事件时间连接成分就是这一个系统当中的子系统。这个子系统与整个语篇系统相互联系，相互影响，同时与外部信息系统相连通。对于时间范畴和语篇

的关系的关注，总是离不开形式和功能的探讨，我们将依赖形式和功能这两个研究路径来观照《史记》中指称事件时间连接成分的语篇功能，因此，结构主义和功能主义是本课题理论和研究方法的主要支撑。另外，认知语言学的理论和方法以及数理分析方法，也将是本课题的重要支撑。具体研究方法如下：

第一，定量分析与定性分析相结合。在对《史记》中的指称事件时间连接成分的穷尽式检索及对这些指称事件时间连接成分的语篇衔接功能分析中，体现了定量分析的作用，抽取实例样本594个（符合要求的实例是592个）。而定性分析主要体现在接受者的语篇识解方面，从功能语言学和认知语言学的基本理论出发，阐释《史记》中指称事件时间连接成分在接受者进行语篇识解中的作用。

第二，演绎法与归纳法相结合。对《史记》中指称事件时间连接成分的语篇衔接功能的分析运用了归纳法，在对实例分析的基础上，总结出这些指称事件时间连接成分的语篇衔接功能的类型。语篇模式建构方面和接受者的语篇识解方面的论证主要运用了演绎的方法。

第三，对比法。主要包括指称事件时间连接成分之间的对比和其不同的语篇衔接功能的对比。

二　语料来源

本书检索的数据库主要是《中华经典古籍库》和《中国基本古籍库》，且以前者为主。需要说明的是，我们对所选定的指称事件时间连接成分的检索是穷尽式的，不是选择性的，检索范围是《史记》的正文，不包括《史记》的注解。纸质版的《史记》主要有两个参照版本，一是上海古籍出版社在2011年出版的简体横排版，二是中华书局在2014年出版的繁体竖排版。

第二章

《史记》指称事件时间连接成分的语篇衔接功能

当我们讨论《史记》中指称事件时间连接成分的语篇功能的时候，我们首先要来关注作者的叙述行为，在普林斯的《叙述学辞典》（2011）中，叙述行为（narrating）包括三个方面："1. 对一个或更多事件所进行的讲述或陈述。2. 话语（与故事 STORY 相反）。3. 叙述中表述叙述活动、起因、目标和语境的标记（与被叙相反）。"① 很明显，司马迁对历史的叙述属于第一个方面，司马迁以人物为核心，讲述多个历史事件。我们再来了解一下"叙述"的含义，《叙述学词典》中的"叙述（narration）"有多种含义，我们概述如下："1. 叙述世界/叙事；表述一个或更多事件的话语。2. 叙述产品；一系列情境与事件的详述。3. 讲述 TELLING，在托多罗夫的话语体系中，叙述之于表述 REPRESENTATION 犹如讲述之于展示 SHOWING。4. 话语 DISCOURSE，在里卡都的话语体系中，叙述之于虚构作品 FICTION 犹如话语 DISCOURSE 之于故事 STORY。"② 司马迁在《报任安书》中写道："亦欲以究天人之际，通古今之变，成一家之言。"③ 由此我们能确切地知道，司马迁并不是在单纯陈述，而是有自己的态度包含在所陈述的内容之中。因此，司马迁的叙述行为实质上是"讲述（TELLING）"，而这种讲述对后世的叙述行为产生了巨大的影响，也就是说司马迁的这种叙述行为是具有旺盛的生命力的，那么这种叙述行为本身一定蕴含有效的机制。对于叙述的结构或者叙述的

---

① [美] 普林斯：《叙述学辞典》，上海译文出版社2011年版，第135页。
② 同上书，第136页。
③ 阴法鲁：《古文观止译注》，北京大学出版社1997年版，第317页。

机制，有人提出"叙事语法（narrative grammar）"的概念，《叙述学词典》中这样阐释"叙事语法"的概念：

"叙事语法是由有序的规则 RULES 组合相互关联而形成，用来解释（结构方面的）一组特殊的叙述，或全部和仅仅可能的叙述组合的一系列陈述 STATEMENT 和公式。叙事语法可能最终由以下几个相互关联的部分构成：（1）有限数量的一些（重写 REWRITE）规则 RULES，该规则导致所有被叙情境与事件序列的宏观结构 MACROSTRUCTURES 和微观结构 MICROSTRUCTURES 的建立；（2）解释这些结构的语义成分（描述总体宏观结构和具体微观结构内容特征）；（3）有限数量的一组（转换 TRANSFORMATIONAL）规则 RULES，该规则对阐释性结构产生影响，并对叙述话语（时频 FREQUENCY、节奏 RHYTHM、速度 SPEED 叙述者介入，等等）作出解释；（4）一种实用性成分（详细说明影响处理、可讲述性 TELLABILITY 以及前三部分语法对作品合适性的认知和交际因素）；（5）一种表达成分，为由其他成分提供的信息转化为某一特定的表述（例如书面英语）媒介留出余地。"[①]

通过对叙事语法的了解，我们知道结构主义、转换生成语言学及认知语言学对叙事语法理论有重要影响，我们虽然不探讨《史记》的叙事语法，但会借鉴其方法来探讨《史记》的组构模式，我们将从指称事件时间连接成分的语篇衔接功能这一角度来剖析司马迁叙述行为的内在生成机制，从而继续讨论语篇模式构建和与语篇识解。

我们在这里所说的语篇衔接功能主要针对语篇内部而言，并且主要是从语义角度进行分类。Halliday 和 Hasan（1976）的照应性理论区分了外指（exophoric）和内指（endophoric），外指指向语篇外的现实世界或想象世界，内指指向语篇内部，我们这一部分所论述的语篇衔接功能，不同于 Halliday 和 Hasan 的研究，我们侧重于上下文之间的语义关联以及对语篇结构的影响方面，从这个角度，我们总结分析出"是时""当是时""当是之时""此时""当此时""当此之时""是日""是岁""是年""是后""自是后""自是之后""其后"这13个指称事件时间连接成分的主要语篇功能是：顺承连接、转换视角、导引解说、引入事件、引入人物、

---

① ［美］普林斯：《叙述学辞典》，上海译文出版社2011年版，第144—145页。

总结评述上文、补充说明时间以及构成因果关系。顺承连接指连续叙述某一人物的活动或者某一事件的发展进程，转换视角指从不同的角度来叙述某一事件，导引解说指引入解释或说明相关信息，引入事件指在原有叙述的基础上引入新的事件线索，引入人物指在原有叙述的基础上引入新的人物线索，总结评述上文指对已知人物信息或事件信息的评述或主观态度表达，补充说明时间指事件后具体时间信息的补入，构成因果关系主要指上下文在叙述中形成因果关系，前因后果或者前果后因。对于导引解说和补充说明时间这两个语篇衔接功能需要特别说明，补充说明时间这一语篇衔接功能可以并入导引解说这一语篇衔接功能之中，但因为补充说明时间特别突出了"时间"信息，并且基本上都是在事件之后对时间信息的补入，因此单独列出来作为一类。下面，我们来具体分析《史记》中的这 13 个指称事件时间连接成分的语篇衔接功能的表现。

第一节 "是时""当是时""当是之时"等的语篇衔接功能

一 "是时"的语篇衔接功能

首先来看看"是时"的情况，对于"是时"，已有学者对其进行了意义上的解说，王海棻在《古汉语时间范畴词典》（2004）中明确了"是时"的意思，即"这时，当时"[①]。王海棻先生举了两个《史记》中的例子：

1. 《史记·项羽本纪》：张良<u>是时</u>从沛公，项伯乃夜驰之沛公军，私见张良，具告以事，遇呼张良与俱去。
2. 《史记·贾生列传》：廷尉乃言贾生年少，颇通诸子百家之书，文帝召以为博士，<u>是时</u>，贾生年二十余，最为少。

此外，除了"是时"，《古汉语时间范畴词典》中还明确了"是后""是年""是日""是岁"等的意义，将在下面讨论。

[①] 王海棻：《古汉语时间范畴词典》，安徽教育出版社 2004 年版，第 344—345 页。

通过《中华经典古籍库》的检索，含有"是时"的语段有 158 处（语料实例见附录表 1）。我们首先来看一下"是时"的语篇位置，在 158 处实例中，仅有 5 处，"是时"位于句中，另外 153 处，"是时"位于句首。这 5 处位于句首的"是时"的实例分别为例 6、例 19、例 51、例 87 以及例 88。下面我们来看具体的实例（因为上下文需要，例 51、例 87、例 88 比附录表 1 实例中选取的语句有所扩展）：

例 6.《史记·项羽本纪》：楚左尹项伯者，项羽季父也，素善留侯张良。张良是时从沛公，项伯乃夜驰之沛公军，私见张良，具告以事，欲呼张良与俱去。曰："毋从俱死也。"

例 19.《史记·高祖本纪》：亚父是时劝项羽遂下荥阳，及其见疑，乃怒，辞老，愿赐骸骨归卒伍，未至彭城而死。

例 51.《史记·晋世家》：昭侯元年，封文侯弟成师于曲沃。曲沃邑大于翼。翼，晋君都邑也。成师封曲沃，号为桓叔。靖侯庶孙栾宾相桓叔。桓叔是时年五十八矣，好德，晋国之众皆附焉。

例 87.《史记·张耳陈馀列传》：张耳者，大梁人也。其少时，及魏公子毋忌为客。张耳尝亡命游外黄。外黄富人女甚美，嫁庸奴，亡其夫，去抵父客。父客素知张耳，乃谓女曰："必欲求贤夫，从张耳。"女听，乃卒为请决，嫁之张耳。张耳是时脱身游，女家厚奉给张耳，张耳以故致千里客。

例 88.《史记·田儋列传》：田横亡走梁，归彭越。彭越是时居梁地，中立，且为汉，且为楚。

这 5 处实例中的"是时"均在主语之后，且主语均为人名，且此人名均是复指前文。这也是这 5 处实例在形式上不同于其余 153 处的特点。

通过对 158 处实例语段的分析，"是时"的语篇衔接功能主要有顺承连接、导引解说、转换视角、构成因果关系、补充说明时间、总评上文、引入人物、引入事件等。在文本中，具体语境中的"是时"往往并不是体现单一的语篇衔接功能，而是多种语篇衔接功能的合体，这种情况下，我们将拟定较为凸显的语篇衔接功能。根据我们对 158 处"是时"实例的简析，以附录表 1 的序号为准，"是时"的语篇衔接功能总结如下：序号为1、3、5—6、17、19、23、31、67、89、92、94、108、112、140、156的语段中的"是时"表现为顺承连接的语篇衔接功能,序号为2、7、13、114、120、124—125、132—133的语段中的"是时"表现为转换视角的语篇衔接功能,序号为4、41、85、110的语段中的"是时"表现为总结评述上文(简称为"总评上文",下同)的语篇衔接功能,序号为8—10、12、14—15、18、20、22、24、27、29—30、32、35—36、44、54、65—66、68—69、71、73、75—76、78、80、83—84、86、91、95—97、99、104—105、107、111、113、119、126、129—130、136—137、139、141、143、146、152、158的语段中的"是时"表现为引入人物的语篇衔接功能,序号为11、16、21、25—26、28、33—34、38—40、42、46、49—51、56—58、61、63—64、70、72、77、79、82、87—88、90、93、98、101—103、106、115—117、122—123、128、131、134、138、142、144—145、148—151、154—155、157的语段中的"是时"表现为导引解说的语篇衔接功能,序号为48、52—53、62、81、109的语段中的"是时"表现为补充说明时间的语篇衔接功能,序号为43、45、74、100、118、121、127、135、147、153的语段中的"是时"表现为引入事件的语篇衔接功能,序号为37、47、55、59—60的语段中的"是时"表现为构成因果关系的语篇衔接功能。我们综合列表2-10。

表2-1　　　　　　　　　"是时"的语篇衔接功能

语篇衔接功能	合计	比例(%)	语篇位置	例句
顺承连接	16	10.1	句首	《史记·季布栾布列传》:是时殿上皆恐,太后罢朝,遂不复议击匈奴事。
转换视角	9	5.7	句首	《史记·匈奴列传》:冒顿既立,是时东胡强盛,闻冒顿杀父自立,乃使使谓冒顿,欲得头曼时有千里马。
总评上文	4	2.5	句首	《史记·平准书》:是时富豪皆争匿财,唯式尤欲输之助费。
引入人物	53	33.5	句首	《史记·项羽本纪》:是时,赤泉侯为骑将,追项王,项王瞋目而叱之,赤泉侯人马俱惊,辟易数里,与其骑会为三处。
导引解说	55	34.8	句首	《史记·项羽本纪》:是时,汉兵盛食多,项王兵罢食绝。
补充说明时间	6	3.8	句首	《史记·晋世家》:是时晋惠公十四年秋。

续表

语篇衔接功能	合计	比例（%）	语篇位置	例句
引入事件	10	6.3	句首	《史记·儒林列传》：是时辽东高庙灾，主父偃疾之，取其书奏之天子。
构成因果关系	5	3.2	句首	《史记·齐太公世家》：是时景公好治宫室，聚狗马，奢侈，厚赋重刑，故晏子以此谏之。

表2-1中我们按照"是时"的语篇衔接功能，把158处实例进行了分类整理，"合计"指该语篇衔接功能实例的总数，"比例"指合计数在总数（158）中所占的百分比。通过列表观测，我们可以明确得出结论："是时"的主要语篇衔接功能是引入人物和导引解说，前者53处，占33.5%，后者55处，占34.8%（见表2-1）。

接下来我们再从《史记》内容的类别方面来观测"是时"的分布情况，《史记》中包含八书、十表、十二本纪、三十世家、七十列传，共130篇。依据"是时"的检索情况，"是时"只出现在书、本纪、世家和列传之中。下面我们来看一下"是时"在《史记》篇章中的分布情况（见表2-2至表2-5）。

表2-2　　　　"是时"在《史记》书类中的分布

出现篇目（书）	出现次数	比例（总数17）（%）	备注
历书	2	11.8	
封禅书	6	35.3	与《孝武本纪》4处重复
河渠书	3	17.6	
平准书	6	35.3	

注：比例指在该类篇目出现次数的总和中所占的百分比。

表2-3　　　　"是时"在《史记》本纪中的分布

出现篇目（本纪）	出现次数	比例（总数26）（%）	备注
《殷本纪》	1	3.8	
《周本纪》	1	3.8	
《秦本纪》	2	7.8	
《项羽本纪》	8	30.8	
《高祖本纪》	8	30.8	

续表

出现篇目（本纪）	出现次数	比例（总数26）（%）	备注
《吕太后本纪》	1	3.8	
《孝文本纪》	1	3.8	
《孝武本纪》	4	15.4	与《封禅书》4处重复

注：比例指在该类篇目出现次数的总和中所占的百分比。

表 2-4　　　　"是时"在《史记》世家中的分布

出现篇目（世家）	出现次数	比例（总数29）（%）
《吴太伯世家》	2	6.9
《齐太公世家》	2	6.9
《鲁周公世家》	2	6.9
《卫康叔世家》	1	3.4
《晋世家》	5	17.2
《楚世家》	4	14
《赵世家》	1	3.4
《孔子世家》	3	10.4
《外戚世家》	3	10.4
《楚元王世家》	1	3.4
《齐悼王世家》	2	6.9
《留侯世家》	1	3.4
《陈丞相世家》	1	3.4
《梁孝王世家》	1	3.4

注：比例指在该类篇目出现次数的总和中所占的百分比。

表 2-5　　　　"是时"在《史记》列传中的分布

出现篇目（列传）	出现次数	比例（总数86）（%）
《仲尼弟子列传》	1	1.2
《苏秦列传》	1	1.2
《白起王翦列传》	1	1.2
《孟尝君列传》	1	1.2
《平原君虞卿列传》	1	1.2
《魏公子列传》	1	1.2
《春申君列传》	1	1.2
《屈原贾生列传》	2	2.3

续表

出现篇目（列传）	出现次数	比例（总数86）（%）
《吕不韦列传》	1	1.2
《刺客列传》	1	1.2
《李斯列传》	1	1.2
《蒙恬列传》	2	2.3
《张耳陈馀列传》	1	1.2
《田儋列传》	1	1.2
《樊郦滕灌列传》	1	1.2
《张丞相列传》	3	3.5
《刘敬叔孙通列传》	1	1.2
《季布栾布列传》	1	1.2
《袁盎晁错列传》	1	1.2
《张释之冯唐列传》	2	2.3
《万石张叔列传》	1	1.2
《田叔列传》	7	8
《魏其武安侯列传》	2	2.3
《韩长孺列传》	1	1.2
《李将军列传》	5	5.8
《匈奴列传》	9	10
《卫将军骠骑列传》	3	3.5
《平津侯主父列传》	6	7
《东越列传》	2	2.3
《西南夷列传》	1	1.2
《司马相如列传》	4	4.6
《淮南衡山列传》	3	3.5
《汲郑列传》	1	1.2
《儒林列传》	6	7
《酷吏列传》	5	5.8
《大宛列传》	4	4.6
《游侠列传》	1	1.2

注：比例指在该类篇目出现次数的总和中所占的百分比。

通过表2-2至表2-5，我们可以清晰而直观地了解到"是时"在

《史记》中分布的范围较广。我们结合具体篇章中"是时"的语篇衔接功能，来了解"是时"在《史记》语篇构建中的主要作用。我们选取"是时"出现频率较高的几篇作为代表，进入具体篇章的分析。主要包括《封禅书》《平准书》《项羽本纪》《高祖本纪》《晋世家》《田叔列传》《李将军列传》《匈奴列传》《平津侯主父列传》《儒林列传》《酷吏列传》这11篇。这11篇中"是时"的出现次数均在5次以上（包含5次）。那么，具体的实例就是《项羽本纪》5—12、《高祖本纪》13—20、《封禅书》29—34、《平准书》38—43、《晋世家》51—54、《田叔列传》99—105、《李将军列传》109—113、《匈奴列传》114—122、《平津侯主父列传》126—131、《儒林列传》143—148、《酷吏列传》149—153。

为了使结论更加直观，我们列表2-6作对比分析：

表2-6　　"是时"在《史记》11篇中的语篇衔接功能

篇目名称	语篇衔接功能（出现次数）
《项羽本纪》	导引解说（1）、顺承连接（2）、转换视角（1）、引入人物（4）
《高祖本纪》	导引解说（1）、转换视角（1）、引入人物（4）、顺承连接（2）
《封禅书》	导引解说（2）、顺承连接（1）、引入人物（3）
《平准书》	导引解说（4）、总评上文（1）、引入事件（1）
《晋世家》	导引解说（1）、补充说明（2）、引入人物（1）、构成因果关系（1）
《田叔列传》	导引解说（3）、引入人物（3）、引入事件（1）
《李将军列传》	顺承连接（1）、引入人物（2）、补充说明时间（1）、总评上文（1）
《匈奴列传》	导引解说（4）、转换视角（1）、引入人物（1）、引入事件（2）
《平津侯主父列传》	导引解说（2）、引入人物（3）、引入事件（1）
《儒林列传》	导引解说（3）、引入人物（1）、引入事件（1）
《酷吏列传》	导引解说（3）、引入人物（1）、引入事件（1）

总体来看，在"是时"出现频率较高的篇章中，其"导引解说"的语篇衔接功能体现得比较突出，遍布于这11篇的10篇中，其次就是"引入人物"这一语篇衔接功能。由此，我们也可以验证前文的结论，"是时"的主要语篇衔接功能为导引解说和引入人物。引入人物体现为并列呈现的构建关系，而导引解说则体现为补充关系。

唐玉环（2015）在《论古汉语篇章中的连接成分"是时"》一文中

讨论了"是时",确认"是时"基本的含义为"这时",其在语篇中有多重功能,包括评述前文、引入新线索、插入背景信息等。[①] 我们通过上述论证得出的结论与唐玉环提出的观点具有一致性,但唐玉环在列举实例时,其实是把"是时"和"当是时"等混在一起来谈的。我们将把"是时"和"当是时"等意义上接近,但形式上有差异的这些指称事件时间连接成分区分开来并进行单独讨论。

二 "当是时"的语篇衔接功能

通过《中华经典古籍库》的检索,我们检索到51处"当是时",实例见附录表2,以附录表2的实例序号为准,"当是时"的语篇衔接功能总结如下:序号为8、12—13、15、24、28、33—34、36、38、40、46的语段中的"当是时"表现为转换视角的语篇衔接功能,序号为2、31—32的语段中的"当是时"表现为补充说明时间的语篇衔接功能,序号为4、29、45、50的语段中的"当是时"表现为顺承连接的语篇衔接功能,序号为1、3、5—6、10—11、16、19、21—23、25、35、39、41、48—49的语段中的"当是时"表现为导引解说的语篇衔接功能,序号为9、20、26—27、30、42—44、47的语段中的"当是时"表现为总评上文的语篇衔接功能,序号为18、37的语段中的"当是时"表现为引入事件的语篇衔接功能,序号为7、14、17、51的语段中的"当是时"表现为引入人物的语篇衔接功能。为了使结论更加直观,我们列表表述"当是时"的语篇衔接功能:

表2-7　　　　　　　　"当是时"的语篇衔接功能

语篇衔接功能	合计	比例(%)	例句
转换视角	12	23.5	《史记·魏公子列传》:当是时,魏将相宗室宾客满堂,待公子举酒。
补充说明时间	3	5.9	《史记·范雎蔡泽列传》:当是时,秦昭王四十一年也。
顺承连接	4	7.8	《史记·秦始皇本纪》:始皇怒曰:"此中人泄吾语。"案问莫服。当是时,诏捕诸时在旁者,皆杀之。

---

① 唐玉环:《论古汉语篇章中的连接成分"是时"》,《福建江夏学院学报》2015年第3期。

续表

语篇衔接功能	合计	比例（%）	例句
导引解说	17	33.3	《史记·殷本纪》：当是时，夏桀为虐政淫荒，而诸侯昆吾氏为乱。
总评上文	9	17.7	《史记·项羽本纪》：当是时，楚兵冠诸侯。
引入事件	2	4	《史记·黥布列传》：当是时，秦急围赵，赵数使人请救。
引入人物	4	7.8	《史记·吕太后本纪》：当是时，济川王太、淮阳王武、常山王朝名为少帝弟，及鲁元王吕后外孙，皆年少未之国，居长安。

表2-7中"合计"指该语篇衔接功能出现次数，"比例"指出现的次数与总数51的百分比。通过表2-7，我们可以明确知道，"当是时"的主要语篇衔接功能是转换视角、导引解说和总结评述上文。

接下来，我们来看一下"当是时"的语篇衔接功能在《史记》篇章中的分布情况（见表2-8）。

表2-8　　　　"当是时"在《史记》篇章中的分布

出现篇目	出现次数	语篇衔接功能
《殷本纪》	1	导引解说
《秦本纪》	2	导引解说、补充说明时间
《秦始皇本纪》	3	导引解说、顺承连接
《项羽本纪》	6	引入人物、转换视角、总评上文、导引解说
《高祖本纪》	3	引入人物、转换视角
《吕太后本纪》	2	导引解说、引入人物
《平准书》	1	引入事件
《晋世家》	1	导引解说
《越王勾践世家》	1	总评上文
《郑世家》	1	导引解说
《陈涉世家》	1	导引解说
《荆燕世家》	1	导引解说
《萧相国世家》	1	转换视角
《伍子胥列传》	1	导引解说
《白起王翦列传》	1	总评上文

续表

出现篇目	出现次数	语篇衔接功能
《魏公子列传》	3	总评上文、顺承连接、转换视角
《春申君列传》	1	总评上文
《范雎蔡泽列传》	2	补充说明
《乐毅列传》	1	转换视角
《鲁仲连邹阳列传》	1	转换视角
《吕不韦列传》	1	导引解说
《张耳陈馀列传》	1	转换视角
《黥布列传》	1	引入事件
《淮阴侯列传》	2	转换视角、导引解说
《韩信卢绾列传》	1	转换视角
《刘敬叔孙通列传》	1	导引解说
《季布栾布列传》	2	总评上文
《袁盎晁错列传》	1	总评上文
《魏其武安侯列传》	1	顺承连接
《韩长孺列传》	1	转换视角
《平津侯主父列传》	1	总评上文
《西南夷列传》	1	导引解说
《淮南衡山列传》	2	导引解说、顺承连接
《汲郑列传》	1	引入人物

尽管"当是时"出现的次数（51）远低于"是时"出现的次数（158），但"当是时"在《史记》中的分布却很广，除了"表"之外，在"本纪""世家""书""列传"都出现了。"当是时"的主要语篇衔接功能与"是时"的主要语篇衔接功能有交叉，即"导引解说"，两者的主要语篇衔接功能都包含"导引解说"，但也存在差异，"当是时"的另外两个主要的语篇衔接功能是"转换视角"和"总评上文"，而"是时"另外还有一个主要的语篇衔接功能是"引入人物"。由此，我们也知道，唐玉环（2015）在《论古汉语篇章中的连接成分"是时"》一文中把"是时"和"当是时"放在一起讨论是不够严谨的。

三 "当是之时"的语篇衔接功能

通过《中华经典古籍库》的检索，我们找到 19 处"当是之时"，实例语段参照附录表 3，以附录表 3 的序号为准，"当是之时"的语篇衔接功能总结如下：序号为 1、6、12 的语段中的"当是之时"的语篇衔接功能表现为顺承连接，序号为 2—5、7—9、11、13—18 的语段中的"当是之时"的语篇衔接功能表现为导引解说，序号为 10 的语段中的"当是之时"的语篇衔接功能表现为引入事件，序号为 19 的语段中的"当是之时"的语篇衔接功能表现为总评上文，我们采取列表的方式来呈现"当是之时"的主要语篇衔接功能（见表 2-9）。

表 2-9　　　　　　　　"当是之时"的语篇衔接功能

语篇衔接功能	合计	比例（%）	例句
顺承连接	3	15.8	《史记·老子韩非列传》：当是之时，虽欲为孤豚，岂可得乎？
导引解说	14	73.6	《史记·秦始皇本纪》：当是之时，天下大旱，六月至八月乃雨。
引入事件	1	5.3	《史记·张释之冯唐列传》：当是之时，匈奴新大入朝䢒，杀北地都尉卬。
总评上文	1	5.3	《史记·酷吏列传》：当是之时，吏治若救火扬沸，非武健严酷，恶能胜其任而愉快乎！

表 2-9 中，"合计"指该语篇衔接功能出现的次数，"比例"是出现次数与总数（19）的百分比。"当是之时"的主要语篇衔接功能是导引解说。

"当是之时"的语篇衔接功能在《史记》篇章中的分布情况，我们列表 2-10。

表 2-10　　　　　　　"当是之时"在《史记》篇章中的分布

出现篇目	出现次数	语篇衔接功能
《秦本纪》	1	顺承连接
《秦始皇本纪》	2	导引解说
《高祖本纪》	1	导引解说
《平准书》	1	导引解说

续表

出现篇目	出现次数	语篇衔接功能
《老子韩非列传》	1	顺承连接
《孟子荀卿列传》	1	导引解说
《春申君列传》	1	导引解说
《季布栾布列传》	1	导引解说
《张释之冯唐列传》	2	引入事件、导引解说
《匈奴列传》	4	顺承连接、导引解说
《平津侯主父列传》	1	导引解说
《东越列传》	1	导引解说
《淮南衡山列传》	1	导引解说
《酷吏列传》	1	总评上文

由表2-10可知，"当是之时"主要出现在"列传"中，其次是"本纪"，在"书"中只出现1次，即在《平准书》中出现1次。由统计可知，"当是之时"的主要语篇衔接功能就是"导引解说"，这一语篇衔接功能与"是时""当是时"的主要语篇衔接功能是有交叉的。

四 "方是时""方是之时"的语篇衔接功能

通过《中华经典古籍库》的检索，我们找到含有"方是时"的语段1处（见附录表7），含有"方是之时"的语段1处（见附录表8），依次列举如下：

1. 《史记·苏秦列传》：苏秦曰："我非忘子。子之与我至燕，再三欲去我易水之上，方是时，我困，故望子深，是以后子。子今亦得矣。"

2. 《史记·孙子吴起列传》：文曰："主少国疑，大臣未附，百姓不信，方是之时，属之于子乎？属之于我乎？"

例1是"方是时"的检索结果，这一语段的大意是："苏秦说：'我并非忘了你，当初你和我一起到燕国去，在易水边上，你好几次想要离开我，那时我的处境非常困窘，所以我深深地怨恨你，所以把你放在了最后，现在你也可以得到赏赐了。'""方是时"，引入叙述者的情况描写，有导引解说的作用。例2是"方是之时"的检索结果,这一段话的意思是:"田文说:'如今国君很年轻,国家对他充满怀疑,大臣们都不亲附国君,老百姓对他也不信任,在如今这个时局下,国相是让您来做呢?还是让我来做呢?'"上文叙述魏国设置宰相,以田文为宰相,吴起不服,于是二人争论,田文指出当前的时局情况,"方是之时",是指代前文"主少国疑,大臣未附,百姓不信"这一情况,"方是之时",作句中状语,有指代作用。再次需要说明的是,因为"方是时"和"方是之时"都是孤例,因此在第三章和第四章的统计和论述中不再提及。

第二节 "此时""当此时""当此之时"的语篇衔接功能

一 "此时"的语篇衔接功能

通过对《中华经典古籍库》的检索,我们找到23处含有"此时"的语段实例,见附录表4。这23处"此时"的语篇衔接功能总结如下(序号以附录表4为准):

序号为1、3、5—10、12—13、15—20、23的语段中"此时"的语篇衔接功能表现为顺承连接,序号为2、4、14、21的语段中"此时"的语篇衔接功能表现为引入人物,序号为11、22的语段中"此时"的语篇衔接功能表现为导引解说。

根据上下文语境,"此时"中的"时"有两个含义,一个是"时候"的意思,一个是"时机"的意思。"此时"可以指"这个机会",也可以指"这时候"。我们列表表述"此时"的语篇衔接功能(见表2-11)。

表2-11　　　　　　　　"此时"的语篇衔接功能

语篇衔接功能	合计	比例(%)	语篇位置	例句
顺承连接	17	73.9	与"因"或"以"组合构成介词短语在句中作状语、宾语,或句首主语	《史记·萧相国世家》:王卫尉曰:"夫职事苟有便于民而请之,真宰相事,陛下奈何乃疑相国受贾人钱乎!且陛下距楚数岁,陈豨、黥布反,陛下自将而往,当是时,相国守关中,摇足则关以西非陛下有也。相国不以此时为利,今乃利贾人之金乎?且秦以不闻其过亡天下,李斯之分过,又何足法哉。陛下何疑宰相之浅也。"

续表

语篇衔接功能	合计	比例（%）	语篇位置	例句
引入人物	4	17.4	句首状语	《史记·项羽本纪》：<u>此时</u>沛公亦起沛往焉。
导引解说	2	8.7	句首状语	《史记·孟尝君列传》：<u>此时</u>孟尝君有一狐白裘，直千金，天下无双，入秦献之昭王，更无他裘。

表2-11中"合计"指该语篇衔接功能出现的次数，"比例"指语篇衔接功能出现的次数与总数（23）的比例，在统计中，我们发现，"此时"具有"引入人物"和"导引解说"这两个语篇衔接功能的时候，"时"的含义是"时候"，而"此时"具有"顺承连接"的语篇衔接功能的时候，"时"多数可以训释为"时机"，也可以被训释为"时候"。并且，语篇衔接功能不同，语篇位置及句法意义也有差异。下面我们以两种不同的释义来归类，了解实例。

"此时"中的"时"当"时机"讲的实例（序号以附录表4为准）包括1、3、5、7、9—10、12—13、15、17、20、23。由对实例的具体分析可知，这12个实例中"此时"的语篇衔接功能都是顺承连接，语篇位置相对灵活，可以出现在句首，也可以出现在句中。

"此时"中的"时"当"时候"讲的实例（序号以附录表4为准）包括2、4、6、8、11、14、16、18—19、21—22。这11个实例中的"此时"的语篇衔接功能有顺承连接、引入人物和导引解说，与前12个实例相对比，其表现出来的语篇衔接功能的类型比较丰富。在体现为引入人物和导引解说两种语篇衔接功能时，语篇位置固定，位于句首，作状语。

最后，我们来看一下"此时"在《史记》篇目中的分布情况（见表2-12）。

表2-12　　　　"此时"在《史记》篇章中的分布

出现篇目	出现次数	语篇衔接功能
《秦始皇本纪》	1	顺承连接
《项羽本纪》	1	引入人物
《吴太伯世家》	1	顺承连接
《晋世家》	1	引入人物

续表

出现篇目	出现次数	语篇衔接功能
《越王勾践世家》	1	顺承连接
《韩世家》	1	顺承连接
《萧相国世家》	1	顺承连接
《绛侯周勃世家》	1	顺承连接
《商君列传》	1	顺承连接
《穰侯列传》	1	顺承连接
《孟尝君列传》	1	导引解说
《魏公子列传》	1	顺承连接
《范雎蔡泽列传》	1	顺承连接
《鲁仲连邹阳列传》	2	引入人物、顺承连接
《吕不韦列传》	1	顺承连接
《刺客列传》	1	顺承连接
《蒙恬列传》	1	顺承连接
《张耳陈馀列传》	1	顺承连接
《淮阴侯列传》	1	顺承连接
《南越列传》	1	引入人物
《淮南衡山列传》	1	导引解说
《大宛列传》	1	顺承连接

"此时"在《史记》的"本纪""世家""列传"中都出现了,集中出现在"列传"中,其主要语篇衔接功能是"顺承连接"。

二 "当此时"的语篇衔接功能

通过《中华经典古籍库》的检索,我们找到9处含有"当此时"的语段,见附录表5,以附录表5的序号为准,"当此时"的语篇衔接功能概述如下:序号为1、2的实例语段中"当此时"的语篇衔接功能表现为转换视角,序号为3、5、9的实例语段中"当此时"的语篇衔接功能表现为引入人物,序号为4、6、8的实例语段中"当此时"的语篇衔接功能表现为导引解说,序号为7的实例语段中"当此时"的语篇衔接功能表现为顺承连接。上述9个实例中,需要说明的是例4和例5,例4和例5选取的语段相同,但上下文语境不同,在这两个实例中,"当此时"的语篇衔接功能也不同，在例 4 中，上文叙述韩信击败了齐国，并击溃了楚军，斩杀龙且，齐王投靠了彭越。"当此时"，顺承介绍彭越的信息，有导引解说的语篇衔接功能。例 5 中，上文叙述汉王病愈后的举动，"当此时"，引入彭越的作战情况，继而叙述汉军和楚军的情况，有引入人物的语篇衔接功能。下面我们把"当此时"的语篇衔接功能列表表述如下：

表 2-13　　　　　　　　"当此时"的语篇衔接功能

语篇衔接功能	合计	比例（%）	语篇位置	例句
转换视角	2	22.3	句首	《史记·项羽本纪》：章邯已破项梁军，则以为楚地兵不足忧，乃渡河击赵，大破之。当此时，赵歇为王，陈馀为将，张耳为相，皆走入巨鹿城。
引入人物	3	33.3	句首	《史记·项羽本纪》：当此时，彭越数反梁地，绝楚粮食，项王患之。
导引解说	3	33.3	句首	《史记·晋世家》：当此时，晋强，西有河西，与秦接境，北边翟，东至河内。
顺承连接	1	11.1	句首	《史记·陈涉世家》：当此时，诸郡县苦秦吏者，皆刑其长吏，杀之以应陈涉。

表 2-13 中，"合计"为该语篇衔接功能出现的次数，"比例"为其出现次数与总数（9）的百分比，"当此时"的语篇衔接功能体现为转换视角、引入人物、导引解说和顺承连接。"当此时"在《史记》中篇章的分布情况（见表 2-14）。

表 2-14　　　　　　"当此时"在《史记》篇章中的分布

出现篇目	出现次数	语篇衔接功能
《秦始皇本纪》	1	转换视角
《项羽本纪》	2	转换视角、引入人物
《高祖本纪》	2	导引解说、引入人物
《晋世家》	1	导引解说
《陈涉世家》	2	顺承连接、导引解说
《范雎蔡泽列传》	1	引入人物

"当此时"出现在《史记》的"本纪""世家"和"列传"中，主要

出现在"本纪"和"世家"中。"当此时"和"此时"的主要语篇衔接功能是不同的,前者是"顺承连接",后者是"引入人物"和"导引解说"。

三 "当此之时"的语篇衔接功能

通过《中华经典古籍库》的检索,我们找到 9 处含有"当此之时"的语段,见附录表 6,以附录表 6 的序号为准,"当此之时"的语篇衔接功能概述如下:序号为 1—4、7—9 的实例语段中"当此之时"的语篇衔接功能表现为导引解说,序号为 5—6 的实例语段中"当此之时"的语篇衔接功能表现为总评上文。"当此之时"的语篇衔接功能见表 2-15。

表 2-15   "当此之时"的语篇衔接功能

语篇衔接功能	合计	比例(%)	语篇位置	例句
导引解说	7	77.8	句首	《史记·平准书》:当此之时,网疏而民富,役财骄溢,或至兼并豪党之徒,以武断于乡曲。
总评上文	2	22.2	句首	《史记·张耳陈馀列传》:当此之时,名闻天下。

表 2-15 中,"合计"为该语篇衔接功能出现次数,"比例"为出现次数与总数(9)的百分比,"当此之时"的"导引解说"功能表现突出。"当此之时"在《史记》中篇章的分布情况见表 2-16。

表 2-16   "当此之时"在《史记》篇章中的分布

出现篇目	出现次数	语篇衔接功能
《平准书》	1	导引解说
《陈涉世家》	2	导引解说
《魏公子列传》	1	导引解说
《范雎蔡泽列传》	1	总评上文
《张耳陈馀列传》	1	总评上文
《淮阴侯列传》	1	导引解说
《滑稽列传》	2	导引解说

"当此之时"主要出现在《史记》的"列传"中,其主要的语篇衔

接功能是"导引解说",与"当此时"的主要语篇衔接功能有交叉,交叉在"导引解说"。

第三节 "是日""是岁""是年"的语篇衔接功能

一 "是日"的语篇衔接功能

通过对《中华经典古籍库》的检索,我们找到 16 处含有"是日"的语段,见附录表 9。王海棻先生的《古汉语时间范畴词典》对"是日"的解释是:"这一日,这天。"① 其举证中有两个《史记》中的例子:

1. 《史记·高祖本纪》:高祖欲长都洛阳,齐人刘敬说及留侯劝上入都关中,高祖是日驾,入都关中。
2. 《史记·张释之冯唐列传》:文帝说,是日令冯唐持节赦魏尚,复以为云中守。

我们的检索结果表明,16 个实例中,有 15 个实例"是日"的释义与王海棻先生的解说是一致的,即"这一日,这天"。有 1 例"是日"不是"这一日,这天"的意思。即附录表 9 例 1,这段话的大意是:夏桀施行暴政,老百姓说:"这个太阳什么时候消灭,我宁愿和你一起灭亡。"这里的"是日"是"这个太阳"的意思。因此,不在我们的统计范围。以附录 9 的序号为准,"是日"的实例中,表现为顺承连接的语篇衔接功能的是序号为 2—3、5—6、8—9、11—12、15—16 的实例语段;表现为导引解说的语篇衔接功能的是序号为 4、7、10、13—14 的实例语段。

列表 2-17 统计"是日"的语篇衔接功能如下:

表 2-17　　　　　　　　"是日"的语篇衔接功能

语篇衔接功能	合计	比例(%)	语篇位置	例句
顺承连接	10	67	句首	《史记·田敬仲完世家》:是日,烹阿大夫,及左右尝誉者皆并烹之。

---

① 王海棻:《古汉语时间范畴词典》,安徽教育出版社 2004 年版,第 344 页。

续表

语篇衔接功能	合计	比例（%）	语篇位置	例句
导引解说	5	33	句首	《史记·樊郦滕灌列传》：是日微樊哙奔入营诮让项羽，沛公事几殆。

表2-17中，"合计"指该语篇功能出现的次数，"比例"指其出现次数与总数16的百分比。由表2-17可知"是日"的主要语篇衔接功能是"顺承连接"。

我们再来看，"是日"在《史记》篇章中的分布情况，列表2-18统计如下：

表2-18　　　　　"是日"在《史记》篇章中的分布

出现篇目	出现次数	语篇衔接功能
《高祖本纪》	2	顺承连接
《天官书》	1	导引解说
《田敬仲完世家》	1	顺承连接
《孔子世家》	2	顺承连接、导引解说
《外戚世家》	2	顺承连接
《萧相国世家》	2	导引解说、顺承连接
《陈丞相世家》	1	顺承连接
《范雎蔡泽列传》	1	导引解说
《樊郦滕灌列传》	1	导引解说
《张释之冯唐列传》	1	顺承连接
《酷吏列传》	1	顺承连接

由表2-18可知，尽管"是日"的实例并不多，但分布却较广，在《史记》中的"书""本纪""世家""列传"中都出现了。

二　"是岁"的语篇衔接功能

通过《中华经典古籍库》的检索，我们找到84处含有"是岁"的语段，见附录表10，以附录表10中的实例序号为准，表现为总评上文的语篇衔接功能的实例是例77；表现为导引解说的语篇衔接功能的实例的序号为：1、8、14、16、19、79；表现为补充说明时间的语篇衔接功能的实例的序号为：7、13、40、58—59、64、68—69、70、72、74、76、80—81、83；表现为引入事件的语篇衔接功能的实例的序号为：2—6、9—12、15、18、20—39、41—57、60—63、65—67、71、73、75、78、82、84。这里需要说明的是，例17不符合我们的语义要求，即例17中的"是岁"不具备指称事件功能。例17的具体例句如下：

> 《史记·平准书》：自孝文更造四铢钱，至<u>是岁</u>四十余年，从建元以来，用少，县官往往即多铜山而铸钱，民亦间盗铸钱，不可胜数。

例17中的"是岁"指代具体的时间，不符合我们的指称事件的要求，因此不列入分析范围中来。下面我们列表梳理"是岁"的语篇衔接功能见表2-19：

表2-19 "是岁"的语篇衔接功能

语篇衔接功能	合计	比例（%）	语篇位置	例句
总评上文	1	1.2	句首	《史记·匈奴列传》：是岁汉兵之出击匈奴者不得言功多少，功不得御。
导引解说	6	7.2	句首	《史记·孝武本纪》：<u>是岁</u>旱。
补充说明时间	15	18.1	句首	《史记·晋世家》：<u>是岁</u>，齐威王元年也。
引入事件	61	73.5	句首	《史记·周本纪》：二十四年，崩，子安王骄立。<u>是岁</u>盗杀楚声王。

表2-19中"合计"指该语篇功能出现的次数，"比例"为其出现次数和总数（83）的百分比。王海棻先生的《古汉语时间范畴词典》中"是岁"指"这一年"。[①] 这本词典中有两个《史记》中的例子：

> 1. 《史记·孟尝君列传》：宣王七年，田婴使于韩、魏，韩、魏服于齐……明年，复与梁惠王会甄。<u>是岁</u>，梁惠王卒。

[①] 王海棻：《古汉语时间范畴词典》，安徽教育出版社2004年版，第345页。

2.《史记·樊郦滕灌列传》：而太尉勃乃得入据北军，遂诛诸吕。是岁商卒，谥为景侯。

通过我们的统计分析，"是岁"的释义是"这一年"，其主要语篇衔接功能是"引入事件"。我们接着来看"是岁"在《史记》篇章中的分布情况（见表2-20）：

表2-20　　　　　　"是岁"在《史记》篇章中的分布

出现篇目	出现次数	语篇衔接功能
《周本纪》	2	导引解说、引入事件
《秦本纪》	1	引入事件
《秦始皇本纪》	1	引入事件
《高祖本纪》	1	引入事件
《孝武本纪》	4	引入事件、补充说明、导引解说
《封禅书》	6	引入事件、补充说明、导引解说
《平准书》	3	导引解说、引入事件
《齐太公世家》	5	引入事件
《燕召公世家》	5	引入事件
《管蔡世家》	1	引入事件
《陈杞世家》	5	引入事件
《宋微子世家》	1	引入事件
《晋世家》	4	引入事件、补充说明时间
《楚世家》	4	引入事件
《郑世家》	3	引入事件
《赵世家》	2	引入事件
《魏世家》	2	引入事件
《韩世家》	3	引入事件
《田敬仲完世家》	1	引入事件
《孔子世家》	4	引入事件、补充说明时间
《齐悼惠王世家》	1	引入事件
《苏秦列传》	1	引入事件
《白起王翦列传》	1	引入事件
《孟尝君列传》	1	引入事件

续表

出现篇目	出现次数	语篇衔接功能
《春申君列传》	1	补充说明时间
《廉颇蔺相如列传》	1	引入事件
《樊郦滕灌列传》	2	引入事件
《李将军列传》	1	补充说明时间
《匈奴列传》	9	补充说明时间、引入事件、总评上文
《卫将军骠骑列传》	3	引入事件、导引解说、补充说明时间
《大宛列传》	3	引入事件、补充说明时间
《太史公自序》	1	引入事件

由表2-20，我们知道，"是岁"在《史记》篇章中分布得较广，"世家"和"本纪"中出现得较多，"本纪"和"书"中也有。单从篇目来看，"是岁"在"世家"中分布更为广泛。

三 "是年"的语篇衔接功能

根据《中华经典古籍库》的检索结果，含有"是年"的语段共有8处，见附录表11。8处"是年"均有引入事件的语篇衔接功能，均在句首出现。我们举个例子来看"是年"的引入事件的语篇衔接功能的体现，如：

《史记·管蔡世家》：<u>是年</u>，楚亦复立陈。

这句话的意思是："这一年，楚平王又恢复了陈国。"上文叙述楚平王拥立了蔡国的后代。"是岁"，并列陈述楚平王又拥立陈国的后代，有引入事件的语篇衔接功能。

王海棻先生的《古汉语时间范畴词典》中"是年"的释义是"这一年"，[①] 没有举《史记》中的例子。通过我们的检索分析，在《史记》中，"是年"的语义是"这一年"，主要语篇衔接功能是引入事件。

我们来看一下"是年"在《史记》篇目中的分布情况（见表2-21）：

---

① 王海棻：《古汉语时间范畴词典》，安徽教育出版社2004年版，第344页。

表 2-21　　　　　　"是年"在《史记》篇目中的分布

出现篇目	出现次数	语篇衔接功能
《管蔡世家》	1	引入事件
《陈杞世家》	2	引入事件
《卫康叔世家》	1	引入事件
《宋微子世家》	1	引入事件
《晋世家》	2	引入事件
《楚世家》	1	引入事件

由表 2-21 可知，"是年"只是出现在《史记》中的"世家"中，语篇衔接功能也只有一个，即"引入事件"。

第四节　"是后""自是后""自是之后" "其后"的语篇衔接功能

一　"是后"的语篇衔接功能

通过《中华经典古籍库》，我们检索到 14 处含有"是后"的语段，见附录表 12。14 处"是后"的语段实例均表现出导引解说的语篇衔接功能。王海棻先生在《古汉语时间范畴词典》中对"是后"的释义是"此后"。① 通过检索分析，《史记》中的"是后"的语义是"这以后、此后"，"是后"语篇衔接功能主要体现为导引解说，陈述前文事件的影响。我们通过一个例子来看一下"是后"体现为导引解说的语篇衔接功能的情况，如：

　　《史记·十二诸侯年表》：<u>是后</u>或力政，强乘弱，兴师不请天子。

这一语段的大意是："从那以后，不同的诸侯国彼此开始武力征伐，强盛的国家欺压弱小的国家，征讨也不再请示周天子。"上文叙述周厉王逃到了彘，祸乱从京师开始，后来朝廷由周公、召公联合执政。"是"，

---

① 王海棻：《古汉语时间范畴词典》，安徽教育出版社 2004 年版，第 344 页。

代词，复指上文，"是后"，有导引解说的语篇衔接功能。

我们来列表 2-22 表述"是后"在《史记》中篇目的分布情况：

表 2-22　　　　"是后"在《史记》篇章中的分布

出现篇目	出现次数	语篇衔接功能
《十二诸侯年表》	1	导引解说
《六国年表》	1	导引解说
《礼书》	1	导引解说
《陈丞相世家》	1	导引解说
《梁孝王世家》	1	导引解说
《魏公子列传》	1	导引解说
《张丞相列传》	1	导引解说
《魏其武安侯列传》	1	导引解说
《匈奴列传》	3	导引解说
《儒林列传》	2	导引解说
《大宛列传》	1	导引解说

由表 2-22 可知，"是后"在《史记》的篇章中分布范围广，在"表""书""世家""列传"中都出现了，其语篇衔接功能的类型只有一个，即"导引解说"。

二　"自是后"的语篇衔接功能

通过《中华经典古籍库》，我们检索到 3 处含有"自是后"的语段，见附录表 13。"自是后"的语篇衔接功能是"导引解说"，承接上文，叙述事件的结果或影响。因为实例只有 3 处，全部列举如下：

1. 《史记·秦始皇本纪》：自是后莫知行之所在。
2. 《史记·建元以来侯者年表》：自是后，遂出师北讨强胡，南诛劲越，将卒以次封矣。
3. 《史记·鲁周公世家》：自是后，诸侯多畔王命。

例 1 中，这句话的意思是："从此以后，没有谁知道皇帝的行踪所在了。"上文叙述秦始皇怀疑有人泄露了他所说的话，就杀掉了所有跟随的人，"是"，代词，指这件事，"自是后"，有导引解说的语篇衔接功能，叙述上文事件的影响。例2中，这一语段的大意是："从此以后，汉朝就向北方出兵讨伐强悍的匈奴，向南方出兵消灭了强大的南越，将士们最终也都依据功劳受到了封赏。""是"，代词，指汉朝统一的条件，"自是后"，有导引解说的语篇衔接功能。例3中，这句话的意思是："从此以后，诸侯常常有违抗王命的。"上文叙述懿公九年（前807），伯御杀了懿公，成为鲁国的国君。后来周宣王攻伐鲁国，杀死伯御，拥立孝公。"是"，代词，指上文叙述的事件，"自是后"有导引解说的语篇衔接功能。

三 "自是之后"的语篇衔接功能

通过《中华经典古籍库》，我们检索到25处含有"自是之后"的语段，见附录表14。"自是之后"的语篇衔接功能体现在"导引解说"方面，基本上是承接上文事件，阐释该事件的后世影响，或是概要介绍上文同类人物的情形。下面我们来看一个具体的实例分析，如：

《史记·平准书》：<u>自是之后</u>，有腹诽之法比，而公卿大夫多谄谀取容矣。

这句话的意思是："从此以后，便有了可以比照执行的'腹诽'的刑法条文。而公卿大夫们多阿谀奉承、谄媚逢迎取悦于人以保全自己。""是"指前文所述的颜异与客人闲谈时稍微动了动嘴唇，客人以为颜异不认可自己的看法就反唇相讥了几句，张汤听说这件事后，在皇帝那里诬陷颜异，说颜异在心里诽谤朝廷颁布的法令，其罪当诛。"自是之后"的语句阐释了这件事之后的影响，"自是之后"有导引解说的语篇衔接功能。

我们列表2-23观察"自是之后"在《史记》篇目中的分布情况：

表2-23　　　　"自是之后"在《史记》篇章中的分布

出现篇目	出现次数	语篇衔接功能
《律书》	1	导引解说

续表

出现篇目	出现次数	语篇衔接功能
《天官书》	1	导引解说
《封禅书》	1	导引解说
《河渠书》	2	导引解说
《平准书》	3	导引解说
《赵世家》	1	导引解说
《齐悼惠王世家》	1	导引解说
《五宗世家》	1	导引解说
《孟尝君列传》	1	导引解说
《范雎蔡泽列传》	1	导引解说
《李将军列传》	1	导引解说
《匈奴列传》	5	导引解说
《卫将军骠骑列传》	1	导引解说
《儒林列传》	3	导引解说
《游侠列传》	1	导引解说
《佞幸列传》	1	导引解说

由表2-23可知,"自是之后"出现在《史记》的"书""世家""列传"中,尤其是在"书"的篇目中分布较广,有5篇,占总数（8）的62.5%。

四 "其后"的语篇衔接功能

"其后"在《史记》中有两种较为常见的训释,一种是"他（们）/她（们）的后代",另一种是"从这（那）以后",我们这里关注的是在语境中体现为第二种训释的"其后",在这种训释条件下,"其"为代词,"后"为方位名词。通过《中华经典古籍库》,我们检索到173处"其后"的语段实例,其中有172个实例语义符合我们的要求。具体实例,见附录表15,以附录表15的实例序号为准,"其后"表现为导引解说的语篇衔接功能的实例序号为：1、2、3、98、108、133、147、161、162、166；表现为转换视角的语篇衔接功能的实例序号为：71、107、113、114；表现为引入人物的语篇衔接功能的实例序号为：60、76、97、143；表现为引入事件的语篇衔接功能的实例序号为：63、85、86、146；表现为顺承连接的语篇衔接功能的实例序号为：5—59、61、62、64—70、72—75、77—84、87—96、99—106、109—112、115—132、134—142、144—145、148—160、163—165、167—173。在这里需要强调的是，例4的"其后"不符合指称事件这一语义要求，实例具体内容如下：

《史记·秦始皇本纪》：乡使二世有庸主之行，而任忠贤，臣主一心而忧海内之患，缟素而正先帝之过，裂地分民以封功臣之后，建国立君以礼天下，虚囹圄而免刑戮，除去收帑汙秽之罪，使各反其乡里，发仓廪，散财币，以振孤独穷困之士，轻赋少事，以佐百姓之急，约法省刑以持其后，使天下之人皆得自新，更节修行，各慎其身，塞万民之望，而以威德与天下，天下集矣。

在这一实例中"其后"不具备指称事件的特征，因此不在我们以下的分析范围中。

"其后"的语篇衔接功能梳理见表2-24：

表2-24　　　　　　　　"其后"的语篇衔接功能

语篇衔接功能	合计	比例（%）	语篇位置	例句
导引解说	10	5.8	句首	《史记·酷吏列传》：其后小吏畏诛，虽有盗不敢发，恐不能得，坐课累府，府亦使其不言。
转换视角	4	2.3	句首	《史记·陈丞相世家》：其后，楚急攻，绝汉甬道，围汉王于荥阳城。
引入人物	4	2.3	句首	《史记·匈奴列传》：其后燕有贤将秦开，为质于胡，胡甚信之。
引入事件	4	2.3	句首	《史记·匈奴列传》：其后冬，匈奴军臣单于死。
顺承连接	150	87.3	句首	《史记·天官书》：秦始皇之时，十五年彗星四见，久者八十日，长或竟天。其后秦遂以兵灭六王，并中国，外攘四夷，死人如乱麻，因以张楚并起，三十年之间兵相骀借，不可胜数。

表2-24中，"合计"为该语篇衔接功能出现次数，"比例"为其出现次数与总数（173）的百分比，"其后"的语篇功能主要体现为顺承连接，

出现150次,占87.3%,导引解说、转换视角、引入人物和引入事件功能,出现次数较少,所占比例不高。

接下来,我们列表2-25观察"其后"在《史记》篇章中的分布情况:

表2-25　　　　　"其后"在《史记》篇章中的分布

出现篇目	出现次数	语篇衔接功能
《周本纪》	2	导引解说
《秦始皇本纪》	1	导引解说
《孝武本纪》	11	顺承连接
《秦楚之际月表》	1	顺承连接
《历书》	3	顺承连接
《天官书》	2	顺承连接
《封禅书》	23	顺承连接
《河渠书》	5	顺承连接
《平准书》	5	顺承连接
《鲁周公世家》	1	顺承连接
《卫康叔世家》	1	顺承连接
《宋微子世家》	2	顺承连接
《晋世家》	2	顺承连接、引入人物
《越王勾践世家》	1	顺承连接
《赵世家》	1	顺承连接
《魏世家》	1	引入事件
《田敬仲完世家》	2	顺承连接
《孔子世家》	2	顺承连接
《外戚世家》	2	顺承连接
《曹相国世家》	1	顺承连接
《陈丞相世家》	3	转换视角、顺承连接
《绛侯周勃世家》	3	顺承连接、引入人物
《梁孝王世家》	1	顺承连接
《五宗世家》	2	顺承连接
《三王世家》	3	顺承连接
《管晏列传》	1	顺承连接
《司马穰苴列传》	1	顺承连接
《孙子吴起列传》	1	引入事件
《伍子胥列传》	5	引入事件、顺承连接
《商君列传》	1	导引解说

续表

出现篇目	出现次数	语篇衔接功能
《苏秦列传》	2	顺承连接
《张仪列传》	2	顺承连接
《孟子荀卿列传》	1	顺承连接
《孟尝君列传》	1	引入人物
《平原君虞卿列传》	1	导引解说
《魏公子列传》	1	顺承连接
《乐毅列传》	3	顺承连接
《廉颇蔺相如列传》	2	顺承连接
《鲁仲连邹阳列传》	1	顺承连接
《屈原贾生列传》	3	顺承连接、转换视角、导引解说
《刺客列传》	8	顺承连接、转换视角
《樊郦滕灌列传》	2	顺承连接
《张丞相列传》	2	顺承连接
《袁盎晁错列传》	1	顺承连接
《张释之冯唐列传》	3	顺承连接
《万石张叔列传》	1	顺承连接
《田叔列传》	5	顺承连接
《扁鹊仓公列传》	2	顺承连接
《韩长孺列传》	2	导引解说、顺承连接
《李将军列传》	1	顺承连接
《匈奴列传》	12	顺承连接、引入人物、引入事件、导引解说
《卫将军骠骑列传》	7	顺承连接
《南越列传》	2	顺承连接
《司马相如列传》	1	顺承连接
《淮南衡山列传》	1	顺承连接
《儒林列传》	1	顺承连接
《酷吏列传》	3	顺承连接、导引解说
《大宛列传》	6	顺承连接、导引解说
《游侠列传》	1	顺承连接
《滑稽列传》	3	顺承连接
《货殖列传》	1	顺承连接

由表 2-25，我们知道，"其后"在《史记》中出现的实例较多，在《史记》篇章中的分布也较广，"列传"36 篇，占总数（70）的 51.4%，"世家"16 篇，占总数（30）的 53.3%，"书"5 篇，占总数（8）的 62.5%，此外，在"本纪"和"表"中也有"其后"的实例。"其后"主要的语篇衔接功能是"顺承连接"。"其后"可以是叙述者视角，也可以是历史事件或人物的视角，比较灵活，从叙述行为的角度来说，这是其分布广泛的重要原因。

第五节　本章小结

在这一章中，我们主要探讨了《史记》中指称事件时间连接成分的语篇衔接功能，这些指称事件时间连接成分主要包括"是时""当是时""当是之时""此时""当此时""当此之时""是日""是岁""是年""是后""自是后""自是之后""其后"等，我们依托《中华经典古籍库》对这些指称事件时间连接成分进行穷尽式检索，并通过列表的形式梳理了这些指称事件时间连接成分的语篇衔接功能及其语篇分布情况。"是时"的语篇衔接功能主要有：顺承连接、转换视角、总评上文、引入人物、导引解说、补充说明时间、引入事件、构成因果关系；"当是时"的语篇衔接功能主要有：转换视角、补充说明时间、顺承连接、导引解说、总评上文、引入事件、引入人物；"当是之时"的语篇衔接功能主要有：顺承连接、导引解说、引入事件、总评上文；"此时"的语篇衔接功能主要有：顺承连接、引入人物、导引解说；"当此时"的语篇衔接功能主要有：转换视角、引入人物、导引解说、顺承连接；"当此之时"的语篇衔接功能主要有：导引解说、总评上文；"是日"的语篇衔接功能主要有：顺承连接、导引解说；"是岁"的语篇衔接功能主要有：总评上文、导引解说、补充说明时间、引入事件；"是年"的语篇衔接功能主要是引入事件；"是后""自是后"以及"自是之后"的语篇衔接功能主要是导引解说；"其后"的语篇衔接功能主要是：导引解说、转换视角、引入人物、引入事件、顺承连接。我们列表 2-26 对比这些指称事件时间连接成分的语篇衔接功能：

表 2-26　　《史记》指称事件时间连接成分的语篇衔接功能

指称事件时间连接成分	语篇衔接功能	语篇衔接功能数量
是时	顺承连接、转换视角、总评上文、引入人物、导引解说、补充说明时间、引入事件、构成因果关系	8
当是时	转换视角、补充说明时间、顺承连接、导引解说、总评上文、引入事件、引入人物	7
当是之时	顺承连接、导引解说、引入事件、总评上文	4
此时	顺承连接、引入人物、导引解说	3
当此时	转换视角、引入人物、导引解说、顺承连接	4
当此之时	导引解说、总评上文	2
是日	顺承连接、导引解说	2
是岁	总评上文、导引解说、补充说明时间、引入事件	4
是年	引入事件	1
是后	导引解说	1
自是后	导引解说	1
自是之后	导引解说	1
其后	导引解说、转换视角、引入人物、引入事件、顺承连接	5

由表 2-26 可知，有的指称事件时间连接成分的语篇衔接功能比较单一，如"是年""是后""自是后"以及"自是之后"的语篇衔接功能都是只有 1 个；有的指称事件时间连接成分的语篇衔接功能多样化，如"是时"的语篇衔接功能数量最多，有 8 个，其次是"当是时"，有 7 个语篇衔接功能，再次是"其后"有 5 个，最后是"当是之时""当此时""是岁"有 4 个。这些指称事件时间连接成分只是《史记》中指称事件时间连接成分的一部分，我们围绕"是""此""其"这 3 个指称词语选取出这 13 个具有代表性的指称事件时间连接成分，并在《中华经典古籍库》中对这些指称事件时间连接成分的实例进行穷尽式检索，经过检索，我们取得了 591 个符合语义要求的实例，这些实例遍布《史记》所包含的各个类别之中，即书、表、本纪、世家、列传都有所分布。

第三章

《史记》指称事件时间连接成分的语篇模式建构功能

在探讨《史记》中指称事件时间连接成分的语篇模式建构功能这个问题之前，我们首先来关注《史记》中"时"的含义，《史记》中的"时"含义丰富，有时，一段话中出现的几个"时"就有几个不同的含义，如：

《史记·韩世家》：屈宜臼曰："昭侯不出此门。何也？不时。吾所谓时者，非时日也，人固有利不利时。昭侯尝利矣，不作高门。往年秦拔宜阳，今年旱，昭侯不以此时恤民之急，而顾益奢，此谓'时绌举赢'。"

这一段话的大意是：屈宜臼说："昭侯不会走出这座城门。这是为什么呢？因为不合时宜。我所说的时宜，不是指时间，人本来有得利和不得利的时候。昭侯曾经顺利过，但是他没有修筑高门。前一年秦国夺得宜阳，今年又发生旱灾，昭侯在这个时候没有体恤百姓的危难，反而更加奢侈，这就是所谓的'在衰败的时候做奢侈的事情'。"这一段中出现几个"时"，意义不同，需要考量。"不时"和"吾所谓时者"中的"时"是"时宜"的意思；"非时日也"中的"时"是指"时间"；"人固有利与不利时"中的"时"是"时候"的意思，"昭侯不以此时恤民之急"中的"时"也是"时候"的意思。我们在数据库检索的基础上总结归纳了《史记》中"时"的义项，列表3-1。

表 3-1　　　　　　　　　《史记》中"时"的义项

序号	"时"的义项	例句
1	时候	(1)《史记·五帝本纪》：轩辕之时，神农氏世衰。 (2)《史记·夏本纪》：当帝尧之时，鸿水滔天，浩浩怀山襄陵，下民其忧。 (3)《史记·夏本纪》：自虞、夏时，贡赋备矣。
2	时节、时令	(1)《史记·五帝本纪》：时播百谷草木，淳化鸟兽虫蛾，旁罗日月星辰水波土石金玉，劳勤心力耳目，节用水火材物。 (2)《史记·五帝本纪》：乃命羲、和，敬顺昊天，数法日月星辰，敬授民时。 (3)《史记·礼书》：城郭不集，沟池不掘，固塞不树，机变不张，然而国晏然不畏外而固者，无他故焉，明道而均分之，时使而诚爱之，则下应之如景响。
3	时宜，适时	(1)《史记·五帝本纪》：其动也时，其服也士。 (2)《史记·扁鹊仓公列传》：太子病血气不时，交错而不得泄，暴发于外，则为中害。
4	季节	(1)《史记·五帝本纪》：岁三百六十六日，以闰月正四时。 (2)《史记·夏本纪》：左准绳，右规矩，载四时，以开九州，通九道，陂九泽，度九山。 (3)《史记·周本纪》：日祭，月祀，时享，岁贡，终王。 (4)《史记·礼书》：天地以合，日月以明，四时以序，星辰以行，江河以流，万物以昌，好恶以节，喜怒以当。
5	时机	(1)《史记·五帝本纪》：舜耕历山，渔雷泽，陶河滨，作什器于寿丘，就时于负夏。 (2)《史记·项羽本纪》：楚兵罢食尽，此天亡楚之时也，不如因其机而遂取之。 (3)《史记·齐太公世家》：吾闻时难得而易失。 (4)《史记·越王勾践世家》：复约要父子耕畜，废居，候时转物，逐什一之利。 (5)《史记·仲尼弟子列传》：子贡好废举，与时转货赀。
6	时常，经常	(1)《史记·五帝本纪》：书缺有间矣，其轶乃时时见于他说。 (2)《史记·秦本纪》：缪公怪之，问曰："中国以诗书礼乐法度为政，然尚时乱，今戎夷无此，何以为治，不亦难乎？" (3)《史记·吕太后本纪》：吕禄信郦寄，时与出游猎。 (4)《史记·秦始皇本纪》：方中，人主时为微行以辟恶鬼，恶鬼辟，真人至。 (5)《史记·天官书》：河、济之间，时有坠星。
7	通"是"	《史记·夏本纪》：帝即不时，布同善恶则毋功。
8	历法	(1)《史记·夏本纪》：孔子正夏时，学者多传《夏小正》云。 (2)《史记·历书》：先王之正时也，履端于始，举正于中，归邪于终。
9	时代	(1)《史记·秦始皇本纪》：五帝不相复，三代不相袭，各以治，非其相反，时变异也。 (2)《史记·乐书》：五帝殊时，不相沿乐；三王异世，不相袭礼。 (3)《史记·魏世家》：与韩武子、赵桓子、周威王同时。 (4)《史记·游侠列传》：鲁朱家者，与高祖同时。

续表

序号	"时"的义项	例句
10	当时	(1)《史记·秦始皇本纪》：孝公立十六年。时桃李冬华。 (2)《史记·礼书》：纣剖比干，囚箕子，为炮烙，刑杀无辜，时臣下懔然，莫必其命。 (3)《史记·陈杞世家》：时孔子在陈。 (4)《史记·晋世家》：三十年，定公与吴王夫差会黄池，争长，赵鞅时从，卒长吴。 (5)《史记·楚世家》：时郑子产在焉。
11	规定的时间	(1)《史记·孝文本纪》：朕闻古者诸侯建国千余，各守其地，以时入贡，民不劳苦，上下驩（通"欢"）欣，靡有遗德。 (2)《史记·孝武本纪》：薄忌泰一及三一、冥羊、马行、赤星，五，宽舒之祠官以岁时致礼。 (3)《史记·万石张叔列传》：孝景帝季年，万石君以上大夫禄归老于家，以岁时为朝臣。 (4)《史记·货殖列传》：秦始皇帝令倮比封君，以时与列臣朝请。
12	时刻	(1)《史记·孝文本纪》：非旦夕临时，禁毋得擅哭。 (2)《史记·天官书》：以其直及日所宿，加以日时，用命其国也。
13	有时	(1)《史记·孝武本纪》：时去时来，来则风肃然也。居室帷中。时昼言，然常以夜。 (2)《史记·留侯世家》：陛下用臣计，幸而时中，臣愿封留足矣，不敢当三万户。 (3)《史记·匈奴列传》：自淳维以至头曼千有余岁，时大时小，别散分离，尚矣，其世传不可得而次云。
14	时间	(1)《史记·孝武本纪》：齐人公孙卿曰："今年得宝鼎，其冬辛巳朔旦冬至，与黄帝时等。" (2)《史记·汲郑列传》：昆弟以安故，同时至二千石者十人。 (3)《史记·酷吏列传》：悲夫，夫古有三族，而王温舒罪至同时而五族乎！
15	那时	《史记·三代世表》：汉兴百有余年，有人不短不长，出白燕之乡，持天下之政，时有婴儿主，却行车。
16	这时	(1)《史记·历书》：时鸡三号，卒明。 (2)《史记·晋世家》：重耳出亡凡十九岁而得入，时年六十二矣，晋人多附焉。
17	时政	《史记·乐书》：自仲尼不能与齐优遂容于鲁，虽退正乐以诱世，作五章以刺时，犹莫之化。
18	时势	(1)《史记·乐书》：故事与时并，名与功偕。 (2)《史记·刘敬叔孙通列传》：若真鄙儒也，不知时变。 (3)《史记·吴王濞列传》：今吴王自以为与大王同忧，愿因时循理，弃躯以除患害于天下，亿亦可乎？ (4)《史记·魏其武安侯列传》：然魏其诚不知时变，灌夫无术而不逊，两人相翼，乃成祸乱。
19	按时	《史记·乐书》：德盛而教尊，五谷时孰，然后赏之以乐。

续表

序号	"时"的义项	例句
20	规律	《史记·天官书》：余观史记，考行事，百年之中，五星无出而不反逆行，尝盛大而变色；日月薄蚀，行南北有时：此其大度也。故紫宫、房心、权衡、咸池、虚危列宿部星，此天之五官坐位也，为经，不移徙，大小有差，阔狭有常。水、火、金、木填星，此五星者，天之五佐，为纬，见伏有时，所过行赢缩有度。
21	时事	《史记·天官书》：终始古今，深观时变，察其精粗，则天官备矣。
22	平时	《史记·郑世家》：时兰事晋文公甚谨，爱幸之，乃私于晋，以求入郑为太子。
23	立刻	《史记·郦生陆贾列传》：陆生往请，直入坐，而陈丞相方深念，不时见陆生。

由表 3-1 可知，《史记》中"时"的意义丰富，我们运用数据库检索手段确定了《史记》中"时"的 23 个义项，对"时"的理解需要依赖具体的语言环境，尤其是有些"时"与不同的词语组合，表达的却是相同的意义，比如"他时""先时"和"异时"都有"过去"的意思（见表 3-2）。

表 3-2　　　　　　　　"他时""先时""异时"的对比

序号	"时"组合	例句
1	他时	《史记·秦始皇本纪》：他时秦地不过千里，赖陛下神灵明圣，平定海内，放逐蛮夷，日月所照，莫不宾服。
2	先时	(1)《史记·鲁周公世家》：先时庆父与哀姜私通，欲立哀姜娣子开。 (2)《史记·赵世家》：先时中山负齐之强兵，侵暴吾地，系累吾民，引水围鄗，微社稷之神灵，则鄗几于不守也。
3	异时	(1)《史记·秦始皇本纪》：异时诸侯并争，厚招游学。 (2)《史记·项羽本纪》：到新安，诸侯吏卒异时故徭使屯戍过秦中，秦中吏卒遇之多无状，及秦军降诸侯，诸侯吏卒多奴虏使之，轻折辱秦吏卒。 (3)《史记·河渠书》：异时关东漕粟从渭中上，度六月而罢，而漕水道九百余里，时有难处。 (4)《史记·平准书》：异时算轺车贾人缗钱皆有差，请算如故。

但同时，"异时"还有"不同的时间"以及"后来"的意思，如：
(1) 不同的时间：

《史记·仲尼弟子列传》：路者，颜回父，父子尝各异时事孔子。

这一语段的大意是："颜路是颜回的父亲，父子二人曾在不同的时间拜孔子为师。"其中"异时"的意思是"不同的时间"。

（2）后来：

《史记·苏秦列传》：然世言苏秦多异，异时事有类之者皆附之苏秦。

这一语段的大意是："世间对苏秦事迹的传说有分歧，后来的事有和苏秦类似的都附会到苏秦的身上。"这里的"异时"有"后来"的意思。

再如"同时"，有"同一时间"和"同一时代"两个意义。举例如下：

（1）同一时间：

《史记·外戚世家》：尹夫人与邢夫人同时并幸，有诏不得相见。

这一语段的大意是："尹夫人和邢夫人同时受到汉武帝的宠幸，汉武帝下令，她们两个人不能见面。"这里的"同时"指"同一时间"。

（2）同一时代：

《史记·司马相如列传》：朕独不得与此人同时哉！

这一语段的大意是："我不能和这个人在同一时代呀。"汉武帝读完司马相如的《子虚赋》后，很是赞赏，发出了这样的感慨。这里的"同时"指"同一时代"。

我们用图 3-1 来说明"他时""先时""异时""同时"的关系：

在《史记》这一文本当中有两个时间链条，一个是讲述人的时间，一个是历史时间，继而有两个视点，一个是讲述人的视点，一个是事件人物的视点。陈振宇在其博士论文《现代汉语时间系统的认知模型与运算》中也指出，"全能叙事者"往往暗含双视点（viewpoint），一是陈述者

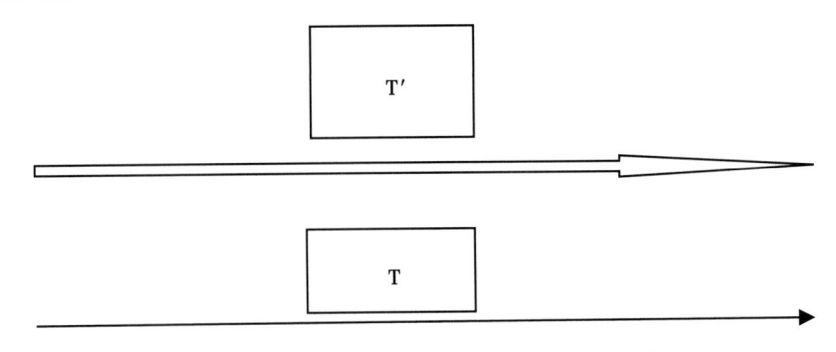

图 3-1　"他时""先时""异时""同时"的关系

（认知者）的视点，二是叙事中某一人物的视点。① 如果我们以时域分析为基础，假设讲述人的视点为 T'_0，事件人物的视点为 T_0，那么，作为"过去"义项呈现的"他时""先时"和"异时"在 T'_0 和 T_0 的左边，而作为"后来"义项呈现的"异时"在 T'_0 和 T_0 的右边，"同时"和作为"不同的时间"这一义项呈现的"异时"则具有不确定性。这是我们以时间作为参照来观照《史记》叙述过程的分析方法，即时域分析，时域分析是以时间作为参照来观察动态世界的方法。"时域"和"频域"两个概念是"傅里叶变换"中的两个观测视角，2014 年，德国斯图加特大学通信与信息工程专业硕士生韩昊的一篇题为《看了本文你还不懂傅里叶变换，那就来掐死我吧》的文章在网上广为流传，韩昊的文章以生动形象的语言对"傅里叶变换"作了很好的诠释，文章中有一个比喻很好地说明了"时域"和"频域"这两个概念，即"时域表现为钢琴琴弦的摆动，频域则表现为一个永恒的音符"②。在音符作为喻体的基础上，该文进一步比喻说："你眼中看似纷飞变化无常的世界，实际只是躺在上帝怀中一份早已谱好的乐章。"也就是说，从不同的角度看世界，会得出不同的结论。

众多周知，"时间"是我们存在和认知的重要维度，康德在《纯粹理性批判》中说："时间不是什么从经验中抽引出来的经验性的概念。因为，如果不是有时间表象先天地作为基础，同时和相继甚至都不会进入到

---

① 陈振宇：《现代汉语时间系统的认知模型与运算》，博士学位论文，复旦大学，2006 年。
② 韩昊：《看了本文你还不懂傅里叶变换，那就来掐死我吧》，《观察者》，http://www.guancha.cn/HanZuo/2014_06_08_235439.shtml，2014 年 6 月 8 日。

知觉中来。只有在时间的前提下我们才能想象一些东西存在于同一个时间中（同时），或处于不同的时间内（相继）。"① 并强调："时间不是什么推论性的、或如人们所说普遍性的概念，而是感性直观的纯形式。"② 我们通过对《史记》中"时"的义项的梳理，能观测到时间概念在《史记》中的重要性和灵活性（对语境的依赖），对《史记》基于叙事学（也称为"叙述学"，为统一说法，我们选定"叙事学"这一术语。）角度的研究，往往是停留在时间单一维度角度的描写，但实际上，《史记》的结构是立体的，在时域角度，我们观测到的是事件的相继叠加，那么在频域角度，我们观测到的就是事件，或是事件框架，因此，实际上我们对于《史记》的叙述可以进行一维观测，二维观测和三维观测（见图 3-2、图 3-3、图 3-4）。

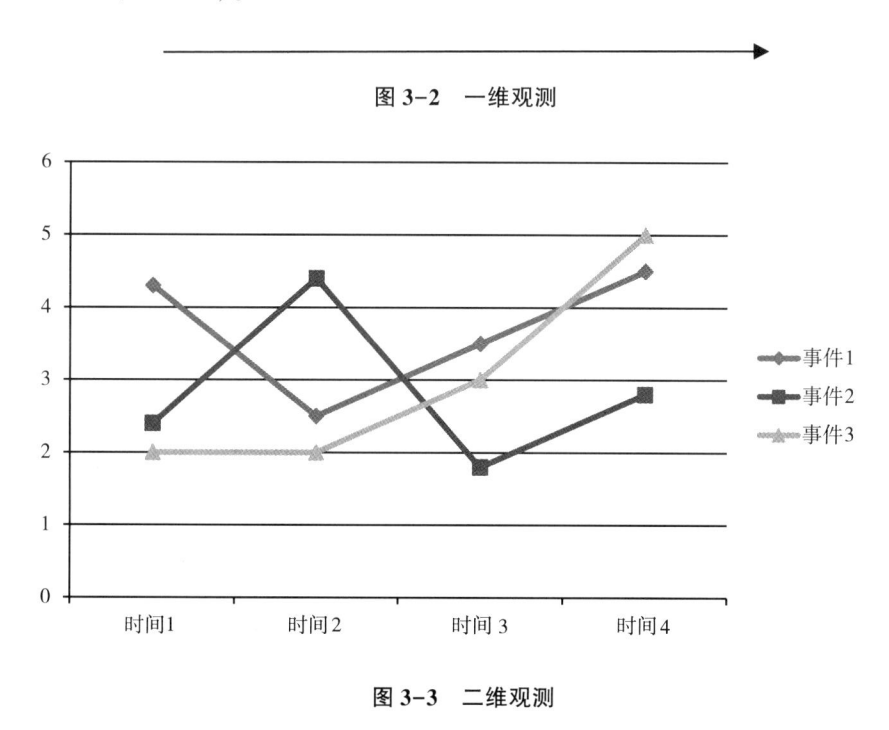

图 3-2 一维观测

图 3-3 二维观测

时间和事件是两个向量，或称为两个基，两个基正交产生正交基，在这个限定区域内，正交基的数量可以是无限的，即形成了一个容积巨大又

---

① ［德］康德：《纯粹理性批判》，邓晓芒译，人民出版社 2010 年版，第 34 页。
② 同上书，第 35 页。

图 3-4 三维观测

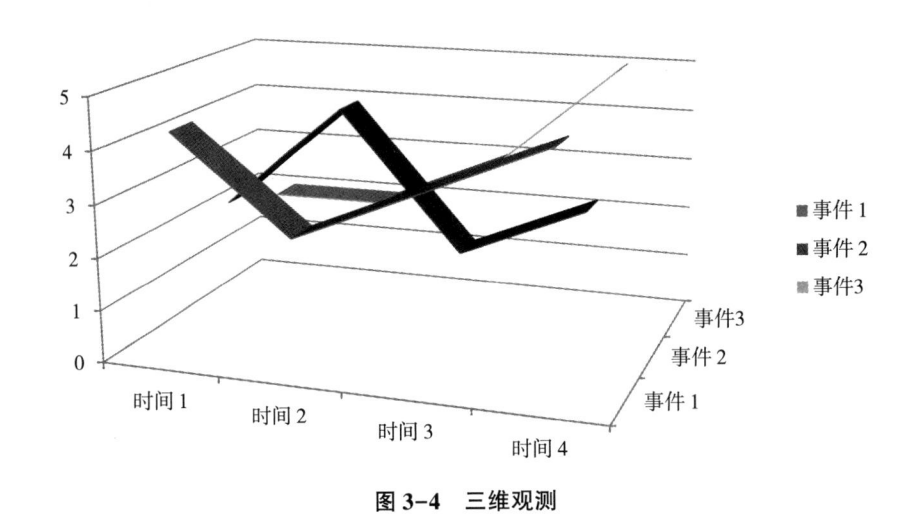

具有开放性的结构，开放性的结构特征使得这种结构对后世的创作产生深远的影响，即从数理角度解释了为什么《史记》的创作对后世的传记文学创作产生巨大影响。

唐青叶先生在《语篇语言学》中界定了语篇结构的内涵，即"为了阐述语篇话题在主述位结构上的特征，语言学家把某一（些）话题或主题在主述位之间的某些衔接连贯形式简化为种种语篇模式"。[①] 唐青叶先生在其著作中指出，"关于语篇结构的研究首推 Fries 和 Danes，捷克语言学家 Danes（1970）提出了五种主位推进模式：主位同一型、述位同一型、延续型、交叉型、派生型，俄罗斯语言学家邵敢尼柯（1973）和 Van Dijk（1977），中国的徐盛桓（1982）、黄衍（1985）、黄国文（1988）、胡壮麟（1994）、朱永生（1995）等分别提出了几种不同基本模式类型"。[②] 在总结中外研究的基础上，唐青叶先生确定了五种基本模式：模糊跳跃（$T_n—R_n$）、主位延续（$T_n = T_x$, n>x>0）、述位延续（$R_n = R_x$）、直线延续（$T_n = R_x$）、交叉延续（$R_n = T_x$），提出基本模式、复合模式和连合模式构成了语篇的三大类模式，并强调这三大类语篇模式展现出一个动态的过程：基本模式—复合模式—连合模式，体现了语言思维的多维统一

---

① 唐青叶：《语篇语言学》，上海大学出版社 2009 年版，第 42 页。
② 同上。

性。① 从唐青叶先生的著作中，我们更加确定语篇结构能够用数理分析方法来描写。在《史记》的语篇中，表示时点、时段的时间连接成分，如晨、夜、五日、十七年等，体现的是《史记》语篇的显性结构关系，而含有指代成分的指称事件时间连接成分，如"是时""是日"以及"其后"等，因为在语篇中有替代功能，体现的是《史记》语篇的隐性结构关系，这种隐性结构关系促成了《史记》语篇的立体性。

在第一章的文章综述中，我们知道，刘宁（2004）和曾小霞（2012）都指出了《史记》的叙事呈现出立体性，刘宁（2004）认为《史记》立体性叙事主要依赖于"倒叙"和"插叙"的手法，曾小霞（2012）也认为插叙使得《史记》叙事呈现出立体网状结构。很多研究者都认识到时间要素对《史记》叙事结构的重要影响，我们前面也讨论了《史记》的时间链条及其作用。那么，为什么这些指称事件时间连接成分可以作用于《史记》的语篇结构并使得《史记》的语篇结构呈现出立体性呢？答案的关键要素就是指称事件时间连接成分中的具有指称性质的词语。黄盛璋（1983）在研究先秦古汉语指示词时，提出"是""其"与表示时间观念有关，"此"与表空间观念有关，"指示词远近对待，一是利用时间上'今'与'未'的观念，一是利用空间上基点与方向的观念"。② 胡壮麟（1994）在讨论指示指称问题时指出，"这""那"可以指时间，也可以指空间，指时间的时候呈现出的是单向的直线关系，指空间的时候呈现出的是立体的关系。

我们以上一章中的指称事件时间连接成分的语篇衔接功能的描写为基础，用数学建模的方法，来进一步探讨《史记》中指称事件时间连接成分在语篇建构中的作用。数学建模（Mathematical Modeling），就是用数学方法解决实际问题，谭永基、蔡志杰编著的《数学模型》一书这样来界定数学建模的概念："以解决某个现实问题为目的，从该问题中抽象、归结出来的数学问题就称为数学模型。较著明的数学模型的定义是本德（E. A. Bender）给出的，他认为，数学模型是关于部分现实世界为一定目的而作的抽象、简化的数学结构。更简洁的，也可以认为数学模型是用数

---

① 唐青叶：《语篇语言学》，上海大学出版社2009年版，第42页。
② 黄盛璋：《先秦古汉语指示词研究》，《语言研究》1983年第2期。

学术语对部分现实世界的描述。"① 在（美）吉奥丹诺（Giordano, F. R.）等著《数学建模》一书中有一个简图（如图3-5）：

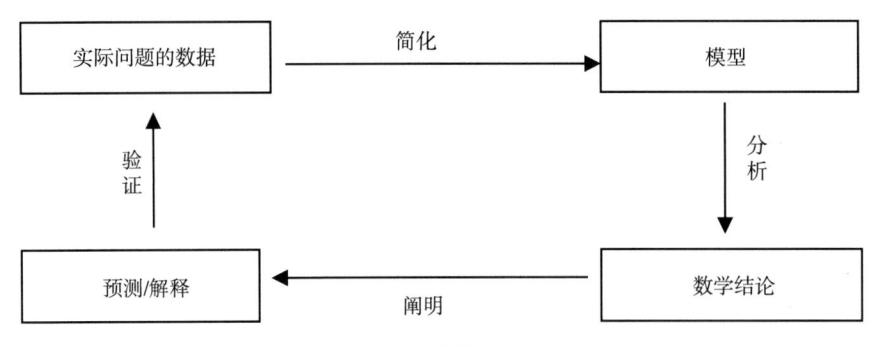

```
┌──────────────┐      简化       ┌──────────────┐
│  实际问题的数据  │ ──────────────→ │     模型      │
└──────────────┘                 └──────────────┘
       ↑                                 │
       │ 验证                            │ 分析
       │                                 ↓
┌──────────────┐      阐明       ┌──────────────┐
│   预测/解释    │ ←────────────── │   数学结论    │
└──────────────┘                 └──────────────┘
```

图 3-5　建模简图②

上面这个简图很好地说明了数学建模的过程和功用。这种方法为我们阐释《史记》的语篇建构提供了科学性的路径。在论文的第二章我们主要梳理总结了《史记》指称事件时间连接成分"是时""当是时""当是之时""此时""当此时""当此之时""是年""是岁""是后""自是后""自是之后""其后"等的语篇衔接功能。综合来看，这些指称事件时间连接成分的语篇衔接功能体现为"顺承连接""转换视角""补充说明时间（简称为：补充说明）""导引解说""引入人物""引入事件""构成因果关系""总结评述上文（简称为：总评上文）"等。我们通过列矩阵图表来观测《史记》中指称事件时间连接成分的基本语篇衔接功能。

表 3-3　《史记》指称事件时间连接成分的语篇衔接功能矩阵图

	顺承连接	转换视角	总评上文	引入人物	导引解说	补充说明	引入事件	因果关系
是时	+	+	+	++	++	+	+	+
当是时	+	++	++	+	++	+	+	
当是之时	+		+		++		+	
此时	++			+	+			

---

① 谭永基、蔡志杰：《数学模型》，复旦大学出版社2011年第2版，第1页。
② [美] 吉奥丹诺（Giordano, F. R.）等：《数学建模》，叶其孝等译，机械工业出版社2009年原书第4版，第1页。

续表

	顺承连接	转换视角	总评上文	引入人物	导引解说	补充说明	引入事件	因果关系
当此时	+	+		++	++			
当此之时			+		++			
是日	++				+			
是岁			+		+	+	++	
是年							++	
是后					++			
自是后					++			
自是之后					++			
其后	++	+		+	+		+	

表3-3中"+"表示具备该语篇衔接功能，"++"表示该语篇衔接功能表现突出，所占比例较高。从横向来看，"是时""当是时""是岁"以及"其后"，分布较广；从纵向来看，"导引解说""顺承连接""转换视角""总评上文""引入人物"以及"引入事件"分布较广，尤其是"导引解说"这一语篇衔接功能，分布最广。下面我们再来结合指称事件时间连接成分在语篇中出现的次数，来列表3-4观测。

表 3-4　　　　　　　指称事件时间连接成分在语篇中的分布

指称事件时间连接成分	在语篇中出现的次数	主要语篇衔接功能
是时	158	引入人物、导引解说
当是时	51	转换视角、总评上文、导引解说
当是之时	19	导引解说
此时	23	顺承连接
当此时	9	引入人物、导引解说
当此之时	9	导引解说
是日	15	顺承连接
是岁	83	引入事件
是年	8	引入事件
是后	14	导引解说
自是后	3	导引解说

续表

指称事件时间连接成分	在语篇中出现的次数	主要语篇衔接功能
自是之后	25	导引解说
其后	172	顺承连接

结合表 3-3 和表 3-4，在这一章中，我们把"是时""当是时""是岁"以及"其后"列为主要研究对象，那么，与之相应的，"顺承连接""转换视角""总评上文""引入人物""导引解说"以及"引入事件"这 6 种语篇衔接功能也是我们分析的重点。这 6 种语篇衔接功能，概括来看，则主要体现为"顺承""并列""补充"三种关系。这三种关系是《史记》的三种基本语篇模式，组合起来就构成了复合语篇模式见表 3-5。

表 3-5　　　　　　　　《史记》的语篇模式

指称事件时间连接成分	语篇衔接功能	语篇模式
是时	顺承连接、转换视角、总评上文、引入人物、导引解说、补充说明时间、引入事件、构成因果关系	顺承、并列、补充
当是时	转换视角、补充说明时间、顺承连接、导引解说、总评上文、引入事件、引入人物	顺承、并列、补充
当是之时	顺承连接、导引解说、引入事件、总评上文	顺承、并列、补充
此时	顺承连接、引入人物、导引解说	顺承、并列、补充
当此时	转换视角、引入人物、导引解说、顺承连接	顺承、并列、补充
当此之时	导引解说、总评上文	补充
是日	顺承连接、导引解说	顺承、补充
是岁	总评上文、导引解说、补充说明时间、引入事件	顺承、并列、补充
是年	引入事件	并列
是后	导引解说	补充
自是后	导引解说	补充
自是之后	导引解说	补充
其后	导引解说、转换视角、引入人物、引入事件、顺承连接	顺承、并列、补充

第三章 《史记》指称事件时间连接成分的语篇模式建构功能

"顺承"是人物和事件随时间的推进,"并列"是人物和事件的增加,"补充"是叙述者的表达,由此我们得到《史记》语篇的基本结构要素:时间、人物、事件、叙述者。这些要素可以构成串联、并联等关系,相互交织,形成网状结构。

胡钋,韩进能《构成基本串联与并联非线性系统结构模型的一种判别依据》[①]一文给予我们"串联"与"并联"建构的启发,唐青叶先生在《语篇语言学》中强调,"物质结构是多种多样的,线性与非线性结构是物质最基本的结构。同样,线性与非线性结构也是语篇的最基本结构,这是人类认知的结果"。[②]这正是我们建立语篇模式建构的基本思想。吴礼权先生在《〈史记〉史传体篇章结构修辞模式对传奇小说的影响》一文中,从宏观角度讨论了《史记》史传体的篇章结构方式。[③]我们将从微观角度,以指称事件时间连接成分为出发点,依据其体现出来的语篇衔接功能,来讨论《史记》的语篇建构。先来看一个具体的例子:

《史记·外戚世家》:及诸侯畔秦,魏豹立为魏王,而魏媪内其女于魏宫。媪之许负所相,相薄姬,云当生天子。<u>是时</u>项羽方与汉王相距荥阳,天下未有所定。豹初与汉击楚,及闻许负言,心独喜,因背汉而畔,中立,更与楚连和。汉使曹参等击虏魏王豹,以其国为郡,而薄姬输织室。豹已死,汉王入织室,见薄姬有色,诏内后宫,岁余不得幸。始姬少时,与管夫人、赵子儿相爱,约曰:"先贵无相忘。"已而管夫人、赵子儿先幸汉王。汉王坐河南宫成皋台,此两美人相与笑薄姬初时约。汉王闻之,问其故,两人具以实告汉王。汉王心惨然,怜薄姬,<u>是日</u>召而幸之。薄姬曰:"昨暮夜妾梦苍龙据吾腹。"高帝曰:"此贵征也,吾为女遂成之。"一幸生男,是为代王。<u>其后</u>薄姬希见高祖。

---

① 胡钋、韩进能:《构成基本串联与并联非线性系统结构模型的一种判别依据》,《贵州工业大学学报》1996年第2期。
② 唐青叶:《语篇语言学》,上海大学出版社2009年版,第51页。
③ 吴礼权:《〈史记〉史传体篇章结构修辞模式对传奇小说的影响》,《福建师范大学学报》(哲学社会科学版)2008年第1期。

这一语段中有"是时""是日""其后"三个指称事件时间连接成分，这些指称事件时间连接成分并不是孤立的，包含诸多相互联系的要素，下面我们就运用数理分析的方法来讨论这些要素的相互影响和对语篇的建构作用。

首先，我们来考察一个特定的篇章的结构，也就是单独个体的情况，在一个相对完整的篇章或篇章片段中，包含时间、事件、人物、叙述者等要素，如我们前文列举的《史记·外戚世家》这个例子。相对于《史记》来说，单独篇章的元素数量上是有限的，作用关系不具有普遍意义，因为不同篇章之间还是存在差异的。从数学视角来分析这四种要素的相互作用和关系，得出篇章的结构构成关系，从而更好地理解指称事件时间连接成分在语篇中的衔接功能。其次，我们将《史记》做穷尽式的统计，统计出指称事件时间连接成分所引导的事件的三种关系，将这三种关系分别列举出来，用数学模型对其进行单独分析。利用数学模型进行分析的时候，我们会把实际复杂的情况进行简化，以便得到基本相似的模型，因为语篇中的实际情况受叙述者控制，非常复杂而且又貌似随机，所以我们的数学模型仅能做到基本模拟，并不能做到完全准确的解释。最后，我们将从宏观视角对《史记》的指称事件时间连接成分进行分析，由其语篇衔接功能角度出发，借鉴量子力学原理和知识对指称事件时间连接成分进行语篇分析，以期找到《史记》语篇系统内在的联系，挖掘指称事件时间连接成分在语篇衔接功能中的具体实现方式，即语篇组构模式。

第一节　个体篇章结构的傅里叶分析

我们选取《史记》中指称事件时间连接成分出现比较频繁的一个篇目《史记·项羽本纪》进行分析。在一个完整的篇章中，包含时间、事件、人物、叙述者等元素。叙述者的作用是根据自己的想法，选取适合的元素来构建叙事空间，讲述目标人物一生的经历。显然在这种讲述的过程中，时间和事件是两个非常重要的元素，而且是最主要的元素。一个人物从出生到死亡，完成了生命的一个周期。随着时间的演化，在这个人物的身上发生了大大小小的事件，无法计数。但是叙述者会选取有代表性的事件，将其按照时间顺序一一展现给接受者。让接受者对所要叙述的人物有一个相对完整的了解。《项羽本纪》中叙述者选取了大泽乡起义和楚汉之争这两个历史事件来讲述秦末农民起义中出现的英雄——西楚霸王项羽的故事。叙述者在叙事过程中以指称事件时间连接成分"是时""当是时"来引出相关事件，弱化了显性时间连接成分的时间凸显作用，使得读者在阅读过程中始终以事件本身为中心，完全被带入故事中去，紧跟事件的发展，没有因为时间连接成分而打断事件的发展。"是时""当是时"这种隐性时间连接成分就像黏合剂一样将事件之间联系起来，使得整个篇章十分流畅，增加了文章的可读性。下面以大泽乡起义为例，简要说明这部分的叙事模式。在叙述大泽乡起义的历史事件时，司马迁以"秦二世元年七月，陈涉等起大泽中"开始，"秦二世元年七月"是显性时间，指出了大泽乡起义的历史事件的开端，它所对应的事件是"陈涉等起大泽中"，紧接着用显性时间"其九月"，对应的事件是会稽郡守殷通对项梁说自己也要发兵参与起义。接下来的叙事，更多地使用类似于"是时""当是时"这样的指称事件时间连接成分。"是时桓楚亡在泽中"，"是时"承接上文中的人物桓楚，说明了其现状，即当时桓楚逃亡到湖泽之中。下文叙述，项梁以项籍知道桓楚下落为借口，乘机让项籍进来杀了郡守。"是时"，具有顺承连接的语篇衔接功能。同时，引出项羽的出场。项羽拔剑斩掉郡守的头，项梁担任会稽郡守，项羽为裨将。"当是时，秦嘉已立景驹为楚王，军彭城东，欲距项梁。"大意是"那个时候，秦嘉已经立景驹为楚王，驻扎在彭城东面，想要与项梁相抗衡。"上文叙述陈婴、黥布、蒲将军相继归附项梁，项梁军队实力扩大，"当是时"，引入人物秦嘉，下文叙述项梁带兵攻打秦嘉。"当是时"，有引入人物的语篇衔接功能。"此时沛公亦起沛，往焉。"这句话的大意是："这时沛公也起兵于沛，正带兵前往薛县。"上文叙述项梁召集各路将领到薛县会合共同商讨大事。"此时"，承接上文，引入人物沛公，有引入人物的语篇衔接功能。"章邯已破项梁军，则以为楚地兵不足忧，乃渡河击赵，大破之。当此时，赵歇为王，陈余为将，张耳为相，皆走入巨鹿城。"这一段的大意是："章邯已经击败了项梁的军队，就以为楚地的敌人已经不足以形成威胁了，他渡过黄河去攻打赵地，大败赵军。这个时候，赵歇是赵王，陈馀是将领，张耳是相国，都进入了巨鹿城。""当此时"，有转换视角的语篇衔接功能。"当是时，诸将皆慴服，莫敢枝梧。"这一段的大意是："这时，将领们都很惊恐,没有敢抗拒项羽的。"上文叙述项羽杀了上将军宋义,"当是时",引入介绍将领们的态度,下文接着叙述将领们共同推立项羽成为代理上将军。"当是时",有转换视角的语篇衔接功能。"当是时,楚兵冠诸侯。"这句话的意思是:"这时候,楚军勇冠诸侯。"上文叙述项羽援救巨鹿,取得胜利,又援助陈馀,打败楚军,"当是时",承接上文,下文介绍楚军的勇猛以及项羽地位的提升,因此"当是时",有总结评述上文的语篇衔接功能。直到"于是楚军夜击阬秦卒二十余万人新安城南。"文中对大泽乡起义部分的叙述基本完成。通过上述对指称事件时间连接成分的语篇衔接功能的分析我们可知,这些时间连接成分起到了推动情节发展的作用,是故事发展的时间轴。

  《项羽本纪》后半部分讲述的楚汉相争也有着相同的叙事结构。我们依然从指称事件时间连接成分的语篇衔接功能的角度出发。"当是时,项羽兵四十万,在新丰鸿门,沛公兵十万,在霸上。"这一段的大意是:"这个时候,项羽有四十万大军,驻扎在新丰鸿门,而沛公只有十万士兵,驻扎在霸上。"上文叙述沛公先攻破咸阳,项羽进入函谷关后想要攻打沛公,"当是时",总结上文,列出双方兵力和驻扎营地,有导引解说的语篇衔接功能。下文叙述范增劝说项羽抓住机会击溃沛公,再往下即是项伯私会张良,以及沛公赴鸿门宴。"楚左尹项伯者,项羽季父也,素善留侯张良。张良是时从沛公,项伯乃夜驰之沛公军,私见张良,具告以事,欲呼张良与俱去。曰:'毋从俱死也。'"上文叙述项羽想要攻打沛公。项伯与张良私交甚好,而张良这时正跟随着沛公,于是跑到沛公的军营给张良报信,让张良和他一同离开。"是时"位于句中,有顺承连接的语篇衔接功能。"当是时,项王军在鸿门下,沛公军在霸上,相去四十里。"这一段的大意是"正在这个时候,项王的军队已经在鸿门下待命,沛公的军队驻扎在霸上,距离此地有四十里路程"。上文中叙述鸿门宴中,沛公趁上厕所的机会逃离了,"当是时",介绍项王、沛公两军的驻扎地和距离,有导引解说的语篇衔接功能,下文介绍,沛公丢下车骑,一人骑马从小路逃回营地。"汉之元年四月,诸侯罢戏下,各就国。"这句话的大意是:"汉元年四月,诸侯受封完毕,在项王麾下罢兵,回到各自的封国"。同时将楚汉相争划分为前后两部分,项羽和刘邦双方的局势也发生了转变。"是时,汉还定三秦。"上文叙述田荣与齐王联合反叛项王,而陈馀去代地将原来的赵王歇迎接回来重返赵地。"是时",转换叙述视角,介绍汉军情形,即汉王回军将三秦平定。继而叙述项王的对策。因此,"是时"具有转换视角的语篇衔接功能。"是时吕后兄周吕侯,为汉将兵居下邑,汉王间往从之,稍稍收其士卒。"上文叙述太公、吕后被楚军抓住,项王将他们拘留在军营里。"是时",引入人物"周吕侯",吕后的兄长周吕侯为汉军统帅,带兵驻扎在下邑,汉王抄小路来到周吕侯那里,将一些逃散的士兵稍加收编。"是时"具有引入人物的语篇衔接功能。"是时,彭越渡河击楚东阿,杀楚将军薛公。"上文叙述汉王派兵在巩县阻挡楚军,使楚军无法西进。"是时",引入人物"彭越",彭越渡过黄河在东阿攻击楚军,杀死了楚军的将领薛公。"是时"具有引入人物的语篇衔接功能。"当此时,彭越数反梁地,绝楚粮食,项王患之。"这段话的大意是:"就在这个时候,彭越在梁地多次反击楚军,切断了楚军的粮食,项王很担心这件事。"上文叙述楚军和汉军都在广武驻扎,两军相持数月,"当此时",插入彭越对楚军的反击,有引入人物的语篇衔接功能。"是时,彭越复反,下梁地,绝楚粮。"上文叙述淮阴侯打败了龙且,并杀死了龙且,项王派人去游说淮阴侯,但淮阴侯不听。"是时",引入另一个人物彭越,这个时候,彭越也起来背叛楚军,攻下梁地,从而断绝了楚军的粮道。下文叙述项王攻打彭越,攻下了外黄。"是时"具有引入人物的语篇衔接功能。"当是时,项王在睢阳,闻海春侯军败,则引兵还。"这一段的大意是:"在这个时候,项王正在睢阳,听说海春侯的军队失败了,就带领军队返回。"上文叙述汉军激怒楚军大司马,大司马让士兵们渡过汜水,遭到汉军突袭,大司马曹咎和长史司马欣都在汜水上自刎而死。大司马曹咎和长史司马欣两个人都是项王器重的人,"当是时",转换视角,引入项王对此事的态度,下文接着叙述,项王带领军队返回。"是时,汉兵盛食多,项王兵罢食绝。"上文叙述,项王叮嘱海春侯大司马曹咎等人守住成皋,项王本向东攻打陈留、外黄,一直到睢阳,但是汉军打败了楚军的大司马,楚军大司马曹咎和长史司马欣在汜水自刎,项王听说大司马兵败的消息后就带领军队返回。"是时"具有导引解说的语篇衔接功能,介绍两军实力对比,汉军兵多粮足,项王的军队兵疲粮绝。这一信息为下文汉王派人游说项王做了铺垫。"汉五年,汉王乃追项王至阳夏南,止军,与淮阴侯韩信、建成侯彭越期会而击楚军。"这段话说明汉王与淮阴侯韩信、建成侯彭越相约一起攻打楚军。楚汉相争已经到了尾声了。"是时，赤泉侯为骑将，追项王，项王嗔目而叱之，赤泉侯人马俱惊，辟易数里。"上文叙述项王被汉军包围，项王决心战死，帮助骑兵突围，并承诺说自己一定会连胜三次，项王斩杀了一个汉军将领后，"是时"引入人物赤泉侯，"赤泉侯做骑兵将领，追赶项王，项王圆睁怒目，大吼一声，赤泉侯连人带马都感到很惊恐，接连倒退了好几里"。赤泉侯追赶项王，但被项王的气势吓得连连后退，后项王又成功斩杀了一个汉军的都尉，兑现了承诺。"是时"具有引入人物的语篇衔接功能。

　　同样的，在楚汉相争这一部分中，通过对指称事件时间连接成分的语篇衔接功能的分析，我们知道，这些指称事件时间连接成分起到了推动情节发展的作用，是故事发展的时间轴。

　　指称事件时间连接成分通过语篇衔接功能起到了推动情节发展的作用，使整个叙事呈现出一种立体发展的状态，而不是平面静止的。对于读者来说可以更好地理解叙述者所要表述的人物的性格特征。如果我们以时间为坐标轴，只看时间连接成分的话，那么整个大泽乡起义这段故事可以简化成下面的形式"秦二世元年七月……其九月……是时……当是时……居数月……当是时……当是时……当是时……是时……当是时……居数日……"省略号省略的就是这段故事中的事件。如果以事件为坐标轴，将事件进行排序的话，有下面的形式"事件1……事件2……事件3……事件4……事件5……事件6……事件7……事件8……事件9……事件10……事件11"，相应的省略号对应的就是时间连接成分。时间和事件这两个坐标轴就构成了这一部分的叙事空间。对于整个《项羽本纪》来说，时间轴应该是"秦二世元年七月……其九月……是时……当是时……当是时……当是时……是时……当是时……居数日……汉之元年四月……是时……汉之二年冬……是时……汉之三年……是时……当此时……是时……当是时……是时……汉五年……是时……"事件轴为"事件1……事件2……事件3……事件4……事件5……事件6……事件7……事件8……事件9……事件10……事件11……事件12……事件13……事件14……事件15……事件16……事件17……事件18……事件19……事件20……事件21……事件22……事件23……事件24"。时间和事件相对应，如果我们只用时间和事件来描述《项羽本纪》

的框架的话，就是下面的这种形式，"事件1，秦二世元年七月事件2，其九月事件3，是时事件4，当是时事件5，居数月事件6，当是时事件7，当是时事件8，当是时事件9，是时事件10，当是时事件11，居数日事件12，汉之元年四月事件13，是时事件14，汉之二年冬事件15，是时事件16，汉之三年事件17，是时事件18，当此时事件19，是时事件20，当是时事件21，是时事件22，汉五年事件23，是时事件24"。这种表现形式我们将它看作时间轴和事件轴的正交形式。通过观察简化后的叙事结构框架和前面的分析，我们可以看到指称事件时间连接成分在语篇叙事上的衔接功能，不但可以推动故事情节的发展还可以营造故事情节的立体感。

我们知道，叙述者创造了一个叙事空间，在这个空间中，为接受者讲述目标人物的一生。时间和事件可以作为这个叙事空间的两个坐标。因为时间和事件都是变化的，是两个变量，而且是有方向的，所以可以将他们看成两个向量。这样我们就建立了一个以时间和事件这两个向量为坐标的向量空间。这个空间是一个二维空间。数学上，一组向量空间的坐标应该是一组正交向量。我们假设二维空间内有两个向量 $\vec{a}$ 和 $\vec{b}$，它们的夹角为 $\theta(0 \leq \theta \leq \pi)$，则内积定义为以下实数：$\vec{a} \cdot \vec{b} = |\vec{a}||\vec{b}|\cos\theta$，若 $\cos\theta = 0$，即 $\theta = \frac{\pi}{2}$，则向量 $\vec{a}$ 和 $\vec{b}$ 正交。也就是向量 $\vec{a} \perp \vec{b}$。时间和事件可以看成向量 $\vec{a}$ 和 $\vec{b}$，是叙述者构建的这个二维叙事空间的一组正交基。这样，我们就可以在这个空间中将目标人物函数展开，人物受时间和事件这两个变量的影响，也就是，

目标人物 = f(时间，事件)

周期函数情况，我们取描述简谐振动的函数，周期为 $\frac{2\pi}{\omega}$，

$$y = A\sin(\omega t + \varphi) \qquad (1)$$

y 表示动点的位置，t 表示时间，A 表示振幅，ω 表示频率，φ 表示初相。对应到语篇中的情况如下，y 表示目标人物，t 表示时间，A 表示事件大小，ω 表示事件，φ 表示初始状态可以为零，$\varphi = 0$ 表示人物的出场是从出生开始，例如"某某出生于某年某月某日"。接下来把周期为 $T = \frac{2\pi}{\omega}$ 的周期函数用一系列以 T 为周期的正弦函数 $A_n\sin(n\omega t + \varphi_n)$ 组成的级数来表示，记为

$$f(t) = A_0 + \sum_{n=1}^{\infty} A_n \sin(n\omega t + \varphi_n) \qquad (2)$$

其中 A_0，A_n，φ_n（$n = 1, 2, 3, \cdots$）都是常数。为了讨论方便，我们将 $A_n \sin(n\omega t + \varphi_n)$ 按三角公式变形，得

$$A_n \sin(n\omega t + \varphi_n) = A_n \sin\varphi_n \cos n\omega t + A_n \cos\varphi_n \sin n\omega t \qquad (3)$$

并且，令 $\dfrac{a_0}{2} = A_0$，$a_n = A_n \sin\varphi_n$，$b_n = A_n \cos\varphi_n$，$\omega = \dfrac{\pi}{l}$，即 $T = 2l$，则（2）式右边的级数可以改写为

$$\frac{a_0}{2} + \sum_{n=1}^{\infty} \left(a_n \cos\frac{n\pi t}{l} + b_n \sin\frac{n\pi t}{l} \right) \qquad (4)$$

形如（4）式的级数就是三角级数，其中 a_0，a_n，b_n（$n = 1, 2, 3, \cdots$）都是常数。令 $\dfrac{\pi t}{l} = x$，（4）式变为

$$\frac{a_0}{2} + \sum_{n=1}^{\infty} (a_n \cos nx + b_n \sin nx) \qquad (5)$$

这就把以 $2l$ 为周期的三角级数转换成以 2π 为周期的三角级数。如何用 $f(x)$ 把 a_0，a_1，b_1，$\cdots$表达出来？为此，我们进一步假设（5）式右端的级数可以逐项积分。先求 a_0，对（5）式从 $-\pi$ 到 π 积分，因为假设（5）式右端的级数可以逐项积分，所以有

$$\int_{-\pi}^{\pi} f(x)\,dx = \int_{-\pi}^{\pi} \frac{a_0}{2}\,dx + \sum_{n=1}^{\infty} \left[a_n \int_{-\pi}^{\pi} \cos nx\,dx + b_n \int_{-\pi}^{\pi} \sin nx\,dx \right] \qquad (6)$$

根据三角函数系的正交性，也就是三角函数系中任何不同的两个函数的乘积在区间 $[-\pi, \pi]$ 上的积分等于零。上式右端除第一项以外其余各项均为零，所以

$$\int_{-\pi}^{\pi} f(x)\,dx = \frac{a_0}{2} ? 2\pi \qquad (7)$$

于是得到，

$$a_0 = \frac{1}{\pi}\int_{-\pi}^{\pi} f(x)\,dx \qquad (8)$$

其次求 a_n，用 $\cos kx$ 乘以（5）式两端，再从 $-\pi$ 到 π 积分，可以得到，

$$\int_{-\pi}^{\pi} f(x)\cos kx\,dx = \frac{a_0}{2}\int_{-\pi}^{\pi} \cos kx\,dx + \sum_{n=1}^{\infty} \left[a_n \int_{-\pi}^{\pi} \cos kx\cos nx\,dx + b_n \int_{-\pi}^{\pi} \cos kx\sin nx\,dx \right]$$

$$(9)$$

根据三角函数系的正交性，等式（9）右端除了 $n=k$ 的一项以外，其余各项均为零。所以

$$\int_{-\pi}^{\pi} f(x)\cos kx dx = a_n \int_{-\pi}^{\pi} \cos^2 nx dx = a_n \pi \tag{10}$$

于是，

$$a_n = \frac{1}{\pi}\int_{-\pi}^{\pi} f(x)\cos nx dx \quad (n=1, 2, 3, \cdots) \tag{11}$$

类似的，用 $\sin kx$ 乘以（5）式两端，再从 $-\pi$ 到 π 积分，可得，

$$b_n = \frac{1}{\pi}\int_{-\pi}^{\pi} f(x)\sin nx dx \quad (n=1, 2, 3, \cdots) \tag{12}$$

由于当 $n=0$ 时 a_n 的表达式恰好给出 a_0，因此我们将得到的结果合并写成

$$\left.\begin{array}{l} a_n = \dfrac{1}{\pi}\int_{-\pi}^{\pi} f(x)\cos nx dx (n=0, 1, 2, 3, \cdots) \\ b_n = \dfrac{1}{\pi}\int_{-\pi}^{\pi} f(x)\sin nx dx (n=1, 2, 3, \cdots) \end{array}\right\} \tag{13}$$

如果（13）式中的积分都存在，这时他们定出的系数 a_0，a_1，b_1，$\cdots$叫作函数 $f(x)$ 的傅里叶（Fourier）系数，将这些系数代入（5）式右端，所得的三角级数

$$\frac{a_0}{2} + \sum_{n=1}^{\infty}(a_n\cos nx + b_n\sin nx)$$

叫作函数 $f(x)$ 的傅里叶（Fourier）级数。上面是周期为 2π 的函数的傅里叶级数，对于周期为 $2L$ 的函数的傅里叶级数是下面的形式：

不管是哪一种形式，目的都是把周期函数 $f(x)$ 展开，也就是把函数 $f(x)$ 变成一系列正弦函数的叠加的形式，因为余弦函数和正弦函数都是三角函数，而且二者可以转化，所以我们统一用正弦函数的叠加来表示级数的展开并没有什么不妥之处。对于周期函数我们可以直接展开成傅里叶级数，非周期函数就要用傅里叶变换来将其展开成一系列正弦函数的叠加。设 $f(x)$ 为定义在区间 $-\infty < x < \infty$ 上的函数，一般来说，它是非周期的，不能展开成傅里叶级数。我们可以采取如下方法：试将非周期函数 $f(x)$ 看作某个周期函数 $g(x)$ 于周期 $2l \to \infty$ 时的极限情形。这样 $g(x)$ 的

傅里叶级数展开式

$$f(x) = a_0 + \sum_{n=1}^{\infty}\left(a_n\cos\frac{n\pi x}{L} + b_n\sin\frac{n\pi x}{L}\right) \quad (14)$$

$$g(x) = a_0 + \sum_{k=1}^{\infty}\left(a_k\cos\frac{k\pi x}{l} + b_k\sin\frac{k\pi x}{l}\right) \quad (15)$$

在 $l \to \infty$ 时的极限形式就是所要寻找的非周期函数 $f(x)$ 的傅里叶展开。更具体的，引入不连续参量 $\omega_k = \frac{k\pi}{l}$（$k = 0, 1, 2, \cdots$），? $\omega_k = \omega_k - \omega_{k-1} = \frac{\pi}{l}$。这样（15）式成为

$$g(x) = a_0 + \sum_{k=1}^{\infty}(a_k\cos\omega_k x + b_k\sin\omega_k x) \quad (16)$$

傅里叶系数为

$$\begin{cases} a_k = \dfrac{1}{\delta_k l}\int_{-l}^{l} f(\xi)\cos\omega_k\xi d\xi \\ b_k = \dfrac{1}{l}\int_{-l}^{l} f(\xi)\sin\omega_k\xi d\xi \end{cases} \quad (17)$$

将（17）式代入（16）式，然后取 $l \to \infty$ 的极限。对于系数 a_0，若 $\lim\limits_{l\to\infty}\int_{-l}^{l} f(\xi) d\xi$ 有限，则

$$\lim_{l\to\infty} a_0 = \lim_{l\to\infty}\frac{1}{2l}\int_{-l}^{l} f(\xi) d\xi = 0$$

余弦部分为

$$\lim_{l\to\infty}\sum_{k=1}^{\infty}\left[\frac{1}{l}\int_{-l}^{l} f(\xi)\cos\omega_k\xi d\xi\right]\cos\omega_k x = \lim_{l\to\infty}\sum_{k=1}^{\infty}\left[\frac{1}{\pi}\int_{-l}^{l} f(\xi)\cos\omega_k\xi d\xi\right]\cos\omega_k x\Delta\omega_k$$

由于 $l \to \infty$，$\Delta\omega_k = \frac{\pi}{l} \to 0$，不连续参量 ω_k 变成连续参量，记为 ω。对 k 的求和变成对连续参量 ω 的积分，上式成为

$$\int_0^{\infty}\left[\frac{1}{\pi}\int_{-\infty}^{\infty} f(\xi)\cos\omega\xi d\xi\right]\cos\omega x d\omega$$

同理，正弦部分的极限是

$$\lim_{l\to\infty}\sum_{k=1}^{\infty}\left[\frac{1}{l}\int_{-l}^{l} f(\xi)\sin\omega_k\xi d\xi\right]\sin\omega_k x = \int_0^{\infty}\left[\frac{1}{\pi}\int_{-\infty}^{\infty} f(\xi)\sin\omega\xi d\xi\right]\sin\omega x d\omega$$

于是（16）式在 $l \to \infty$ 时的极限形式是：

$$f(x) = \int_0^\infty A(\omega)\cos\omega x d\omega + \int_0^\infty B(\omega)\sin\omega x d\omega \tag{18}$$

其中

$$\begin{cases} A(\omega) = \dfrac{1}{\pi} \int_{-\infty}^{\infty} f(\xi)\cos\omega\xi d\xi \\ B(\omega) = \dfrac{1}{\pi} \int_{-\infty}^{\infty} f(\xi)\sin\omega\xi d\xi \end{cases} \tag{19}$$

（18）式右边的积分称为傅里叶积分，（18）式称为非周期函数 $f(x)$ 的傅里叶积分表达式。（19）式称为 $f(x)$ 的傅里叶积分变换式。（18）（19）式只是形式的结果，并没有涉及严格的数学理论。之所以会出现两个变换式，是因为要考虑 $f(x)$ 的奇偶性，奇函数对应着傅里叶正弦变换，偶函数对应着傅里叶余弦变换。在总结上述情况后，我们可以将傅里叶变换写成在数字信号处理领域常见的形式

$$f(\omega) = F[f(t)] = \int_{-\infty}^{\infty} f(t)\,e^{-i\omega t}dt \tag{20}$$

（20）式就是将时域变换成频域的公式。那么什么是时域和频域呢？从我们出生，我们看到的世界都以时间贯穿，股票的走势、人的身高、汽车的轨迹都会随着时间发生改变。这种以时间作为参照来观察动态世界的方法我们称其为时域分析。而我们也想当然地认为，世间万物都在随着时间不停地改变，并且永远不会静止下来。频域是描述信号在频率方面特性时用到的一种坐标系。用线性代数的语言就是装着正弦函数的空间。频域最重要的性质是：它不是真实的，而是一个数学构造。频域是一个遵循特定规则的数学范畴。正弦波是频域中唯一存在的波形，这是频域中最重要的规则，即正弦波是对频域的描述，因为时域中的任何波形都可用正弦波合成。换句话说，频域就是那个静止的世界。

傅里叶原理表明：任何连续测量的时序或信号，都可以表示为不同频率的正弦波信号的无限叠加。而根据该原理创立的傅里叶变换算法利用直接测量到的原始信号，以累加方式来计算该信号中不同正弦波信号的频率、振幅和相位。也就是说任何周期函数，都可以看作不同振幅，不同相位正弦波的叠加。以上的数学分析是我们将《史记》篇章做傅里叶变换

观测的理论基础，它表明我们将时间和事件作为叙事空间中两个相互正交的坐标轴对其进行观测分析是可行的，是符合人类的认知规律的。在我们研究的《史记》里我们可以理解为，叙述者利用对不同人物不同时间，不同事件的描述，可以组合出一个篇章。对于一个信号来说，信号强度随时间的变化规律就是时域特性，信号是由哪些单一频率的信号合成的就是频域特性。对于一个篇章来说，篇章随时间的变化规律就是时域特性，篇章是由哪些单一事件组成的就是频域特性。

时域分析与频域分析是对信号的两个观测面。时域分析是以时间轴为坐标表示动态信号的关系；频域分析是把信号变为以频率轴为坐标表示出来。类似的，对语篇结构我们采用时间和事件两个观测面，一是以时间轴为坐标，另一个是以事件轴为坐标。通过对语篇的分析我们知道，时间点对应的就是事件，所以，我们在时间轴上看到的只是各时间点的集合，其实每一个时间点都对应着一个事件，只有将其展开，我们才能够看到，在与时间轴对应的事件轴上有诸多大大小小的事件，单纯地看这些事件，他们是相对独立的，在事件轴上是离散的，把这些事件用时间连接成分叠加到一起形成一个完整的清晰的语篇，也就是叙述者想要呈现给接受者的。

关于傅里叶变换中信号在时域和频域的关系可以借助下面的图 3-6 来理解。

在这幅图中，最前面黑色的线就是所有正弦波叠加而成的总和，也就是越来越接近矩形波的那个图形。而后面依不同颜色排列而成的正弦波就是组合为矩形波的各个分量。这些正弦波按照频率从低到高从前向后排列开来，而每一个波的振幅都是不同的。每两个正弦波之间都还有一条直线，那是振幅为 0 的正弦波。在频谱中，偶数项的振幅都是 0，也就对应了图中的彩色直线，振幅为 0 的正弦波。在频域，0 频率也被称为直流分量，在傅里叶级数的叠加中，它仅仅影响全部波形相对于数轴整体向上或是向下而不改变波的形状。

同样的，我们要研究的语篇结构也可以采用上面的示意图来说明。整个语篇结构就是接近矩形波的那个图形。时间方向上看到的是各个时间点的集合，而后面依不同颜色排列而成的正弦波就是组合为语篇结构的各个事件分量。这些事件分量按照事件的重要性从高到低从前向后排列开来，而每一个事件的振幅也就是描述这个事件的笔墨都是不同的。每两个事件之间都还有一条直线，那是平行于时间轴的对单一事件起参照作用的虚时间轴。在以事件为轴的坐标中，事件振幅是0，被称为虚时间轴，事件以它为参照来对应现实时间，在事件的叠加中，它仅仅表示全部事件相对于叙事时间轴整体延迟或是超前而不改变语篇结构。也就是说，我们这个图形中，靠近事件轴原点的是重要事件，振幅大，远离原点的是不重要的事件，振幅小。为了观测的方便我们按照事件重要程度在事件轴上排列，而不是按照事件发生的历史时间来进行排列。这样排列的好处是在图上容易理解叠加之后的波形，便于观察。利用这个图形，我们可以回顾《项羽本纪》的具体分析，更好地理解沿时间轴发展的叙事，沿事件轴排列的情节，以及时间轴和事件轴正交形成的叙事空间和语篇系统。

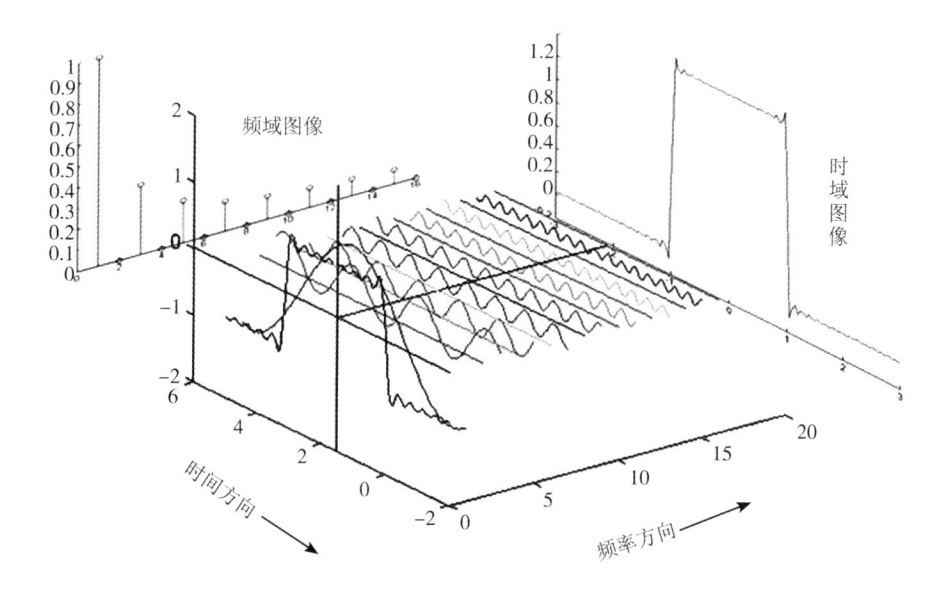

图 3-6 傅里叶变换中信号在时域和频域的关系①

以上我们主要讨论了《史记》中的篇章《项羽本纪》的语篇结构，我们把叙述者创造的叙事空间，看作由时间和事件这一组正交基构成的空

---

① 韩昊：《看了本文你还不懂傅里叶变换，那就来掐死我吧》，《观察者》，http://www.guancha.cn/HanZuo/2014_06_08_235439.shtml，2014年6月8日。

间，借助傅里叶变换将语篇结构展开成由指称事件时间连接成分引导的各个事件分量的叠加，这时指称事件时间连接成分就是各个事件分量的系数，指称事件时间连接成分在语篇中的衔接功能得以体现。

第二节　时间引导的事件关系的数学分析

接下来，我们将对《史记》做穷尽式的统计后梳理出指称事件时间连接成分所衔接的事件的三种主要关系做数学分析。《史记》中由指称事件时间连接成分衔接引导的三种主要事件关系分别为：顺承串联关系，并列并联关系，解说补充关系。对这三种关系的分析，数学上，忠于关系本身对应的数学原理和知识。即使相对于本文研究的《史记》来说，这种事件关系对应的数学模型近乎是极限情况，我们依然会尽可能保持该数学模型的完整性。而且，在下面的数学分析中尽量减少不必要的数学知识和专业术语。

一　顺承串联关系

顺承串联关系可以用下面的公式进行描述：

事件 $A \overset{t_a}{\Rightarrow}$ 事件 $B \overset{t_b}{\Rightarrow}$ 事件 $C \overset{t_c}{\Rightarrow}$ 事件 $D \overset{t_d}{\Rightarrow} \cdots$

t_a，t_b，t_c，t_d 代表的是指称事件时间连接成分。《刺客列传》中指称事件时间连接成分"其后"有"顺承连接"的语篇衔接功能。"其后"连接的事件关系有与上述情况相一致。举个例子，"其后百六十有七年而吴有专诸之事"。这句话的意思是："又过了一百六十七年，吴国有专诸的事迹。""其"指代上文叙述的曹沫的事迹。"其后"，把两个人物串连起来了，同时把这两个人物的事迹串联起来。"其后七十余年而晋有豫让之事。"这句话的意思是："这件事之后又过了七十多年，晋国有豫让的事迹。""其"指代上文叙述的专诸的事迹，"其后"，把两个人物串连起来了，同时也把这两个人物的事迹串联起来了。"其后四十余年而轵有聂政之事。"这句话的意思是："从这以后又过了四十多年，轵有聂政的事迹。""其"指代上文叙述的豫让的事迹。"其后"，把两个人物串连起来了，同时也把这两个人物的事迹串联起来。"其后二百二十余年秦有荆轲之事。"这句话的意思是："又过了二百二十多年，秦国有荆轲的事情。"

"其"指代上文叙述的聂政的事迹。"其后",把两个人物串连起来了,同时也把这两个人物的事迹串联起来了。我们把上述关于"其后"的衔接情况化简一下,就能够比较清晰地看到"其后"所引导的事件的顺承串联关系。

$$曹沫事迹 \xRightarrow{其后} 专诸事迹 \xRightarrow{其后} 豫让事迹 \xRightarrow{其后} 聂政事迹 \xRightarrow{其后} 荆轲事迹$$

因为人物和事件的对应关系,也可以把上面关系式中的"事迹"省略掉,变成

$$曹沫 \xRightarrow{其后} 专诸 \xRightarrow{其后} 豫让 \xRightarrow{其后} 聂政 \xRightarrow{其后} 荆轲$$

这种以人物名称来代替该人物的相关事件方式更接近于一般人对《刺客列传》的认知。通过这样的简化能够将指称事件时间连接成分"其后"所引导的事件关系清晰地展现出来。

这种事件之间的关系是连续的,顺承连接的,随着时间的变化事件也在变化。所有的事件是在离散时间段上发生的,那么,我们可以用差分方程对这种变化进行建模和近似的描述。

定义 数列 $A = \{a_0, a_1, a_2, a_3, \cdots\}$ 的一阶差分是

$\Delta a_0 = a_1 - a_0$

$\Delta a_1 = a_2 - a_1$

$\Delta a_2 = a_3 - a_2$

对每个正整数 n,第 n 个一阶差分是

$\Delta a_n = a_{n+1} - a_n$

一阶差分表示该序列两个相邻值的增加或者减少。我们将上式变化一下得到:

$$a_{n+1} = a_n + \Delta a_n \tag{21}$$

n 表示非负整数 $\{0, 1, 2, 3, \cdots\}$,方程(1)可以表示无穷多个代数方程,称为动力系统。动力系统能够描述从一个周期到下一个周期的变化。知道了该序列中的某一项,就可以通过差分方程算出紧接着它的下一项,但是不能直接算出任意特定项的值。我们可以用迭代这个序列来得到这项的值。一个动力系统就是序列各项之间的一种关系。如果令 $r = 1 + \Delta$ 则方程(21)变为

$$a_{n+1} = ra_n \quad (r \text{ 是常数}) \tag{22}$$

方程（22）是线性动力系统的一般表达式，若 r 为非零常数（$r = 0$ 时，序列所有的值都等于零，除了 a_0，它可能是例外）它的解为

$$a_k = r^k a_0 \qquad (23)$$

给定 r 和初始值 a_0 就可以计算出任意一个 a_k。根据实际情况，我们排除 $r = 1$ 的可能，因为当 $r = 1$ 时，不管序列从何开始，它的各项都将保持不变，处于该动力系统的平衡点。显然，在我们所研究的《史记》语篇系统里，事件随时间演化是不断变化和累积的。当 $r > 1$, $a_0 > 0$ 时，该动力系统无限增长；当 $r < -1$, $a_0 > 0$ 时，该动力系统振荡增长。关于该线性动力系统我们不做过多深入的讨论。只要能够将我们研究的语篇系统中指称事件时间连接成分所引导的事件关系表示出来就可以。因为我们对这种事件关系采用了最简单的模型，忽略一些影响因素，而且不知道它的初始值和比例系数 r，所以很难求得一个准确的平衡点。

我们所要模拟的这个语篇动力系统对于初始条件是敏感的。也就是说，事件之间的这种顺承串联关系对于初始事件是敏感的。初始条件的差异会对动力系统的平衡点产生不稳定的影响。语篇系统中初始事件的差异也会导致由指称事件时间连接成分引导的这种顺承串联关系不再保持类似的线性动力系统关系，有极大的可能会在随时间演化的某一时刻变异成并列并联关系。我们建立的线性动力系统 $a_{n+1} = r a_n$（r 是常数）是一个理想状态。通常情况下，非负整数 n 的取值是有限的。在《史记》中出现的事件间的顺承串联关系，大多只涉及 2—3 个事件。指称事件时间连接成分"其后"的语篇衔接功能大多为"顺承连接"，因此由"其后"引导的事件关系也大多为顺承串联关系。《封禅书》的主要内容是按时间顺序记述汉以前的祭祀天地活动。事件之间的顺承串联关系也最明显。《封禅书》中"其后"出现 23 处，语篇衔接功能均为"顺承连接"。我们以此为例来说明事件之间的顺承串联关系。例如："禹遵之。后十四世，至帝孔甲，淫德好神，神渎，二龙去之。其后三世，汤伐桀，欲迁夏社，不可，作夏社。"这一语段的大意是："禹遵循舜帝的这种巡行视察的制度，传了十四世之后，到了孔甲帝在位时期，他不修德行，喜好祭祀鬼神，怠慢了神灵，上天赐给他骑乘的两条龙便飞走了。孔甲以后的第三世，商汤讨伐夏桀，商汤想把夏朝土神的社坛移走，后来认为不可以这么做，于是写下了名为《夏社》的文章。"这里的"其"指代上文的孔甲。"孔甲帝

不修德行，祭祀鬼神，怠慢神灵，上天赐给他骑乘的两条龙便飞走了。"这个事件和"孔甲以后的第三世，商汤讨伐夏桀，商汤想把夏朝土神的社坛移走，后来认为不可以这么做，于是写下了名为《夏社》的文章"的事件之间就是顺承串联关系。又如"其后十六年，秦文公东猎汧渭之间，卜居之而吉。"这一语段的大意是："这以后的十六年，秦文公在东边的汧水和渭水一带狩猎，占卜在这里定居的吉凶，结果得到吉兆。"这里的"其"指代上文叙述内容。"秦襄公成为诸侯后，建西畤，祭祀白帝"的事件和"秦文公在东边的汧水和渭水一带狩猎，占卜在这里定居的吉凶，结果得到吉兆"的事件之间也是顺承串联关系。除了"其后"以外，"是时"也有顺承连接的语篇衔接功能，由其引导的事件之间也存在顺承串联关系。例如，《季布栾布列传》中"是时殿上皆恐，太后罢朝，遂不复议击匈奴事。"这句话的大意是："这时，宫殿上的官员都十分惊恐，吕太后便宣布退朝，以后也不再商讨攻打匈奴的事了。""是时"将上文叙述的"匈奴冒顿单于写信侮辱吕太后，吕太后召集众将领商量对策，樊哙主战，季布不同意，并陈述不应出击匈奴的理由"的事件和"宫殿上的官员都十分惊恐，吕太后便宣布退朝，以后也不再商讨攻打匈奴的事"的事件衔接起来，两个事件之间是顺承串联关系。《史记》其他篇章中指称事件时间连接成分如果有"顺承连接"的语篇衔接功能，那么由该指称事件时间连接成分连接的两个事件之间存在顺承串联关系。

二 并列并联关系

并列并联关系描述：事件 A

$t_a \Rightarrow$

事件 B

$t_b \Rightarrow$

事件 C

$t_c \Rightarrow$

⋮

指称事件时间连接成分有多种语篇衔接功能，由语篇衔接功能为"引入人物"或"引入事件"的指称事件时间连接成分衔接的上下文事件之间存在"并列并联关系"。《史记》中"是岁"和"是年"的语篇衔接功能主要是"引入事件"。那么由"是岁"或者"是年"衔接的上下文事件之间存在并列并联关系。我们用上面的示意图来说明这种关系。

理论上，这种并列并联关系也是连续的，可以由同一指称事件时间连接成分并列 n 个事件 $\{n = 2, 3, 4, \cdots\}$，关于 n 的取值问题，理论上 n 可以取大于 1 的任何整数，实际上 n 的取值非常有限，一般情况下 n 的取值小于等于 3。我们不考虑相对论中同时性的严格解释，仅做一般意义上的理解。考虑到读者的接受程度，通常情况下，取 $n = 2$。即，某一指称事件时间连接成分将两个事件并列起来，形成并列并联关系。我们可以从数学上简单的非线性方程，即抛物线方程，作为开始对其进行初步分析。

抛物线方程的一般形式为：$y = ax^2 + b$ (24)

为了更具体和清晰地分析理解这种关系，令 $a = -\mu$，$b = 1$，$x = x_n$，$y = x_{n+1}$，方程（24）则变为：

$$x_{n+1} = 1 - \mu x_n^2 \tag{25}$$

当 $n \to \infty$，解的数目 $\to \infty$。意味着系统已经进入混沌状态。将混沌开始时对应的 μ 记为 μ_∞。混沌，是指确定性动力学系统因对初值敏感而表现出的不可预测的、类似随机性的运动。混沌理论所研究是非线性动力学，目的是要揭示貌似随机的现象背后隐藏的简单规律，以求发现一大类复杂问题普遍遵循的共同规律。混沌区的结构包括：窗口，在混沌区中重新又出现的周期性运动，窗口中包含着与整体完全相似的结构。图 3-7 中黑框标示的部分就是窗口；自相似结构，在混沌内部包含的在不同尺度上的相似结构称为自相似性。在看似混乱的混沌体系中，包含着丰富有序的内部结构，任何局部的小区域都包含着整体信息，具有与整体完全相似的规律；普适性，若将第 n 倍周期分岔（或者混沌带的合并）时对应的参数 μ 记为 μ_n，则相继两次分岔（或合并）的间隔之比趋近于同一个常数取 $\mu \in [0, 2]$，$x \in [-1, 1]$，在整个区间取值进行迭代，就得到由周期运动到倍周期分岔，再进入混沌状态的整个演化过程。如图 3-7 所示。

$$\delta = \lim_{n \to \infty} \frac{\mu_n - \mu_{n-1}}{\mu_{n+1} - \mu_n} = 4.66920160910299067\cdots \tag{26}$$

δ 的数值只与系统的某种非线性性质有关，而与各个系统的其他具体细节无关。普适常数（标度因子），在倍周期分岔序列图 3-7 中，同次周期分岔中上下的各对周期点之间的距离之比，以及相邻两次周期分岔中

图 3-7 混沌状态的演化过程图

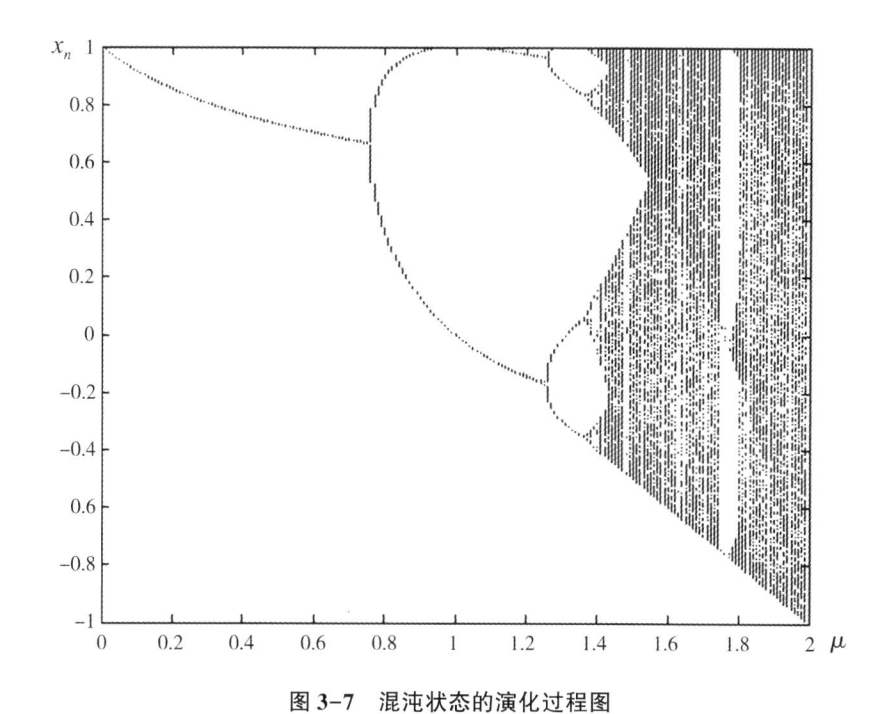

的各对周期点之间距离之比,趋于一个常数 α 相同的常数 δ 和 α 出现在不同的非线性系统之中,充分显示出非线性系统之中存在的某种共性,说明通往混沌的道路是有规律可循的。而混沌现象是确定性系统中的内在随机行为,是非线性系统的一种固有属性,经典力学的观点并不能解释内在随机性。按照牛顿决定论的观念,一个没有外来随机因素影响的确定性系统,其运动的规律也必然是确定的。也就是说,只要初始条件给定,则系统在以后任一时刻的运动状态都是完全可以预见的,绝不可能出现任何随机行为。混沌的发现是对经典决定论的冲击,也是对经典理论的补充和发展。混沌现象无处不在,混沌规律支配着自然界的各领域,也支配着人类社会的各种活动。

$$\alpha = 2.5029078750958928\cdots \quad (27)$$

以上是事件之间并列并联关系的数学模型的讨论,当存在并列并联关系的事件趋近无穷大的时候,就会出现混沌现象,对于这种极限情况我们只做上述数学分析,不给出实际对应的例子。因为这种宏观非线性情况不属于本节讨论的微观关系范畴。接下来我们通过几个例子来具体说明一下事件之间的并列并联关系。例如,《赵世家》中"是岁,越王勾践灭吴"。这句话的意思是:"这一年,越王勾践消灭了吴国。"上文叙述,晋定公于在位的第三十七年去世。"是岁"将这两个事件衔接起来,形成并列并联关系。《苏秦列传》中"是岁,文侯卒,太子立,是为燕易王"。这句话的意思是:"这一年,燕文侯去世了,太子继位为王,称为燕易王。"上文叙述秦惠王把自己的女儿嫁给燕国太子为妻。"是岁",引入燕国太子的情况,将上文叙述秦惠王把自己的女儿嫁给燕国太子为妻的事件和燕文侯去世了,太子继位为王的事件衔接起来,形成并列并联关系。《陈杞世家》中:"是年,惠公卒,子怀公柳立"。这句话的意思是:"这年,惠公死了,他的儿子怀公柳继位。"上文叙述惠公二十八年(前506),吴王阖闾与大夫伍子胥打败楚国攻入了郢都。"是年"将"吴王阖闾与大夫伍子胥打败楚国攻入了郢都"的事件和"惠公死了,他的儿子怀公柳继位"的事件衔接起来,两个事件之间形成并列并联关系。《范雎蔡泽列传》中"当此时,秦昭王使谒者王稽于魏"这句话的大意是:"在此期间,秦昭王派出拜谒魏王的使者王稽来到了魏国。"上文叙述范雎被魏齐下令鞭打,范雎装死,又趁机逃脱,"当此时",引出另一人物王稽,有引入人物的语篇衔接功能,下文叙述王稽把范雎带到了秦国。"当此时"将"范雎被魏齐下令鞭打,范雎装死,又趁机逃脱"的事件和"秦昭王派出拜谒魏王的使者王稽来到了魏国"的事件衔接起来,两个事件之间存在并列并联关系。

《史记》中存在并列并联关系的两个事件并非严格意义上的同时发生的事件,在时间轴上,两者之间总存在先后差异。叙述者通过指称事件时间连接成分的语篇衔接功能的不同,按照叙事结构的需要,安排事件之间的相互关系。打破了语篇系统单一的线性关系,使其变成非线性系统,我们需要在非线性系统中寻找规律。

三 解说补充关系

解说补充关系描述:事件 A

$t_a \Uparrow$

事件 B

⋮

语篇衔接功能为"导引解说"或"补充说明时间"的指称事件时间连接成分衔接的上下文事件之间存在"解说补充关系"。《史记》中"是时""当是之时""当此时""是后""自是后""自是之后"等指称事件时间连接成分都有"导引解说"的语篇衔接功能。"是岁"有"补充说明时间"的语篇衔接功能。那么由这些词语衔接的上下文事件之间存在解说补充关系。我们用上面的示意图来说明这种关系。

《史记》中指称事件时间连接成分引导的事件之间的解说补充关系一般情况下是离散的，也可以是连续的，在这种关系下，由某一指称事件时间连接成分引导事件 B 对事件 A 做出解说或者补充说明，再有另一指称事件时间连接成分引导事件 C 对事件 B 进行解说或者是补充说明。如果这样循环下去，就会出现连续的状态。考虑到叙事结构和可读性，通常情况下，这种解说补充不会出现类似多米诺骨牌的现象，一直持续下去，它是有限的。在本文研究的《史记》中更多的是单一解说补充关系，即，某一指称事件时间连接成分只引导事件 B 对事件 A 做出解说或补充说明，而不会出现其他事件再对事件 B 进行解说补充的情况，或者是某一指称事件时间连接成分引导事件 B 和事件 C 共同对事件 A 做出解说或者补充说明。这样的简化能够让复杂的情况变得易于理解，便于找出其中的规律。本节我们只考虑这种单一解说补充关系的情况。

在这种解说补充关系中，我们可以把指称事件时间连接成分看成一种映射。在数学领域中，映射，是指两个元素的集之间元素相互"对应"的关系；也指"形成对应关系"这一个动作。映射的定义描述如下，设 X、Y 是两个非空集合，如果存在一个法则 f，使得对 X 中每个元素 x，按法则 f，在 Y 中有唯一确定的元素 y 与之对应，则称 f 为从 X 到 Y 的映射，记作 $f: X \rightarrow Y$。其中 y 称为元素 x（在映射 f 下）的像，并记作 $f(x)$，即 $y = f(x)$；而元素 x 称为元素 y（在映射 f 下）的一个原像；集合 X 称为映射 f 的定义域 D_f，记作 $D_f = X$，X 中所有元素的像所组成的集合称为映射 f 的值域，记作 R_f 或 $f(X)$，即 $R_f = f(X) = \{f(x) | x \in X\}$。

需要注意的是：

其一，构成一个映射必须具备以下三个要素：集合 X，即定义域 $D_f = X$；集合 Y，即值域的范围：$R_f \subset Y$；对应法则 f，使对每个 $x \in X$，有唯一确定的 $y = f(x)$ 与之对应。

其二，对每个 $x \in X$，元素 x 的像 y 是唯一的，而对每一个 $y \in R_f$，元素 y 的原像不一定是唯一的；映射 f 的值域 R_f 是 Y 的一个子集，即 $R_f \subset Y$，不一定 $R_f = Y$。

映射又称为算子，根据集合 X、Y 的不同情形，在不同的数学分支中，映射又有不同的惯用名称。例如，从非空集 X 到数集 Y 的映射又称为 X 上的泛函；从非空集 X 到它自身的映射又称为 X 上的变换；从实数集 X 到实数集 Y 的映射通常称为定义在 X 上的函数。"映射"是比函数更广泛一些的数学概念，它就是一个集合到另一个集合的一种确定的对应关系。举个例子说明一下映射，设 $X = \{1, 2, 3, 4\}$，$Y = \{2, 4, 6, 8\}$，集合 X 中的元素 x 按照对应关系"乘2"和集合 Y 中的元素对应，这个对应关系"乘2"就是集合 X 到集合 Y 的映射。

在本文研究的《史记》语篇中，引导这种解说补充关系的指称事件时间连接成分就可以看作语篇系统中的映射。这种事件之间的对应关系可以是一对一的，也可以是多对一的。这取决于叙述者对语篇叙事结构的要求，当叙述者判断需要两个或以上的事件 B 和 C 对事件 A 进行解说或补充说明时，就会出现这种多对一的情况。而此时引导这种关系的指称事件时间连接成分的语篇衔接功能不是单一的，除了"导引解说"和"补充说明时间"的语篇衔接功能以外，还可能有其他的语篇衔接功能。我们在《史记》不同体例的篇章中分别选取几个例子来具体说明解说补充关系。《田叔列传》中"是时石氏九人为二千石，方盛贵"。这句话的大意是："这时，石家共有九人担任二千石俸禄的官员，正值强盛、显贵之时。"上文叙述河东太守是丞相石庆的子孙，"是时"后的语句，介绍石家当时的情况，具有导引解说的语篇衔接功能。"是时"衔接的上下文之间存在解说补充关系。《李将军列传》中"是时会暮，胡兵终怪之，不敢击"。这一段话的大意是："这时，适逢黄昏，胡人的军队始终觉得奇怪，但是不敢发动进攻。"上文叙述李广率领的一百名骑兵，遇到了几千匈奴骑兵，李广故意命令骑兵解下马鞍，佯装是诱饵，匈奴的骑兵不敢进攻。"是时"，说明时间，具有补充说明时间的语篇衔接功能。"是时"衔接的上下文事件之间存在解说补充关系。《伍子胥列传》中"当是时，吴以伍子胥、孙武之谋，西破强楚，北威齐晋，南服越人"。这段话的大意是："正当此时，吴国有伍子胥、孙武出谋划策，在西边打败了强大的楚国，在北边威慑着齐国、晋国，在南边降服了越国，因此最为强盛。"上文阖闾派夫差攻打楚国，夺取了番地，楚国迁都，"当是时"后的语句，介绍了吴国的强盛，有导引解说的语篇衔接功能。"当是时"衔接的上下文事件之间存在解说补充关系。《淮南衡山列传》中"当是之时，男子疾耕不足于糟糠，女子纺绩不足于盖形"。这句话的意思是："在这个时候，男子努力耕作却吃不饱糟糠，女子奋力织布却衣不遮体。"上文叙述秦朝崇尚欺诈与暴力。"当是之时"，介绍这种统治下的老百姓的生活，有导引解说的语篇衔接功能。"当是之时"衔接的上下文事件之间存在解说补充关系。《晋世家》中"当此时，晋强，西有河西，与秦接境，北边翟，东至河内"。这段话的大意是："就在这时候，晋国变强大了，西边拥有河西，与秦国接壤，北边与翟国相邻，东到河内。"上文叙述晋军攻打翟国，翟国为了保护重耳也攻击晋军，后晋军撤兵。"当此时"，介绍晋国的发展壮大，有导引解说的语篇衔接功能。"当此时"衔接的上下文事件之间存在解说补充关系。《魏公子列传》中"是后魏王畏公子之贤能，不敢任公子以国政"。这句话的意思是："从此以后，魏王忌惮公子无忌的贤能，不敢把魏国的政事交给无忌来处理。"上文叙述，魏王与公子无忌下棋的时候，发现无忌对赵国的情况了如指掌，魏王以为赵王来犯，而无忌却知道赵王只是打猎。"是后"具有导引解说的语篇衔接功能，衔接的"魏王发现无忌对赵国的情况了如指掌，魏王以为赵王来犯，而无忌却知道赵王只是打猎"的事件和"魏王忌惮公子无忌的贤能，不敢把魏国的政事交给无忌来处理"的事件之间就是解说补充关系。《秦始皇本纪》中"自是后莫知行之所在"，这句话的意思是："从此以后，没有谁知道皇帝的行踪所在了。"上文叙述秦始皇怀疑有人泄露了他所说的话，就杀掉了所有跟随的人。"自是后"有导引解说的语篇衔接功能，叙述上文事件的影响。"秦始皇怀疑有人泄露了他所说的话，就杀掉了所有跟随的人"和"没有谁知道皇帝的行踪所在了"这两个事件之间存在解说补充关系。《卫将军骠骑列传》中"是岁元狩四年也"。这句话的意思是："这一年是元狩四年（前119）。""是岁"对上文叙述的"皇帝要派汉军越过沙漠"的事件补充说明时间。上下文事件之间存在解说补充关系。

通过以上几个例子，我们发现，存在解说补充关系的上下文事件在时间上还是有先有后的，或者起到"解说补充"作用的事件是一段时期内整体情况的综合反映。

以上，我们从微观角度，通过数学分析的方法说明指称事件时间连接成分具有不同的语篇衔接功能时，该连接成分衔接的上下文事件之间存在的三种不同的关系。这三种关系作为事件之间的主要叙事关系，体现了指称事件时间连接成分在语篇衔接中的重要功能。为语篇的叙事结构搭建起主要框架。

第三节 指称事件时间连接成分的语篇衔接功能的平移不变性

在这一节，我们将从量子力学原理角度，对指称事件时间连接成分的语篇衔接功能进行空间和时间平移不变的分析。

前文可知，语篇的结构要素包括人物、时间、事件、叙述者。叙述者的视角是语篇结构以外的视角，不受语篇的控制，相当于万能的"上帝"视角，它通过外场影响语篇结构。对于一篇完整的文章来说，叙述者在文章完成的时候，就不再对语篇的结构进行调整，而是以万能观察者的身份存在。毕竟，语篇结构是由叙述者构建起来的，叙事空间也是由叙述者创造的，不同的叙述者对同一历史事件所创造的叙事空间也是不同的。这个叙事空间完全由叙述者控制。在叙述者创造的这个空间中，人物、时间和事件这些要素根据叙述者自己的理解，被赋予了新的意义。人物可以分为语篇的主要人物，我们也将其称为目标人物、事件当前人物和事件中出现的相关人物，等等。例如，在《项羽本纪》中，项羽是叙述者要描述的对象，是《项羽本纪》这一篇章中的目标人物，刘邦、项梁、范增、张良等人物就是事件的当前人物和相关人物。《高祖本纪》中，刘邦是叙述者要描述的对象，是《高祖本纪》这一篇章中的目标人物，项羽、韩信等人物就是事件的当前人物和相关人物。《廉颇蔺相如列传》中廉颇和蔺相如就是这一篇章中的目标人物，秦王、赵王、赵括等人物就是事件的当前人物和相关人物。《刺客列传》中一共讲述了鲁国的曹沫、吴国的专诸、晋国的豫让、韩国的聂政和卫国的荆轲五个人物，这五个人物都是目标人物，他们所处的年代不同，没有交集。讲述每个目标人物的时候所涉及的其他人物就是事件的相关人物。时间可以分为现实时间、历史时间、叙事时间、事件时间，事件时间是指在事件中出现的只跟叙述该事件相关的时间，该时间离开所依附的事件就没有意义了。本章研究的指称事件时间连接成分就属于事件时间。事件时间的时间点可以在历史时间点之前或者之后，这主要由叙述者根据叙事的需要来决定。例如，《周本纪》中"定王元年，楚庄王伐陆浑之戎，次洛，使人问九鼎"。这里面的"定王元年"是历史时间，也是叙事时间。与之相类似的还有，《吕太后本纪》中"高祖十二年四月甲辰，崩长乐宫，太子袭号为帝"的"高祖十二年四月甲辰"，《封禅书》中"二世元年，东巡碣石，并海南，历泰山，至会稽，皆礼祠之，而刻勒始皇所立石书旁，以章始皇之功德"的"二世元年"，《孔子世家》中"鲁哀公十四年春，狩大野"的"鲁哀公十四年春"等等。这些都是显性时间连接成分，都是历史时间，也是叙事时间。本文主要考察的"是时""当是时""当是之时""此时""当此时""当此之时""是日""是岁""是年""是后""自是后""自是之后""其后"等隐性时间连接成分所指示的时间总体上有三种情况，分别是历史时间、叙事时间和事件时间。但在具体的语篇中又根据该时间连接成分所衔接的事件的关系而有所不同。下面分别列举出一些时间连接成分所指示时间的情况。《外戚世家》中"是时其长兄广利为贰师将军，伐大宛，不及诛，还，而上既夷李氏，后怜其家，乃封为海西侯"的"是时"指示的是叙事时间和事件时间。《淮阴侯列传》中"当是时，楚方急围汉王于荥阳，韩信使者至，发书，汉王大怒，骂曰：吾困于此，旦暮望若来佐我，乃欲自立为王"的"当是时"指示的是叙事时间和事件时间。《淮南衡山列传》中"当是之时，男子疾耕不足于糟糠，女子纺绩不足于盖形"的"当是之时"指示的是叙事时间。《淮南衡山列传》中"元朔五年，太子学用剑，自以为人莫及，闻郎中雷被巧，乃召与戏。被一再辞让，误中太子。太子怒，被恐。此时有欲从军者辄诣京师，被即愿奋击匈奴"的"此时"的意思是"这时候"指示的是历史时间和叙事时间。《陈涉世家》中"当此时，楚兵数千人为聚者，不可胜数"的"当此时"的意思是"在那个时候"指示的是叙事时间和事件时间。《魏公子列传》中"当此之时，平原君不敢自比于人"的"当此之时"的意思是"在这个时候"指示的是叙事时间和事件时间。《孔子世家》中"是日，孔子曰：'归乎归乎！吾党之小子狂简，斐然成章，吾不知所以裁之'"的"是日"指示的是叙事时间和事件时间。《樊郦滕灌列传》中"是岁，匈奴大入北地、上郡，令丞相婴将骑八万五千往击匈奴"的"是岁"指示的是历史时间和叙事时间。《卫康叔世家》中"是年，献公卒，子襄公恶立"的"是年"指示的是历史时间和叙事时间。《魏公子列传》中"是后魏王畏公子之贤能，不敢任公子以国政"的"是后"的意思是"从那以后"，指示的是事件时间。《建元以来侯者年表》中"自是后，遂出师北讨强胡，南诛劲越，将卒以次封矣"的"自是后"的意思是"从此以后"，指示的是叙事时间和事件时间。《齐悼惠王世家》中"自是之后，诸吕惮朱虚侯，虽大臣皆依朱虚侯，刘氏为益强"的"自是之后"的意思是"从此以后"，指示的是叙事时间和事件时间。《封禅书》中"其后十六年，秦文公东猎汧渭之间，卜居之而吉"的"其后"的意思是"这以后"，指示的是历史时间和事件时间。事件可以分为当前事件、历史事件、关联事件、承接事件、并列事件、解说事件，等等。对于一个孤立的事件来说，只有在时间这一算符（我们前面介绍过映射可以有不同的名称，算符是映射的一种叫法）作用在其上的时候，孤立事件将不再是孤立的，而是和其他事件发生关联，成为语篇结构的一部分。例如，《孙子吴起列传》中"其后魏伐赵，赵急，请救于齐"，这段话的大意是："后来魏国攻打赵国，赵国的情况危急，向齐国求救。""其"指代前文叙述的"田忌赛马"后，齐威王把孙膑当成了老师。"其后"有引入事件的语篇衔接功能，把上下文的两个事件关联起来。"其后"引导的事件与上文的事件相比是关联事件。《卫康叔世家》中"孔子自陈入卫。九年，孔文子问兵于仲尼，仲尼不对。其后鲁迎仲尼，仲尼反鲁"。这一语段的大意是："孔子从陈国来到了卫国，九年（前484），孔文子向孔子请教兵事，孔子没有回答。之后鲁国人迎接孔子回国，于是孔子返回了鲁国。"我们将这段话的结构拆分一下，"孔子自陈入卫。九年，孔文子问兵于仲尼，仲尼不对"表述的是一个独立的事件，是孤立事件。"鲁迎仲尼，仲尼反鲁。"也是一个孤立事件。"其后"作为时间连接成分将"孔子自陈入卫。九年，孔文子问兵于仲尼，仲尼不对"和"鲁迎仲尼，仲尼反鲁"这两个事件衔接起来，具有顺承连接的语篇衔接功能。这两个事件之间存在并列关系。"其"指代上文孔子到卫国，孔文子问兵事于孔子，孔子没有回答。《匈奴列传》中"是时汉兵与项羽相距，中国罢于兵革，以故冒顿得自强,控弦之士三十余万"。这一语段的大意是:"这时汉军和项羽相互对峙,中原地区被战争所拖累,因此冒顿得以自强,弓箭手有三十多万。"上文叙述冒顿消灭了东湖王,驱逐了月氏,吞并了楼烦国和白羊河南王的领地,再次全部占据了秦朝派蒙恬所夺走的匈奴故地。冒顿变得很强大。"是时"后的语句,叙述了中原地区的情形,并指出正是由于中原地区处于战争状态,正是楚汉相争,顾不上边境地区的时候。冒顿才有机会发展壮大。"是时"将前后两个孤立事件衔接起来。具有导引解说的语篇衔接功能。这两个事件之间存在解说关系。后一事件解释了前一事件发生的原因。《游侠列传》中"其后代诸白、梁韩无辟、阳翟薛兄、陕韩孺纷纷复出焉"。这段话的大意是:"后来,代郡白姓诸人、梁地的韩无辟、阳翟的薛兄、陕地的韩孺,纷纷涌现了出来。""其"指代上文中叙述的豪侠出现。"其后"将上下文的事件并列联系起来,具有顺承连接的语篇衔接功能。事件之间存在并列关系。《田叔列传》中"其后用仁安为益州刺史,以田仁为丞相长史"。这句话的大意是:"此后,任安担任益州刺史,田仁担任丞相长史。""其"指代上文汉武帝在卫将军家臣中选拔人才,赵禹推荐任安和田仁,两人得到汉武帝的赏识。"其后"将上下文的事件联系起来,具有顺承连接的语篇衔接功能。事件之间存在着顺承关系,后一事件是前一事件的延续承接。具有不同的语篇衔接功能的时间算符作用在孤立事件上,就产生不同的事件状态,这些事件状态的表现就是由单一孤立事件转变成为语篇结构中与上下文相关联的当前事件、历史事件、关联事件、承接事件、并列事件、解说事件等。所有的这些状态都是叙事空间中可能出现的状态。我们刚刚分析过的一些例子中,隐性时间连接成分所衔接的事件,与上文出现的事件相比分别成为:关联事件,例如"其后魏伐赵,赵急,请救于齐。"并列事件,例如"其后鲁迎仲尼,仲尼反鲁。"解说事件,例如"是时汉兵与项羽相距,中国罢于兵革,以故冒顿得自强,控弦之士三十余万。"承接事件,例如"其后用仁安为益州刺史,以田仁为丞相长史"。

当我们对《史记》所有语篇中出现的指称事件时间连接成分进行统计分类的时候,相当于对《史记》进行测量。而人物、时间、事件、叙述者这些要素可以称为观测量,我们在语篇系统中对这些观测量进行测量,就是研究这些观测量的语篇功能。

在对这些可观测量进行测量之前，先介绍一下相关概念和原理。我们先给出一些概念和原理在量子力学中的基本描述。

1. 波函数

因为微观粒子具有波粒二象性，在量子力学中用一个函数表示描写粒子的波，称这个函数为波函数。波函数的统计解释，波函数在空间中某一点的强度（振幅绝对值的平方）和在该点找到粒子的概率成比例。所以描写粒子的波是概率波。因为由波函数可以得出微观体系的各种性质，因此波函数（也称为概率幅）描写体系的量子状态（简称状态或态）。在数学上，函数指的是变量之间的一种关系，能够帮助我们认识世界。例如，我们可以利用函数求解足球的运动轨迹，知道它所处的确切位置。但如果这个足球缩小成了金属原子那样的微观粒子，再使用原来的函数来求解它的运动轨迹就不合适了。因为此时的"足球"不但具有粒子的特性还具有波动的特性。所以我们将原来的函数前加上"波"成为"波函数"来适应"足球"的这种变化。因为波函数比一般函数的性质复杂，而且在我们的日常生活中又很陌生，所以波函数才显得"神秘"。

2. 态叠加原理

若态 $|A\rangle$ 与态 $|B\rangle$ 是系统的可能态，则它们的叠加态 $|R\rangle = c_1|A\rangle + c_2|B\rangle$ 也是系统的可能态，而且在不受外界干扰的情况下，它们的这种叠加关系保持不变。两个推论：

第一，若 $|A\rangle$ 与 $|B\rangle$ 是系统的同一个态，则它们是相关的，即有 $c_1|A\rangle + c_2|B\rangle = 0$，其中 c_1 和 c_2 都不为0；反之，若 $|A\rangle$ 与 $|B\rangle$ 是系统不同的两个态，则它们是不相关的，即不可能有上述关系，除非 $c_1 = c_2 = 0$。

第二，若 $\{l_n\} = (l_1, l_2, \cdots)$ 是观测量 L 的所有可能测得值的集合，$|l_n\rangle$ 是测得值为 l_n 的态，则系统的任一可测 L 的态 $|\psi\rangle$ 都可写成 $|\psi\rangle = \sum_n \psi_n |l_n\rangle$。

态叠加原理是在大量实验现象综合与归纳基础上得来的，是一个普遍存在的物理原理。态叠加原理就在我们的生活中，只是人们并不在意。举个例子说明一下。热恋中的小明比单身的小刚更容易理解态叠加原理，因为小明的脑子里总在想："我女朋友这个时候在干什么呢？"假设某一天小明晚上要加班，不能陪女朋友，晚上七点还不能抽空打电话问女朋友在做什么。这时候态叠加原理就出现了。小明只能用脑子想象这个时候女朋友可能在做什么：在家里吃饭？和同事一起吃饭？和闺蜜一起逛街？自己在家里看书？在沙发上刷朋友圈？在地铁上？和某个他不认识的帅哥约会？等等。问号代表了小明女朋友可能做的事情，也就是可能处于的状态。差别是每种可能性出现的概率不一样而已。如果在家里吃饭的概率是百分之八十的话，那么和闺蜜一起逛街的概率可能是百分之十八，而和帅哥约会的概率只有百分之二。当小明打电话询问女朋友在做什么，把"打电话询问"翻译成量子力学语言就是"测量"。假设他得到的答案是"和闺蜜在逛街"。那么小明之前脑子里所想的女朋友可能有的 N 种状态一下子变成了一种确定的状态："和闺蜜逛街"，概率百分之百。"在家里吃饭"的概率从百分之八十变成零，"和小刚约会"的概率从百分之二变成零。通过这个例子我们很容易理解态叠加原理，对这个原理也就不陌生了。其实语篇系统也有这样的情况。在具体考查一个语篇系统之前，它的叙事结构可能有插叙、顺叙、倒叙等方式。这些可能的方式都有一定的概率。只有对语篇的叙事结构经过分析之后，才能得出具体的结构方式，究竟是顺叙、插叙、还是倒叙，又或者是别的方式才能够被确定下来。《史记》的叙事结构，在其完成的那一刻起就已经是确定的了，我们现在是用一种更普遍的原理，从指称事件时间连接成分的语篇衔接功能的角度出发，对其进行研究，希望能够拓展认识《史记》的视野。

3. 表象

表象是态和力学量的具体表示方式。一组基失足以完全确定任一态矢量和算符，从而完全确定一个表象。我们可以把状态 $|\Psi\rangle$ 看成一个态矢量，选取一个特定的表象 Q，就相当于选定了一个特定的坐标系。Q 的本征函数 $u_1(x)$，$u_2(x)$，…，$u_n(x)$，… 是这个表象的基失。相当于笛卡尔坐标系中的单位矢量 $\vec{i}$，$\vec{j}$，$\vec{k}$。波函数 $[a_1(t)$，$a_2(t)$，…，$a_n(t)$，…$]$ 是态矢量 $|\Psi\rangle$ 在 Q 表象中沿各基失方向的分量，就像向量 $\vec{A}$ 沿 $\vec{i}$，$\vec{j}$，$\vec{k}$ 三个方向的分量是 (A_i, A_j, A_k) 一样。$\vec{i}$，$\vec{j}$，$\vec{k}$ 是三个相互独立的方向，说明 $\vec{A}$ 所在的空间是三维空间。表象 Q 的本征函数 $[u_1(x)$，$u_2(x)$，…，$u_n(x)$，…$]$ 有无限多，所以态矢量所在空间是无限维的函数空间。

在数学上称为希尔伯特（Hilbert）空间。一般只涉及坐标表象和动量表象。在语篇分析中可以采用的表象有人物表象、事件表象和叙述者表象。我们在读《史记》的时候，其实就是处在叙述者构建的叙事空间里，去看各个体例各个篇章记录的各种事件。换个说法就是我们在读《史记》的时候，是处于叙述者表象中。关于表象的理解我们可以借用生活中的例子来说明。我们对于所生活的世界的理解是从人类的视角出发，去观察和认识的。想象一下，如果你变成了一只小鸟、一只蜜蜂或者是一只苍蝇，这时你眼中的世界将会截然不同，曾经熟悉的物体的形状可能会发生变化。或者，当你处在以接近光速的速度运行的火车上，透过车窗去观察外面的世界，那又是另一番景象。尺缩钟慢就是用来描述这样的情况的。尽管这样的例子不是百分之百的准确，但至少在理解"表象"这个概念上更具体，更容易理解和接受。

4. 狄拉克（Dirac）符号

量子力学中不用具体表象来描写态和力学量的方式。右失$|>$，表示微观体系的状态。例如，$|\psi\rangle$代表波函数ψ描述的态，本征值λ的本征态为$|\lambda\rangle$，坐标本征态为$|x\rangle$，关于本征值和本征态的概念，我们可以这样理解：

如果一个力学量$\hat{O}$在一个特殊的状态（这种状态用波函数ψ来表示）下有确定的值，那么这个确定的值就称为力学量$\hat{O}$的本征值，所处的这种特殊状态称为力学量$\hat{O}$的本征态。本征值和本征态是相互对应的。我们举个生活中的例子来帮助理解本征值和本征态的概念。人们在自己家里的时候比较随意，能够展现出相对真实的自己。我们称这种状态下的自己为"甲"。那么这个"甲"就是我们自己在"家里"这个本征态下的本征值。如果去朋友家里做客的话肯定不会像在自己家里一样，一边看电视一边挖鼻孔。这个时候的自己我们称为"乙"，"甲"和"乙"之间有差别。那么这个"乙"就是我们在"别人家"这个本征态下的本征值。对本征值和本征态有一定的了解之后，我们可以将语篇结构中的人物与动量对应起来，事件和能量对应起来，选择这样对应的原因是因为在物理学中，动量和能量之间有紧密的关系，在语篇系统中，人物和事件也存在着密切关系。事件和人物之间是相互依存的，人物之间通过事件相互联系，事件的主体又是由人物来组成的。这时人物和事件的狄拉克符号可以分别表示为：人物本征值为p，人物本征态为$|p\rangle$；事件本征值为E，事件

本征态为 $|E)$。狄拉克符号中右矢的共轭矢量 $<|=(|>)^\dagger$ 称为左矢。

设力学量 $\hat{F}$ 有本征方程 $\hat{F}|n)=f_n|n)$，$(n|n')=\delta_{nn'}$，$\{|n)\}$ 构成 $\hat{F}$ 表象希尔伯特空间基矢。任意态矢可以在 $\hat{F}$ 表象展开（也称为完全性）

$$|\psi)=\sum_n a_n|n)$$

左乘 $(n'|$ 得，

$$(n'|\psi)=\sum_n a_n(n'|n)=\sum_n a_n\delta_{nn'}=a_{n'}$$

即
$$a_n=(n|\psi)$$

这是抽象的态矢 $|\psi)$ 在基矢 $|n)$ 上的投影，称为态矢 $|\psi)$ 在 $\hat{F}$ 表象中的波函数。当所有的 a_n 都给定，就给定了一个态矢 $|\psi)$。所以这一组数 $\{a_n\}=\{(n|\psi)\}$，$(n=1,2,\cdots)$ 就是态矢 $|\psi)$ 在 $\hat{F}$ 表象中的表示。这部分的推导主要是说明态矢量在任一表象中的表示是什么样的，怎么表示。相当于我们用数学语言去描述三维空间中的一个长宽高都不为零的立方体。为了描述这个立方体，我们先建立一个三维坐标系，这就是表象。每一个坐标轴就相当于是基矢。还要找到这个立方体的长宽高在每个坐标轴上的投影，以便确定在我们建立的这个三维坐标中如何将它准确地描述出来。需要注意的是，我们所建立的这个三维坐标系的原点和坐标轴并不一定与立方体的某一个顶点及其三条边相重合。这个三维坐标的原点可以是空间中的任意一点，这样才更加具有普遍意义，也更抽象。由此原点建立的三维坐标系才更接近于表象。

5. 薛定谔（Schrödinger）方程

时间发展算符，设系统在不受外界干扰的情况下，从初始时刻 t_0 到某一时刻 t，态矢量从 $|\psi(t_0))$ 变化为 $|\psi(t))$。这种变化可以看成发生于态矢量空间的一个变换，

$$|\psi(t_0))\rightarrow|\psi(t))=\hat{T}(t,t_0)|\psi(t_0))$$

其中 $\hat{T}(t,t_0)$ 称为时间演化算符，满足下列初始条件 $\hat{T}(t_0,t_0)=1$，系统的物理态随时间的变化，可以由系统的时间演化算符来确定。态矢量在时间演化变换下只可能改变方向，而不改变长度。

当 $t\rightarrow t_0$ 时，无限小时间演化算符 $\hat{T}$ 依赖于 $t-t_0$，将其展开并保留到一次项，可以写成

$$\widehat{T} = 1 + \frac{1}{i\hbar}\widehat{H}(t_0)(t-t_0), t \to t_0$$

其中为了使 $\widehat{H}$ 是厄米算符，引入虚单位 i。$\hbar$ 是约化普朗克(Planck)常数，观测量 H 对应于经典力学中系统的哈密顿量，相应地，我们把 $\widehat{H}$ 称为系统的哈密顿算符。在语篇系统中与叙述者相关联。

我们将上式带入到态矢量变换的式子中，取极限 $t \to t_0$，就有

$$i\hbar \frac{d}{dt} |\psi(t)\rangle = \widehat{H}(t) |\psi(t)\rangle$$

这个方程称为薛定谔方程，是量子力学中确定系统的物理态随时间变化的基本动力学方程。系统的动力学特性，完全体现在系统的哈密顿算符中。可以说，对于一个物理系统进行量子力学描述的核心，就是写出系统的哈密顿算符。与哈密顿算符在系统中的重要性相类似的，叙述者在语篇系统中同样处于核心地位。我们可以将系统的哈密顿算符与语篇系统中的叙述者相对应起来。需要注意的是，当系统的哈密顿算符不显含时间 t 时，系统的哈密顿量相应于系统的能量。关于哈密顿算符的内容太过专门和带有技术性，不是本文要研究的内容，不做过多的讨论。二者的这种对应关系，是源于两者在各自的系统中均处于核心地位。从这一观点出发这种对应关系是合适的成立的并没有什么不妥。

有了量子力学中一些基本概念和原理之后，我们就可以利用对系统的空间平移不变性和时间平移不变性的分析，相应地来分析语篇系统的空间平移不变性和时间平移不变性，进而分析指称事件时间连接成分的空间平移不变性和时间平移不变性。

一 空间平移不变性

我们选择薛定谔表象，也就是坐标表象。空间平移，系统的波函数 $\psi(\vec{r}) = \langle\vec{r}|\psi\rangle$ 是在空间分布的一个波场，$\vec{r} = (x, y, z)$ 是用笛卡尔直角坐标系表示的系统的空间位置矢量。考虑态矢量的幺正变换 $|\psi\rangle \to \widehat{U}|\psi\rangle$，把系统做了一个空间平移 $\vec{d}$。平移后系统波函数在 $\vec{r}$ 点的值应该等于平移前系统波函数在 $\vec{r} - \vec{d}$ 点的值，则 $\psi(\vec{r}) \to \psi(\vec{r}-\vec{d}) = \langle\vec{r}-\vec{d}|\psi\rangle = \langle\vec{r}|U|\psi\rangle$，这个式子也可以看成基失的变换 $|\vec{r}\rangle \to |\vec{r}-\vec{d}\rangle =$

$\widehat{U}^{-1}|\vec{r}\rangle$），它把坐标本征态从本征值为$\vec{r}$的$|\vec{r}\rangle$变到本征值为$\vec{r}-\vec{d}$的$|\vec{r}-\vec{d}\rangle$。这相当于把空间坐标架做了一个平移$-\vec{d}$。$\widehat{U}$是幺正的，所以当$\vec{d}\to 0$时可以写成$\widehat{U}=1-\dfrac{i}{\hbar}\vec{d}\cdot\widehat{\vec{p}}$，其中$\widehat{\vec{p}}$是生成空间无限小平移$\vec{d}$的厄米算符，可以作为一个表征系统空间平移特征的观测量。如果空间平移$\vec{d}$不是无限小，我们可以把它分成n等份，并令$n\to\infty$。于是，空间平移$\vec{d}$可以看成相继n此小平移的结果。这时

$$\widehat{U}=\lim_{n\to\infty}\left(1-\dfrac{i}{\hbar}\dfrac{\vec{d}\cdot\widehat{\vec{p}}}{n}\right)^{n}=e^{-i\frac{\vec{d}\cdot\widehat{\vec{p}}}{\hbar}}$$

与态矢量的幺正变换$|\psi\rangle\to\widehat{U}|\psi\rangle$相应地，观测量算符的变换是$\widehat{A}\to\widehat{U}\widehat{A}\widehat{U}^{-1}$。于是，坐标算符的空间平移可以写成$\widehat{\vec{r}}-\vec{d}=\widehat{U}\widehat{\vec{r}}\widehat{U}^{-1}$。当$\vec{d}$为一沿着$x$轴的无限小位移时，它给出$\widehat{x}-d=\left(1-\dfrac{i}{\hbar}d\widehat{p}_x\right)\widehat{x}\left(1+\dfrac{i}{\hbar}d\widehat{p}_x\right)=\widehat{x}-\dfrac{i}{\hbar}d\widehat{p}_x\widehat{x}+\dfrac{i}{\hbar}\widehat{x}d\widehat{p}_x$，期中已略去$d$的二次项，上式化简后成为

$$[\widehat{x},\widehat{p}_x]=\widehat{x}\widehat{p}_x-\widehat{p}_x\widehat{x}=i\hbar$$

这正是坐标与其正则共轭动量的海森堡对易关系。所以，在x轴上生成无限小平移变换的厄米算符$\widehat{p}_x$与系统在x轴的正则共轭动量算符相联系。类似地，$\widehat{p}_y$和$\widehat{p}_z$分别是系统在y轴和z轴的正则共轭动量算符。可以看出，在量子力学中的动量，是表征系统在空间平移变换下的特征的物理观测量。前面我们将语篇系统中人物与动量相对应，人物是表征语篇系统在空间平移变换下的特征的叙事结构观测量。

如果系统在空间平移以后的态$\widehat{U}|\psi\rangle$与原来的态$|\psi\rangle$都满足薛定谔方程，是同一量子态，则这个系统就具有空间平移不变性。用空间平移的幺正算符$\widehat{U}$作用到薛定谔方程上，

$$i\hbar\dfrac{d}{dt}\widehat{U}|\psi\rangle=\widehat{U}\widehat{H}\widehat{U}^{-1}\widehat{U}|\psi\rangle$$

如果要求上式是关于态$\widehat{U}|\psi\rangle$的薛定谔方程，那么就要求系统的哈密顿算符在空间平移变换下不变，$\widehat{U}\widehat{H}\widehat{U}^{-1}=\widehat{H}$，也就是$[\widehat{\vec{p}},\widehat{H}]=0$。所以，对于具有空间平移不变性的系统，动量算符$\widehat{\vec{p}}$与系统的哈密顿算符$\widehat{H}$

对易，动量是系统的守恒量，可以有能量与动量共同本征态 $|\overrightarrow{Ep}\rangle$ ）。空间平移后的态与原来的态相差一个常数相位，仍然描述的是同一个量子态，确实具有空间平移不变性。关于这个"常数相位"我们可以借助这样的例子来理解：小明在坐着看书。如果小明是坐在公园长椅上看书，这个"常数相位"就是公园长椅；如果小明是坐在公交车上看书，这个"常数相位"就是公交车；如果小明是坐在楼顶上看书，这个"常数相位"就是那栋大楼。这就好像是小学语文课本里的填空题一样，给出"小明在＿＿＿＿坐着看书"。要求在横线上填上不同的地点。不管地点怎么变换，都没有改变小明坐着看书这一状态。这就是空间平移不变性。关于空间平移不变性，我们可以借助下面的例子来理解：盖一幢房子需要钢筋水泥、砖头瓦块。房子是否结实耐用、漂亮实用取决于房子的结构。如果将这幢盖好的房子整体搬迁，从北京平移到上海，而这幢房子的结构没有发生变形，外观也没有发生破损，移动前和移动后没有任何变化。我们就可以骄傲地说："看哪，这房子具有空间平移不变性！"除了地点发生了变化以外，房子本身没有发生任何变化。这个例子对我们理解语篇中叙事结构的空间平移不变性也有很大的帮助。

在语篇系统的叙事结构上，叙述者在讲述不同人物时，采用的叙事结构都是相同的，指称事件时间连接成分的语篇衔接功能也是相同的。所以，我们说语篇的叙事结构具有空间平移不变性，同时，指称事件时间连接成分的语篇衔接功能也就具有了空间平移不变性。这和房子从北京移动到上海的例子类似。语篇作为语言整体重要的部分就是语篇结构，在我们研究的《史记》中就是叙事结构。在房子平移的例子中，房子具有的空间平移不变性是因为房子的结构具有这样的空间平移不变的特性，才使得房子作为一个整体也具有了这种平移不变的特性。所以结构稳定不变，导致整体平移不变。由此，从指称事件时间连接成分的语篇衔接功能的角度分析，《史记》中不同体例的叙事结构是相同的，没有发生形变。所以，《史记》的语篇叙事结构和指称事件时间连接成分的语篇衔接功能都具有空间平移不变性。

我们选取《史记》中的几个篇章来进行说明。

《孝武本纪》中指称事件时间连接成分出现 19 处，包括"其后" 11 处，"是时" 4 处，"是岁" 4 处，我们主要研究这三个对象。像"曰：

'汉兴复当黄帝之时。汉之圣者在高祖之孙且曾孙也。宝鼎出而与神通,封禅。封禅七十二王,唯黄帝得上泰山封。'""黄帝时万诸侯,而神灵之封居七千。""公孙卿曰:'黄帝时封则天旱,乾封三年。'""济南人公玉带上黄帝时明堂图。""方士有言'黄帝时为五城十二楼,以候神人于执期,命曰迎年'。""公玉带曰:'黄帝时虽封泰山,然风后、封钜、岐伯令黄帝封东泰山,禅凡山合符,然后不死焉。'"这几处出现的"黄帝时"和"黄帝之时"指的都是"黄帝时期",基本指代历史时间,我们对此不做过多研究。在第二章"《史记》指称事件时间连接成分的语篇衔接功能"中已经将"其后""是时""是岁"具体的语篇衔接功能进行了详细的分析,"其后"的主要释义是"从这(那)以后",主要具有"顺承连接"的语篇衔接功能;"是时"主要释义是"这时,当时",主要具有"顺承连接、引入人物、解说"的语篇衔接功能;"是岁"的主要释义是"这一年",主要具有"引入事件、补充说明时间、导引解说"的语篇衔接功能。在《孝武本纪》中出现的指称事件时间连接成分具有顺承连接、引入人物、引入事件、补充说明时间、导引解说这几种语篇衔接功能,效果是使得语篇叙事结构紧凑,呈现出动态的立体感。

《晋世家》中出现指称事件时间连接成分的地方有16处,包括"是时"5处,"是岁"4处,"其后"2处,"是年"2处,"当是时"1处,"此时"1处,"当此时"1处。"是时"主要具有"导引解说、补充说明时间、引入人物、构成因果关系"的语篇衔接功能;"当是时"主要具有"导引解说"的语篇衔接功能;"此时"主要具有"引入人物"的语篇衔接功能;"当此时"主要具有"导引解说"的语篇衔接功能;"是岁"主要具有"引入事件、补充说明时间"的语篇衔接功能;"是年"主要具有"引入事件"的语篇衔接功能;"其后"主要具有"顺承连接、引入人物"的语篇衔接功能。在《晋世家》中出现的指称事件时间连接成分的语篇衔接功能主要有顺承连接、引入人物、引入事件、补充说明时间、导引解说和构成因果关系这么几种。

《田叔列传》中出现指称事件时间连接成分的地方有12处,包括"是时"7处,"其后"5处。"是时"主要具有"导引解说、引入人物、引入事件"的语篇衔接功能;"其后"主要具有"顺承连接"的语篇衔接功能。在《田叔列传》中出现的指称事件时间连接成分的语篇衔接功能主要有顺承连接、引入人物、引入事件、导引解说等。

《儒林列传》中出现指称事件时间连接成分的地方有 12 处,包括"是时"6 处,"自是之后"3 处,"是后"2 处,"其后"1 处。"是时"主要具有"导引解说、引入人物、引入事件"的语篇衔接功能;"自是之后"主要具有"导引解说"的语篇衔接功能;"是后"主要具有"导引解说"的语篇衔接功能;"其后"主要具有"顺承连接"的语篇衔接功能。在《儒林列传》中出现的指称事件时间连接成分的语篇衔接功能主要有顺承连接、引入人物、引入事件、导引解说等。

《河渠书》中出现指称事件时间连接成分的地方有 10 处,包括"其后"5 处,"是时"3 处,"自是之后"2 处。"其后"主要具有"顺承连接"的语篇衔接功能;"是时"主要具有"引入人物、构成因果关系"的语篇衔接功能;"自是之后"主要具有"导引解说"的语篇衔接功能。在《河渠书》中出现的指称事件时间连接成分的语篇衔接功能主要有顺承连接、引入人物、导引解说、构成因果关系等。

《史记》中"表"这一体例记载大事年表。"表"中也有少量的指称事件时间连接成分出现,主要的语篇衔接功能有导引解说和顺承连接。分别是《十二诸侯年表》中"是后或力政,强乘弱,兴师不请天子"。和《六国年表》中"是后陪臣执政、大夫世禄,六卿擅晋权,征伐会盟,威重于诸侯"。"是后"主要具有导引解说的语篇衔接功能;《建元以来侯者年表》中"自是后,遂出师北讨强胡,南诛劲越,将卒以次封矣"。"自是后"主要具有导引解说的语篇衔接功能;《秦楚之际月表》中"汤、武之王,乃由契、后稷修仁行义十余世,不期而会孟津八百诸侯,犹以为未可,其后乃放弑"。"其后"主要具有顺承连接的语篇衔接功能。

通过以上的对比分析,我们可以知道在《史记》的不同类别的篇章中指称事件时间连接成分的语篇衔接功能基本一致,这种语篇衔接功能没有因为篇章类别的变化而发生变化,也没有因为叙事中不同篇章的目标人物、历史事件的不同,而发生变异。所以我们说,《史记》的指称事件时间连接成分的语篇衔接功能具有空间平移不变性。

二 时间平移不变性

先介绍泡利定理,在量子力学里时间只能作为一个参数,而不是一个表示成算符的物理观测量。换句话说，时间与所有的观测量算符都是对易的。

就时间平移来说，我们把时间 t 当作描述系统量子态的一个参数，对系统作时间平移 Δ，系统的态矢量就要作相应的幺正变换 $|\psi(t)\rangle \to \widehat{U}|\psi(t)\rangle$。系统时间平移 Δ 以后的态，等于系统原来在 $t-\Delta$ 的态，$\widehat{U}|\psi(t)\rangle=|\psi(t-\Delta)\rangle$。所以，对系统作时间平移 Δ，相当于把时间坐标的原点提前 Δ。把上式右边在 t 点展开成 Δ 的泰勒（Taylor）级数，就得到时间平移算符的表达式

$$\widehat{U}=e^{-\Delta\frac{d}{dt}}$$

时间平移算符是一个作用于时间参数 t 的微分算符。

通过薛定谔方程 $i\hbar\frac{d}{dt}|\psi(t)\rangle=\widehat{H}|\psi(t)\rangle$ 可以把作用于时间参数 t 的微分算符 $\frac{d}{dt}$ 与系统的哈密顿算符 $\widehat{H}$ 联系起来，有 $\frac{d}{dt}=-\frac{i}{\hbar}\widehat{H}$。需要注意的是这个式子不是恒等式，当且仅当两边作用于系统的态矢量时成立。在作用于系统态矢量的意义上，可以把时间平移算符写成 $\widehat{U}=e^{i\Delta\frac{\widehat{H}}{\hbar}}$，这表明，量子力学里的能量是表征系统在时间平移变换下的特征的物理观测量。

如果系统在时间平移后的态 $\widehat{U}|\psi(t)\rangle$ 与原来的态 $|\psi(t)\rangle$ 都满足薛定谔方程，是同一量子态，则这个系统就具有时间平移不变性。用无限小时间平移算符 $\widehat{U}=1-\Delta\frac{d}{dt}$ 作用到薛定谔方程上，并作代换 $t\to t'=t-\Delta$，就有

$$i\hbar\frac{d}{dt'}\widehat{U}|\psi\rangle=\widehat{U}\widehat{H}\widehat{U}^{-1}\widehat{U}|\psi\rangle=\left(\widehat{H}-\Delta\frac{\partial\widehat{H}}{\partial t'}\right)\widehat{U}|\psi\rangle$$

要求上式是关于时间平移态 $\widehat{U}|\psi\rangle$ 的薛定谔方程，就要求 $\frac{\partial\widehat{H}}{\partial t}=0$。所以，具有时间平移不变性的系统，哈密顿算符 $\widehat{H}$ 不显含时间，系统处于能量具有确定值的定态，能量不会随时间改变，是一个守恒量。时间平移后的态与原来的态只差一个常数相位，描述同一个量子态，具有时间平移不变性。这里关于"常数相位"的解释可以仿照空间平移不变性那一部

分中的例子来理解。"常数相位"只是形式上的差别，而不改变本质。和"穿上马甲也是你"是一个意思。

需要说明的是时间平移不等同于时间演化，这是不同的两个概念。时间演化是事物随着时间发生的变化。一个人从出生到死亡，经历了婴儿、儿童、少年、青年、中年、老年等不同的时期，这是人随时间的演化过程。时间平移和时间演化截然不同。时间平移相当于把时间轴在原来的位置向前或者是向后移动了一小段距离，移动后的时间轴的原点和移动前的时间轴的原点不重合，有一段时间差。时间平移可以用图 3-8 来表示：

原时间轴：

$$\xrightarrow{\qquad|\ |\ |\ |\ |\ |\ |\ |\ |\ |\ |\ |\ |\ |\ |\ |\ |\ |\ |\ |\ |\ |\ |\ |\ |\ |\ |\ |\ |\ |\ |\ |\qquad}$$
$$\ \ \ \ \ \ \ \ 0\ \ \ \ \ \ t$$

平移后的时间轴：

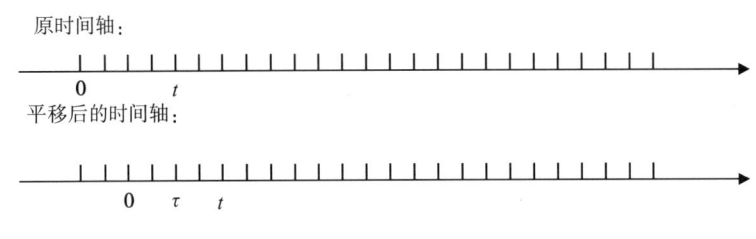

$$\xrightarrow{\qquad|\ |\ |\ |\ |\ |\ |\ |\ |\ |\ |\ |\ |\ |\ |\ |\ |\ |\ |\ |\ |\ |\ |\ |\ |\ |\ |\ |\ |\ |\ |\ |\qquad}$$
$$\ \ \ \ \ \ \ \ 0\ \ \tau\ \ \ t$$

图 3-8 时间平移图

原时间轴的时间原点向前平移两个时间单位后成为平移后的时间轴。这时，原时间轴上与时间原点相距四个时间单位的 t 时间，与平移后的时间轴上与时间原点相距两个时间单位的 τ 时间相一致。理解时间平移的最好例子就是我们生活中可以见到的公元纪年和民国纪年的差别，把公元纪年向前平移 1911 年就是民国纪年。

通过数学推导我们发现能量是守恒量。与能量相对应的语篇系统中的事件也是一个守恒量，不随时间平移发生改变。查看《史记》中任何一个篇章，我们能够发现在某个时间点发生的事件没有因为时间轴发生平移，事件就发生变异，变成了另外一个事件。事件具有时间平移不变性，所以指称事件时间连接成分的语篇衔接功能也具有时间平移不变性。证明如下，我们在前面讨论过，具有不同语篇衔接功能的时间连接成分作用在不同的事件上，使得事件之间关联起来，成为相关事件。这些时间连接成分就成为了指称事件时间连接成分。既然事件是时间平移不变的，指称事件时间连接成分就是时间平移不变的，事件之间的关联关系也成为时间平移不变的，那么，指称事件时间连接成分的语篇衔接功能就是时间平移不变的。如果这种语篇衔接功能发生改变，那么事件之间的关联关系就会发生变化，事件本身就会发生变化。这与事实不相符。所以，指称事件时间连接成分的语篇衔接功能具有时间平移不变性。

我们可以通过《史记》篇章中的具体情况来说明。

《项羽本纪》中出现指称事件时间连接成分的地方有17处，包括"是时"8处，"当是时"6处，"当此时"2处，"此时"1处。"是时"主要具有"导引解说、顺承连接、转换视角、引入人物"的语篇衔接功能；"当是时"主要具有"引入人物、转换视角、总评上文、导引解说"的语篇衔接功能；"当此时"主要具有"转换视角、引入人物"的语篇衔接功能；"此时"主要具有"引入人物"的语篇衔接功能。在《项羽本纪》中出现的指称事件时间连接成分的语篇衔接功能主要有引入人物、转换视角、导引解说、顺承连接、总评上文。

《外戚世家》中出现指称事件时间连接成分的地方有16处，包括"是时"3处，"是日"2处，"其后"2处。"是时"主要具有"引入人物、导引解说"的语篇衔接功能；"是日"主要具有"顺承连接"的语篇衔接功能；"其后"主要具有"顺承连接"的语篇衔接功能。在《外戚世家》中出现的指称事件时间连接成分的语篇衔接功能主要有顺承连接、引入人物和导引解说。

《封禅书》中出现指称事件时间连接成分的地方有36处，包括"是时"6处，"是岁"6处，"其后"23处，"自是之后"1处。"是时"主要具有"引入人物、导引解说、顺承连接"的语篇衔接功能；"是岁"主要具有"引入事件、补充说明时间、导引解说"的语篇衔接功能；"其后"主要具有"顺承连接"的语篇衔接功能；"自是之后"主要具有"导引解说"的语篇衔接功能。在《封禅书》中出现的指称事件时间连接成分的语篇衔接功能主要有顺承连接、引入人物、导引解说和引入事件。

《匈奴列传》中出现指称事件时间连接成分的实例有42处，包括"是时"9处，"当是之时"4处，"是岁"9处，"其后"12处，"是后"3处，"自是之后"5处。"是时"主要具有"导引解说、引入事件、引入人物、转换视角"的语篇衔接功能；"当是之时"主要具有"顺承连接、导引解说"的语篇衔接功能；"是岁"主要具有"补充说明时间、引入事件、总评上文"的语篇衔接功能；"其后"主要具有"顺承连接、引入人物、引入事件、导引解说"的语篇衔接功能；"是后"主要具有"导引解说"的语篇衔接功能;"自是之后"主要具有"导引解说"的语篇衔接功能。在《封禅书》中出现的指称事件时间连接成分的语篇衔接功能主要有顺承连接、引入人物、导引解说、引入事件、转换视角和总评上文。

《李将军列传》中出现指称事件时间连接成分的实例有 8 处,包括"是时"5 处,"是岁"1 处,"其后"1 处,"自是之后"1 处。"是时"主要具有"顺承连接、引入人物、补充说明时间、总评上文"的语篇衔接功能;"是岁"主要具有"补充说明时间"的语篇衔接功能;"其后"主要具有"顺承连接"的语篇衔接功能;"自是之后"主要具有"导引解说"的语篇衔接功能。在《封禅书》中出现的指称事件时间连接成分的语篇衔接功能主要有顺承连接、引入人物、导引解说、补充说明时间和总评上文。

《史记》中"表"这一类别中出现的少量指称事件时间连接成分的语篇衔接功能有导引解说和顺承连接。这在论述指称事件时间连接成分的语篇衔接功能具有空间平移不变性的时候已经总结过。

通过以上的对比分析,我们可以知道在《史记》的不同类别的篇目中指称事件时间连接成分的语篇衔接功能基本一致,这种语篇衔接功能没有因为篇章中不同的纪年方式而发生变化,也没有因为叙事中不同篇章的目标人物、历史事件的不同,而发生变异。所以我们说,《史记》的指称事件时间连接成分的语篇衔接功能具有时间平移不变性。

综上所述,《史记》语篇中的事件和人物都是守恒量。语篇系统具有空间和时间的平移不变性。语篇系统中的组成元素时间、人物、事件和叙述者,它们之间的相互作用关系也是清晰的。隐性时间连接成分作用在事件或者人物上,使其具有描述语篇系统状态的能力,成为构成语篇系统的一个状态。如果没有时间连接成分的作用,那么不管是人物还是事件,都是一个孤立存在的元素,不具有任何意义。指称事件时间连接成分的语篇衔接功能具有空间和时间的平移不变性,这种语篇衔接功能没有因为《史记》篇章中的不同类别或者是不同的纪年方式而发生变化,也没有因为叙事中不同篇章的目标人物、历史事件的不同,而发生变异。因为人类大脑的思维、认知是和时间概念紧密联系的,很难将时间和空间的概念完全分开,把时间独立出来。换句话说,我们的思维和认知是时间演化作用下的思维和认知。叙述者在叙事时符合人类的思维和认知方式,将时间连接成分作用在事件或者人物上,利用指称事件时间连接成分的语篇衔接功能创造了生动立体的叙事空间。

第四节 指称事件时间连接成分语篇建构功能的认知分析

通过前几节的分析,我们知道,指称事件时间连接成分建构了《史记》中的隐性结构,这种隐性结构是立体的、网状的,曾小霞在其博士论文《〈史记〉〈汉书〉的叙述学及其研究史》中,把"是时"等引领的叙述称为"插叙","《史记》《汉书》中多由'是时……''当是时……''当此之时……'等领起,插叙的大量运用很好地解决了叙事中的千头万绪,使丰富的史实各归其位,构成一幅立体的网状结构图,极大地拓展了叙事的时空范畴。"① 在前三节中,我们通过数理分析方法诠释了《史记》中这种网状立体结构的形成,而指称事件时间连接成分不仅仅建构了语篇模式,在语篇结构中,这些指称事件时间连接成分还发挥了重要的认知作用,主要包括两个方面:其一,时间表达背景化,弱化了时间概念,突出事件和人物,内容更具连贯性;其二,增强结构紧凑感。下面我们分别详细讨论。

一 时间表达背景化

在第一章我们已经对"是时""当是时""当是之时""此时""当此时""当此之时""是日""是岁""是年""是后""自是后""自是之后""其后"这些时间连接成分中具有指称性质的词语的指称内容做了阐释,除了"是岁"的部分实例和"是年"的全部实例属于兼指外,即既指称时间又指称事件,其余的时间连接成分中指称词语均指向事件。我们知道,事件也是可以来表达时间的,如现代汉语中的"早饭后",这种用事件来表达时间的表达方式实际上弱化了时间概念,这种弱化时间概念的作用对于《史记》来说尤为重要,显性时间标记对于叙述行为来说更容易打散叙述的连贯性,而我们这里所讨论的指称事件时间连接成分把显性

---

① 曾小霞:《〈史记〉〈汉书〉的叙述学及其研究史》,博士学位论文,苏州大学,2012年。

时间标记转换为隐性时间标记,即事件标记,把时间背景化,从而突出了事件和人物。下面这个图片(如图3-9)是著名的视觉图像"人脸与花瓶",当你看到花瓶时,人脸部分是背景,当你看到人脸时,花瓶部分是背景。当叙述者要突出人物和事件的时候,弱化时间概念的表达,把时间概念背景化,符合认知规律。

图 3-9　鲁宾的面孔①

下面我们结合《史记》中的具体实例来看一下指称事件时间连接成分的这种背景化作用。同前文论述一样,如果我们把具有指称事件性质的时间连接成分称为隐性时间表达,那么与之相对的表达时点或时段的时间连接成分就是显性时间表达。首先来看《史记·平准书》,《平准书》中显性的时间表达有:孝惠、高后时,至孝文时,孝景时,至今,数岁,七

---

① 鲁宾的面孔,图片来自百度百科。链接网址:https://baike.baidu.com/item/%E9%B2%81%E5%AE%BE%E7%9A%84%E9%9D%A2%E5%AD%94/571809?fromtitle=%E8%8A%B1%E7%93%B6%E5%B9%BB%E8%A7%89&fromid=571921。

十余年间，明年，岁余，三年，三岁，一岁之中等；《平准书》中隐性的时间表达有：当此之时，自是之后（出现 3 次），其后（出现 2 次），当是时，当是之时，是岁（出现 4 次），是时（出现 6 次），自是以后等。也有两种表达方式结合的情况，如其后四年，其明年（出现 8 次），其后二岁等。我们可以设想一下，如果把《平准书》中的隐性时间表达都换成显性时间表达，那么整个语篇就被打散了，成为"一盘散沙"。《平准书》也体现出叙述者司马迁"略古详今"的做法，孝惠、孝文、孝景时着墨甚少（含标点统计 442 字），到了汉武帝后叙述详尽（含标点统计 5999 字），并且，所有的隐性时间表达都出现在叙述汉武帝时期的事件之时。在汉武帝时期着墨多，叙述的人物和事件多，如果所有的事件都用显性时间表达方式，时间概念得到强化，那么人物和事件就成为背景，影响叙述的故事性。但也并不是意味着事件多，人物多就一定会用更多的隐性时间表达方式，我们在这里只是强调隐性时间表达方式有强化突出人物和事件的作用。在《史记·高祖本纪》中，显性时间表达是占优势的，这与《高祖本纪》整体语篇所呈现出的特点是一致的，明代吴见思对《史记·高祖本纪》的评点，生动地展现了《高祖本纪》的特点，其评点内容如下："高祖开创之时，事务极多，多则便难抟矣。看它东穿西插，纵横不乱，如绣错，如花分，突起忽往，络绎不绝，如马迹，如蛛丝。或一齐乱起，如野火，如骤雨；或一段独下，如澄波，如皓月。万余字组成一片，非有神力安能辨此。"从吴见思的评点中，我们就可以知晓，《高祖本纪》中事件极多，人物也多，通过笔者粗略统计，《高祖本纪》中字数 11601 字（含标点），人物 129 个。我们仍然是来对比一下《高祖本纪》中的显性时间表达和隐性时间表达，列表 3-6：

表 3-6　　　　《高祖本纪》中的显性时间与隐性时间

名称	显性时间表达	隐性时间表达
例子	秦二世元年秋、秦二世二年、秦二世三年、汉元年十月、二日、三日（3）、后十余日、居数月、十一月、十一月中、十二月（2）、十二月中、月余（2）、正月（3）、四月、八月（2）、二月（3）、三月、六月（2）、五月、十月（3）、七月、二年、三年、四年、五年、六年、七年、八年、九年、十年十月、十一年、春、夏、秋七月、十二年、四月甲辰、丙寅……	是时（8）、当是时（3）、当此时（2）
合计	约 50 个	约 13 个

注：列表中的数字是粗略统计。

通过表 3-6 我们可以观察到，《高祖本纪》中的显性时间表达的时间连接成分在数量方面远多于隐性时间表达的指称事件时间连接成分。这种情况与《平准书》中的隐性时间表达丰富的情况有较大差异。这与两者的内容差别是相适切的。《平准书》主要叙述的是汉武帝时期的社会经济状况，而《高祖本纪》主要叙述的是汉高祖刘邦的生平事迹，包括早年"神迹"、抗秦及征战、楚汉之争、平叛及征战等。

《平准书》与《高祖本纪》的对比情况与总体的指称事件时间连接成分在《史记》篇章类别中的分布情况也是一致的。根据第二章中的数据，我们首先来统计这 15 个指称事件时间连接成分在《史记》5 个篇章类别中的分布情况，列表 3-7。

表 3-7　　指称事件时间连接成分在《史记》篇类中的分布

指称事件时间 连接成分	表	书	本纪	世家	列传	合计
是时		17	26	29	86	158
当是时		1	17	6	27	51
当是之时		1	4		14	19
方是时					1	1
方是之时					1	1
此时			2	6	15	23
当此时			5	3	1	9
当此之时		1		2	6	9
是日		1	2	8	4	15
是岁		10（9）	9	41	24	84（83）
是年					8	8
是后	2	1		2	9	14
自是后	1		1	1		3
自是之后		8		3	14	25
其后	1	38	15（14）	28	91	173（172）

注："是日"，检索的实例符合要求的有 15 例，"是岁"，符合语义要求的有 83 例，"其后"符合语义要求的有 172 例，因此总数是 591。

在表 3-7 的基础上，我们再进一步对比指称事件时间连接成分在《史记》中 5 个篇章类别中的分布数据，列表 3-8。

表 3-8　　　　　　　　　　　　分布统计

体例	表	书	本纪	世家	列传
合计	4	77	80	137	293
分布比例（个/篇）	0.4	9.6	6.7	4.6	4.2

表3-8中，合计，指的是各类别中指称事件时间连接成分的总数；分布比例，指的是指称事件时间连接成分在相应类别篇目中的分布情况，即跟10表、8书、12本纪、30世家、70列传的对比结果。从表3-8中，我们可以明显看到，指称事件时间连接成分在《史记》中的分布趋势大体是：书>本纪>世家>列传。

由此，我们更加确定，单篇的比较，即《平准书》与《高祖本纪》的比较，与整体统计数据的结论是一致的。我们知道，《史记》中的"表"是以表格的形式列出世系、人物、历史事件，"书"主要是叙述礼乐制度、天文地理、社会经济等方面的内容，"本纪"是按年月时间记述帝王的言行政绩，"世家"叙述子孙世袭的王侯封国的史迹和重要人物的事迹，"列传"叙述帝王诸侯以外其他各方面代表人物的生平事迹和少数民族的传记。"本纪"的体例就是按照年月时间来叙述帝王事迹，因此，显性时间表达方式占优势是与其内容相适切的。通过我们上文对《高祖本纪》的数据分析，这一结论也得到了印证。

下面我们通过具体的实例来看一下指称事件时间连接成分在文本结构中的具体作用。我们分别从《平准书》和《高祖本纪》中任意选取"是时"的3个实例，即共6个实例，来观测分析。

1. 《史记·平准书》：是时财匮，战士颇不得禄矣。

2. 《史记·平准书》：是时富豪皆争匿财，唯式尤欲输之助费。

3. 《史记·平准书》：是时山东被河灾，及岁不登数年，人或相食，方一二千里。

4. 《史记·高祖本纪》：是时，雷电晦冥，太公往视，则见蛟龙于其上。

5. 《史记·高祖本纪》：是时秦将章邯从陈，别将司马尼将兵北定楚地，屠相，至砀。

6.《史记·高祖本纪》：<u>是时</u>章邯已以军降项羽于赵矣。

上面6个例子中，前三个是《平准书》中的实例，后三个是《高祖本纪》中的实例，例1中，上文叙述大将军卫青、骠骑将军霍去病率军出击匈奴，赏赐有功将士五十万金，"是时"，引入介绍朝廷的财政情况，因为朝廷财物匮乏，军中的将士常常领不到俸禄，在这一语境中，"是时"引入原因说明，有导引解说的语篇衔接功能，在这里，"是时"如果换成显性时间表达方式，就割裂了上下文的联系，影响叙述的连贯性。例2中，这段话的大意是："这时候，有钱的人都争相隐瞒藏匿财产，只有卜式积极捐献钱财资助国家。"上文叙述卜式多次捐献钱财资助国家，"是时"，引入当时富豪的态度，与卜式形成对比，有总结评述上文的语篇衔接功能。同样，如果这里的"是时"换成了显性时间表达方式，上下文关系就不明显了。例3中，这段话的大意是："这时候崤山以东地区遭受黄河水害，一连好几年都没有收成，饥荒导致出现人吃人的现象，而这种情形纵横一二千里范围内都有发生。"上文叙述国库日益富足，但粮食却不充沛，由于官署机构日益混乱增多，下属的罪徒奴婢众多，每年经由黄河水运来的粮食只有四百万石，各官署需要自己去采购粮食，"是时"，引入当时崤山以东遭受的黄河水灾，下文叙述皇帝准许饥民到江淮一带就地取食谋生，并运来巴蜀的粮食赈济灾民。"是时"，具有引入事件的语篇衔接功能，"是时"引入的事件与上下文关系密切，如果换成显性时间表达方式，就割裂了上下文的关系。例4中，上文叙述高祖的母亲刘媪在太湖的岸边休息，在梦里和神相交合，"是时"，转换叙述视角，介绍当时的情形，当时电闪雷鸣，天昏地暗。太公前去察看刘媪，就发现一条蛟龙趴在她身上。这里的"是时"具有转换视角的语篇衔接功能，对同一时间，采用不同的视角来叙述，使得事件立体而丰满，如果把"是时"换成显性时间表达方式，就失去了这种效果。例5中，上文叙述雍齿背叛沛公归降魏国，为魏国守卫丰邑。沛公带兵攻打丰邑，攻不下来，于是想要借兵攻打丰邑。"是时"，引入其他对象的情况，即对其他战场的描述，当时，秦朝大将章邯追击陈王，别将司马𣅺率领部队向北攻占了楚地，血洗了相县，来到砀县。下文叙述沛公与东阳宁君带部队向西进发，和别将在萧县的西方交战。"是时"，具有引入人物的语篇衔接功能，使得语篇结构立体而丰满，如果换成显性时间表达方式，就失去了这种效果。例6中，上文叙述沛公向西进发，一路顺畅，沛公派了魏人宁昌出使秦朝，使者没能归来。"是时"，引入人物章邯，当时章邯已经率领全军在赵地向项羽投降了，下文相继叙述项羽和沛公的战况。"是时"具有引入人物的语篇衔接功能，同例5一样，不宜换成显性时间表达方式。

通过这6个实例的分析，我们看到，《史记》中的指称事件时间连接成分在语篇衔接中具有多种衔接功能，使得语篇结构呈现出立体性，从而使得语篇逐步丰满，在这些指称事件时间连接成分出现的地方，是不能够换成显性时间表达方式的，否则影响语篇的衔接和语篇的连贯性。这些指称事件时间连接成分，与显性时间表达方式相比，弱化了时间概念，突出了事件和人物，有利于增强语篇内容的连贯性。张德禄先生在《语篇连贯的宏观原则研究》一文中，强调了连贯的整体性，"连贯是一个整体性的概念，只有当语篇的部分之间、上下层次之间相互联系，能够形成一个整体，同时也是社会交际事件中进行交际的需要，语篇才能是连贯的"。[①]"是时"等指称事件时间连接成分引导建立了不同的语篇模式，从整体性这方面，符合语篇连贯的要求，并能够增强语篇的连贯性。

二 增强语篇结构紧凑感

在前文我们已经讨论过，《史记》中指称事件时间连接成分属于隐性时间表达方式，在语篇中建立的是隐性结构，从而使语篇结构呈现出立体性。既然是隐性的结构，对显性的时间连接成分所建立的显性结构起辅助作用，那么这种由隐性结构与显性结构结合起来的语篇结构，在紧凑感方面一定是强于只有显性结构的单一语篇结构。下面我们通过具体实例来分析体会。

1.《史记·平准书》

> 天下已平，高祖乃令贾人不得衣丝乘车，重租税以困辱之。<u>孝惠、高后时</u>，为天下初定，复弛商贾之律，然市井之子孙亦不得仕宦

[①] 张德禄：《语篇连贯的宏观原则研究》，《外语与外语教学》2006年第10期。

为吏。量吏禄，度官用，以赋于民。而山川园池市井租税之入，自天子以至于封君汤沐邑，皆各为私奉养焉，不领于天下之经费。漕转山东粟，以给中都官，岁不过数十万石。

至孝文时，荚钱益多，轻，乃更铸四铢钱，其文为"半两"，令民纵得自铸钱。故吴，诸侯也，以即山铸钱，富埒天子，其后卒以叛逆。邓通，大夫也，以铸钱财过王者。故吴、邓氏钱布天下，而铸钱之禁生焉。

匈奴数侵盗北边，屯戍者多，边粟不足给食当食者。于是募民能输及转粟于边者拜爵，爵得至大庶长。

孝景时，上郡以西旱，亦复修卖爵令，而贱其价以招民；及徒复作，得输粟县官以除罪。益造苑马以广用，而宫室列观舆马益增修矣。

2.《史记·平准书》

至今上即位数岁，汉兴七十余年之间，国家无事，非遇水旱之灾，民则人给家足，都鄙廪庾皆满，而府库余货财。京师之钱累巨万，贯朽而不可校。太仓之粟陈陈相因，充溢露积于外，至腐败不可食。众庶街巷有马，阡陌之间成群，而乘字牝者傧而不得聚会。守闾阎者食粱肉，为吏者长子孙，居官者以为姓号。故人人自爱而重犯法，先行义而后绌耻辱焉。当此之时，网疏而民富，役财骄溢，或至兼并豪党之徒，以武断于乡曲。宗室有土公卿大夫以下，争于奢侈，室庐舆服僭于上，无限度。物盛而衰，固其变也。

自是之后，严助、朱买臣等招来东瓯，事两越，江淮之间萧然烦费矣。唐蒙、司马相如开路西南夷，凿山通道千余里，以广巴、蜀，巴、蜀之民罢焉。彭吴贾灭朝鲜，置沧海之郡，则燕、齐之间靡然发动。及王恢设谋马邑，匈奴绝和亲，侵扰北边，兵连而不解，天下苦其劳，而干戈日滋。行者赍，居者送，中外骚扰而相奉，百姓抏弊以巧法，财赂衰耗而不赡。入物者补官，出货者除罪，选举陵迟，廉耻相冒，武力进用，法严令具。兴利之臣自此始也。

其后汉将岁以数万骑出击胡，及车骑将军卫青取匈奴河南地，筑朔方。<u>当是时</u>，汉通西南夷道，作者数万人，千里负担馈粮，率十余锺致一石，散币于邛、僰以集之。数岁道不通，蛮夷因以数攻，吏发兵诛之。悉巴、蜀租赋不足以更之，乃募豪民田南夷，入粟县官，而内受钱于都内。东至沧海之郡，人徒之费拟于南夷。又兴十万余人筑卫朔方，转漕甚辽远，自山东咸被其劳，费数十百巨万，府库益虚。乃募民能入奴婢得以终身复，为郎增秩，及入羊为郎，始于此。

<u>其后四年</u>，而汉遣大将将六将军，军十余万，击右贤王，获首虏万五千级。<u>明年</u>，大将军将六将军仍再出击胡，得首虏万九千级。捕斩首虏之士受赐黄金二十余万斤，虏数万人皆得厚赏，衣食仰给县官；而汉军之士马死者十余万，兵甲之财转漕之费不与焉。于是大农陈藏钱经耗，赋税既竭，犹不足以奉战士。有司言："天子曰'朕闻五帝之教不相复而治，禹、汤之法不同道而王，所由殊路，而建德一也。北边未安，朕甚悼之。日者，大将军攻匈奴，斩首虏万九千级，留蹛无所食。议令民得买爵及赎禁锢免减罪'。请置赏官，命曰武功爵。级十七万，凡直三十余万金。诸买武功爵官首者试补吏，先除。千夫如五大夫。其有罪又减二等。爵得至乐卿，以显军功。"军功多用越等，大者封侯卿大夫，小者郎吏。吏道杂而多端，则官职耗废。

这两个例子均出自《史记·平准书》，在例1这一语段中，3个显性的时间连接成分，即"孝惠、高后时""至孝文时""孝景时"，起到了标识边界的作用，这3个显性时间连接成分把这4个自然段切分出3个并列平行的语篇结构。在例2中，只有第一自然段中的"至今上即位数岁，汉兴七十余年之间"是显性的时间表达方式，第一自然段中的"当此之时"是隐性的时间表达方式，第二自然段中的"自是之后"和第三自然段"其后""当是时"是隐性的时间表达方式，第四自然段中的"其后四年"是隐性和显性两种时间表达方式的结合，第四自然段中的"明年"是显性的时间表达方式。从内容方面看，例2中，这4个自然段主要介绍的都是社会背景信息，以及在相应的社会背景下中产生的制度，主题相关，语义顺承，结构上具有紧凑感。

以上两个实例是截取部分语段进行了对比，通篇来看，我们可以把

《平准书》中的显性时间连接成分和隐性的指称事件时间连接成分按照出现的顺序平铺出来，以便从整体的视角来观察。下面我们依次把这些时间连接成分排列出来：孝惠、高后时、至孝文时、其后、孝景时、至今上即位数岁、汉兴七十余年之间、当此之时、自是之后、其后、当是时、其后四年、明年、其明年、当是之时、其明年、其秋、是岁、初、其后、其明年、是时、至是岁四十余年、从建元以来、其明年、是时、异时、初、是时、数岁、岁余、是时、初、初、自是之后、岁余、是岁、其后二岁、初、是时、是时、其明年、其明年、其明年、元封元年、一岁之中、是岁。从上述排列出来的时间连接成分来看，整体上来说，这些时间连接成分具有表达的模糊性，其中，可以明确标识边界的有"孝惠、高后时""至孝文时""孝景时""汉兴七十余年之间""至是岁四十余年""从建元以来""元封元年"这 7 个时间连接成分。我们在上一部分已经讨论过隐性的指称事件时间连接成分，弱化了时间概念，增强了语篇的连贯性，同理，时间表达的模糊性也是弱化了时间概念，人物和事件得以凸显的同时，语篇结构的紧凑性也得以增强，正像吴见思评点《高祖本纪》中所描述的"一齐乱起，如野火，如骤雨"，这一句评点也可用在《平准书》的部分语段中。

下面我们再来看《史记·高祖本纪》中的实例，我们截取《史记·高祖本纪》部分语段加以对比。

<u>秦二世元年秋</u>，陈胜等起蕲，至陈而王，号为"张楚"。诸郡县皆多杀其长吏以应陈涉。沛令恐，欲以沛应涉。掾、主吏萧何、曹参乃曰："君为秦吏，今欲背之，率沛子弟，恐不听。愿君召诸亡在外者，可得数百人，因劫众，众不敢不听。"乃令樊哙召刘季。刘季之众已数十百人矣。

于是樊哙从刘季来。沛令后悔，恐其有变，乃闭城。城守，欲诛萧、曹。萧、曹恐，逾城保刘季。刘季乃书帛射城上，谓沛父老曰："天下苦秦久矣。今父老虽为沛令守，诸侯并起，今屠沛。沛今共诛令，择子弟可立者立之，以应诸侯，则家室完。不然，父子俱屠，无为也。"父老乃率子弟共杀沛令，开城门迎刘季，欲以为沛令。刘季曰："天下方扰，诸侯并起，今置将不善，壹败涂地。吾非敢自爱，

恐能薄，不能完父兄子弟。此大事，愿更相推择可者。"萧、曹等皆文吏，自爱，恐事不就，后秦种族其家，尽让刘季。诸父老皆曰："平生所闻刘季诸珍怪，当贵，且卜筮之，莫如刘季最吉。"于是刘季数让。众莫敢为，乃立季为沛公。祠黄帝，祭蚩尤於沛庭，而衅鼓，旗帜皆赤。由所杀蛇白帝子，杀者赤帝子，故上赤。于是少年豪吏如萧、曹、樊哙等皆为收沛子弟二三千人，攻胡陵、方与，还守丰。

<u>秦二世二年</u>，陈涉之将周章军西至戏而还。燕、赵、齐、魏皆自立为王。项氏起吴。秦泗川监平将兵围丰，<u>二日</u>，出与战，破之。命雍齿守丰，引兵之薛。泗州守壮败于薛，走至戚，沛公左司马得泗川守壮，杀之。沛公还军亢父，至方与，未战。陈王使魏人周市略地。周市使人谓雍齿曰："丰，故梁徙也。今魏地已定者数十城。齿今下魏，魏以齿为侯守丰。不下，且屠丰。"雍齿雅不欲属沛公，及魏招之，即反为魏守丰。沛公引兵攻丰，不能取。沛公病，还之沛。沛公怨雍齿与丰子弟叛之，闻东阳宁君、秦嘉立景驹为假王，在留，乃往从之，欲请兵以攻丰。<u>是时</u>秦将章邯从陈，别将司马尼将兵北定楚地，屠相，至砀。东阳宁君、沛公引兵西，与战萧西，不利。还，收兵聚留，引兵攻砀，三日乃取砀。因收砀兵，得五六千人。攻下邑，拔之。还军丰。闻项梁在薛，从骑百余往见之。项梁益沛公卒五千人，五大夫将十人。沛公还，引兵攻丰。

<u>从项梁月余</u>，项羽已拔襄城还。项梁尽召别将居薛。闻陈王定死，因立楚后怀王孙心为楚王，治盱台。项梁号武信君。<u>居数月</u>，北攻亢父，救东阿，破秦军。齐军归，楚独追北，使沛公、项羽别攻城阳，屠之。军濮阳之东，与秦军战，破之。

秦军复振，守濮阳，环水。楚军去而攻定陶，定陶未下。沛公与项羽西略地至雍丘之下，与秦军战，大破之，斩李由。还攻外黄，外黄未下。

项梁再破秦军，有骄色。宋义谏，不听。秦益章邯兵，夜衔枚击项梁，大破之定陶，项梁死。沛公与项羽方攻陈留，闻项梁死，引兵与吕将军俱东。吕臣军彭城东，项羽军彭城西，沛公军砀。

章邯已破项梁军，则以为楚地兵不足忧，乃渡河，北击赵，大破之。<u>当是之时</u>，赵歇为王，秦将王离围之巨鹿城，此所谓河北之军也。

<u>秦二世三年</u>，楚怀王见项梁军破，恐，徙盱台都彭城，并吕臣、项羽军自将之。以沛公为砀郡长，封为武安侯，将砀郡兵。封项羽为长安侯，号为鲁公。吕臣为司徒，其父吕青为令尹。

赵数请救，怀王乃以宋义为上将军，项羽为次将，范增为末将，北救赵。令沛公西略地入关。与诸将约，先入定关中者王之。

<u>当是时</u>，秦兵强，常乘胜逐北，诸将莫利先入关。独项羽怨秦破项梁军，奋，愿与沛公西入关。怀王诸老将皆曰："项羽为人僄悍猾贼。项羽尝攻襄城，襄城无遗类，皆坑之，诸所过无不残灭。且楚数进取，前陈王、项梁皆败。不如更遣长者扶义而西，告谕秦父兄。秦父兄苦其主久矣，今诚得长者往，毋侵暴，宜可下。今项羽僄悍，今不可遣。独沛公素宽大长者，可遣。"卒不许项羽，而遣沛公西略地，收陈王、项梁散卒。乃道砀至成阳，与杠里秦军夹壁，破二军。楚军出兵击王离，大破之。

沛公引兵西，遇彭越昌邑，因与俱攻秦军，战不利。还至栗，遇刚武侯，夺其军，可四千余人，并之。与魏将皇欣、魏申徒武蒲之军并攻昌邑，昌邑未拔。西过高阳。郦食其为监门，曰："诸将过此者多，吾视沛公大人长者。"乃求见说沛公。沛公方踞床，使两女子洗足。郦生不拜，长揖，曰："足下必欲诛无道秦，不宜踞见长者。"于是沛公起，摄衣谢之，延上坐。食其说沛公袭陈留，得秦积粟。乃以郦食其为广野君，郦商为将，将陈留兵，与偕攻开封，开封未拔。西与秦将杨熊战白马，又战曲遇东，大破之。杨熊走之荥阳，二世使使者斩以徇。南攻颍阳，屠之。因张良遂略韩地轘辕。

<u>当是时</u>，赵别将司马卬方欲渡河入关，沛公乃北攻平阴，绝河津。南，战雒阳东，军不利，还至阳城，收军中马骑，与南阳守齮战犨东，破之。略南阳郡，南阳守齮走，保城守宛。沛公引兵过而西。张良谏曰："沛公虽欲急入关，秦兵尚众，距险。今不下宛，宛从后击，强秦在前，此危道也。"于是沛公乃夜引兵从他道还，更旗帜，<u>黎明</u>，围宛城三匝。南阳守欲自刭。其舍人陈恢曰："死未晚也。"乃逾城见沛公，曰："臣闻足下约，先入咸阳者王之。今足下留守

宛。宛，大郡之都也，连城数十，人民众，积蓄多，吏人自以为降必死，故皆坚守乘城。今足下尽日止，攻，士死伤者必多。引兵去宛，宛必随足下后。足下前则失咸阳之约，后又有强宛之患。为足下计，莫若约降，封其守，因使止守，引其甲卒与之西。诸城未下者，闻声争开门而待，足下通行无所累。"沛公曰："善。"乃以宛守为殷侯，封陈恢千户。引兵西，无不下者。至丹水，高武侯鳃、襄侯王陵降西陵。还攻胡阳，遇番君别将梅鋗，与皆，降析、郦。遣魏人宁昌使秦，使者未来。<u>是时章邯已以军降项羽于赵矣</u>。

上述实例选自《史记·高祖本纪》，有 15 个自然段，有 12 个时间连接成分，按照其出现顺序排列如下："秦二世元年秋""秦二世二年""二日""是时""从项梁月余""居数月""当是之时""秦二世三年""当是时""当是时""黎明""是时"，有的自然段中有 2 个或者 3 个时间连接成分，有 5 个自然段中没有时间连接成分。在这些时间连接成分中，只有 5 个表达了确定的时间概念，即"秦二世元年秋""秦二世二年""二日""秦二世三年"和"黎明"，其余的都具有模糊性的特点。这 12 个自然段中的时间连接成分在排列上呈现出显性时间表达方式和隐性时间表达方式相结合的特点，在此基础上形成显性与隐性相结合的语篇结构模式，增强了语篇结构的紧凑感，也有利于语篇内容表达的连贯性。

第五节　本章小结

在这一章中，我们以第二章中指称事件时间连接成分的语篇衔接功能分析为基础，总结出在这些指称事件时间连接成分引导下组构的语篇模式，主要有顺承、并列和补充这三种语篇模式。"顺承"是人物和事件随时间的推进，"并列"是人物和事件的增加，"补充"是叙述者的表达。《史记》的语篇结构要素是：时间、人物、事件、叙述者，这些结构要素相互交织，构成网状结构。在第一章中，我们强调了司马迁的叙述行为的实质是讲述，在这种讲述过程中，时间和事件是最重要的结构要素，司马迁创造了一个叙事空间，时间和事件是这个叙事空间的两个坐标，从傅里叶变换的角度，时间和事件是一组正交向量，语篇结构是由指称事件时间连接成分引导的各个事件分量的叠加。

《史记》中指称事件时间连接成分引导的三种基本关系是顺承串联关系、并列并联关系和解说补充关系。对这三种关系，我们从数学角度进行了解析说明。顺承串联关系和并列并联关系是连续的，解说补充关系一般情况下是离散的，有时也是连续的。

《史记》中的指称事件时间连接成分的语篇衔接功能具有空间和时间的平移不变性。当我们对《史记》中的指称事件时间连接成分进行统计分类解析的时候，这一过程就等同于对《史记》进行测量，而人物、时间、事件、叙述者这些结构要素就成了观测量。在语篇结构中，如果叙述者在讲述不同人物时，采用的叙事结构相同，指称事件时间连接成分的语篇衔接作用相同，则语篇结构具有空间平移不变性。如果时间平移后的态与原来的态只差一个常数相位，描述同一个量子态，则具有时间平移不变性。指称事件时间连接成分作用在事件或人物上，使其具有描述语篇系统状态的能力，成为构成语篇系统的一个状态。

《史记》中指称事件时间连接成分以指称事件为主导的表达方式弱化了时间概念，使时间表达背景化，使结构紧凑感增强，突出了事件的表达和人物的塑造，增强了语篇的连贯性。

第四章

《史记》指称事件时间连接成分的语篇识解功能

前两章我们主要是从叙述者的角度来探讨《史记》指称事件时间连接成分的语篇衔接功能和语篇模式建构功能,这一章我们将从接受者的角度来进一步探讨《史记》指称事件时间连接成分的语篇识解功能。由第三章的讨论,我们已经知道了《史记》中的架构是双向的,一是表达者视角的文本本身的架构,一是接受者视角的认知理解的架构即接受者的思维空间的架构,而对于接受者的思维空间的架构,我们仍然要从指称事件时间连接成分这一视角来探究。

在第三章,我们提到关于《史记》语篇的三维观测,我们把这些指称事件时间连接成分作为观测点,不仅可以从微观角度分析《史记》中指称事件时间连接成分的语篇衔接功能,从宏观角度分析《史记》的语篇的构建模式,还可以从接受者角度来探察接受者的逻辑思维方式和认知心理,从而形成一个连续统。下面我们列表概述《史记》指称事件时间连接成分的语篇功能(见表4-1)。

表4-1　《史记》指称事件时间连接成分的语篇功能概述

指称事件时间连接成分	语篇衔接功能	语篇结构模式	语篇识解功能
是时	顺承连接、转换视角、总评上文、引入人物、导引解说、补充说明时间、引入事件、因果关系	顺承、并列、补充	系统连续、认知窗口、预设、告知、态度
当是时	转换视角、补充说明时间、顺承连接、导引解说、总评上文、引入事件、引入人物	顺承、并列、补充	系统连续、认知窗口、预设、告知、态度

续表

指称事件时间连接成分	语篇衔接功能	语篇结构模式	语篇识解功能
当是之时	顺承连接、导引解说、引入事件、总结评述上文	顺承、并列、补充	系统连续、认知窗口、预设、告知、态度
此时	顺承连接、引入人物、导引解说	顺承、并列、补充	系统连续、认知窗口、预设、告知、态度
当此时	转换视角、引入人物、导引解说、顺承连接	顺承、并列、补充	系统连续、认知窗口、预设、告知、态度
当此之时	导引解说、总结评述上文	补充	预设、告知、态度
是日	顺承连接、导引解说	顺承、补充	系统连续、告知
是岁	总评上文、导引解说、补充说明时间、引入事件	顺承、并列、补充	系统连续、认知窗口、预设、告知、态度
是年	引入事件	并列	认知窗口
是后	导引解说	补充	预设、告知
自是后	导引解说	补充	预设、告知
自是之后	导引解说	补充	预设、告知
其后	导引解说、转换视角、引入人物、引入事件、顺承连接	顺承、并列、补充	系统连续、认知窗口、预设、告知、态度

语篇衔接功能和语篇模式建构功能在前两章我们已经讨论过了，在这一章，我们从认知角度重点探讨《史记》中这些指称事件时间连接成分的语篇识解功能。我们这里所说的"认知"是以神经认知为基础的，语篇能力由人脑来控制，程琪龙（2001）描述了人脑与语篇组织能力的关系，人们的语言行为具有生理基础，语篇组织能力也受到人脑的控制和约束。人脑中的语言系统犹如信息加工系统，从信息加工理论的角度出发，人脑就变成了物理符号系统，信息加工的过程如图4-1。

信息加工理论强调了人们的经验在人脑控制的决定反应中的作用，如同一个人在同样的自然环境中面对不同的对象有不同的语言反应，就是内在经验作用的结果。程琪龙（2001）举了一个这样的案例来说明内在经验的重要作用，即同一个人应对不同的敲门者有不同的反应，信息加工理论认为，敲门声和不同的人的"是我"是外部刺激，它们和内部经验共同决定反应。人脑中的语言系统并不是封闭的，在人们的交际过程中，人脑中的语言系统不断和外界信息交流。人们的认知理解过程，也是内部系统适应外部输入信息的过程。在第三章，我们讨论了《史记》在语篇构

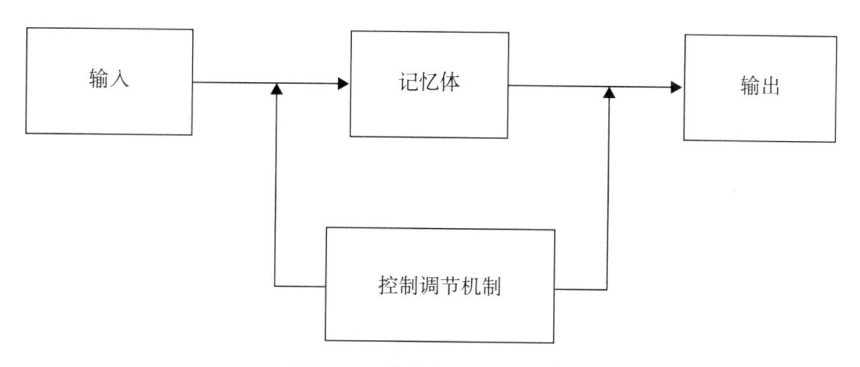

图 4-1　信息加工过程图①

建时形成的网状系统,这种模式与我们语言系统是一致的,从神经认知语言学理论模式的角度,语言系统本身就是一个关系网络模式。语言系统包含三个层次,即概念层、语法层、语音层。从概念层到语音层的操作具有双向性,双向性指从概念到语音和从语音到概念的两种不同的操作方向,语篇的理解需要这种双向操作,而概念之间形成网状连接系统,我们仍然参考程琪龙先生的概念之间的连接关系如图 4-2。

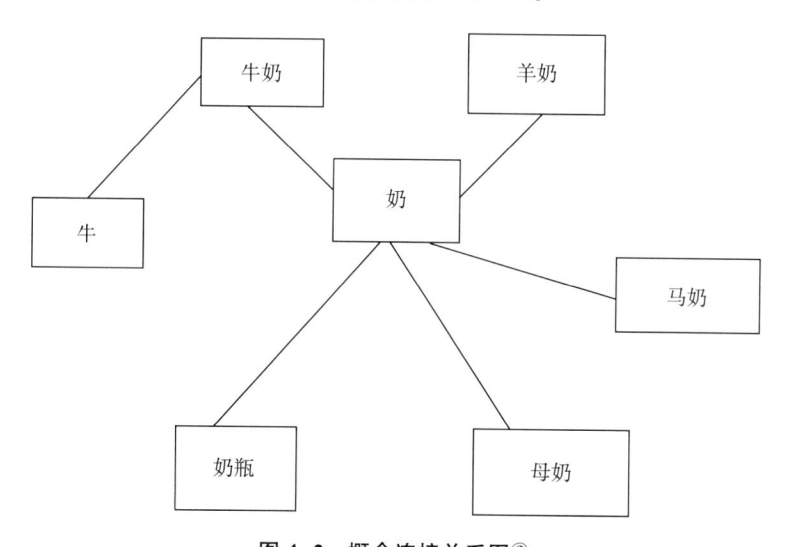

图 4-2　概念连接关系图②

---

① 程琪龙:《认知语言学概论——语言的神经认知基础》,外语教学与研究出版社 2001 年版,第 67 页。

② 同上书,第 135 页。

从程琪龙先生的这个图示中，我们可以更为直观地了解语言系统内部的关系网络模式，就《史记》语篇来说，这种关系网络模式连通了叙事者、语篇和接受者，叙事者和接受者的信息处理模式具有一致性，而语篇模式的架构适应叙事者和接受者的信息处理模式。而《史记》中的指称事件时间连接成分，是这种隐性网络模式的显性标识，负责新旧信息的更迭。指称事件时间连接成分有省略和替代的指示功能，正是这种省略和替代，在语篇操作中发挥了重要作用，程琪龙（2001）强调省略和替代起到增加信息量以及使语篇连贯的作用。《史记》中含指示成分的时间连接成分，即指称事件时间连接成分，正是具有增加输入信息量的作用，指示成分所指代的人物或事件成为已知的旧信息，顺承连接、引入事件、引入人物、转换视角、导引解说、补充说明时间等语言衔接功能都是在构建语篇的同时使得人物、事件更加丰满，增加了语篇的信息量。下面我们将结合功能语言学和认知语言学的基础理论如语类结构潜势理论、概念整合理论以及关联理论等来进一步探讨《史记》指称事件时间连接成分在接受者语篇认知中的具体作用。

第一节 GSP 理论与《史记》指称事件时间连接成分的语篇识解功能

语类结构潜势（Generic Structure Potential）理论，简称 GSP 理论，由语言学家 Hasan（1985）提出，Hasan 在 *Language, Context and Text: Aspects of Language in a social—semictic perspective*[①] 一书中，讨论了语类及其结构成分的问题。方琰（1995）介绍了 Hasan 的学说，从理论和应用两个层面介绍了 GSP 理论，在理论层面，方琰指出 GSP 强调了语篇结构的整体性和统一性；在应用层面，则介绍了 GSP 理论在教学中的指导作用，强调了 GSP 理论在"相互关联阅读模式中的作用"；方琰（1998）讨论了语类的特点以及语境配置与语类结构潜势的关系；黄仁峰（2001）强调了 GSP 对语言风格和语篇模式的影响；于晖（2001）强调了 GSP 的规律性特征；张德禄（2002）评述了 7 个语类理论分析框架，并

---

① 这本书由 Hasan 与 Halliday 合著。

提出自己的观点。由上述的文献可知,语类结构潜势,强调的是语篇的语义结构,具有元语言功能。

根据 GSP 理论,语境对语类结构有制约作用,Hasan(1985)认为语境配置(Contextual Configuration,简称 CC)是语篇的重要属性,CC 包括三个变量:语场(field)、语旨(tenor)和语式(mode)。尽管语境配置是针对交际语篇提出了,但是叙述者和接受者这种相对关系同样也适用,就《史记》来说,语场是"叙述/讲述",语旨是叙述者和接受者,语式是书面语。《史记》作为一种纪传体形式,以人物为核心,按照时间的进程,形成了所述事件。"所述事件"这一概念由乐耀(2010)提出,乐耀认为叙事语篇可以由叙述者根据时间顺序或者地点划分出更小的叙述单位,即所述事件(the described event)。那么,在叙述或者说是讲述过程中,时间、人物、事件,就成为元语言,是语篇结构中的必要成分。时间、人物、事件的组构,形成了语类结构潜势。程琪龙(2001)讨论了叙述文的语篇结构的嵌套性特点,程琪龙先生把叙述文的结构分为"背景""叙述展开""结局"这三个部分,这三个部分之间有顺序性,"叙述展开"部分可以嵌套,如图 4-3 所示。

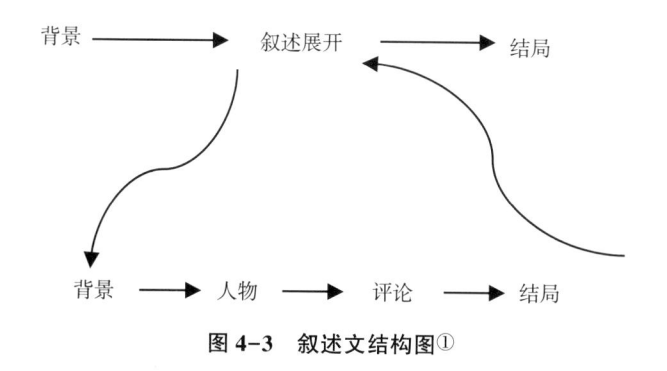

图 4-3 叙述文结构图①

当接受者进入《史记》的语境之中,受语类结构潜势影响,接受者在心理上产生预设,预设要素包括时间、人物、事件、背景信息等,而具有指称性质的时间连接成分在起到语篇衔接作用的同时,也激活了这种潜势影响。根据信息加工理论,语篇信息处理过程是概念系统关系网络激活

---

① 程琪龙:《认知语言学概论——语言的神经认知基础》,外语教学与研究出版社 2001 年版,第 144 页。

延伸的过程，这种激活延伸的过程是由旧概念到新概念，《史记》的指称事件时间连接成分顺应了语篇信息处理这一特点，也顺应了 GSP 对语篇宏观上的组织作用。李国庆（2005）认为表时间顺序的连接词适应叙述体的讲述特征，因而在叙述体中表时间顺序的外部连接词特别重要。《史记》中的指称事件时间连接成分是《史记》时间连接成分的重要组成部分，我们将以这些指称事件时间连接成分作为切入点，以其所表现出的语篇衔接功能的实例为基础来阐发语篇结构的整体性和统一性对接受者的影响。

一 语类结构中的时间要素与接受者的语篇识解

前文已指出过，时间范畴是与人类生产活动密切相关的，叙述和接受的过程当然也离不开时间范畴。叙述者在叙述时有时间顺序，而接受者在阅读时也受时间顺序的影响，"顺承连接"这一语篇衔接功能，体现了创作衔接的时间顺序性，同时也与接受者认知中的时间顺序相一致。

由第二章及附录的概括可知，具有顺承语篇衔接功能的指称事件时间连接成分包括："是时""当是时""当是之时""当此时""是日"以及"其后"，"是时"的实例有 16 处，"当是时"的实例有 4 处，"当是之时"的实例有 3 处，"此时"的实例有 17 处，"当此时"的实例有 1 处，"是日"的实例有 10 处，"其后"的实例有 149 处。因为"当是时"、"当是之时"和"当此时"的实例较少，所以在实例分析中这些指称事件时间连接成分的实例不列入讨论范围，我们在这里要讨论的指称事件时间连接成分是"是时""此时""是日"和"其后"。下面我们以这些指称事件时间连接成分的实例为基础来探讨语类结构潜势中的时间要素对接受者的影响，需要说明的是这里的时间要素指时间的顺序性和连续性，历史时间和叙述时间中都存在时间的顺序性和连续性。

（一）"是时"的顺承连接功能与接受者的语篇识解

根据附录中的检索结果，"是时"的"顺承连接"语篇衔接功能表现突出的语段实例共有 16 处，其中有 14 处"是时"在句首的实例（见表 4-2）。

表 4-2　　　　　　　　　　"是时"的顺承连接功能

序号	篇名	例句
1	《殷本纪》	是时说为胥靡，筑于傅险。
2	《秦本纪》	是时蜚廉为纣石北方，还，无所报，为坛霍太山而报，得石棺，铭曰"帝令处父不与殷乱，赐尔石棺以华氏"。
3	《项羽本纪》	是时桓楚亡在泽中。
4	《高祖本纪》	是时项王北击齐，田荣与战城阳。
5	《孝武本纪》	是时上求神君，舍之上林中蹄氏观。
6	《封禅书》	是时上求神君，舍之上林中蹄氏观。（同5，文字上略有差异）
7	《楚元王世家》	是时礼为汉宗正。乃拜礼为楚王，奉元王宗庙，是为楚文王。
8	《樊郦滕灌列传》	是时高帝病甚，人有恶哙党于吕氏，即上一日宫车晏驾，则哙欲以兵尽诛灭戚氏、赵王如意之属。
9	《张丞相列传》	是时丞相入朝，而通居上傍，有怠慢之礼。
10	《季布栾布列传》	是时殿上皆恐，太后罢朝，遂不复议击匈奴事。
11	《韩长孺列传》	是时匈奴虏言当入东方。
12	《李将军列传》	是时广军几没，罢归。
13	《淮南衡山列传》	是时上不许公卿请，而遣汉中尉宏即讯验王。
14	《大宛列传》	是时上方数巡狩海上，乃悉从外国客，大都多人过之，散财帛以赏赐，厚具以饶给之，以览示汉富厚焉。

我们首先结合上下文语境来逐一分析 14 个实例中"是时"的作用与功能。例 1 中，上文写武丁继位，梦见圣人说（"说"为人名），于是派人去寻找，在傅险这个地方找到了说，"是时"插入说的基本情况，当时，说正作为刑徒在傅险服建筑方面的劳役。下文描写说面见武丁，被武丁重用。例 2 中，上文说蜚廉父子侍奉商纣，武王伐商，蜚廉的儿子恶来被杀，"是时"顺承叙述蜚廉这一人物的情况，即这时候，蜚廉在北方出使回来得知纣王已死，在霍太山筑祭坛向纣王禀报，修祭坛时，他得到了一个刻着铭文的石棺。例 3 中，上文叙述秦二世元年，陈涉等人发动起义，会稽郡守殷通也要发兵参与起义，请项梁和桓楚带兵。"是时"，承接上文中的人物桓楚，说明了其现状，即当时桓楚逃亡到湖泽之中。下文叙述，项梁以项籍知道桓楚下落为借口，乘机让项籍进来杀了郡守。例 4

中，上文叙述汉王联合诸侯征讨项羽，"是时"，承接上文，介绍项羽的作战情况，当时项王正向北进发攻打齐国，田荣在城阳和他交战。继而再介绍两军交战的情况，以及诸侯的态度。例5和例6中，上文叙述孝武皇帝注重鬼神的祭祀，每三年举行一次郊祀，"是时"，引入一个例子，讲述他供奉神君，当时，武帝求到一个神君，并把她供奉在上林苑中的蹄氏观。下文还介绍了神君的来历。例7中，上文叙述汉军平定了吴、楚的叛乱，孝景帝打算让元王的儿子礼接替楚王的称号。"是时"，顺应前文，承上启下。例8中，上文叙述卢绾发动叛乱，高帝派樊哙以相国的身份去攻击燕国，"是时"后的语句，顺承叙述高帝病得很重，有人趁高帝病得严重而诋毁樊哙，下文叙述高帝派陈平用车载着绛侯去取代樊哙的位置。例9中，前文已经介绍了申屠嘉和邓通两个人物，"是时"引入叙述两个人物因何事碰撞，把两个人物串联起来了，下文叙述申屠嘉要收拾邓通。例10中，上文叙述匈奴冒顿单于写信侮辱吕太后，吕太后召集众将领商量对策，樊哙主战，季布不同意，并陈述不应出击匈奴的理由，"是时"后的语句叙述官员的反应和吕后的举措。例11中，上文叙述韩安国与匈奴交战失败，皇帝十分生气，调韩安国再向东迁移，屯驻在右北平。"是时"后的语句，顺承交代敌方匈奴的动向，即这时匈奴的俘虏说要进犯东边。例12中，上文叙述李广与张骞一同出征的作战情况，"是时"后的语句，说明结果，即李广几乎全军覆没。下文叙述张骞行军迟缓延误期限，贬为平民，李广功过相抵，没有奖赏。例13中，上文叙述淮南王罢免雷被，雷被状告淮南王，淮南王有谋反之意，太子刘迁也出谋划策，"是时"后的语句，承上启下，叙述皇帝的态度和举措，即皇帝不让公卿大臣奏请，而是派遣殷宏去淮南国考察淮南王。例14中，上文叙述西北各国派使者来到汉朝，拜见天子，献上贡品，汉朝使者找到了黄河的源头，天子根据古代的图书，将黄河发源的山命名为昆仑山。"是时"后的语句，叙述天子带着外国的客人巡视沿海地区，展示汉朝的富有，具有顺承连接的语篇衔接功能。

  通过上述结合具体语境的分析，我们了解到，例1、例2、例3、例4、例7以及例9体现了人物的顺承性，在前文已经交代人物线索，"是时"后的语句顺承介绍该人物的相关信息；例5、例6、例8、例10、例11、例12以及例14体现了事件的顺承连续性，"是时"后的语句，承接上文，顺承介绍事件的下一步发展进程或结果。

此外，还有两个"是时"在句中，紧随人物之后的例子。如：

15.《史记·项羽本纪》：楚左尹项伯者，项羽季父也，素善留侯张良。张良是时从沛公，项伯乃夜驰之沛公军，私见张良，具告以事，欲呼张良与俱去。曰："毋从俱死也。"

16.《史记·高祖本纪》：于是项羽乃疑亚父。亚父是时劝项羽遂下荥阳，及其见疑，乃怒，辞老，愿赐骸骨归卒伍，未至彭城而死。

例 15 中的"是时"紧随人物张良之后，例 16 中的"是时"紧随人物亚父之后，体现了叙述人物的顺承性，同时引入新信息。

通过上述 16 个实例的分析，我们发现，这种由"是时"引导的人物顺承性和事件顺承性，不仅使得语篇自然衔接，与我们认知的连续性也是一致的，"是时"后的语句为新信息，"是时"中的"是"所指称内容是已知的，是旧信息，新旧信息交替，接受者实现对语篇的识解。

（二）"此时"的顺承连接功能与接受者的语篇识解

根据数据库检索的结果，"此时"表现为"顺承连接"这一语篇衔接功能的实例有 17 个。实例列举如下：

1.《史记·秦始皇本纪》：高曰："臣固愿言而未敢也。先帝之大臣，皆天下累世名贵人也，积功劳世以相传久矣。今高素小贱，陛下幸称举，令在上位，管中事。大臣鞅鞅，特以貌从臣，其心实不服。今上出，不因此时案郡县守尉有罪者诛之，上以振威天下，下以除去上生平所不可者。今时不师文而决于武力，原陛下遂从时毋疑，即群臣不及谋。明主收举余民，贱者贵之，贫者富之，远者近之，则上下集而国安矣。"

2.《史记·吴太伯世家》：于是吴公子光曰："此时不可失也。"

3.《史记·越王勾践世家》：曰："楚三大夫张九军，北围曲沃、于中，以至无假之关者三千七百里，景翠之军北聚鲁、齐、南阳，分有大此者乎？且王之所求者，斗晋楚也；晋楚不斗，越兵不起，是知二五而不知十也。此时不攻楚，臣以是知越大不王，小不伯。复雠、庞、长沙，楚之粟也；竟泽陵，楚之材也。越窥兵通无假之关，此四邑者不上贡事于郢矣。臣闻之，图王不王，其敝可以伯。然而不伯者，王道失也。故愿大王之转攻楚也。"

4.《史记·韩世家》：屈宜白曰："昭侯不出此门。何也？不时。吾所谓时者，非时日也，人固有利不利时。昭侯尝利矣，不作高门。往年秦拔宜阳，今年旱，昭侯不以此时恤民之急，而顾益奢，此谓'时绌举赢'。"

5.《史记·萧相国世家》：王卫尉曰："夫职事苟有便于民而请之，真宰相事，陛下奈何乃疑相国受贾人钱乎！且陛下距楚数岁，陈豨、黥布反，陛下自将而往，当是时，相国守关中，摇足则关以西非陛下有也。相国不以此时为利，今乃利贾人之金乎？且秦以不闻其过亡天下，李斯之分过，又何足法哉。陛下何疑宰相之浅也。"

6.《史记·绛侯周勃世家》：文帝朝，太后以冒絮提文帝，曰："绛侯绾皇帝玺，将兵于北军，不以此时反，今居一小县，顾欲反邪！"

7.《史记·商君列传》：其明年，卫鞅说孝公曰："秦之与魏，譬若人之有腹心疾，非魏并秦，秦即并魏。何者？魏居领厄之西，都安邑，与秦界河而独擅山东之利。利则西侵秦，病则东收地。今以君之贤圣，国赖以盛。而魏往年大破于齐，诸侯畔之，可因此时伐魏。魏不支秦，必东徙。东徙，秦据河山之固，东乡以制诸侯，此帝王之业也。"

8.《史记·穰侯列传》：于是魏人范雎自谓张禄先生，讥穰侯之伐齐，乃越三晋以攻齐也，以此时奸说秦昭王。

9.《史记·魏公子列传》：秦王患之，乃行金万斤于魏，求晋鄙客，令毁公子于魏王曰："公子亡在外十年矣，今为魏将，诸侯将皆属，诸侯徒闻魏公子，不闻魏王。公子亦因此时定南面而王，诸侯畏公子之威，方欲共立之。"

10.《史记·范雎蔡泽列传》：君何不以此时归相印，让贤者而授之，退而岩居川观，必有伯夷之廉，长为应侯。

11.《史记·鲁仲连邹阳列传》：今死生荣辱，贵贱尊卑，此时不再至，愿公详计而无与俗同。

12.《史记·吕不韦列传》：不韦因使其姊说夫人曰："吾闻之，以色事人者，色衰而爱弛。今夫人事太子，甚爱而无子，不以此时蚤自结于诸子中贤孝者，举立以为適而子之，夫在则重尊，夫百岁之后，所子者为王，终不失势，此所谓一言而万世之利也。不以繁华时树本，即色衰而爱弛后，虽欲开一语，尚可得乎？今子楚贤，而自知中男也，次不得为適，其母又不得幸，自附夫人，夫人诚以此时拔以为適，夫人则竟世有宠于秦矣。"

13.《史记·刺客列传》：于是公子光谓专诸曰："此时不可失，不求何获！且光真王嗣，当立，季子虽来，不吾废也。"

14.《史记·蒙恬列传》：太史公曰：吾适北边，自直道归，行观蒙恬所为秦筑长城亭障，堑山堙谷，通直道，固轻百姓力矣。夫秦之初灭诸侯，天下之心未定，痍伤者未瘳，而恬为名将，不以此时强谏，振百姓之急，养老存孤，务修众庶之和，而阿意兴功，此其兄弟遇诛，不亦宜乎！何乃罪地脉哉？

15.《史记·张耳陈馀列传》：武臣等从白马渡河，至诸县，说其豪杰曰："秦为乱政虐刑以残贼天下，数十年矣。北有长城之役，南有五岭之戍，外内骚动，百姓罢敝，头会箕敛，以供军费，财匮力尽，民不聊生。重之以苛法峻刑，使天下父子不相安。陈王奋臂为天下倡始，王楚之地，方二千里，莫不响应，家自为怒，人自为斗，各报其怨而攻其仇，县杀其令丞，郡杀其守尉。今已张大楚，王陈，使吴广、周文将卒百万西击秦。于此时而不成封侯之业者，非人豪也。诸君试相与计之！夫天下同心而苦秦久矣。因天下之力而攻无道之君，报父兄之怨而成割地有土之业，此士之一时也。"

16.《史记·淮阴侯列传》：楚已亡龙且，项王恐，使盱眙人武涉往说齐王信曰："天下共苦秦久矣，相与戮力击秦。秦已破，计功割地，分土而王之，以休士卒。今汉王复兴兵而东，侵人之分，夺人之地，已破三秦，引兵出关，收诸侯之兵以东击楚，其意非尽吞天下者不休，其不知厌足如是甚也。且汉王不可必，身居项王掌握中数矣，项王怜而活之，然得脱，辄倍约，复击项王，其不可亲信如此。今足下虽自以与汉王为厚交，为之尽力用兵，终为之所禽矣。足下所以得须臾至今者，以项王尚存也。当今二王之事，权在足下。足下右投则汉王胜，左投则项王胜。项王今日亡，则次取足下。足下与项王有故，何不反汉与楚连和，参分天下王之？今释<u>此时</u>，而自必于汉以击楚，且为智者固若此乎！"

17.《史记·大宛列传》：是后天子数问骞大夏之属。骞既失侯，因言曰："臣居匈奴中，闻乌孙王号昆莫，昆莫之父，匈奴西边小国也。匈奴攻杀其父，而昆莫生，弃于野。乌嗛肉蜚其上，狼往乳之。单于怪以为神，而收长之。及壮，使将兵，数有功，单于复以其父之民予昆莫，令长守于西域。昆莫收养其民，攻旁小邑，控弦数万，习攻战。单于死，昆莫乃率其众远徙，中立，不肯朝会匈奴。匈奴遣奇兵击，不胜，以为神而远之，因羁属之，不大攻。今单于新困于汉，而故浑邪地空无人。蛮夷俗贪汉财物，今诚以<u>此时</u>而厚币赂乌孙，招以益东，居故浑邪之地，与汉结昆弟，其势宜听，听则是断匈奴右臂也。既连乌孙，自其西大夏之属皆可招来而为外臣。"

例1中，这一语段的大意是："赵高给胡亥出主意要他趁着在外巡视的机会，调查郡县守尉，铲除异己，树立声威。"根据语境，"此时"中的"时"，指时机，机会，"因此时"，指趁这个机会，"此时"，位于句中，有指代的功能。例2中，这句话的意思是："这时吴国公子光说道：'这个机会不可错过啊。'"上文叙述十三年春天，吴国想趁着楚国国丧的机会出兵进攻楚国，于是便派两位公子率军围攻楚国的两座城池，又派季札去了晋国，观察诸侯国的反应。楚国出兵将吴军的后路截断，吴军无法撤军。"时"，指时机，"此时"指代前面所说的公子大臣均在外的情形。例3中，"此时"中的"时"是"时机"的意思，"此时"，指代前文所说楚国兵力分散之时。例4中，"此时"的意思是"这个时候"，指代前文的失地和旱灾之时。例5中，"此时"的意思是"这个时机"，"此"指前文所述皇帝亲自带兵去讨伐叛乱，相国独自留守在关中的形势。例6中，"此时"的意思是"这个时候"，"此"，指代前文的持印玺统领军队。例7中，"此时"的意思是"这个机会"。"此"指代前文秦国繁荣，魏国被齐国打败，诸侯们纷纷背叛魏国。例8中，"此时"的意思是"这个机会"，"此"，指代上文穰侯越三晋攻打齐国扩充封地。例9

中,"此时"的意思是"这个机会","此"指代上文公子无忌是魏国的主将,诸侯们的将领也听其号令。例 10 中,"此时"的意思是"这个机会"。这一语段出现在蔡泽和范雎的对话中,蔡泽劝说范雎功成隐退。"这个机会",指上文所叙述的秦国已经非常强大,诸侯都惧怕秦国,范雎的功劳已经达到极点。例 11 中,"此时"的意思是"这样的机会"。上文叙述燕国的主将率军攻占了齐国的聊城,聊城的人到燕国去说这位主将的坏话,燕国的主将于是不敢回到燕国去,齐国的大将田单进攻聊城,一年多也没能攻克聊城,鲁仲连写信给燕国的主将,分析利害关系。"此时",指前文所述的生存、死亡、光荣、耻辱、高贵、低贱、尊宠、卑下的关键时刻。例 12 中,这一段中有两处"此时",前一个指华阳夫人受安国君宠爱之时,后一个指子楚排行居中,母亲不受宠爱这种情形。例 13 中,"此时"的意思是"这个机会",指吴王派兵攻打楚国的城邑,被楚军截断后路,无法回国的时机。例 14 中,"此时",指前文的"秦之初灭诸侯,天下之心未定,痍伤者未瘳"这种情形。例 15 中,"此时",指代前文的"陈王奋臂为天下倡始,王楚之地,方二千里,莫不响应,家自为怒,人自为斗,各报其怨而攻其仇,县杀其令丞,郡杀其守尉。今已张大楚,王陈,使吴广、周文将卒百万西击秦。"例 16 中,"此时"的意思是"这个时机",反叛汉王,联合楚军,三分天下的时机。例 17 中,"此时"的意思是"这个机会",指前文的"单于新困于汉,而故浑邪地空无人"的情形。

在上述 17 个实例中,除例 8 和例 11 外,均出现在对话中。对于"此"的指代对象,接受者可以通过上下文的语境获得,乐耀在《从书面叙事体的语篇结构看人物指称的分布和功能》一文中强调:"对指称的理解实际是一种对表征确认的心理认知过程。"[①] 在上下文语境中,"此"的指向是明确的,接受者通过上文的信息可以确定"此时"的具体含义,不仅为新信息"腾挪"出空间,也完成了从旧信息到新信息的过渡。

(三)"是日"的顺承连接功能与接受者的语篇识解

根据附录中的检索结果,"是日"具有"顺承连接"这一语篇衔接功能的实例有 10 处,列表 4-3。

[①] 乐耀:《从书面叙事体的语篇结构看人物指称的分布和功能》,《当代语言学》2010 年第 4 期。

表 4-3　　　　　　　　　　"是日"的顺承连接功能

序号	篇名	例句
1	《高祖本纪》	高祖欲长都洛阳，齐人刘敬说，及留侯劝上入都关中，高祖是日驾，入都关中。
2	《高祖本纪》	是日，大赦天下。
3	《田敬仲完世家》	是日，烹阿大夫，及左右尝誉者皆并烹之。
4	《孔子世家》	是日，孔子曰："归乎归乎！吾党之小子狂简，斐然成章，吾不知所以裁之。"
5	《外戚世家》	汉王心惨然，怜薄姬，是日召而幸之。
6	《外戚世家》	是日，武帝起更衣，子夫侍尚衣轩中，得幸。
7	《萧相国世家》	是日，使使持节赦出相国。
8	《陈丞相世家》	是日乃拜平为都尉，使为参乘，典护军。
9	《张释之冯唐列传》	是日令冯唐持节赦魏尚，复以为云中守，而拜唐为车骑都尉，主中尉及郡国车士。
10	《酷吏列传》	是日皆报杀四百余人。

例 1 中，"是日"紧随人物"高祖"之后，具有顺承连接的语篇衔接功能。例 2 中，上文叙述高祖抓到了韩信，"是日"，顺承叙述，大赦天下，下文叙述田肯来朝贺，高祖赏赐田肯。例 3 中，上文叙述齐威王通过调查知道阿城大夫治理不善，推断阿城大夫行贿齐威王身边的人。"是日"后叙述齐威王对阿城大夫以及受贿的身边人的处治。例 4 中，上文叙述鲁国召回冉求，冉求准备回去，"是日"，承接前文，叙述孔子的态度。例 5 中，上文叙述汉王听到了薄姬的事情，怜悯薄姬，于是当天召幸薄姬。例 6 中，上文叙述，武帝在姐姐家看中了歌姬卫子夫。"是日"后叙述子夫得幸。例 7 中，上文叙述王卫尉跟汉高祖陈述不应拘禁萧何。"是日"后叙述汉高祖派人去释放了萧何。例 8 中，上文叙述陈平到修武投降汉军，汉王问他在楚军担任什么官职，他说是都尉。于是，汉王当天就任命陈平为都尉。例 9 中，上文叙述冯唐向汉文帝委婉谏言不应处罚魏尚，汉文帝赞同冯唐的观点，"是日"后叙述汉文帝派冯唐去赦免了魏尚，恢复了魏尚的官职，并任命冯唐为车骑都尉。例 10 中，上文叙述义纵任定襄太守后，治理政事酷烈凶狠。"是日"，承接上文叙述的案例，陈述杀人数量。这 10 个例子中的"是日"前后连接的事件具有顺承性和时间上的顺序性，适应接受者的认知方式。

（四）"其后"的顺承连接功能与接受者的语篇识解

根据附录中的检索结果，"其后"的主要语篇衔接功能就是"顺承连接"，实例共有 149 处，因为实例较多，我们依照检索顺序和《史记》的篇目来分组解析，其中年表中的例子只有一个，不列入讨论范围，因此我们探讨的实例共 148 个。

1. A 组

A 组为"本纪"中的实例，共有 11 个，列表 4-4。

表 4-4　　　　　　　　　　"本纪"中的"其后"

序号	篇名	例句
1	《孝武本纪》	其后人有上书，言"古者天子三年一用太牢具祠神三一：天一、地一、泰一"。天子许之，令太祝领祠之忌泰一坛上，如其方。后人复有上书，言"古者天子常以春秋解祠，祠黄帝用一枭破镜，冥羊用羊，祠马行用一青牡马，泰一、皋山山君、地长用牛，武夷君用干鱼，阴阳使者以一牛"。
2	《孝武本纪》	其后，天子苑有白鹿，以其皮为币，以发瑞应，造白金焉。
3	《孝武本纪》	其后则又作柏梁、铜柱、承露仙人掌之属矣。
4	《孝武本纪》	其后三年，有司言元宜以天瑞命，不宜以一二数。
5	《孝武本纪》	其后治装行，东入海，求其师云。
6	《孝武本纪》	其后黄帝接万灵明廷。
7	《孝武本纪》	其后二岁，十一月甲子朔旦冬至，推历者以本统。
8	《孝武本纪》	其后天子又朝诸侯甘泉，甘泉作诸侯邸。
9	《孝武本纪》	其后令带奉祠候神物。
10	《孝武本纪》	其后五年，复至泰山修封，还过祭常山。
11	《孝武本纪》	今上封禅，其后十二岁而还，遍于五岳、四渎矣。

上述 11 个例子均出自《史记·孝武本纪》，我们逐例来看，例 1 中，"其"指代上文薄诱忌上奏祭祀泰一神的方法，汉武帝采纳。"其后"后面的语句叙述有人不断上书言祭祀事宜。例 2 中，"其"指代上文所述汉武帝命令祠官按照上书人的建议进行祭祀，"其后"后的语句叙述皇帝的林苑之中有白鹿，用白鹿皮制成了货币，为了能让上天给出吉祥的征兆，还制造了白金币。例 3 中，上文叙述齐人少翁以精通鬼神之道得到汉武帝的重用，后发现其作假，就把他杀了。"其"指代前文汉武帝重用少翁时的举措以及其作假被杀，"其后"后面的语句叙述了汉武帝又修建了柏梁

台、铜柱以及承露仙人掌之类的建筑。例4中,"其"指代上文叙述汉武帝请巫师在甘泉宫供奉神灵这件事,"其后"后面的语句叙述有官员建议以上天所赐的吉祥征兆命名年号。例5中,"其"指代上文五利将军夜里在家祭祀求神仙降临,但没有成功,"其后"后面的语句叙述五利将军东入海去寻找他的老师。例6中,"其"指代上文叙述黄帝在雍县郊祀天地,鬼臾区死后葬在雍县,"其后"之后顺承叙述黄帝在明廷接待众神。例7中,"其"指代上文汉武帝建造明堂,在明堂祭祀。"其后"之后顺承叙述推算历法的人的建议,即以十一月的甲子朔日作为推历的起点。例8中,"其"指代上文叙述汉武帝因为柏梁台被烧毁,就在甘泉宫上朝处理政务,方士们也说古时帝王也有建都在甘泉的。"其后"之后顺承叙述天子在甘泉宫朝见诸侯,并在甘泉宫建造了诸侯们的府邸。例9中,"其"指代前文公玉带建议汉武帝在东泰山祭天,汉武帝认为东泰山矮小,不宜举行封禅大典。"其后"之后顺承叙述汉武帝让公玉带去那里祭祀、迎候神灵。例10中,"其"指代上文说的汉武帝在泰山举行封禅大典,并在石闾山祭地。"其后"之后的语句顺承叙述汉武帝的封禅祭祀活动。例11中,"其"指代封禅典礼,"其后"有顺承连接的语篇衔接功能。

2. B组

B组为"书"的实例,共有38处,我们将依据具体篇目的不同分别讨论。

首先来看《史记·历书》中的实例,共有3处:

12.《史记·历书》:<u>其后</u>三苗服九黎之德,故二官咸废所职,而闰余乖次,孟陬殄灭,摄提无纪,历数失序。

13.《史记·历书》:<u>其后</u>战国并争,在于强国禽敌,救急解纷而已,岂遑念斯哉!

14.《史记·历书》:<u>其后</u>黄龙见成纪,张苍自黜,所欲论著不成。

例12中,"其"指代前文颛顼登位,恢复历法和祭天等事宜。"其后"之后的语句叙述历法又混乱了,三苗部族作乱,扰乱了历法,也没有人编算历表。例 13 中,"其"指代上文西周王室衰微之时,历法混乱。"其后"之后的语句叙述战国争战时期,君臣上下顾及不到天文历法方面的事情。例 14 中,"其"指代上文公孙臣向皇帝上书说汉朝得到的是土德,丞相张苍没有采纳,但公孙臣的说法得到验证,即黄龙真的在成纪这个地方出现,于是张苍自请罢黜,他所论述的汉朝获得水德的著作也没有写成,"其后"有顺承连接的语篇衔接功能。

15.《史记·天官书》:秦始皇之时,十五年彗星四见,久者八十日,长或竟天。<u>其后</u>秦遂以兵灭六王,并中国,外攘四夷,死人如乱麻,因以张楚并起,三十年之间兵相骀借,不可胜数。

16.《史记·天官书》:元光、元狩,蚩尤之旗再见,长则半天。<u>其后</u>京师师四出,诛夷狄者数十年,而伐胡尤甚。

例 15 与例 16 是《史记·天官书》中的实例,例 15 中,"其"指代前文所述彗星出现。"其后"之后的语句叙述秦国统一及张楚王等起兵造反,死人无数,战事频发。例 16 中,"其"指代上文彗星出现。"其后"之后的语句叙述京师军队四处发兵,与夷狄作战几十年,尤其以征伐胡人最为激烈,死伤也更严重。

下面我们列表 4-5 表述《史记·封禅书》中的实例:

表 4-5　　　　　　《封禅书》中的"其后"

序号	例子	备注
17	禹遵之。后十四世,至帝孔甲,淫德好神,神渎,二龙去之。<u>其后</u>三世,汤伐桀,欲迁夏社,不可,作夏社。	
18	<u>其后</u>十六年,秦文公东猎汧渭之间,卜居之而吉。	
19	德公立二年卒。<u>其后</u>四年,秦宣公作密畤于渭南,祭青帝。	
20	<u>其后</u>十四年,秦缪公立,病卧五日不寤;寤,乃言梦见上帝,上帝命缪公平晋乱。	
21	<u>其后</u>三置晋国之君,平其乱,缪公立三十九年而卒。	
22	<u>其后</u>百有余年,而孔子论述六艺,传略言易姓而王,封泰山禅乎梁父者七十余王矣,其俎豆之礼不章,盖难言之。	
23	<u>其后</u>百余年,秦灵公作吴阳上畤,祭黄帝;作下畤,祭炎帝。	

续表

序号	例子	备注
24	<u>其后</u>百二十岁而秦灭周，周之九鼎入于秦。	
25	<u>其后</u>百一十五年而秦并天下。	
26	<u>其后</u>二岁，或曰周兴而邑邰，立后稷之祠，至今血食天下。	
27	<u>其后</u>十八年，孝文帝即位。	
28	平原君往祠，<u>其后</u>子孙以尊显。	
29	<u>其后</u>人有上书，言"古者天子三年一用太牢具祠神三：天一、地一、太一"。天子许之，令太祝领祠之忌太一坛上，如其方。后人复有上书，言"古者天子常以春秋解祠，祠黄帝用一枭破镜。冥羊用羊；祠马行用一青牡马。泰一、泽山君地长用牛。武夷用干鱼。阴阳使者以一牛"。	（同例1，文字上略有差异）
30	<u>其后</u>，天子苑有白鹿，以其皮为币，以发瑞应，造白金焉。	（同例2）
31	<u>其后</u>则又作柏梁、铜柱、承露仙人掌之属矣。	（同例3）
32	<u>其后</u>三年，有司言元宜以天瑞命，不宜以一二数。	（同例4）
33	<u>其后</u>装治行，东入海，求其师云。	（同例5，有差异）
34	<u>其后</u>黄帝接万灵明廷。	（同例6）
35	<u>其后</u>二岁，十一月甲子朔旦冬至，推历者以本统。	（同例7）
36	<u>其后</u>天子又朝诸侯甘泉，甘泉作诸侯邸。	（同例8）
37	<u>其后</u>令带奉祠候神物。	（同例9）
38	<u>其后</u>五年，复至泰山修封，还过祭恒山。	（同例10，有差异）
39	今上封禅，<u>其后</u>十二岁而还，遍于五岳、四渎矣。	（例同11）

例17中，"其"指代上文的孔甲，"其后"之后的语句顺承叙述商讨讨伐夏桀以及《夏社》是因何而成。例18中，"其"指代上文叙述秦襄公成为诸侯后，建西畤，祭祀白帝。"其后"之后的语句顺承叙述秦文公狩猎和占卜。例19中，"其"指代上文德公卒，"其后"之后的语句顺承叙述秦宣公在渭水以南的地方修建密畤，以用来祭祀青帝。例20中，"其"指代上文秦宣公建密畤，祭祀青帝，"其后"之后的语句顺承叙述秦穆公成为国君，生病卧床五天都没醒，醒来后，说在梦中见到了天帝，天帝命令他平定晋国的内乱。例21中，"其"指代上文所叙述的秦穆公把晋国的国君夷吾送回到晋国即位这件事。"其后"之后的语句顺承叙述秦穆公平定晋国内乱，为晋国立国君。例22中，"其"指代上文秦穆公

在位39年后去世。"其后"之后的语句叙述孔子的《六经》大致记载了历代帝王的封礼和禅礼，但帝王封禅所用祭品和祭器制度记载得不明确。例23中，"其"指代前文叙述周灵王任用苌弘，苌弘想通过对事物怪异的诅咒把诸侯们招来朝见周灵王，后来，晋国人抓住苌弘把他杀了。"其后"后面的语句叙述秦灵公吴阳修建了上畤，祭祀黄帝；修建了下畤，祭祀炎帝。例24中，"其"指代上文，秦献公修建畦畤来祭祀白帝。"其后"后面的语句叙述秦国消灭了周朝，周朝的九鼎转移给了秦朝。例25中，"其"指代上文秦得九鼎，"其后"后面的语句顺承叙述过了一百一十五年，秦国统一了天下。例26中，"其"指代上文叙述的汉高祖安排祭祀相关事宜，"其后"后面的语句顺承叙述周在邰地建立了后稷的祠庙，并且一直在祭祀。例27中，"其"指代上文有官员请示祭祀事宜，汉高祖应允，"其后"引导叙述汉文帝即位。例28中，"其"指代汉武帝的外祖母去祭祀神君，"其后"后面的语句顺承叙述她的子孙都因此而尊贵显荣。例29至例39，同前文所述的例1至例11的解析。

例40至例44是《史记·河渠书》中的实例：

40.《史记·河渠书》：<u>其后</u>四十有余年，今天子元光之中，而河决于瓠子，东南注巨野，通于淮、泗。

41.《史记·河渠书》：<u>其后</u>漕稍多，而渠下之民颇得以溉田矣。

42.《史记·河渠书》：<u>其后</u>河东守番系言："漕从山东西，岁百余万石，更砥柱之限，败亡甚多，而亦烦费。穿渠引汾溉皮氏、汾阴下，引河溉汾阴、蒲坂下，度可得五千顷。五千顷故尽河壖弃地，民茭牧其中耳，今溉田之，度可得谷二百万石以上。谷从渭上，与关中无异，而砥柱之东可无复漕。"

43.《史记·河渠书》：<u>其后</u>人有上书欲通褒斜道及漕事，下御史大夫张汤。

44.《史记·河渠书》：<u>其后</u>庄熊罴言："临晋民愿穿洛以溉重泉以东万余顷故卤地。诚得水，可令亩十石。"

例40中，"其"指代上文黄河决口这件事，上文叙述孝文帝时，黄河在酸枣县决口。"其后"之后的语句顺承叙述黄河再次决口。例41中，

"其"指代上文叙述的漕渠开通,带来便利。"其后"之后顺承叙述水运增多,百姓获益。例42中,"其"指代上文漕渠开通,水运增多,"其后"后面的句子顺承叙述河东太守番系建议开挖河渠引汾水灌溉皮氏、汾阴地区的土地,并引黄河水灌溉汾阴、蒲坂地区的土地,造田耕种,收获的粮食沿渭水运到长安。例43中,"其"指代上文天子采纳河东太守番系的建议,修渠造田,但并没有取得预期收益,"其后"后面的语句叙述有人上书言漕运相关事宜,皇帝交给御史大夫张汤处理。例44中,"其"指代上文修筑褒斜道,"其后"后面的语句叙述庄熊罴建议凿穿洛水,筑成水渠,引洛水灌溉重泉城以东的一万多顷的盐碱地。

例45到例49是《史记·平准书》中的实例。如下:

45.《史记·平准书》:至孝文时,荚钱益多,轻,乃更铸四铢钱,其文为"半两",令民纵得自铸钱。故吴,诸侯也,以即山铸钱,富埒天子,<u>其后</u>卒以叛逆。

46.《史记·平准书》:<u>其后</u>汉将岁以数万骑出击胡,及车骑将军卫青取匈奴河南地,筑朔方。

47.《史记·平准书》:<u>其后</u>四年,而汉遣大将将六将军,军十余万,击右贤王,获首虏万五千级。

48.《史记·平准书》:<u>其后</u>番系欲省底柱之漕,穿汾、河渠以为溉田,作者数万人。郑当时为渭漕渠回远,凿直渠自长安至华阴,作者数万人。朔方亦穿渠,作者数万人,各历二三期,功未就,费亦各巨万十数。

49.《史记·平准书》:<u>其后</u>二岁,赤侧钱贱,民巧法用之,不便,又废。

例45中,"其后"指吴国富有以后,"其后"之前的语句介绍孝文帝时,百姓可以自由造钱,诸侯国吴国因有铜山可以采矿铸钱,富埒天子,"其后"引导的语句顺承叙述吴国依仗富有造反了。例46中,"其"指代上文叙述的战事频繁,国库空虚,选拔用人的制度被破坏,倡导谋利的朝臣产生等社会境况,由"其后"引导的语句叙述汉朝将领每年都率领数万名骑兵出关去攻击匈奴,一直到车骑将军卫青的时候,才收复了被匈奴强占的河南地区,并在那里建筑了朔方郡城。例47中,"其"指上文打通西南夷,开凿沧海郡的道路,修筑城池等事项耗费巨大,国库空虚,向百姓招募的情形,"其后"后面的语句叙述汉朝派大将军卫青率军攻打匈奴右贤王,歼俘敌军15000多人。例48中,"其"指代上文叙述的黄河经常决口,耗费巨大,"其后"后面的语句叙述番系和郑当时主张的工程也是耗费巨大。例49中,"其"指代上文元鼎三年(前114),张汤死了,"其后"后面的语句叙述货币方面的问题,即赤侧钱不值钱了,百姓千方百计地把它花出去,这对国家很不利,又被废弃了。

3. C组

C组为"世家"中的实例,共24个,分析如下:

50.《史记·鲁周公世家》:其后武王既崩,成王少,在强葆之中。

例50中,"其"指代上文叙述武王生病,周公为武王向先祖祈祷,武王康复,"其后"引导语句顺承叙述武王驾崩,成王年幼,尚在襁褓之中。

51.《史记·卫康叔世家》:孔子自陈入卫。九年,孔文子问兵于仲尼,仲尼不对。其后鲁迎仲尼,仲尼反鲁。

例51中,"其"指代上文孔子到卫国,孔文子问兵事于孔子,孔子没有回答,"其后"所引导的句子顺承叙述鲁国人迎孔子回国,孔子返回了鲁国。

52.《史记·宋微子世家》:其后箕子朝周,过故殷虚,感宫室毁坏,生禾黍,箕子伤之,欲哭则不可,欲泣为其近妇人,乃作《麦秀之诗》以歌咏之。

53.《史记·宋微子世家》:二年,郑伐宋,以报东门之役。其后诸侯数来侵伐。

例52中,"其"指代上文周武王把朝鲜封给了箕子,不再把他当作臣民,"其后"所引导的语句顺承叙述箕子朝周,路过殷朝的故都旧墟,感伤而作《麦秀之诗》。例53中,"其"指代郑伐宋,"其后"后面的语句顺承叙述诸侯屡次进犯宋国。

54.《史记·晋世家》:文公不见,使人让曰:"蒲城之事,汝斩予袪。其后我从狄君猎,汝为惠公来求杀我。惠公与汝期三日至,而汝一日至,何速也?汝其念之。"

例54中,"其"指代晋文公的衣袖被履鞮斩断这件事,"其后"后面的语句顺承叙述晋文公被履鞮追杀这件事。

55.《史记·越王勾践世家》:其后四年,越复伐吴。

例55中,"其"指代上文越国打败吴国,吴王求和,越国与吴国议和这件事,"其后"后面的语句,叙述越国再次攻打吴国,"其后"有顺承连接的语篇衔接功能。

56.《史记·赵世家》:其后娶空同氏,生五子。

例56中,"其"指代上文叙述的赵襄子解晋阳之围,占据代地,实力超越韩、魏,祭祀三神,"其后"所引导的后面的语句顺承叙述赵襄子娶空同氏为妻,生五子。

57.《史记·田敬仲完世家》:其后成侯驺忌与田忌不善,公孙阅谓成侯忌曰:"公何不谋伐魏,田忌必将。战胜有功,则公之谋中也。战不胜,非前死则后北,而命在公矣。"

58.《史记·田敬仲完世家》:其后三晋之王皆因田婴朝齐王于博望,盟而去。

例57中,"其"指代上文叙述的魏围赵国邯郸,赵国向齐国求援,齐威王没有采纳驺忌不救援的建议，而采纳段干朋救援的建议，"其后"后面的语句顺承叙述驺忌与田忌不再友好，公孙阅给驺忌出主意，让驺忌谋划攻打魏国，田忌为将，田忌进退，都是驺忌获益。例58中，"其"指代上文叙述的齐国救援赵国、韩国，进攻魏国，"其后"之后的语句顺承叙述三晋的君王都在田婴的引见下，在博望朝拜齐王，商议结盟后离开。

59.《史记·孔子世家》：其后顷之，鲁乱。
60.《史记·孔子世家》：其后定公以孔子为中都宰，一年，四方皆则之。

例59中，"其"指代上文鲁昭公的军队战败，逃到齐国，"其后"后面的语句，顺承叙述鲁国发生变乱。例60中，"其"指代上文叙述的公孙不狃邀请孔子，孔子虽然想去但没有成行，"其后"之后的语句顺承叙述鲁定公任命孔子为中都的长官，孔子的治理之道得到大家的效法。

61.《史记·外戚世家》：其后薄姬希见高祖。
62.《史记·外戚世家》：其后帝闲居，问左右曰："人言云何？"

例61中，"其"指代上文叙述的薄姬为高祖生了一个男孩，"其后"所引导的后面的语句顺承叙述薄姬很少见到高祖了。例62中，"其"指代上文钩弋夫人被汉武帝杀死了，"其后"后面的句子，顺承叙述武帝问左右侍臣，大家对这件事的看法。

63.《史记·曹相国世家》：其后从攻东郡尉军，破之成武南。

例63中，"其"指代上文曹参升为戚县县令，"其后"后面的语句，顺承叙述曹参的战功，即曹参跟随沛公攻击东郡尉带领的军队，在成武南大败敌军。

64.《史记·陈丞相世家》：其后常以护军中尉从攻陈豨及黥布。

65.《史记·陈丞相世家》：其后从破项籍为侯，幸于吕太后。

例64中，"其"指代上文高帝封陈平为曲逆侯，"其后"后面的句子，顺承叙述陈平的官衔及战绩，即陈平以护军中尉的身份跟随高帝征讨陈豨和黥布。例65中，"其"指代上文审食其在楚军将太上皇和吕后抓获后，以家臣身份服侍吕后，"其后"后面的语句，顺承叙述审食其跟随高帝打败项羽，被封为侯爵，受到吕太后的宠幸。

66.《史记·绛侯周勃世家》：其后人有上书告勃欲反，下廷尉。
67.《史记·绛侯周勃世家》：条侯亚夫自未侯为河内守时，许负相之，曰："君后三岁而侯。侯八岁为将相，持国秉，贵重矣，于人臣无两。其后九岁而君饿死。"

例66中，"其"指代上文叙述周勃回到封地后，担心自己被杀，常常让家人手持兵器会见郡守、郡尉，"其后"所引导的后面的语句顺承叙述有人上书告发周勃图谋造反，文帝将此事交给廷尉处理。"例67中，"其"指代上文周亚夫执掌国家大权，"其后"后面的语句，顺承叙述周亚夫会饿死这件事。

68.《史记·梁孝王世家》：其后梁最亲，有功，又为大国，居天下膏腴地。

例68中，"其"指代前文叙述的梁王军队辅助汉军打败吴、楚联军，孝景帝立了太子，"其后"之面的语句顺承叙述梁国与朝廷的关系最亲近，且立有战功，作为大国，占据了最肥沃最富饶的土地。

69.《史记·五宗世家》：其后汉益封其支子为六安王、泗水王二国。
70.《史记·五宗世家》：其后诸侯贫者或乘牛车也。

例69中，"其"指代前文叙述的四个封国的第一代诸侯王都是王夫人的儿子,"其后"引导的语句顺承叙述朝廷增封王夫人的其他子孙为六安、泗水两国的诸侯王。例70中,"其"指代前文叙述的诸侯王的大权被朝廷剥夺,"其后"后面的语句,顺承叙述诸侯王中穷困的只能乘坐牛车出行。

71. 《史记·三王世家》：<u>其后</u>胥果作威福,通楚王使者。
72. 《史记·三王世家》：<u>其后</u>胥复祝诅谋反,自杀,国除。
73. 《史记·三王世家》：<u>其后</u>旦复与左将军上官桀等谋反,宣言曰"我次太子,太子不在,我当立,大臣共抑我"云云。

例71中,"其"指代上文叙述的孝武帝告诫广陵王不要作威作福,后孝昭帝给予广陵王丰厚的赏赐,后宣帝又分封了广陵王的儿子。这里的"其"指代的内容是一系列的事件,不是只有一件,"其后"后面的句子顺承叙述刘胥在封国里作威作福,并派遣使臣与楚王相勾结。例72中,"其"指代上文刘胥与楚王勾结,图谋造反,皇帝只是诛杀了楚王,没有处治刘胥,"其后"后面的语句,顺承叙述刘胥又祈祷鬼神降下灾祸并谋反,结果事发而自杀身亡,他的封国也因此被废除了。例73中,"其"指代上文叙述的刘旦想要争夺皇位,皇帝派人去规劝他,"其后"引导的后面的语句,顺承叙述刘旦与左将军上官桀等人谋划造反,想要争夺皇位。

4. D组
D组为"列传"中的实例,共75个,分别分析如下：

74. 《史记·管晏列传》：<u>其后</u>夫自抑损。

例74中,"其"指代前文叙述的车夫给晏子驾车得意扬扬受到其妻子的嫌弃,"其后"后面的语句顺承叙述车夫转变态度,变得低调、谦恭起来。

75. 《史记·司马穰苴列传》：<u>其后</u>及田常杀简公,尽灭高子、国子之族。

例 75 中,"其"指代上文司马穰苴被陷害,抑郁而亡,田氏家族憎恨高氏、国氏等人,"其后"引导的语句顺承叙述田氏家族夺权后,灭了高氏和国氏。

例 76 至例 79 为《史记·伍子胥列传》中的实例,分析如下:

76.《史记·伍子胥列传》:其后五年,而吴王闻齐景公死而大臣争宠,新君弱,乃兴师北伐齐。

77.《史记·伍子胥列传》:其后四年,吴王将北伐齐,越王勾践用子贡之谋,乃率其众以助吴,而重宝以献遗太宰嚭。

78.《史记·伍子胥列传》:其后二年,吴王召鲁、卫之君会之橐皋。

79.《史记·伍子胥列传》:其后四岁,白公胜与石乞袭杀楚令尹子西、司马子綦于朝。

例 76 中,"其"指代上文吴王与越国议和,"其后"的语句顺承叙述吴王出兵攻打齐国。例 77 中,"其"指代上文吴王在艾陵大败齐军,从此更加不听取伍子胥的计策了,"其后"后面的语句,顺承叙述吴王攻打齐国,越王率领军队协助吴国作战,并把贵重的宝物进献给了太宰伯嚭。例 78 中,"其"指代上文吴王打算讨伐齐国的叛逆,但还没有取得胜利就离开了齐国,"其后"之后的语句,顺承叙述吴王召集鲁国和卫国的国君在橐皋聚会。例 79 中,"其"指代上文叙述的白公胜与令尹子西结仇,"其后"后面的语句顺承叙述白公胜与石乞在朝廷上发动了突然袭击,把楚国的令尹子西和司马子綦杀死了。

80.《史记·苏秦列传》:其后秦使犀首欺齐、魏,与共伐赵,欲败从约。

81.《史记·苏秦列传》:其后齐大夫多与苏秦争宠者,而使人刺苏秦,不死,殊而走。

例 80 中,"其"指代上文叙述秦国不敢窥伺函谷关以外的国家有十五年之久,"其后"后面的语句,顺承叙述秦国用计联合齐国、魏国攻打赵国，想要破坏合纵盟约。例 81 中，"其"指代上文中叙述的苏秦建议湣王为齐宣王举办隆重的葬礼，想令齐国破败，而利于燕国，"其后"后面的语句顺承叙述苏秦遭到齐国大夫的暗杀，受重伤后逃跑了。

82.《史记·张仪列传》：其后二年，使与齐、楚之相会啮桑。
83.《史记·张仪列传》：其后五国伐秦。

例 82 中，"其"指代上文叙述的张仪担任秦国的将军，攻取了陕邑，在上郡修筑要塞，"其后"引导的后面的语句顺承叙述秦王派张仪到啮桑，与齐国相国和楚国相国会盟。例 83 中，"其"指代上文叙述犀首对义渠君说如果中原各国联合起来进攻秦国，秦国会给义渠君送厚礼，"其后"之后的语句顺承叙述楚、魏、齐、韩、赵五国共同讨伐秦国。

84.《史记·孟子荀卿列传》：王公大人初见其术，惧然顾化，其后不能行之。

例 84 中，这句话的意思是："王公贵族最开始见到他的学说时，都感到惊讶而回过头来想要学习，结果却不能实行。""其后"，指学习以后，有顺承连接的语篇衔接功能。

85.《史记·魏公子列传》：其后秦稍蚕食魏，十八岁而虏魏王，屠大梁。

例 85 中，"其"指代上文秦国听说公子无忌死了，就攻打魏国，攻占了二十座城池，开始设置东郡。"其后"后面的语句，顺承叙述秦国逐渐蚕食侵占魏国的土地，十八年之后俘虏了魏王，屠杀了大梁的百姓，魏国灭亡。

86.《史记·乐毅列传》：乐羊死，葬于灵寿，其后子孙因家焉。
87.《史记·乐毅列传》：其后十六年而秦灭赵。
88.《史记·乐毅列传》：其后二十余年，高帝过赵，问："乐毅有后乎？"

例86中，"其"指代上文乐羊被安葬在灵寿，"其后"之后的语句顺承叙述乐羊的子孙把家安在了灵寿。例87中，"其"指代上文廉颇不被赵国容纳而逃到魏国，"其后"后面的语句，顺承叙述秦灭赵。例88中，"其"指前文赵国被秦国灭国，"其后"后面的句子，顺承叙述刘邦途经赵国，问身边的人，乐毅是否还有后人。

89.《史记·廉颇蔺相如列传》：其后秦伐赵，拔石城。
90.《史记·廉颇蔺相如列传》：其后十余岁，匈奴不敢近赵边城。

例89中，"其"指代上文完璧归赵事件，"其后"后面的语句顺承叙述秦国攻打赵国，夺取了石城。例90中，"其"指代上文李牧大败匈奴，"其后"后面的语句，顺承叙述匈奴人不敢接近赵国北方边境的城池。

91.《史记·鲁仲连邹阳列传》：其后二十余年，燕将攻下聊城，聊城人或谗之燕，燕将惧诛，因保守聊城，不敢归。

例91中，"其"指上文鲁仲连解邯郸之围，"其后"所引导的后面的语句顺承叙述另一事件中鲁仲连的作用。

92.《史记·屈原贾生列传》：屈原既绌，其后秦欲伐齐，齐与楚从亲，惠王患之，乃令张仪佯去秦，厚币委质事楚，曰："秦甚憎齐，齐与楚从亲，楚诚能绝齐，秦愿献商、于之地六百里。"

例92中，"其"，指代屈原被罢黜，"其后"后面的语句，顺承叙述秦国派张仪诱骗楚国。

例93至例98为《史记·刺客列传》中的实例，列表4-6：

表 4-6　　　　　　　　《刺客列传》中的"其后"

序号	例句
93	其后百六十有七年而吴有专诸之事。
94	其后七十余年而晋有豫让之事。
95	其后四十余年而轵有聂政之事。
96	其后二百二十余年秦有荆轲之事。
97	鞠武谏曰："不可。夫以秦王之暴而积怒于燕，足为寒心，又况闻樊将军之所在乎？是谓'委肉当饿虎之蹊'也，祸必不振矣！虽有管、晏，不能为之谋也。愿太子疾遣樊将军入匈奴以灭口。请西约三晋，南连齐、楚，北购于单于，其后乃可图也。"
98	其后李信追丹，丹匿衍水中，燕王乃使使斩太子丹，欲献之秦。

例 93 中，这一实例的意思是："这以后过了一百六十七年，吴国有了专诸这一人物的事迹。""其"指代上文叙述的曹沫的事迹。"其后"，把两个人物串联起来了，有顺承连接的语篇衔接功能。例 94 中，这个例句的意思是："这以后过了七十多年，晋国有了豫让这一人物的事迹。""其"指代上文叙述的专诸的事迹，"其后"，把两个人物串联起来了，有顺承连接的语篇衔接功能。例 95 中，这句话的意思是："从这以后又过了四十多年，轵有聂政的事迹。""其"指代上文叙述的豫让的事迹。"其后"，把两个人物串联起来了，有顺承连接的语篇衔接功能。例 96 中，这句话的意思是："这以后又过了二百二十多年，秦国有了荆轲这一人物的事迹。""其"指代上文叙述的聂政的事迹。"其后"，把两个人物串联起来了，有顺承连接的语篇衔接功能。例 97 中，"其"指代前文叙述的向西结交三晋，向南联合齐国、楚国，向北与匈奴单于友好往来，"其后"有顺承连接的语篇衔接功能。例 98 中，"其"指代上文代王赵嘉建议燕王喜把太子丹进献给秦王，"其后"后面的句子顺承叙述李信追杀太子丹，燕王杀死太子丹，并将太子丹的首级献给秦王。

99.《史记·樊郦滕灌列传》：其后燕王卢绾反，哙以相国击卢绾，破其丞相抵蓟南，定燕地，凡县十八，乡邑五十一。

100.《史记·樊郦滕灌列传》：其后卢绾反，高帝使哙以相国击燕。

例 99 中,"其"指代上文樊哙平定代地,"其后"后面的语句,顺承叙述樊哙平定燕地。例 100 中,"其"指上文叙述的樊哙闯宫见高帝。"其后"所引导的后面的语句顺承叙述高帝派樊哙攻打燕国,平定叛乱。

101.《史记·张丞相列传》:其后黄龙见成纪,于是文帝召公孙臣以为博士,草土德之历制度,更元年。

102.《史记·张丞相列传》:其后三人竟更相代为丞相,何见之明也。

例 101 中,"其"指代上文叙述的公孙臣上书朝廷,认为汉朝对应的是土德,张苍认为不对而不予理睬,"其后"之后的语句顺承叙述黄龙在成纪出现,公孙臣得到任用,更改历法。例 102 中,"其"指代前文,田文预言韦贤、魏相、邴吉能成为丞相。"其后"后面的语句,顺承叙述田文的预言应验。

103.《史记·袁盎晁错列传》:梁王欲求为嗣,袁盎进说,其后语塞。

例 103 中,这句话的意思是:"梁王刘武想成为皇位继承人,袁盎进谏加以劝阻,此后立梁王为嗣的议论就中止了。"这一实例中的"其"指代袁盎进谏劝阻梁王,"其后"有顺承连接的语篇衔接功能。

104.《史记·张释之冯唐列传》:其后拜释之为廷尉。

105.《史记·张释之冯唐列传》:其后有人盗高庙坐前玉环,捕得,文帝怒,下廷尉治。

106.《史记·张释之冯唐列传》:其后会赵王迁立,其母倡也。

例 104 中,这句话的意思是:"此后,文帝便任命张释之为廷尉。""其"指代上文叙述的张释之进谏,文帝认可。"其后"有顺承连接的语篇衔接功能。例 105 中,"其"指代上文张释之恰当处治犯了清道的禁令的人这件事,"其后"后面的语句,顺承叙述张释之处理得当的另一事件。例 106 中,"其"指代上文叙述的赵国重用李牧,国家强盛,"其后"所引导的语句顺承叙述赵王迁继位。

107.《史记·万石张叔列传》:其后绾卒,子信代。

例 107 中,"其"指代前文卫绾被罢官。"其后"后面的语句,顺承叙述卫绾去世,卫信继承侯位。

例 108 至例 112 为《史记·田叔列传》中的实例,列表 4-7。

表 4-7　　　　　　　《田叔列传》中的"其后"

序号	例句
108	其后使刺举三河。
109	其后除为三老,举为亲民,出为三百石长,治民。
110	其后有诏募择卫将军舍人以为郎,将军取舍人中富给者,令具鞍马绛衣玉具剑,欲入奏之。
111	其后用仁安为益州刺史,以田仁为丞相长史。
112	其后逢太子有兵事,丞相自将兵,使司直主城门。

例 108 中,"其"指代上文田仁担任二千石的丞相长史,后来又失去了官位,"其后"后面的语句内容,顺承叙述皇帝派田仁侦察检举河内、河东、河南三郡。例 109 中,"其"指代上文叙述的仁安出任亭长分配公平,眼光迅疾,"其后"引导的语句顺承叙述任安的任职情况,即出任有三百石俸禄的官长,管理百姓。例 110 中,"其"指代上文叙述的任安和田仁是卫将军的舍人,家贫不得重用,但他们并不看轻自己。"其后"所引导的句子,顺承叙述他们被皇帝任用。例 111 中,这句话的意思是:"此后,任安担任益州刺史,田仁担任丞相长史。""其"指代上文汉武帝在卫将军家臣中选拔人才,赵禹推荐任安和田仁,两人得到汉武帝的赏识。"其后"有顺承连接的语篇衔接功能。例 112 中,"其"指代上文叙述田仁查办了三河的案子,汉武帝认为他很能干,任命他为丞相司直,"其后"后面的语句,顺承叙述田仁相关的事件。

113.《史记·扁鹊仓公列传》:其后将霸,未老而死。

114.《史记·扁鹊仓公列传》：其后扁鹊过虢。

例 113 中，"其"指代前文晋国大乱。"其后"后面的语句，顺承叙述晋国的情况，即会有人成为霸主，他称霸不久就会死去。例 114 中，"其"指代上文扁鹊给赵简子看病，说他的情形与秦穆公相似，"其后"引导的语句顺承叙述扁鹊外出行医路过虢国。

115.《史记·韩长孺列传》：其后安国坐法抵罪，蒙狱吏田甲辱安国。

例 115 中，"其"指代上文韩安国进言使得太后和皇帝消除对梁王的疑虑，梁王更受宠爱，韩安国名声显赫，"其后"后面的语句，顺承叙述韩安国的境遇，即韩安国因为犯法被惩处，蒙县的狱吏田甲羞辱韩安国。

116.《史记·李将军列传》：其后四岁，广以卫尉为将军，出雁门击匈奴。

例 116 中，"其"指代前文叙述的马邑之围失败，"其后"所引导的后面的语句，顺承叙述李广升任将军，出雁门关攻打匈奴。

例 117 至例 125 为《史记·匈奴列传》中的实例，共 9 个，实例个数相对较多，我们列表 4-8。

表 4-8　　　　　　《匈奴列传》中的"其后"

序号	例句
117	其后三百有余岁，戎狄攻大王亶父，亶父亡走岐下，而豳人悉从亶父而邑焉，作周。
118	其后百有余岁，周西伯昌伐畎夷氏。
119	其后二百有余年，周道衰，而穆王伐犬戎，得四白狼四白鹿以归。
120	其后四十四年，而山戎伐燕。
121	其后二十有余年，而戎狄至洛邑，伐周襄王，襄王奔于郑之汜邑。
122	其后既与韩、魏共灭智伯，分晋地而有之，则赵有代、句注之北，魏有河西、上郡，以与戎界边。
123	其后义渠之戎筑城郭以自守，而秦稍蚕食，至于惠王，遂拔义渠二十五城。

续表

序号	例句
124	其后赵将李牧时,匈奴不敢入赵边。
125	呼衍氏,兰氏,其后有须卜氏,此三姓其贵种也。

例117中,"其"指代上文公刘在豳地建造城邑,"其后"后面的语句,顺承叙述西戎北狄进攻周太王亶父,亶父逃到岐山下,而豳地的人都跟从亶父来到这里修筑城邑,建立了周国。例118中,"其"指代上文亶父在岐山下建立周国,"其后"引导的语句,顺承叙述周西伯昌征讨畎夷氏。例119中,"其",指代上文周武王驱逐西戎东夷,"其后"后面的语句,顺承叙述周朝的发展情况。例120中,"其",指代上文山戎攻打齐国,"其后"引导的语句顺承叙述山戎攻打燕国。例121中,"其"指代上文叙述的山戎攻打燕国,燕国向齐国求救,齐桓公打跑了山戎,"其后"后面的语句,顺承叙述戎狄来到洛邑,进攻周襄王,周襄王逃到郑国的氾邑。例122中,"其"指代上文赵襄子吞并了代地,"其后"后面的语句,顺承叙述赵襄子和韩国、魏国,共同消灭了智伯,瓜分了晋国,其中赵国占领了代地以及句注山以北的地区,魏国占领了河西与上郡地区,与戎族部落相邻接。例123中,"其"指代上文叙述的赵、魏占领的地区与戎族部落相接,"其后"后面的语句,顺承叙述义渠戎修筑城墙来保卫自己,而秦国逐渐蚕食他们,到秦惠王在位时,就攻克了义渠国的二十五座城池。例124中,"其"指代上文叙述的三个国家与匈奴接壤,"其后"引导的语句顺承叙述李牧担任赵国的将军时,匈奴不敢进犯赵国的边界。例125中,这句话的意思是:"呼衍氏、兰氏,后来有须卜氏,这三姓是高贵的家族。""其"指代呼衍氏和兰氏。"其后"有顺承连接的语篇衔接功能。

例126至例132为《史记·卫将军骠骑列传》中的实例,我们列表4-9。

表4-9　　　　　《卫将军骠骑列传》中的"其后"

序号	例句
126	其后四年,大将军青卒,谥为烈侯。

续表

序号	例句
127	凡三为将军，其后常为大行。
128	其后太后崩，为将军，军北军。
129	其后为代郡太守，卒，冢在大犹乡。
130	其后使通乌孙，为大行而卒，冢在汉中。
131	其后坐法失侯。
132	自卫氏兴，大将军青首封，其后枝属为五侯。

例126中，"其"指代上文冠军侯的封国被废除，"其后"后面的语句，顺承叙述大将军卫青死了，谥号烈侯。例127中，这句话的意思是："李息共计三次担任将军，后来他经常担任大行令的官职。""其"指代李息担任将军。"其后"有顺承连接的语篇衔接功能。例128中，"其"指代前文张次公被封为岸头侯，"其后"所引导的语句顺承叙述张次公担任了将军，并驻守北军总部。例129中，"其"指代上文苏建成为了平民，"其后"所引导的后面的语句，顺承叙述苏建的情况，即苏建担任代郡太守，死后被葬在大犹乡。例130中，"其"指代上文张骞成为了平民，"其后"后面的语句，顺承叙述张骞的情况，即张骞作为使者出使乌孙，他在担任大行令时去世了，埋葬在汉中。例131中，"其"指代上文路博德被加封，"其后"后面的语句，顺承叙述路博德因为犯法而丢掉了侯爵。例132中，"其"指代大将军卫青受封，"其后"引导的语句，顺承叙述他的子孙中有五人被封为侯爵。

133.《史记·南越列传》：其后越直开道给食，未至番禺四十里，越以兵击千秋等，遂灭之。

134.《史记·南越列传》：其后亡国，征自樛女；吕嘉小忠，令佗无后。

例133中，"其"指代上文的韩千秋的军队进入南越，攻克了几座小城镇，"其后"后面的语句，顺承叙述韩千秋等人被南越消灭了。例134中，"其"指代上文的汉军来到南越境内，婴齐到京城去当宿卫，"其后"

引导的语句，顺承叙述南越灭亡这件事。

135.《史记·司马相如列传》：其后人有上书言相如使时受金，失官。

例 135 中，"其"指代上文司马相如在外出使，写文章讽谏天子，"其后"所引导的语句，顺承叙述有人上书告发司马相如在出使之时接受了他人所赠送的金钱，从而丢了官职。

136.《史记·淮南衡山列传》：其后自伤曰："吾行仁义见削，甚耻之。"

例 136 中，"其"指代上文因雷被事件，淮南王有错但被皇帝赦免，并没有兴兵造反，"其后"后面的语句，顺承叙述淮南王自我感伤。

137.《史记·儒林列传》：其后兵大起，流亡，汉定，伏生求其书，亡数十篇，独得二十九篇，即以教于齐、鲁之间。

例 137 中，"其"指代上文秦朝焚烧儒书时，伏生把《尚书》藏在墙壁里，"其后"之后的语句，顺承叙述伏生在战乱时四处逃亡，而汉朝平定了天下后，伏生返回寻找他所藏的《尚书》，已经丢失了几十篇，只找到了二十九篇，于是他就拿这些残存的《尚书》在齐、鲁一带进行讲解。

138.《史记·酷吏列传》：其后有郅都、宁成之属。

例 138 中，这句话的意思是："这以后的酷吏还有郅都和宁成等人。""其"指代上文的晁错，"其后"有顺承连接的语篇衔接功能。

例 139 至例 143 是《史记·大宛列传》中的实例，共 5 个，列表 4-10。

表 4-10　　　　　　　　《大宛列传》中的"其后"

序号	例句
139	其后二年，汉击走单于于幕北。
140	其后岁余，骞所遣使通大夏之属者皆颇与其人俱来，于是西北国始通于汉矣。
141	然张骞凿空，其后使往者皆称博望侯，以为质于外国，外国由此信之。
142	其后遣使，昆明复为寇，竟莫能得通。
143	自博望侯开外国道以尊贵，其后从吏卒皆争上书言外国奇怪利害，求使。

例 139 中，"其"指代上文浑邪王归降汉朝，"其后"后面的语句，顺承叙述汉朝军队在漠北打跑了匈奴单于。例 140 中，"其"指代上文中的乌孙国和汉朝往来，"其后"引导的语句，顺承叙述西北各国也开始和汉朝有了来往。例 141 中，"其"指代前文中的张骞出使，"其后"后面的语句，顺承叙述出使西域的人都自称为"博望侯"，想用这个称号来赢得外国的信任，外国也确实凭此信任这些出使的人。例 142 中，"其"指代前文叙述的汉军征讨拦杀汉朝使者的人，"其后"后面的语句，顺承叙述汉朝又派出了使者，又是在昆明被打劫被杀害，最终也没能打通通往大夏的道路。例 143 中，"其"指代上句张骞出使，"其后"后面的语句顺承叙述官吏和士兵请求出使。

144.《史记·游侠列传》：其后代诸白、梁韩无辟、阳翟薛兄、陕韩孺纷纷复出焉。

例 144 中，这句话的意思是："后来，代郡的白姓诸人、梁地的韩无辟、阳翟的薛兄、陕地的韩孺，都纷纷涌现了出来。""其"指代上文中叙述的豪侠出现，"其后"有顺承连接的语篇衔接功能。

145.《史记·滑稽列传》：其后百余年，楚有优孟。
146.《史记·滑稽列传》：其后二百余年，秦有优旃。
147.《史记·滑稽列传》：其后一岁所，匈奴浑邪王果将十万众来降汉。

例145中,"其"指代前文叙述的淳于髡,"其后"后面的语句,顺承叙述楚国出了优孟。例146中,"其",指代前文叙述的优孟。"其后"所引导的语句,顺承叙述秦国出了优旃。例147中,"其"指代前文的东方朔的预言,东方朔说,驺牙这种动物出现预示有远方的人前来汉朝归顺,"其后"后面的语句,顺承叙述东方朔的预言应验,匈奴浑邪王统率着十万民众来归降汉朝。

148.《史记·货殖列传》:其后齐中衰,管子修之,设轻重九府,则桓公以霸,九合诸侯,一匡天下。而管氏亦有三归,位在陪臣,富于列国之君。

例148中,"其"指代上文叙述的太公望使齐国富强,"其后"后面的语句,顺承叙述管仲辅助齐桓公称霸诸侯。

这148个实例中,"其后"都具有顺承连接的语篇功能,"其"指代前文叙述的人物、事件或背景信息,"其后"引导的语句,继续叙述其他人物,或连续发生的事件,遵循认知的时间顺序性和事件认知的连续性,随着语篇的推进,增加了接受者认知的信息量。

上述,我们以"是时""是日""其后"的实例分析为基础,了解了时间的顺序性在语篇衔接和接受者认知中的作用,"是时""是日"和"其后"中的"是"与"其"具有指示、替代的作用,节省了接受者的认知空间,在语篇向前推进的同时,信息量不断增加,新旧信息不断交替,使得接受者顺利完成语篇的识解。"将一些时间上相继的事件知觉为大致同时或一个整体以及对事件持续性和顺序性的知觉是人们时间知觉的重要组成部分",[1] 这也是指称事件时间连接成分能够作用于接受者的本质因素。指称事件时间连接成分的顺承连接功能正是适应了接受者的时间知觉,使得接受者顺承完成对语篇的整体识解。

二 语类结构的人物要素与接受者的语篇识解

"是时""当是时""此时""当此时"以及"其后"的具有引入人物

---

[1] 凤四海、黄希庭:《时间知觉理论和实验范型》,《心理科学》2004年第5期。

的语篇衔接功能。"是时"的实例有 53 个,"当是时"的实例有 4 个,"此时"的实例有 4 个,"当此时"的实例有 3 个,"其后"的实例有 4 个。因为"当是时""此时""当此时"以及"其后"的实例数量较少,所以"当是时""此时""当此时"以及"其后"的实例不列入讨论范围,我们重点来看"是时"的实例分析。

"是时"的语篇衔接功能体现为"引入人物"的共有 53 个实例,我们按照检索顺序以及《史记》体例来分组分析如下:

1. A 组

A 组为"本纪"中的实例,包括《项羽本纪》《高祖本纪》《孝文本纪》和《孝武本纪》中的例句,我们列表 4-11。

表 4-11　　　　　　　　　"本纪"中的"是时"

序号	篇名	例句
1	《项羽本纪》	是时吕后兄周吕侯为汉将兵居下邑,汉王间往从之,稍稍收其士卒。
2	《项羽本纪》	是时,彭越渡河击楚东阿,杀楚将军薛公。
3	《项羽本纪》	是时,彭越复反,下梁地,绝楚粮。
4	《项羽本纪》	是时,赤泉侯为骑将,追项王,项王瞋目而叱之,赤泉侯人马俱惊,辟易数里,与其骑会为三处。
5	《高祖本纪》	是时秦将章邯从陈,别将司马夷将兵北定楚地,屠相,至砀。
6	《高祖本纪》	是时章邯已以军降项羽于赵矣。
7	《高祖本纪》	是时九江王布与龙且战,不胜,与随何间行归汉。
8	《高祖本纪》	是时彭越渡睢水,与项声、薛公战下邳,彭越大破楚军。
9	《孝文本纪》	是时北平侯张苍为丞相,方明律历。
10	《孝武本纪》	是时而李少君亦以祠灶、谷道、却老方见上,上尊之。

例 1 中,上文叙述太公、吕后被楚军抓住,项王将他们拘留在军营里。"是时",引入人物"周吕侯",吕后的兄长周吕侯为汉军统帅,带兵驻扎在下邑,汉王抄小路来到周吕侯那里,将一些逃散的士兵稍加收编。例 2 中,上文叙述汉王派兵在巩县阻挡住楚军,使楚军没有办法向西进发。"是时",引入人物"彭越",彭越渡过黄河,在东阿攻击楚军,杀死了薛公。例 3 中,上文叙述淮阴侯打败了龙且,并杀死了龙

且，项王派人去游说淮阴侯，但淮阴侯不听。"是时"，引入另一个人物彭越，这时，彭越背叛了楚军，攻下了梁地，从而断了楚军的粮道，下文叙述项王攻打彭越，攻下了外黄。例4中，上文叙述项王被汉军包围，项王决心战死，帮助骑兵突围，并承诺说自己一定会连胜三次，项王斩杀了一个汉军将领后，"是时"引入人物"赤泉侯"，赤泉侯是骑兵的将领，追赶项王，项王圆睁怒目，大吼一声，赤泉侯连人带马都感到很惊恐，接连倒退了好几里。赤泉侯追赶项王，但被项王的气势吓得连连后退，后项王又成功斩杀了一个汉军的都尉，兑现了承诺。例5中，上文叙述雍齿背叛了沛公，归降了魏国，为魏国守卫丰邑。沛公带兵攻打丰邑，攻不下来，于是想要借兵攻打丰邑。"是时"，引入其他对象的情况，即对其他战场的描述，这时，秦朝的大将章邯追击陈王，而别将司马尸率领部队向北攻占了楚地，血洗了相县，来到砀县。下文叙述沛公与东阳宁君带部队向西进发，和别将在萧县的西部交战。例6中，上文叙述沛公向西进发，一路顺畅，沛公派了魏人宁昌出使秦朝，使者没能归来。"是时"，引入人物章邯，当时章邯已经率领全军在赵地向项羽投降了，下文相继叙述项羽和沛公的战况。例7中，上文叙述随何策反黥布，黥布反楚，楚国派遣龙且进攻黥布，而汉王在彭城兵败后向西撤退，征集关内的士兵守卫边塞，"是时"，引入介绍黥布与龙且的作战结果和立场，当时九江王黥布和龙且交战，并未取胜，和随何暗中归附汉。例8中，上文叙述项羽听说汉王在宛县，率领部队向南进发，汉王坚壁防守，不与楚军作战，"是时"，引入彭越的作战情况，当时彭越渡过了睢水，和项声、薛公在下邳交战，彭越击溃了楚军。下文叙述项羽击败彭越。例9中，上文叙述孝文帝命令主管祭祀的祠官按时向神灵献上敬意，不要为皇帝个人祈求什么。"是时"后的语句，引入叙述丞相张苍制定新的乐律和历法。例10中，上文叙述孝武皇帝注重鬼神的祭祀，供奉神君，"是时"，引入人物李少君，以祭灶致福、避谷不食、长生不老的方术觐见汉武帝，受到汉武帝的敬重。

2. B组

B组为"书"中的实例，共6个实例，包括《历书》《封禅书》《河渠书》的实例，列表4-12。

表 4-12　　　　　　　　　"书"中的"是时"

序号	篇名	例句	备注
11	《历书》	是时独有邹衍，明于五德之传，而散消息之分，以显诸侯。	
12	《封禅书》	是时苌弘以方事周灵王，诸侯莫朝周，周力少，苌弘乃明鬼神事，设射《狸首》。	
13	《封禅书》	是时丞相张苍好律历，以为汉乃水德之始，故河决金堤，其符也。	
14	《封禅书》	是时李少君亦以祠灶、谷道、却老方见上，上尊之。	（同例 10）
15	《河渠书》	是时武安侯田蚡为丞相，其奉邑食鄃。	
16	《河渠书》	是时郑当时为大农，言曰："异时关东漕粟从渭中上，度六月而罢，而漕水道九百余里，时有难处。引渭穿渠起长安，并南山下，至河三百余里，径，易漕，度可令三月罢；而渠下民田万余顷，又可得以溉田：此损漕省卒，而益肥关中之地，得谷。"	

例 11 中，上文叙述战国时期群雄并争，君臣上下都是只关心如何使国家富强起来，没有多余的精力去考虑天文历法的事情，"是时"，引入潜心研究历法的人物邹衍，当时，只有邹衍专心研究历法，并创立了五行循环的学说，懂得五行相胜以及阴阳消长的规律，因此在诸侯中显扬。例 12 中，上文叙述诸侯的臣子们执掌各国的政事，"是时"，引入苌弘以方事周灵王，因诸侯不来朝见周天子，于是苌弘想通过诅咒的方式招来诸侯。例 13 中，上文叙述公孙臣上书，认为汉朝应当承受土德，"是时"，引入丞相张苍的观点，认为汉朝是水德的开始。例 14 同例 10 的解析。例 15 中，上文叙述皇帝命令官员调发民众堵塞黄河决口，"是时"，引入人物武安侯，朝廷的丞相武安侯田蚡的奉邑是鄃县，在黄河以北，没有水灾，收成很好，于是田蚡建议皇帝不必堵塞决口。例 16 中，上文叙述由于丞相田蚡和看运气天象的方士都建议不要再堵塞决口，所以皇帝很长时间不再处理堵塞决口的事，"是时"，引入另一个人物郑当时，郑当时建议开凿渠道，发展水运。皇帝认为可行，于是开通漕渠。

3. C 组

C 组为"世家"中的例子，共 7 个，包括《吴太伯世家》《晋世家》

《外戚世家》《齐悼惠王世家》和《陈丞相世家》中的实例，列表 4-13。

表 4-13　　　　　　　　　　"世家"中的"是时"

序号	篇名	例句
17	《吴太伯世家》	是时周武王克殷，求太伯、仲雍之后，得周章。
18	《晋世家》	是时介子推从，在船中，乃笑曰："天实开公子，而子犯以为己功而要市于君，固足羞也。吾不忍与同位。"
19	《外戚世家》	是时其长兄广利为贰师将军，伐大宛，不及诛，还，而上既夷李氏，后怜其家，乃封为海西侯。
20	《外戚世家》	是时平阳主寡居，当用列侯尚主。
21	《齐悼惠王世家》	是时齐人主父偃知甲之使齐以取后事，亦因谓甲："即事成，幸言偃女愿得充王后宫。"
22	《齐悼惠王世家》	是时赵王惧主父偃一出废齐，恐其渐疏骨肉，乃上书言偃受金及轻重之短。
23	《陈丞相世家》	是时万石君奋为汉王中涓，受平谒，入见平。

例 17 中，上文叙述太伯到了荆蛮之地，建立了吴国，吴太伯去世后，其弟仲雍继位，其后一直到仲雍的后人周章继位，"是时"，引入周武王灭商后寻找太伯、仲雍的后代。"是时"，具有引入人物的语篇衔接功能，下文叙述周武王分封了周章和周章的弟弟虞仲。例 18 中，上文介绍秦国护送重耳到了黄河边，子犯说自己犯了很多错误，要离开重耳，重耳把玉璧扔进黄河，与子犯盟誓，要同心共事。"是时"，引入人物介子推，下文叙述介子推独自偷偷渡过黄河。例 19 中，上文叙述李夫人去世，她的哥哥李延年虽凭精通音律得宠，但因为淫乱后宫的罪名，被灭了族。"是时"，引入另一李氏家族人物李广利，并简要陈述其经历。例 20 中，上文叙述卫子夫成为皇后，她的弟弟卫青被封为长平侯，"是时"，引入人物平阳公主，下文叙述卫青迎娶平阳公主。例 21 中，上文叙述太后想将娥嫁给诸侯，徐甲请求出使齐国，劝说齐王娶娥为王后，"是时"，引入另一人物主父偃，主父偃想把自己的女儿嫁给齐王。例 22 中，上文叙述主父偃没能把女儿嫁给齐王，与齐王有了隔阂，主父偃怂恿天子究齐王之错，齐王年少恐惧，自杀了，"是时"，引入赵王这一人物，赵王恐主父偃疏离刘氏骨肉，上书状告主父偃。例 23 中，上文叙述陈平归降汉军，汉王召他入帐，"是时"，顺承介绍石奋引导陈平晋见汉王。"是时"，具有引入人物的语篇衔接功能。

4. D 组

D 组为"列传"中的实例,共 30 个,包括《仲尼弟子列传》《白起王翦列传》《孟尝君列传》《魏公子列传》《屈原贾生列传》《刺客列传》《李斯列传》《蒙恬列传》《张丞相列传》《袁盎晁错列传》《张释之冯唐列传》《田叔列传》《魏其武安侯列传》《李将军列传》《匈奴列传》《平津侯主父列传》《司马相如列传》《淮南衡山列传》《儒林列传》《酷吏列传》和《游侠列传》中的实例,列表 4-14。

表 4-14　　　　　　　　　　"列传"中的"是时"

序号	篇名	例句
24	《仲尼弟子列传》	是时子贡为鲁使于齐。
25	《白起王翦列传》	是时武安君病,不任行。
26	《孟尝君列传》	是时,楚怀王入秦,秦留之,故欲必出之。秦不果出楚怀王。
27	《魏公子列传》	是时范雎亡魏相秦,以怨魏齐故,秦兵围大梁,破魏华阳下军,走芒卯。魏王及公子患之。
28	《屈原贾生列传》	是时屈平既疏,不复在位,使于齐,顾反,谏怀王曰:"何不杀张仪?"怀王悔,追张仪不及。
29	《刺客列传》	是时侍医夏无且以其所奉药囊提荆轲也。
30	《李斯列传》	是时二世在甘泉,方作觳抵优俳之观。
31	《蒙恬列传》	是时丞相李斯、少子胡亥、中车府令赵高常从。
32	《张丞相列传》	嘉为人廉直,门不受私谒。是时太中大夫邓通方隆爱幸,赏赐累巨万。
33	《袁盎晁错列传》	是时绛侯为太尉,主兵柄,弗能正。
34	《张释之冯唐列传》	是时慎夫人从,上指示慎夫人新丰道,曰:"此走邯郸道也。"
35	《张释之冯唐列传》	是时,中尉条侯周亚夫与梁相山都侯王恬开见释之持议平,乃结为亲友。
36	《田叔列传》	是时赵相赵午等数十人皆怒,谓张王曰:"王事上礼备矣,今遇王如是,臣等请为乱。"
37	《田叔列传》	是时武帝在甘泉,使御史大夫暴君下责丞相"何为纵太子",丞相对言"使司直部守城门而开太子"。
38	《田叔列传》	是时任安为北军使者护军,太子立车北军南门外,召任安,与节令发兵。

续表

序号	篇名	例句
39	《魏其武安侯列传》	是时郎中令石建为上分别言两人事。
40	《李将军列传》	是时单于觉之，去，汉军皆无功。
41	《李将军列传》	而是时公孙敖新失侯，为中将军从大将军，大将军亦欲使敖与俱当单于，故徙前将军广。
42	《匈奴列传》	是时雁门尉史行徼，见寇，葆此亭，知汉兵谋，单于得，欲杀之，尉史乃告单于汉兵所居。
43	《平津侯主父列传》	是时弘年六十，征以贤良为博士。
44	《平津侯主父列传》	是时赵人徐乐、齐人严安俱上书言世务，各一事。
45	《平津侯主父列传》	上欲勿诛，是时公孙弘为御史大夫，乃言曰："齐王自杀后，国除为郡，入汉，主父偃本首恶，陛下不诛主父偃，无以谢天下。"
46	《司马相如列传》	是时卓王孙有女文君新寡，好音，故相如缪与令相重，而以琴心挑之。
47	《司马相如列传》	是时邛笮之君长闻南夷与汉通，得赏赐多，多欲愿为内臣妾，请吏，比南夷。
48	《淮南衡山列传》	是时袁盎谏上曰："上素骄淮南王，弗为置严傅相，以故至此。且淮南王为人刚，今暴摧折之，臣恐卒逢雾露病死，陛下为有杀弟之名，奈何！"
49	《淮南衡山列传》	是时故辟阳侯孙审卿善丞相公孙弘，怨淮南厉王杀其大父，乃深购淮南事于弘，弘乃疑淮南有畔逆计谋，深穷治其狱。
50	《儒林列传》	是时独魏文侯好学。
51	《儒林列传》	是时张汤方乡学，以为奏谳掾，以古法议决疑大狱，而爱幸宽。
52	《酷吏列传》	是时赵禹、张汤以深刻为九卿矣，然其治尚宽，辅法而行，而纵以鹰击毛挚为治。
53	《游侠列传》	是时济南瞷氏、陈周庸亦以豪闻，景帝闻之，使使尽诛此属。

例 24 中，上文叙述仲由死了，"是时"，引入人物子贡，这时候子贡正替鲁国到齐国出使。例 25 中，上文叙述秦国发兵攻打赵国都城邯郸。"是时"后的语句，说明武安君生病，不能赴任同行。在上一段中，作者叙述武安君和应侯的关系出现裂痕，这一段则叙述秦王想派武安君攻打邯郸，武安君不听，秦王派应侯去请武安君，武安君也是推辞。"是时"，

有引入人物的语篇衔接功能。例26中，上文叙述，孟尝君听从苏代的建议放弃攻打楚国，"是时"，引入人物楚怀王。例27中，"是时"，引入范雎这一人物，因范雎派秦国军队攻打魏国，使得魏王和公子无忌担心。例28中，上文叙述张仪欺骗了楚怀王，楚怀王攻打秦国，吃了败仗，楚怀王向秦王要张仪，但张仪贿赂了靳尚，得以逃脱，"是时"，引入人物屈原，叙述屈原的情况及其对张仪的态度。例29中，这句话的意思是："这时，侍从医官夏无且将自己手中所捧的药袋子扔向荆轲。"上文叙述图穷匕见，荆轲刺秦王但没刺中，追逐秦王绕着咸阳宫的柱子跑，面对突然发生的意外情况，秦王来不及召唤殿下拿着武器的守卫，大家空手向前打荆轲，"是时"，叙述侍从医官夏无且的行动，具有引入人物的语篇衔接功能。例30中，上文叙述赵高故意设计李斯，并向秦二世进谗言，李斯得知消息，"是时"后的语句，叙述秦二世的活动情况，下文叙述李斯没有见到二世，就上书揭发赵高。"是时"，具有引入人物的语篇衔接功能。例31中，上文叙述秦始皇因病驾崩了，但是并没有对外公布其驾崩的消息，秦朝的大臣们都不知道这件事，"是时"后的语句，指出经常侍奉在秦始皇身边的人，也就是知道秦始皇驾崩这件事的人。下文叙述这三人密谋策划，拥立胡亥为太子。"是时"，具有引入人物的语篇衔接功能。例32中，上文叙述申屠嘉为人廉洁正直，"是时"，引入人物邓通。例33中，上文叙述绛侯担任丞相，很得意，皇帝对绛侯很恭敬，袁盎认为皇帝的态度有失礼节。于是向皇帝进言，说吕氏宗族掌权的时候，绛侯任太尉，手握兵权不能匡扶汉室，后逢机遇，成为功臣，而不是国家的重臣。"是时"，具有引入人物的语篇衔接功能。例34中，上文叙述张释之跟随汉文帝出行，来到霸陵，"是时"，引入人物慎夫人。例35中，上文通过对偷窃玉环的人的判决过程的叙述，说明张释之不畏权势，执法公正，"是时"后的语句，叙述因张释之的公正态度，吸引周亚夫和梁相山与其结交，"是时"，具有引入人物的语篇衔接功能。例36中，上文叙述高祖征讨陈豨，途经赵国，赵王张敖对高祖十分恭敬，高祖却大骂赵王，"是时"，顺承叙述赵国丞相赵午等对此十分气愤，具有引入人物的语篇衔接功能。例37中，上文叙述太子起兵，田仁把守城门，太子从城门逃走，"是时"，顺承介绍皇帝的责问，具有引入人物的语篇衔接功能。例38中，上文叙述太子起兵，并从城门逃走，"是时"，引入人物任安。太子让任安调动军队,下文叙述任安接受了太子的符节,但并未发兵。例39中,上文叙述魏其侯和武安侯因为灌夫的事争论,"是时",引入人物郎中令,郎中令向皇帝汇报。例40中,上文叙述汉朝用马邑城引诱单于,派大部队埋伏在马邑附近的山谷,"是时",引入表述单于的行动,有引入人物的语篇衔接功能。例41中,上文叙述大将军卫青听从皇帝的告诫,没有安排李广与单于对阵,"是时",引入人物公孙敖,大将军想同公孙敖一起对阵单于。例42中,上文叙述聂翁壹作为间谍进入匈奴,诈称出卖马邑城引诱单于前来,单于相信了他,率领十万骑兵进入了武州要塞,汉朝在马邑城附近埋伏了三十多万军队,"是时",引入人物尉史。例43中,上文叙述建元元年,皇帝刚登位,招选贤良有文学的人。"是时",引入人物公孙弘。例44中,上文叙述刘邦想要攻打匈奴,御史劝谏不可以,刘邦不听,被困平城。"是时",引入人物徐乐和严安,下文分别介绍徐乐、严安各自所说的事。例45中,上文叙述皇帝认为主父偃威胁了齐王,从而导致齐王自杀,于是将主父偃召回,并由法官治罪,主父偃承认接受了诸侯的贿金,但他的确没有威胁齐王而令齐王自杀,皇帝不想杀他,"是时"引入人物公孙弘,公孙弘建议皇帝杀主父偃。下文叙述皇帝将主父偃全族诛杀。例46中,上文叙述县令送上古琴,司马相如弹奏了一两首曲子。"是时",引入人物卓文君。例47中,上文叙述唐蒙打通了去往夜郎的道路,并顺便开通了去往西南夷的路线,征发了巴、蜀、广汉三郡的士兵和几万人的杂役来修筑道路,但是花了两年时间,路还没有修成,大多数的士兵就死了,耗费的钱财也数以万计。蜀郡的民众和朝廷的很多官员都说这样做对国家是不利的。"是时",引入介绍邛、莋等国国君的想法,具有引入人物的语篇衔接功能。例48中,上文叙述淮南王谋反,朝廷将参与谋反的人全都杀死了,并用披着黑色布帘的囚车遣送淮南王,皇帝下令让沿途各县依次遣送。"是时",引入人物袁盎,介绍袁盎的建议。下文叙述,皇帝没有采纳袁盎的建议,淮南王绝食而死。例49中,上文叙述刘建高发太子刘迁谋反,皇上让廷尉处理此事,廷尉又把此事下达给河南郡处理,是时,引入人物辟阳侯的孙子审卿,审卿因淮南王杀死了自己的祖父,在公孙弘面前罗织淮南王的罪名,公孙弘要深入调查此案。例50中,上文叙述孔子去世后,弟子有的成为国君的老师和卿相,有的成为士大夫的老师,有的隐居,"是时",引入最虚心求教于儒学的人物魏文侯。例 51 中，上文叙述兒宽按照考试成绩的排名，补任了廷尉史一职。"是时"，引入人物张汤，下文叙述张汤宠用兒宽。例 52 中，上文叙述义纵担任定襄太守，执法严苛、酷烈。"是时"，引入人物赵禹、张汤，比较了赵禹、张汤和义纵的执法风格。例 53 中，上文叙述了几个游侠的情况，"是时"，引入其他游侠。

人物要素是叙述，或者讲述行为中的必备要素，我们在前文已经论述过，人物也是《史记》语篇中的语类结构的重要配置。总体来看，根据上下文语境，这 53 处"是时"均是在语篇推进过程中，在某一时间点，引入新的人物线索，增加了语篇中的信息量，起到了"以点带面"的作用，在进行语篇构建的同时，顺应接受者的内在认知特点，即人物的增加具有顺序性，并不是杂乱无章的。

三　语类结构的事件要素与接受者的语篇识解

"是时""当是时""当是之时""是岁""是年""其后"具有"引入事件"的语篇衔接功能。"是时"的实例有 10 个，"当是时"的实例有 2 个，"当是之时"的实例有 1 个，"是岁"的实例有 61 个，"是年"的实例有 8 个，"其后"的实例有 4 个。因为"当是时""当是之时""其后"的实例数量少，所以"当是时""当是之时"以及"其后"的实例不列入讨论范围。

（一）"是时"的引入事件功能与接受者的语篇识解

根据数据库的检索结果，有 10 个实例体现了"是时"的引入事件的语篇衔接功能，在《史记》的"书""世家""列传"中都有实例（见表 4-15）。

表 4-15　　　　　　　　"是时"的引入事件功能

序号	篇名	例句
1	《平准书》	是时山东被河灾，及岁不登数年，人或相食，方一二千里。
2	《吴太伯世家》	是时晋献公灭周北虞公，以开晋伐虢也。
3	《苏秦列传》	是时周天子致文、武之胙于秦惠王。
4	《田叔列传》	是时汉下诏书："赵有敢随王者罪三族。"
5	《匈奴列传》	是时济北王反，文帝归，罢丞相击胡之兵。

续表

序号	篇名	例句
6	《匈奴列传》	是时天子巡边，至朔方，勒兵十八万骑以见武节，而使郭吉风告单于。
7	《平津侯主父列传》	是时通西南夷道，置郡，巴、蜀民苦之，诏使弘视之。
8	《司马相如列传》	会景帝不好辞赋，是时梁孝王来朝，从游说之士齐人邹阳、淮阴枚乘、吴庄忌夫子之徒，相如见而悦之，因病免，客游梁。
9	《儒林列传》	是时辽东高庙灾，主父偃疾之，取其书奏之天子。
10	《酷吏列传》	是时天子方欲作通天台而未有人，温舒请覆中尉脱卒，得数万人作。

例1中，上文叙述国库日益富足，但粮食却不充沛，由于官署机构日益混乱增多，下属的罪徒奴婢众多，每年经由黄河水运来的粮食只有四百万石，各官署需要自己去采购粮食，"是时"，引入介绍当时崤山以东遭受的黄河水灾，下文叙述皇帝准许饥民到江淮一带就地取食谋生，并运来巴蜀的粮食赈济灾民。例2中，上文叙述太伯和仲雍的后人在吴国传承继位的情况，"是时"，在特定时间点上插入晋献公灭虞国，因为虞国也是太伯和仲雍的后人建立的，下文继续叙述太伯和仲雍的后人在吴国传承继位的情况。例3中，上文叙述苏秦自燕国到赵国游说，取得成功，赵王邀约各诸侯国结盟。"是时"后的语句，虽将人物转换到周天子，焦点却是秦惠王，秦惠王打败了魏国，并打算向东进发，苏秦担心秦国的军队打到赵国，于是用计激怒张仪，逼迫他投奔秦国。例4中，这句话的大意是："这时，朝廷下诏说：'赵国如果有胆敢跟随赵王的人，就罪及三族。'"上文叙述赵国的贯高等人企图杀害高祖，被发觉了，朝廷下诏逮捕赵王和图谋造反的大臣，"是时"，给出了一个条件，即朝廷下诏说："赵国如果有胆敢跟随赵王的人，就罪及三族。"下文叙述孟舒、田叔等人在这种情况下仍然跟随赵王来到长安。例5中，上文叙述孝文帝派丞相灌婴前往高奴县攻打右贤王。文帝亲自来到太原，"是时"，引入事件，即济北王反叛，文帝回朝，撤回丞相带去进攻胡人的军队。例6中，上文叙述汉朝已经攻灭南越，汉朝派兵从令居出发行进几千里，一直走到匈河水都没有看到匈奴人。"是时"后的语句，介绍天子巡边。例7中，元光五年，公孙弘再次被任命为博士，"是时"后，引入西南夷的问题，叙述皇帝安排公

孙弘去视察西南夷地区。例8中,上文叙述司马相如担任武骑常侍,他不喜欢这工作,而景帝也不好诗辞歌赋,"是时",引入事件,即梁孝王率众朝见天子。下文叙述司马相如旅居梁国。例9中,上文叙述董仲舒撰写了《灾异之记》,"是时",引入灾难事件。例10中,这一语段的大意是:"这时,天子想要建造通天台,却没有找到可以办理这件事的人,王温舒请求核查中尉部下逃避兵役的人,查出有几万人可以去服劳役。"上文叙述王温舒被判罪免官,"是时",引入事件。

上述10个实例,我们详细分析了"是时"的引入事件的语篇衔接功能,引入事件自然是增加了语篇的信息量,同前面所述指称事件时间连接成分的功能一样,这种信息量的增加是双向的,在使语篇丰满的同时,符合接受者的认知特点。

(二)"是岁"的引入事件功能与接受者的语篇识解

根据附录中的检索结果,有61个实例体现了"是岁"的引入事件的语篇衔接功能。并且,"是岁"的主要语篇衔接功能就是"引入事件"。我们按照《史记》的体例和检索顺序分组解析。

1. A组

A组为"本纪"中的实例,共6个,包括《周本纪》《秦本纪》《秦始皇本纪》《高祖本纪》和《孝武本纪》中的实例,列表4-16。

表4-16　　　　　　　　"本纪"中的"是岁"

序号	篇名	例句
1	《周本纪》	二十四年,崩,子安王骄立。是岁盗杀楚声王。
2	《秦本纪》	孝公卒,子惠文君立。是岁,诛卫鞅。
3	《秦始皇本纪》	是岁,赐爵一级。治驰道。
4	《高祖本纪》	是岁,徙贵族楚昭、屈、景、怀、齐田氏关中。
5	《孝武本纪》	是岁,天子始巡郡县,侵寻于泰山矣。
6	《孝武本纪》	是岁,西伐大宛。

例1中,"是岁",引入事件,即偷偷杀死了楚声王。例2中,"是岁",引入事件,即诛杀卫鞅。例3中,"是岁",指秦始皇二十七年,"是岁",引入介绍秦始皇的举措。例4中,这句话的意思是:"这一年,

迁徙楚国贵族昭氏、屈氏、景氏、怀氏和齐国贵族田氏来到关中。"是岁，指汉九年，前文叙述，汉九年，高祖杀掉了赵相贯高等人的三族。"是岁"后面，引入事件。例5中，这句话的意思是："这一年，天子开始巡游各郡县，最后渐渐到了泰山。""是岁"，指汉武帝祭拜地神这一年。"是岁"，引入事件。例6中，"是岁"引入事件，即向西讨伐大宛。

2. B组

B组为"书"的实例，共5个实例，包括《封禅书》和《平准书》的实例，列表4-17。

表4-17　　　　　　　"书"中的"是岁"

序号	篇名	例句	备注
7	《封禅书》	是岁，秦缪公内晋君夷吾。	
8	《封禅书》	是岁，制曰："朕即位十三年于今，赖宗庙之灵，社稷之福，方内艾安，民人靡疾。间者比年登，朕之不德，何以飨此？皆上帝诸神之赐也。盖闻古者飨其德必报其功，欲有增诸神祠。有司议增雍五畤路车各一乘，驾被具。西畤畦畤禺车各一乘，禺马四匹，驾被具。其河、湫、汉水加玉各二。及诸祠，各增广坛场，珪币俎豆以差加之。而祝釐者归福于朕，百姓不与焉。自今祝致敬，毋有所祈。"	
9	《封禅书》	是岁，天子始巡郡县，侵寻于泰山矣。	（同例5）
10	《封禅书》	是岁，西伐大宛。	（同例6）
11	《平准书》	是岁也，张汤死而民不思。	

例7中，"是岁"，引入事件，即秦穆公把晋国的国君夷吾送回晋国即位这件事。例8中，上文叙述汉文帝命令太祝官像过去一样全部按时举行祭礼。"是岁"，引入介绍汉文帝颁布的命令，有引入事件的语篇衔接功能。例9和例10分别同前文例5和例6的解析。例11中，"是岁"，引入事件，即元鼎三年（前114）这一年，张汤死了，而老百姓对他毫无思念之情。

3. C组

C组为"世家"中的实例，共有38个例子，包括《齐太公世家》《燕召公世家》《管蔡世家》《陈杞世家》《宋微子世家》《晋世家》《楚世家》《郑世家》《赵世家》《魏世家》《韩世家》《田敬仲完世家》《孔子世家》和《齐悼惠王世家》中的实例,分别分析如下。

《齐太公世家》中有 5 个例句,列表 4-18。

表 4-18　　　　　　　　《齐太公世家》中的"是岁"

序号	例句
12	是岁,晋杀太子申生。
13	是岁,晋献公卒,里克杀奚齐、卓子,秦穆公以夫人入公子夷吾为晋君。
14	是岁,管仲、隰朋皆卒。
15	是岁,晋公子重耳来,桓公妻之。
16	是岁,晏婴卒。

例 12 中,"是岁",引入事件,即晋献公杀了太子申生。例 13 中,"是岁",引入事件,即晋献公去世,大夫里克将奚齐、卓子杀死,秦穆公拥立公子夷吾为晋国国君。例 14 中,"是岁",引入叙述管仲、隰朋去世。例 15 中,"是岁",引入叙述重耳流亡到齐国。例 16 中,"是岁",引入事件,即晏婴去世。

《燕召公世家》中也有 5 个例句,列表 4-19。

表 4-19　　　　　　　　《燕召公世家》中的"是岁"

序号	例句
17	是岁,周宣王初即位。
18	是岁晋灭三郤大夫。
19	是岁,三晋列为诸侯。
20	是岁,秦献公卒。
21	是岁,秦将王贲亦虏代王嘉。

例 17 中,"是岁",引入叙述周宣王即位。例 18 中,"是岁",引入叙述晋国消灭了三郤大夫。例 19 中,"是岁",引入事件,即韩、赵、魏三晋列为诸侯。例 20 中,"是岁",引入事件,即秦献公去世。例 21 中,"是岁",指燕孝王三十三年(前 222),引入事件,即秦国将领王贲俘获了代王嘉。

《管蔡世家》中仅有一个例句，如下：

22.《史记·管蔡世家》：是岁，宋、卫、陈、郑皆火。

例22中，"是岁"，引入事件，即宋国、卫国、陈国、郑国发生火灾。

《陈杞世家》中有5个例句，我们列表4-20。

表4-20　　　　　　　　《陈杞世家》中的"是岁"

序号	例句	备注
23	是岁，周幽王即位。	
24	是岁，晋献公杀其太子申生。	（同例12）
25	是岁，穆公卒，子共公朔立。	
26	是岁，成公卒，子哀公弱立。	
27	是岁，孔子卒。	

例23中，"是岁"，引入叙述周幽王即位。例24同前文例12的解析。例25中，"是岁"，指前632年，引入事件，即穆公逝世，其子共公朔即位。例26中，上文叙述，前569年，楚共王攻打陈国。"是岁"，就是指前569年，引入事件，即陈成公去世，其子哀公弱即位。例27中，上文叙述前478年，楚惠王复国，灭掉了陈国。"是岁"，指前478年。引入当年的另一重要事件，即孔子逝世。

28.《史记·宋微子世家》：是岁，鲁弑其君隐公。

例28中，上文叙述，前711年，太宰华督看上了大司马孔父嘉的妻子，就派人在宋国扬言杀死孔父嘉。"是岁"，引入事件，即鲁国人将自己的国君隐公杀死了。

29.《史记·晋世家》：是岁也，晋复假道于虞以伐虢。
30.《史记·晋世家》：是岁郑伯亦卒。
31.《史记·晋世家》：是岁，秦缪公亦卒。

例 29 中，"是岁"，承接上文，指晋献公二十二年（前 656），引入事件，即晋国再次向虞国借道。例 30 中，上文叙述前 628 年的冬天，晋文公逝世。"是岁"，引入事件，即郑文公逝世。例 31 中，上文叙述公元前 621 年 8 月，晋襄公逝世。"是岁"，引入事件，即秦穆公逝世。

32.《史记·楚世家》：<u>是岁</u>灭庸。
33.《史记·楚世家》：<u>是岁</u>也，灭陈而县之。
34.《史记·楚世家》：<u>是岁</u>，秦惠王卒。
35.《史记·楚世家》：<u>是岁</u>，秦虏赵王迁。

例 32 中，上文叙述楚庄王即位三年了，整日寻欢作乐，大臣进谏，楚庄王幡然悔悟，励精图治。"是岁"，引入事件，即楚国灭掉了庸国。例 33 中，上文叙述白公自立为王后，被楚惠王的随从和叶公杀了，楚惠王又恢复了王位。"是岁"，引入事件，即楚国灭掉了陈国，并将陈国变成了楚国的一个县。例 34 中，前 311 年张仪来到楚国，被楚怀王囚禁，后又被放了出来，"是岁"，引入事件，即秦惠王去世。例 35 中，"是岁"，指前 228 年，上文叙述楚王的更迭。"是岁"，并列引入事件，即秦国俘虏了赵王迁。

36.《史记·郑世家》：<u>是岁</u>，武公卒，寤生立，是为庄公。
37.《史记·郑世家》：<u>是岁</u>，齐襄公使彭生醉拉杀鲁桓公。
38.《史记·郑世家》：<u>是岁</u>，悼公卒，立其弟睔，是为成公。
39.《史记·赵世家》：<u>是岁</u>，越王勾践灭吴。

例 36 中，"是岁"，指武公二十七年，引入事件，即武公去世，郑庄公即位。例 37 中，上文叙述齐国杀了子亹，其弟公子婴成为国君，就是郑子。"是岁"，引入另一事件，即齐襄公指使公子彭生趁着醉酒之际打断鲁桓公的肋骨杀害了他。例 38 中，"是岁"，指前 585 年，这一年，楚国进攻郑国，晋国前来救助。"是岁"，引入事件，即郑悼公去世，成公即位。例 39 中，上文叙述晋定公于在位的第三十七年去世，"是岁"，承接上文，引入另一重要事件，即越王勾践消灭了吴国。

  40.《史记·赵世家》：<u>是岁</u>，魏文侯卒。

  例40中，上文叙述赵敬侯立，"是岁"，引入事件，即魏文侯去世。

  41.《史记·魏世家》：<u>是岁</u>，文侯卒，子击立，是为武侯。
  42.《史记·魏世家》：<u>是岁</u>，惠王卒，子襄王立。

  例41中，这句话的意思是："是岁"，指文侯三十八年（前387），引入事件，即文侯去世，武侯继立。例42中，上文叙述惠王三十六年（前335），魏王再次和齐王会盟，"是岁"，引入事件，即惠王去世，他的儿子襄王继立。

  43.《史记·韩世家》：<u>是岁</u>魏文侯卒。
  44.《史记·韩世家》：<u>是岁</u>，宣惠王卒，太子仓立，是为襄王。
  45.《史记·韩世家》：<u>是岁</u>，釐王卒，子桓惠王立。

  例43中，"是岁"指列侯十三年，上文叙述列侯十三年，列侯去世，他的儿子文侯即位。"是岁"，承接上文，引入事件，即魏文侯去世。例44中，这句话的意思是："这一年"，上文叙述，宣惠王二十一年（前310），韩国和秦国共同攻打楚国，打败楚国将领屈丐，在丹阳斩杀八万楚军。"是岁"，承接上文，引入事件，即宣惠王去世，襄王继立。例45中，上文叙述釐王二十三年（前273），赵、魏两国攻打韩国的华阳，秦国援助了赵国。"是岁"，承接上文，引入事件，即釐王去世，他的儿子桓惠王继立。

  46.《史记·田敬仲完世家》：<u>是岁</u>，故齐康公卒，绝无后，奉邑皆入田氏。

  例46中，上文叙述桓公六年，齐国出兵援助卫国，桓公死了，他的儿子威王田因齐继位。"是岁",承接上文,引入事件,即齐康公去世,并未留下后代,奉邑都归到了田氏手中。

  47.《史记·孔子世家》:<u>是岁</u>,季武子卒,平子代立。
  48.《史记·孔子世家》:<u>是岁</u>,鲁定公卒。

例 47 中,上文叙述孔子十七岁时,鲁国的大夫孟釐子病重,他告诫他的儿子要以师礼待孔丘。釐子去世后,他的儿子懿子与鲁国人南宫敬叔来到孔子那里学习礼仪。"是岁",承接上文,引入事件,即季武子死了,季平子代替他即位。例 48 中,上文叙述孔子见南子后,离开卫国,经过曹国。"是岁",承接上文,引入事件,即鲁定公去世。

  49.《史记·齐悼惠王世家》:<u>是岁</u>,齐哀王卒,太子则立,是为文王。

例 49 中,上文叙述孝文帝元年(前 179),孝文帝将高后时期从齐国割出的城阳、琅邪、济南郡又重新全部归还给齐国。"是岁",承接上文,引入事件,即齐哀王去世,齐文王即位。

4. D 组

D 组是"列传"中的具体实例,包括《苏秦列传》《白起王翦列传》《孟尝君列传》《廉颇蔺相如列传》《樊郦滕灌列传》《匈奴列传》《卫将军骠骑列传》《大宛列传》和《太史公自序》中 12 个实例,列表 4-21。

表 4-21   "列传"中的"是岁"

序号	篇名	例句
50	《苏秦列传》	<u>是岁</u>,文侯卒,太子立,是为燕易王。
51	《白起王翦列传》	是岁,穰侯相秦,举任鄙以为汉中守。
52	《孟尝君列传》	<u>是岁</u>,梁惠王卒。
53	《廉颇蔺相如列传》	是岁,廉颇东攻齐,破其一军。
54	《樊郦滕灌列传》	<u>是岁</u>商卒,谥为景侯。
55	《樊郦滕灌列传》	是岁,匈奴大入北地、上郡,令丞相婴将八万五千往击匈奴。

续表

序号	篇名	例句
56	《匈奴列传》	是岁，翕侯信死，汉用事者以匈奴为已弱，可臣从也。
57	《匈奴列传》	是岁，汉使贰师将军广利西伐大宛，而令因杅将军敖筑受降城。
58	《匈奴列传》	是岁，贰师将军破大宛，斩其王而还。
59	《卫将军骠骑列传》	是岁也，大将军姊子霍去病年十八，幸，为天子侍中。
60	《大宛列传》	是岁汉遣骠骑破匈奴西域数万人，至祁连山。
61	《太史公自序》	是岁天子始建汉家之封，而太史公留滞周南，不得与从事，故发愤且卒。

例50中，上文叙述秦惠王把自己的女儿嫁给燕国太子为妻。"是岁"，引入叙述燕国太子的情况，即燕文侯去世了，太子继位为王，称为燕易王。例51中，上文叙述秦昭王十三年（前294），白起担任左庶长，率领军队攻打韩国的新城。"是岁"，引入事件，即穰侯在秦国出任相国，举用任鄙担任汉中郡守。

例52中，"是岁"，指齐宣王八年，引入事件，即魏惠王去世。例53中，"是岁"，指廉颇蔺相如成为朋友的这一年，引入事件，即廉颇带领军队向东面进攻齐国，打败了齐国派出的一支军队。例54中，上文叙述吕氏家族被诛杀。"是岁"，引入事件，即郦商去世，谥号景侯。例55中，"是岁"，引入事件，即匈奴大举带兵侵入北地、上郡，孝文帝命令丞相灌婴带领八万五千骑兵前去征讨匈奴。例56中，上文叙述汉朝派杨信出使匈奴。汉朝向东、向西、向北都有所拓展。"是岁"，引入事件，即翕侯赵信死了，汉朝当权的大臣认为匈奴已经衰弱，可以趁机迫使他们臣服了。例57中，"是岁"，引入事件，即汉朝派贰师将军李广利向西攻打大宛，而命令因杅将军公孙敖筑受降城。例58中，"是岁"，引入事件，即贰师将军李广利击破大宛军队，斩杀大宛王而归来。例59中，"是岁"，引入事件，即霍去病受皇帝宠爱，做了皇帝的侍中。例60中，上文叙述李广的军队损失惨重，张骞被贬为庶民。"是岁"，引入事件，即汉朝派遣骠骑将军霍去病击破匈奴西域的几万人，兵至祁连山。例61中，"是岁"，引入事件，即皇帝开始进行汉朝的封禅典礼，但是太史公有事在洛阳滞留，没能参加典礼，心中愤懑，生病就要死了。

根据检索和分析，"是岁"的主要语篇衔接功能是引入事件，把"一年"时段中发生的重要事件通过叙述者的选择凸显出来，增加了语篇的信息量，顺应接受者的认知理解。

（三）"是年"的引入事件功能与接受者的语篇识解

根据附录中的检索结果，有 8 个实例体现了"是年"的引入事件的语篇衔接功能，主要集中在"世家"中，包括《管蔡世家》《陈杞世家》《卫康叔世家》《宋微子世家》《晋世家》和《楚世家》中的具体实例，我们列表 4-22。

表 4-22　　　　　　　　"是年"的引入事件功能

序号	篇名	例句
1	《管蔡世家》	是年，楚亦复立陈。
2	《陈杞世家》	是年，惠公卒，子怀公柳立。
3	《陈杞世家》	是年，楚昭王卒于城父。
4	《卫康叔世家》	是年，献公卒，子襄公恶立。
5	《宋微子世家》	是年，晋公子重耳过宋，襄公以伤于楚，欲得晋援，厚礼重耳以马二十乘。
6	《晋世家》	是年，楚庄王初即位。
7	《晋世家》	是年，成公卒，子景公据立。
8	《楚世家》	是年，宣王卒，子威王熊商立。

例 1 中，上文叙述楚平王拥立了蔡国的后代。"是岁"，并列陈述楚平王又拥立陈国的后代。例 2 中，上文叙述惠公二十八年（前 506），吴王阖闾与大夫伍子胥打败楚国攻入了郢都。"是年"，承接上文，引入事件，即惠公死了，他的儿子怀公柳继位。例 3 中，上文叙述湣公十三年（前 489），吴王攻打陈国，楚昭王派兵援助，驻扎在城父。"是年"，引入事件，即楚昭王在城父去世。例 4 中，"是年"指前 544 年，承接上文，引入事件，即献公去世，其子襄公恶立为君主。例 5 中，上文叙述楚成王援救了郑国。是岁，引入事件，即晋公子重耳途经宋国，宋襄公由于被楚国打伤了，想要得到晋国的援助，所以赠给重耳八十匹马作为厚礼。例 6 中，"是年"，根据上文，指前 613 年，晋侯拥立周匡王继位。"是年"，并列引入事件，即楚庄王即位。例 7 中，"是年"，根据上文，指前

600年，这时，晋成公与楚庄王争霸。"是年"，引入事件，即晋成公死了，他的儿子景公据继立。例8中，根据上文，"是年"，指前340年，引入事件，即宣王去世，他的儿子威王熊商即位。以上8个例子表明"是年"具有引入事件的语篇衔接功能，具体表现在承接上文，引入重要历史事件，这样就增加了语篇信息量，并能够顺应接受者的认知，使接受者顺利完成语篇识解过程。

"是时""是岁""是年"中的"是"具有指示作用，相当于现代汉语的"这"或者"那"。在上述分析的实例中，"是时""是岁"和"是年"都具有引入事件的语篇衔接功能，在特定的时点或时段，引入事件，从语篇建构的角度，其作用是推动语篇向前进展，从接受者的角度，则是在识解过程中逐步增加接受者的认知信息量，从而完成对整个语篇的识解。"事件"也是叙述体语篇中的基本要素，无论是对叙述者，或者是对接受者，"事件"要素都是必要的，从这个角度来说，"是时""是岁"以及"是年"等这些指称事件时间连接成分既是组构的线索，同时又是解构的线索，具有双向性。

第二节　概念整合与《史记》指称事件时间连接成分的语篇识解功能

概念整合理论（the conceptual integration theory）由Gilles Fauconnier和Turner等认知语言学家提出，其基础是Gilles Fauconnier的心理空间（mental space）理论。心理空间理论和概念整合理论是认知语言学研究领域中的重要理论，被较多地应用在语法学和语用学研究范畴之中。语法学方面的，如张旺熹（2001）探讨了汉语的特殊句式"把"字句的空间位移图示。语用学方面的，如朱永生和蒋勇（2003），以空间映射理论为基础，分析了常规含意推导时具体的认知过程。Gilles Fauconnier认为语篇的加工和处理过程是心理空间网络的结构体。在语篇研究范畴中，也有学者探讨了心理空间理论的应用，如宋苏玲的（2000）讨论了合成空间理论指导下的语篇连贯解读。王健坤和孙启耀（2008）也探讨了概念整合理论与语篇连贯这个问题，王健坤、孙启耀在《概念整合理论对语篇连贯的解释力》一文中强调："概念整合理论对于篇章的理解和生成具有极强的解释力。它体现自然语言意义构建过程中的认知机制，强调人的思维对于思想形成过程的描述。这无疑是对系统功能语言学语篇分析理论极好的补充。"①

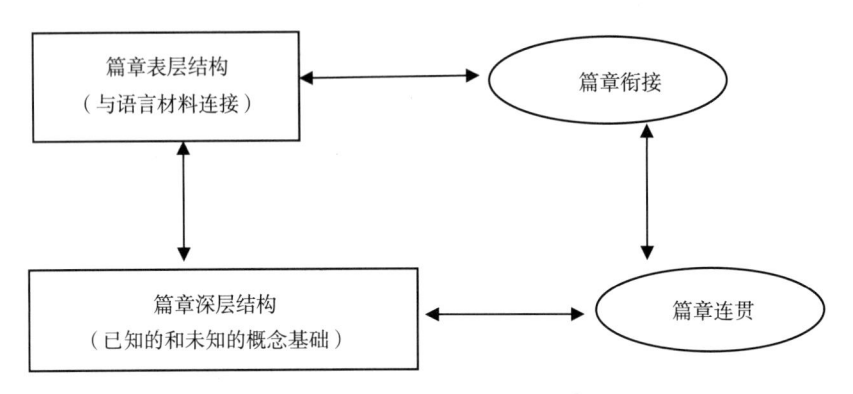

```
┌─────────────────┐                    ┌─────────┐
│   篇章表层结构   │ ◄──────────────► │ 篇章衔接 │
│ （与语言材料连接）│                    └─────────┘
└─────────────────┘                         ▲
         ▲                                  │
         │                                  ▼
┌─────────────────┐                    ┌─────────┐
│   篇章深层结构   │ ◄──────────────► │ 篇章连贯 │
│（已知的和未知的  │                    └─────────┘
│   概念基础）     │
└─────────────────┘
```

图 4-4　概念整合与语篇连贯②

再如吴莉（2006）探讨了心理空间理论指导下的语篇认知问题，吴莉认为心理空间理论不仅关注了语篇的语言特征，也关注了接受者的知识以及经验背景，把认知推理和细微的意义差别融汇到语篇分析的整体中，将"现实世界"与"虚拟世界"的关系转化为接受者和语篇之间的互动关系，从而为语篇的处理和加工过程提供了合理的解释。田聪（2006）强调了心理空间的表征性，认为"心理空间是人们在语言交际过程中建立起来的临时性的实时动态概念，是人们在思考或谈论已知、想象、过去、现在或将来情境时构建起来的部分的、暂时性的表征结构"。③ 王懿（2006）则强调了概念整合条件下所建立的空间网络问题，其在《概念整合理论在意义建构中的解释力》一文中指出，"简单来说，概念整合可以建立相互映现的心理空间网络，并以各种方式整合成新的空间网络"。④

下面我们来看概念整合理论的基本观点：

---

① 王健坤、孙启耀：《概念整合理论对语篇连贯的解释力》，《外语学刊》2008年第1期。
② 同上。
③ 田聪：《概念合成理论评述》，《首都师范大学学报》（社会科学版），2006年（增刊·语言哲学研究）。
④ 王懿：《概念整合理论在意义建构中的解释力》，《安徽大学学报》（哲学社会科学版）2006年第5期。

（1）整合网络：输入空间（input spaces），共用空间（generic space），复合空间（blended space）。

（2）运作方式：组合（composition），完善（completion），发展（elaboration）。

（3）优化原则：整合（integration），布局（typology），网络（web），解包（unpacking），理据（good reason），转喻投射约束（metonymy projection constraint）。

在概念整合理论中，两个输入空间的对应通过跨空间映现连接，投射到共享的共用空间。两个输入空间也可以通过组合、完善或发展的方式在复合空间形成层创结构（emergent structure）。同时，要得到合理的整合空间，要遵循整合、布局、网络、解包、理据、转喻投射约束这6个优化原则。

我们将结合《史记》中指称事件时间连接成分的转换视角、总评上文这两个语篇衔接功能来探讨接受者的心理空间建构和概念整合分析。

一 转换视角功能与接受者的心理空间建构

"是时""当是时""当此时""其后"都具有转换视角的语篇衔接功能，"是时"的实例有9个，"当是时"的实例有12个，"当此时"的实例有2个，"其后"的实例有4个。因为"当此时"和"其后"的实例数量较少，所以"当此时"和"其后"的实例不列入讨论范围。

（一）"是时"的转换视角功能与接受者的心理空间建构

根据附录中的检索结果，能够体现"是时"的转换视角的语篇衔接功能的实例共有9个，包括《周本纪》《项羽本纪》《高祖本纪》《匈奴列传》《卫将军骠骑列传》和《东越列传》中的具体实例。列表4-23。

表4-23　　　　　　　　"是时"的转换视角功能

序号	篇名	例句
1	《周本纪》	是时，诸侯不期而会盟津者八百诸侯，诸侯皆曰："纣可伐矣。"
2	《项羽本纪》	是时，汉还定三秦。
3	《高祖本纪》	是时雷电晦冥，太公往视，则见蛟龙于其上。

续表

序号	篇名	例句
4	《匈奴列传》	冒顿既立，是时东胡强盛，闻冒顿杀父自立，乃使使谓冒顿，欲得头曼时有千里马。
5	《匈奴列传》	是时匈奴亦来入代郡、雁门，杀略数百人
6	《卫将军骠骑列传》	是时大行李息将城河上，得浑邪王使，即驰传以闻。
7	《卫将军骠骑列传》	是时匈奴众失单于十余日，右谷蠡王闻之，自立为单于。
8	《东越列传》	是时楼船将军杨仆使使上书，愿便引兵击东越。
9	《东越列传》	是时汉使大农张成、故山州侯齿将屯，弗敢击，却就便处，皆坐畏懦诛。

例 1 中，上文说，武王要兴师讨伐商纣，在渡黄河时和过河后见到两个征兆，"是时"插入，叙述诸侯的情况，有八百诸侯不约而同地来到盟津会盟要讨伐商纣。下文说，武王班师返回。"是时"转换了视角，即由"武王"转换到"诸侯"，但实际上焦点没变，即"武王伐纣"。例 2 中，上文叙述田荣与齐王联合反叛项王，而陈馀去代地将原来的赵王歇迎接回来重返赵地。"是时"，转换叙述视角，介绍汉军情形，即汉王回军将三秦平定。继而叙述项王的对策。例 3 中，上文叙述高祖的母亲刘媪在太湖的岸边休息，在梦里和神相交合，"是时"，转换叙述视角，介绍当时的情形，当时电闪雷鸣，天昏地暗。太公前去察看刘媪，就发现一条蛟龙趴在她身上。例 4 中，上文叙述冒顿用响箭射死了头曼，自立为单于，"是时"，引入东胡凭借强盛派使者跟冒顿索要千里马的情况，有转换视角的语篇衔接功能，下文叙述冒顿和东胡之间的较量，两个叙述视角轮换使用。例 5 中，上文叙述骠骑将军霍去病和合骑侯公孙敖进攻匈奴，"是时"，转换视角，并列表述匈奴的行动，即匈奴进犯代郡和雁门郡，杀害、劫掠了几百人。例 6 中，上文叙述匈奴单于气恼浑邪王屡次被汉军打败，想要召见并诛杀浑邪王，浑邪王和休屠王等人打算投降汉朝，派人先到边境上等候。"是时"，转换视角，引入人物李息，他见到了浑邪王的使者，并马上命人传递信息给皇帝。例 7 中，上文叙述大将军和匈奴会战，匈奴单于逃走了，"是时"，转换视角，介绍匈奴方面的情形，即匈奴民众十多天没有见到单于，右谷蠡王听说后，就自己做了单于。例 8

中，上文叙述南越反叛，东越王假意要攻打吕嘉等人，实际上却是采取观望态度，并暗中派人勾结南越，"是时"，转换视角，楼船将军上书要顺便灭了东越。例9中，上文叙述，东越反叛，"是时"，转换视角，皇帝派人攻打东越。

上述9个实例中"是时"都是在叙述过程中转换视角，且往往是相对的视角，相当于从两个相对的方向来审视同一对象，也就是通常人们所说的"花开两支各表一家"，在叙述视点发生变化的同时，引导接受者构建新的心理空间。也就是相当于在所述事件中打开了一个相对方向的新的认知视窗。

（二）"当是时"的转换视角功能与接受者的心理空间建构

根据附录中的检索结果，"当是时"的转换视角的语篇衔接功能的实例共有12处，在"本纪""世家""列传"中都有所分布，列表4-24。

表4-24　　　　　　　　　"当是时"的转换视角功能

序号	篇名	例句
1	《项羽本纪》	当是时，诸将皆慑服，莫敢枝梧。
2	《项羽本纪》	当是时，项王在睢阳，闻海春侯军败，则引兵还。
3	《高祖本纪》	当是时，秦兵强，常乘胜逐北，诸将莫利先入关。
4	《高祖本纪》	当是时，诸侯见楚强汉败，还皆去汉复为楚。
5	《萧相国世家》	王卫尉曰："夫职事苟有便于民而请之，真宰相事，陛下奈何乃疑相国受贾人钱乎！且陛下距楚数岁，陈豨、黥布反，陛下自将而往，当是时，相国守关中，摇足则关以西非陛下有也。相国不以此时为利，今乃利贾人之金乎？且秦以不闻其过亡天下，李斯之分过，又何足法哉。陛下何疑宰相之浅也。"
6	《魏公子列传》	当是时，魏将相宗室宾客满堂，待公子举酒。
7	《乐毅列传》	当是时，齐湣王强，南败楚相唐昧于重丘，西摧三晋于观津，遂与三晋击秦，助赵灭中山，破宋，广地千余里。
8	《鲁仲连邹阳列传》	当是时，邹君死，湣王欲入吊，夷维子谓邹之孤曰："天子吊，主人必将倍殡棺，设北面于南方，然后天子南面吊也。"
9	《张耳陈馀列传》	当是时，燕、齐、楚闻赵急，皆来救。

续表

序号	篇名	例句
10	《淮阴侯列传》	当是时，楚方急围汉王于荥阳，韩信使者至，发书，汉王大怒，骂曰："吾困于此，旦暮望若来佐我，乃欲自立为王！"
11	《韩信卢绾列传》	当是时，陈豨使王黄求救匈奴。
12	《韩长孺列传》	当是时，汉伏兵车骑材官三十余万，匿马邑旁谷中。

例1中，上文叙述项羽杀了上将军宋义，"当是时"，转换视角，引入介绍将领们的态度，即将领们都很惊恐，没有敢抗拒项羽的。下文接着叙述将领们共同推立项羽成为代理上将军。例2中，上文叙述汉军激怒楚军的大司马，楚军的大司马让士兵们渡过汜水，遭到汉军的突袭，大司马曹咎和长史司马欣都在汜水上自刎而死。大司马曹咎和长史司马欣两个人都是项王器重的人，"当是时"，转换视角，引入项王对此事的态度，下文接着叙述，项王带领军队返回。例3中，上文叙述，赵王请求支援，楚怀王任命宋义为上将军，任命项羽为次将，任命范增为末将，向北进发救赵。让沛公向西略地，攻打进入关中。他和将领们约定，谁先入关中，就封谁为关中的王。"当是时"，转换视角，插入秦朝部队的实力和作战情况，并为下文项羽和沛公两个人任务的分派做了铺垫。例4中，上文叙述汉王先联合诸侯征讨项羽，但是项羽大败汉军，"当是时"，转换视角，顺承介绍诸侯态度的转变。例5中，"当是时"，连接了陛下和相国，有转换视角的语篇衔接功能。例6中，上文叙述，公子无忌去请侯生，侯生故意拖延，要去拜访朋友朱亥。"当是时"，转换视角，叙述公子无忌家里宾客满堂的情形。例7中，上文叙述乐毅贤能为燕昭王所用，"当是时"，转换视角，引入齐国的背景描写，下文叙述乐毅联合赵国、楚国、魏国、韩国攻打齐国，并取得胜利。例8中，上文叙述齐湣王无法进入鲁国，想到薛地去，要从邹国借路。"当是时"，转换视角，转入描写邹国的情况。例9中，上文叙述张耳向陈馀求救，陈馀明知结果，仍然派遣五千人攻击秦军，结果全军覆没，"当是时"后的语句，转换视角，叙述燕、齐、楚对赵国的援助，下文叙述楚国项羽击败秦军。例10中，上文叙述韩信平定了齐国，想要做齐王，于是派人上书给汉王，"当是时"，

转换视角,说明了汉王当时的情况及对此事的态度。例11中,上文叙述陈豨在代地起兵作乱,高祖带兵到邯郸去攻打陈豨,燕王卢绾也同时进攻陈豨的东北部,"当是时",转换视角,转入叙述陈豨的对策,即向匈奴求救。例12中,上文叙述聂翁壹做间谍,设计诱杀匈奴,单于率领十多万骑兵穿过边塞,进入武州要塞。"当是时",转换视角,叙述汉朝伏兵情形。

这12例中的"当是时"都具有转换视角的语篇衔接功能,尽管从形式上看"当是时"比"是时"多了一个介词"当",但其在"转换视角"的这一语篇衔接功能方面具有一致性,即引导接受者开启新的心理空间。

二 总评上文功能与接受者的概念整合

"是时""当是时""当是之时""当此之时""是岁"都具有总结评述上文的语篇衔接功能,但"当是之时"仅有1处实例,"当此之时"仅有2处实例,"是岁"仅有1处实例,因此这三个指称事件时间连接成分的实例不在讨论的范围之中,我们主要讨论"是时"和"当是时"的实例,"是时"有4个实例,"当是时"有9个实例。

(一)"是时"的总评上文功能与接受者的概念整合

根据检索的结果,"是时"表现为"总结评述上文"这一语篇衔接功能的实例有4处,列举如下:

1. 《史记·秦本纪》:<u>是时</u>秦地东至河。
2. 《史记·平准书》:<u>是时</u>富豪皆争匿财,唯式尤欲输之助费。
3. 《史记·蒙恬列传》:<u>是时</u>蒙恬威振匈奴。
4. 《史记·李将军列传》:<u>是时</u>汉边郡李广、程不识皆为名将,然匈奴畏李广之略,士卒亦多乐从李广而苦程不识。

例1中,上文叙述秦晋交战,秦穆公俘虏了晋国国君夷吾,秦和夷吾订下盟约,秦穆公派人护送夷吾回晋国,夷吾把黄河以西的土地献给秦国,并让其太子到秦国作人质。"是时",说明秦的战果,即秦国的领土已经向东扩展到黄河,有总结评述上文的语篇衔接功能。例2中,上文叙述卜式多次捐献钱财资助国家,"是时",引入当时富豪的态度,与卜式形成对比,有总结评述上文的语篇衔接功能。例3中,上文叙述蒙恬出任秦军将领,大破齐军,被提升为内史,战功卓著,修建长城,控制险要,"是时"后的语句,总结评述上文,叙述了蒙恬将军的威震匈奴。例4中,上文叙述李广和程不识的治军情况,"是时"后的语句,总结评述上文,说明李广和程不识的影响,即匈奴畏惧李广的谋略,士兵也大多愿意跟随李广而认为跟随程不识太辛苦。

在前文我们曾讨论过,在《史记》中有两个时间链条,一个是讲述人的叙述时间,另一个是历史时间。这两个时间链条并不是平行的。两者可以有交叉(如图4-5)。

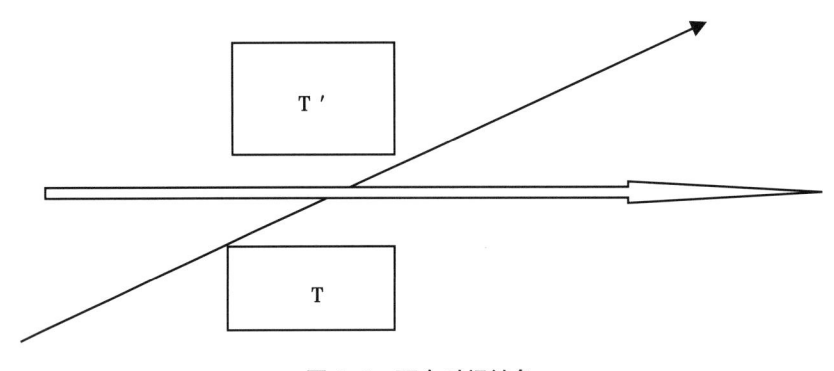

图 4-5 两个时间链条

如果我们把历史事件的进程称为"历史事件空间",而作者的评述称为"叙述者空间",而读者的理解空间称为"接受者空间"。那么这两条链条的交叉点"是时"把三个空间联系了起来。叙述者空间是对前面历史事件空间的概述,而接受者的空间是对叙述者空间的深层意义的解读。"秦地东至河",说明秦地扩展之大;富"豪皆争匿财,唯式尤欲输之助费"说明卜式的慷慨和大义;"蒙恬威振匈奴"赞扬了蒙恬的功绩;"士卒亦多乐从李广而苦程不识"说明了李广的贤能。对这些意义的解读都需要接受者在其接受者空间实现。由此,历史事件空间是输入空间,理论上可以有n个,但是这个n的数量是有限制的,就是接受者的识解限制。而叙述者空间是共用空间,接受者空间是复合空间。历史事件空间是源域,并且是接受者的信息储备,叙述者空间是目标域,同时,叙述者空间也是源域,接受者空间是目标域。从这个角度讲,接受者的语篇识解就是源域向目标域不断投射,时间词语"是时"发挥的就是桥梁和纽带的作

(二)"当是时"的总评上文功能与接受者的概念整合

根据检索结果,"当是时"的总评上文功能的实例有 9 处,分布在"本纪""世家"和"列传"中,"列传"中最为集中。列表 4-25。

表 4-25　　　　　　　　"当是时"的总评上文功能

序号	篇名	例句
1	《项羽本纪》	当是时,楚兵冠诸侯。
2	《越王勾践世家》	当是时,越兵横行于江、淮东,诸侯毕贺,号称霸王。
3	《白起王翦列传》	王翦为秦将,夷六国,当是时,翦为宿将,始皇师之,然不能辅秦建德,固其根本,偷合取容,以至殁身。
4	《魏公子列传》	当是时,诸侯以公子贤,多客,不敢加兵谋魏十余年。
5	《春申君列传》	当是时,楚复强。
6	《季布栾布列传》	当是时,诸公皆多季布能摧刚为柔,朱家亦以此名闻当世。
7	《季布栾布列传》	当是时,季心以勇,布以诺,著闻关中。
8	《袁盎晁错列传》	当是时,太子善错计策,袁盎诸大功臣多不好错。
9	《平津侯主父列传》	当是时,秦祸北构于胡,南挂于越,宿兵无用之地,进而不得退。

例 1 中,这句话的意思是:"这时候,楚军勇冠诸侯。"上文叙述项羽援救巨鹿,取得胜利,又援助陈馀,打败楚军,"当是时",承接上文,下文介绍楚军的勇猛以及项羽地位的提升,因此"当是时",有总结评述上文的语篇衔接功能。例 2 中,上文叙述勾践灭掉了吴国,在徐州与齐国、晋国会盟,周元王封他为伯,"当是时",介绍越兵横行,勾践称霸王,有总结评述上文的语篇衔接功能。例 3 中,上文叙述王翦扫平六国,"当是时",引入描写王翦的地位和功过,有总结评述上文的语篇衔接功能。例 4 中,上文叙述公子无忌贤德,广交士人,"当是时",总结评述上文,阐明了公子无忌的影响,即诸侯因为公子无忌贤能以及手下宾客众多的缘故,在十几年中不敢出兵攻打魏国。例 5 中,"当是时",总结评述上文,春申君使楚国强大。例 6 中,上文叙述朱家拜见滕公,希望滕公

能够向高祖进言赦免季布，滕公按照朱家的意思向高祖进言，高祖最终赦免了季布，"当是时"，引入世人对季布和朱家的评价，总结评述上文，下文叙述季布被高祖召见，并被任命为郎中。例7中，这一语段的大意是："当时，季心凭借其勇敢，季布凭借其信用，名声传遍关中。"上文叙述季布守信用的美名传扬，季心则行侠仗义，"当是时"，总结评述上文。例8中，上文叙述，晁错跟伏先生学习《尚书》，后根据《尚书》论证上书陈述有利于国家的事情，显露才能，"当是时"，引入太子和一些大臣对于晁错的态度，即太子喜欢晁错，袁盎和一些有功之臣不喜欢晁错，"当是时"有总结评述上文的作用。例9中，这一语段的大意是："正在这个时候，秦朝在北方与匈奴结下冤仇，在南方与越人结下冤仇，在没有用的地方驻扎军队，只能前进不能退守。"上文叙述秦始皇要扬威海外，开疆辟土，向北攻打胡人，向南攻打百越，"当是时"，总结评述上文。

在上述实例中，"当是时"也同"是时"一样，发挥的是立体空间内的桥梁和纽带作用，"当是时"后的语句表达了叙事者的态度，而这种态度需要接受者结合已经获取的信息来识解。

第三节　关联理论与《史记》指称事件时间连接成分的语篇识解功能

关联理论由 Dan Sperber 和 Deirdre Wilson 提出，两者合著的《关联性：交际与认知》（*Relevance*：*Communication and Cognition*）（2001）是这一理论的代表性著作。关联理论强调交际者在具体的语言交际行为中的认知—推理过程，建立了动态的认知语境观念。

关联理论也被应用在语篇分析领域，如苗兴伟（1999）分析了关联理论对于语篇连贯性的价值以及不足；马博森（2001）阐述了关联理论对叙事语篇的解释力；孟建钢（2001）探讨了关联理论对会话语篇连贯的解释力；陈新仁（2003）以关联理论为基础讨论了语篇衔接问题；唐韧（2008）也以关联理论为指导，提出从心理和语用导向角度探讨衔接与语篇性概念；云燕（2015）则以关联理论为基础，讨论了叙述文本的解读和意义连贯问题。

下面我们将以关联理论的方法为指导来分析《史记》中指称事件时间连接成分是如何依靠其衔接功能对语篇的接受者产生认知影响，总体来看，这些指称事件时间连接成分在这里可以被看作广义上的话语标记语，接受者通过这些话语标记语触发认知理解，完成对语篇的识解。何自然（2006）指出，根据Sperber和Wilson的关联理论，使用话语标记语能够最大限度减少接受者在理解过程中所付出的努力，接受者所付出的努力越小，关联性越强，接受者所付出的努力越大，关联性越弱，话语标记语可以帮助接受者在语境选择中获取最佳关联，使接受者不必付出太大的努力。陈平（1991）在《现代语言学研究——理论·方法与事实》一书中提出："任何语言都有特定的语言手段，可以用来指示或者代替语境中的某个成分，可以用于指代的语言手段往往不止一种，因此，在具体场合中发话人要对某个成分进行指代时会出现选择哪一种指代形式的问题。另一方面，在具体场合中往往不止有一个事物存在，受话人在碰到一个指代词语时也有一个确定其所指对象的问题。这类指代词语的选择和理解问题，主要得通过话语分析来寻求答案。"[①] 罗赞的《指称问题及其关联理论概述》（2003）主要讨论了指称实现的动态性；陈新仁（2003）讨论了衔接手段和关联理论之间的关系，有精辟论述：

"作为语篇中话语组织的纽带，衔接手段的使用是一个选择的过程。这种选择是受关联原则制约的。关联可以从两个方面来定义，一是用于处理话语所耗费的处理努力，二是话语所传达的认知效果。最佳关联的假定可表述为：交际者一方面会使其话语具备充足的认知效果，同时这种效果又不会让听话人消耗无谓的努力（Sperber & Wilson, 1986/1995）。根据这一假定，我们可以对语篇中的衔接手段的选择做出如下推断：（1）如果说话人/作者没有传达特别效果的意图，那么，其衔接方式的选择倾向于使用信息量最低的衔接手段。如替代和省略。（2）由于衔接表达的解释需要依赖先出现的某一成分，因此，后者对前者的依赖性越高，就越需要采取词汇性重复的衔接手段。合理选择衔接方式会帮助听话人/读者正确理解其主旨，避免产

[①] 陈平：《现代语言学研究——理论·方法与事实》，重庆出版社1991年版，第66页。

生歧义。(3) 如果两个语句传达的命题之间的关系比较异常或隐晦，则往往需要使用提示关联方式的衔接手段（即逻辑联系语），否则语篇会非常晦涩、难懂。(4) 为了追求特定表达效果，作者有时可能会采取一些特殊的衔接方式。例如作者为了追求多样性，有时会变换不同的回指方式。这就解释了同义、反义、上下义词同指性衔接方式产生的原因。"①

下面我们结合《史记》中的具体实例来讨论这个问题。

一　关联理论与《史记》指称事件时间连接成分的导引解说功能

"是时""当是时""当是之时""此时""当此时""当此之时""是日""是岁""是后""自是后""自是之后""其后"都具有"导引解说"的语篇衔接功能。"是时"的实例有55个，"当是时"的实例有17个，"当是之时"的实例有14个，"此时"的实例有2个，"当此时"的实例仅有3个，"当此之时"的实例有7个，"是日"的实例有5个，"是岁"的实例有6个，"是后"的实例有14个，"自是后"的实例仅有3个，"自是之后"的实例有25个，"其后"的实例有11个。因为"此时""当此时""是日"以及"自是后"的实例数量较少，所以"此时""当此时""是日"以及"自是后"的实例不在讨论的范围。

（一）关联理论与"是时"的导引解说功能

根据检索结果，有55处含有"是时"的语段具有导引解说的语篇衔接功能，由于实例较多，我们依照《史记》的体例和检索顺序，分组分析。

1. A 组

A组为"本纪"中的实例，共5个，分布在《项羽本纪》《高祖本纪》《吕太后本纪》和《孝武本纪》中。

我们将逐一讨论：

---

① 陈新仁：《衔接的语用认知解读》，《外语学刊》2003年第4期。

第四章 《史记》指称事件时间连接成分的语篇识解功能　　185

1.《史记·项羽本纪》：**是时**，汉兵盛食多，项王兵罢食绝。
2.《史记·高祖本纪》：**是时**项羽兵四十万，号百万。沛公兵十万，号二十万，力不敌。
3.《史记·吕太后本纪》：**是时**高祖八子：长男肥，孝惠兄也，异母，肥为齐王；余皆孝惠弟，戚姬子如意为赵王，薄夫人子恒为代王，诸姬子子恢为梁王，子友为淮阳王，子长为淮南王，子建为燕王。
4.《史记·孝武本纪》：**是时**上方忧河决，而黄金不就，乃拜大为五利将军。
5.《史记·孝武本纪》：**是时**既灭南越，越人勇之乃言"越人俗信鬼，而其祠皆见鬼，数有效。昔东瓯王敬鬼，寿至百六十岁。后世谩怠，故衰耗"。

例1中，上文叙述，项王叮嘱海春侯大司马曹咎等人守住成皋，项王本向东攻打陈留、外黄，一直到睢阳，但是汉军打败了楚军的大司马，楚军大司马曹咎和长史司马欣在汜水自刎，项王听说大司马兵败的消息后就带领军队返回。"是时"具有导引解说的语篇衔接功能，介绍两军实力对比，汉军兵多粮足，项王的军队兵疲粮绝。这一信息为下文汉王派人游说项王做了铺垫。例2中，上文叙述沛公抵达关中，驻守函谷关，项羽想要进入函谷关，两方面蓄势待发，"是时"，引入介绍双方兵力，当时项羽的兵力有四十万，对外号称百万。沛公拥兵十万，对外号称二十万，兵力比不过项羽。例3中，上文叙述高祖驾崩，太子继位，"是时"，引入叙述高祖的其他儿子封王的情况："这时候，高祖有八个儿子：长子刘肥，是孝惠帝的哥哥，与孝惠帝同父异母，被封为齐王；其余的都是孝惠帝的弟弟，戚姬的儿子刘如意被封为赵王，薄夫人的儿子刘恒被封为代王，其他姬妾生的儿子刘恢被封为梁王，刘友被封为淮阳王，刘长被封为燕王。"下文叙述吕后杀死了戚夫人和她的儿子赵王。例4中，上文叙述武帝发现号称精通鬼神之道的文成将军造假，就杀了文成将军，后乐成侯举荐栾大，栾大向皇帝夸海口，说他的老师曾说过，黄金能炼成，黄河决口能堵住，长生不老药能求得，神仙也能招来。"是时"后的语句，说明皇帝的思虑，这时武帝正在忧心黄河决口的事情，而黄金也没有炼成，就册封栾大为五利将军。例 5 中，上文叙述武帝任命号称遇到了仙人的公孙卿，并派出几千方士去寻访神仙奇物，采寻灵芝仙药，后又在泰山祭祀，在黄河祭拜河神，"是时"，引入越人敬鬼得长寿的事例，当时已经灭了南越，越人勇之对皇上进言说："越人往往有信鬼的习惯，而且每次祭祀都能见到鬼，总是很有灵验。过去东瓯王礼敬鬼神，一直活到了一百六十岁。后代的子孙对鬼怠慢，因此渐渐衰微。"下文叙述越祠和鸡卜流行起来。

2. B 组

B 组为"书"中的实例，包括《历书》《封禅书》和《平准书》的实例，共 7 处。列表 4-26。

表 4-26　　　　　　　　　　"书"中的"是时"

序号	篇名	例句
6	《历书》	<u>是时</u>天下初定，方纲纪大基，高后女主，皆未遑，故袭秦正朔服色。
7	《封禅书》	<u>是时</u>上方忧河决，而黄金不就，乃拜大为五利将军。
8	《封禅书》	<u>是时</u>既灭两越，越人勇之乃言"越人俗鬼，而其祠皆见鬼，数有效。昔东瓯王敬鬼，寿百六十岁。后世怠慢，故衰耗"。
9	《平准书》	<u>是时</u>禁苑有白鹿而少府多银锡。
10	《平准书》	<u>是时</u>财匮，战士颇不得禄矣。
11	《平准书》	<u>是时</u>汉方数使将击匈奴，卜式上书，愿输家之半县官助边。
12	《平准书》	<u>是时</u>越欲与汉用船战逐，乃大修昆明池，列观环之。

例 6 中，上文叙述汉朝初兴，高祖认为自己得到了水德的瑞应，与秦朝是一致的。"是时"，有导引解说的语篇衔接功能，介绍汉朝天下初定，还没来得及考虑历法方面的事情，因此，沿袭秦朝时的旧制。例 7 和例 8 分别同前文例 4 和例 5 的解析。例 9 中，上文叙述富商大贾巧取豪夺，冶铜铸钱，家财万金，但不肯帮助朝廷解决财政危机。"是时"，引入介绍皇帝游猎的上林苑白鹿多，供应皇帝日用的少府的银锡多这两个情况，有导引解说的语篇衔接功能，下文叙述皇帝要求用白鹿皮制成的皮币进贡，用银锡冶铸成"白金"，以此来增加朝廷的财政收入。例 10 中，上文叙述大将军卫青、骠骑将军霍去病率军出击匈奴，赏赐有功将士五十万金，"是时"，引入介绍朝廷的财政情况，因为朝廷财物匮乏，军中的将士常

常领不到俸禄,"是时"引入原因说明,有导引解说的语篇衔接功能。例11 中,上文叙述卜式善于放牧,与弟弟分家时,田地、房屋、财物全部给了弟弟,自己只要了一百多头羊,通过羊群的繁殖,卜式又买了田地和房屋,并不断资助败家的弟弟,"是时",引入介绍朝廷多次派兵出击匈奴的社会背景,卜式愿意把一半家产资助国家出兵。例 12 中,上文叙述国库富足,上林苑的财物已经很多了,是时,引入介绍南越修建昆明池的情况,下文叙述汉朝皇帝受到南越修建昆明池的启发,修建了柏梁台。

3. C 组

C 组为"世家"中的例子,共 11 个,主要分布在《齐太公世家》《鲁周公世家》《卫康叔世家》《楚世家》《孔子世家》《外戚世家》《留侯世家》和《梁孝王世家》中。

列表 4-27 来表述。

表 4-27 "世家"中的"是时"

序号	篇名	例句
13	《齐太公世家》	是时周室微,唯齐、楚、秦、晋为强。
14	《鲁周公世家》	是时六国皆称王。
15	《卫康叔世家》	是时三晋强,卫如小侯,属之。
16	《楚世家》	是时楚国虽已立比为王,畏灵王复来,又不闻灵王死,故观从谓初王比曰:"不杀弃疾,虽得国犹受祸。"
17	《楚世家》	是时伍奢为太子太傅,无忌为少傅。
18	《楚世家》	是时越已灭吴而不能正江、淮北。楚东侵,广地至泗上。
19	《孔子世家》	是时也,晋平公淫,六卿擅权,东伐诸侯。楚灵王兵强,陵轹中国。齐大而近于鲁。
20	《孔子世家》	是时,卫君辄父不得立,在外,诸侯数以为让。而孔子弟子多仕于卫,卫君欲得孔子为政。
21	《外戚世家》	是时项羽方与汉王相距荥阳,天下未有所定。
22	《留侯世家》	是时叔孙通为太傅,留侯行少傅事。
23	《梁孝王世家》	是时上未置太子也。

例 13 中,上文叙述齐桓公组织诸侯会盟。"是时",引入介绍当时的背景信息,即周王室衰微,齐国、楚国、秦国、晋国强大。例 14 中,上文叙述平公继立,"是时",引入介绍六国国君的情况,即这时候六国的国君都已经称王。"是时"后的语句,介绍现实背景信息,具有导引解说

的语篇衔接功能。例 15 中，上文叙述昭公继位，"是时"，引入当时的背景介绍，即韩、赵、魏强大，卫国从属于赵国。例 16 中，上文叙述观从入宫杀死了灵王的太子禄，拥护子比当楚王，弃疾担任司马，楚军溃散，灵王独自徘徊在山中，申亥找到灵王并把他接到家中，灵王死在了申亥家，"是时"，引入介绍楚国当时的状况，具有导引解说的语篇衔接功能。例 17 中，上文叙述费无忌到秦国为太子建迎娶妻子，但费无忌见这个秦国女子很美，就怂恿楚平王自己娶了那个秦国女子。而给太子娶了另外的女子。"是时"，引入介绍伍奢和费无忌担任的官职，即伍奢担任太子太傅，而费无忌是少傅。例 18 中，上文叙述前 447 年，楚国灭掉了杞国，同时与秦国讲和。"是时"，引入介绍越国的领土情况，即越国虽已经灭掉吴国，但没能占领长江、淮河以北地区；楚国向东部侵占，国土扩展到了泗水流域。例 19 中，上文叙述孔子自周王室回到了鲁国，"是时"后的语句，介绍晋国、楚国、齐国的状况，鲁国又小又弱，谁也惹不起。例 20 中，上文叙述，孔子说："鲁国与卫国的政治情况，就如同兄弟一样相像。""是时"，引入介绍卫国的情况，为孔子前文所说作了注解。例 21 中，上文叙述魏豹自封为魏王，魏媪将女儿薄姬送进了魏宫，许负给薄姬相面，说她能够生下天子。"是时"，引入当时的背景，即这时项羽正和刘邦在荥阳相持，天下究竟归属于谁还未定论。例 22 中，上文叙述说皇帝本想让太子去讨伐黥布叛军，但采纳了吕后的建议（实际上是四位长者的主意）亲征，留侯建议皇上任太子为将军，负责监护关中的军队，"是时"，说明了留侯与太子的关系，具有导引解说的语篇衔接功能。例 23 中，上文叙述梁王入朝，"是时"，引入一个信息，即景帝未立太子，为下文叙述铺垫，下文叙述景帝与梁王宴饮，随口说要把帝位传给梁王。

4. D 组

D 组为"列传"中的实例，共 29 个实例，将列表 4-28。

表 4-28　　　　　　　　"列传"中的"是时"

序号	篇名	例句
24	《平原君虞卿列传》	<u>是时</u>齐有孟尝，魏有信陵，楚有春申，故争相倾以待士。
25	《春申君列传》	春申君既相楚，<u>是时</u>齐有孟尝，赵有平原君，魏有信陵君，方争下士，招致宾客，以相倾夺，辅国持权。
26	《吕不韦列传》	<u>是时</u>诸侯多辩士，如荀卿之徒，著书布天下。

续表

序号	篇名	例句
27	《张丞相列传》	是时萧何为相国，而张苍乃自秦时为柱下史，明习天下图书计籍。
28	《刘敬叔孙通列传》	是时汉兵已逾句注，二十余万兵已业行。
29	《万石张叔列传》	是时汉方南诛两越，东击朝鲜，北逐匈奴，西伐大宛，中国多事。
30	《田叔列传》	是时孟舒坐虏大入塞盗劫，云中尤甚，免。
31	《田叔列传》	是时河南、河内太守皆御史大夫杜父兄子弟也，河东太守石丞相子孙也。
32	《田叔列传》	是时石氏九人为二千石，方盛贵。
33	《魏其武安侯列传》	是时上未立太子，酒酣，从容言曰："千秋之后传梁王。"
34	《匈奴列传》	是时汉兵与项羽相距，中国罢于兵革，以故冒顿得自强，控弦之士三十余万。
35	《匈奴列传》	是时汉初定中国，徙韩王信于代，都马邑。
36	《匈奴列传》	是时匈奴以汉将众往降，故冒顿常往来侵盗代地。
37	《匈奴列传》	是时汉东拔秽貉、朝鲜以为郡，而西置酒泉郡以鬲绝胡与羌通之路。
38	《卫将军骠骑列传》	是时王夫人方幸于上，宁乘说大将军曰："将军所以功未甚多，身食万户，三子皆为侯者，徒以皇后故也。今王夫人幸而宗族未富贵，愿将军奉所赐千金为王夫人亲寿。"
39	《平津侯主父列传》	是时通西南夷，东置沧海，北筑朔方之郡。
40	《平津侯主父列传》	是时汉兴六十余载，海内乂安，府库充实，而四夷未宾，制度多阙，上方欲用文武，求之如弗及。
41	《西南夷列传》	及弘为御史大夫，是时方筑朔方以据河逐胡，弘因数言西南夷害，可且罢，专力事匈奴。
42	《司马相如列传》	常从上至长杨猎，是时天子方好自击熊彘，驰逐野兽，相如上疏谏之。
43	《汲郑列传》	是时，汉方征匈奴，招怀四夷。
44	《儒林列传》	是时天子方好文词，见申公对，默然。
45	《儒林列传》	是时伏生年九十余，老不能行，于是乃诏太常使掌故朝错往受之。
46	《儒林列传》	是时方外攘四夷，公孙弘治《春秋》不如董仲舒，而弘希世用事，位至公卿。
47	《酷吏列传》	是时民朴，畏罪自重，而都独先严酷，致行法不避贵戚，列侯宗室见都侧目而视，号曰"苍鹰"。
48	《酷吏列传》	是时九卿罪死即死，少被刑，而成极刑，自以为不复收，于是解脱，诈刻传出关归家。

续表

序号	篇名	例句
49	《酷吏列传》	<u>是时</u>上方向文学，汤决大狱，欲傅古义，乃请博士弟子治《尚书》、《春秋》补廷尉史，亭疑法。
50	《大宛列传》	<u>是时</u>天子问匈奴降者，皆言匈奴破月氏王，以其头为饮器，月氏遁逃而常怨仇匈奴，无与共击之。
51	《大宛列传》	<u>是时</u>汉既灭越，而蜀、西南夷皆震，请吏入朝。
52	《大宛列传》	<u>是时</u>康居候视汉兵，汉兵尚盛，不敢进。

例 24 中，上文叙述平原君为招揽贤士，最后杀了嘲笑瘸腿人的美女。"是时"，引入介绍了与平原君同样招揽贤士的其他三位诸侯国的贵族，具有导引解说的语篇衔接功能。例 25 中，"是时"后的语句，叙述与春申君齐名的其他三位诸侯国贵族的情况。例 26 中，上文叙述吕不韦开始招纳贤士，"是时"后的语句，引入说明能言善辩的士人很多，且他们著作传遍天下，为下文的《吕氏春秋》成书做了铺垫。例 27 中，上文叙述张苍担任计相，不久，担任主计，"是时"后的语句，说明相国是谁，张苍的特长是什么，下文叙述张苍作为丞相辅佐淮南王。"是时"，有导引解说的语篇衔接功能。例 28 中，上文叙述，高祖想要攻打匈奴，先派人出使匈奴，之前的十几位汉使回来都说可以攻打匈奴，皇帝又派刘敬出使匈奴，刘敬回来建议说匈奴故意隐瞒实力，不可以攻打匈奴，"是时"，引入说明汉军已经出发去攻打匈奴了，具有导引解说的语篇衔接功能，下文叙述高祖囚禁了刘敬。例 29 中，上文叙述元鼎五年，石庆担任丞相一职，"是时"后的语句，介绍当时的国家局势，即朝廷正派遣军队向南征讨南越和东越，向东攻打朝鲜，向北驱逐匈奴，向西讨伐大宛，国内事务繁多。下文叙述石庆的政绩情况。例 30 中，上文叙述田叔跟皇上（孝文帝）说，孟舒是忠厚而有德行的长者，"是时"后的语句，穿插在对话中，介绍当时孟舒的情况，有导引解说的语篇衔接功能。例 31 中，这句的大意是："这时，河南、河内的太守都与御史大夫杜周有亲属关系，河东太守则是丞相石庆的子孙。"上文叙述田仁上书，陈述全国各郡的太守当中很多人使用奸邪的手段为自己谋取私利，三河地区的尤为严重，因为三河地区的太守与三公有亲属关系，仰仗朝廷显贵，无所畏惧。"是时"后的语句举例证明了田仁的说法，具有导引解说的语篇衔接功能。例 32

中，上文叙述河东太守是丞相石庆的子孙，"是时"后的语句，介绍石家当时的情况，即石家共有九人担任二千石俸禄的官员，正值强盛、显贵之时。例33中，这一语段的大意是："这时皇上还没有立太子，喝酒喝得正酣，随口说：'我去世后传位给梁王。'"上文叙述梁孝王入朝与孝景帝宴饮，"是时"，有导引解说的语篇衔接功能。这一处的叙述与《史记·梁孝王世家》中的叙述相似。例34中，上文叙述冒顿消灭了东胡王，驱逐了月氏，吞并了楼烦国和白羊河南王的领地，再次全部占据了秦朝派蒙恬所夺走的匈奴故地。"是时"后的语句，叙述中原地区的情形，并指出正是由于中原地区处于战争状态，冒顿才有机会发展壮大。"是时"，有导引解说的语篇衔接功能。例35中，"是时"，介绍汉朝的情况，并引入人物韩王信。例36中，上文叙述韩王信担任匈奴的将军，与赵利、王黄等人多次违背盟约，侵犯劫掠代郡、云中郡。后来，陈豨也反叛了，与韩王信共同谋划进攻代郡，汉朝派樊哙去讨伐他们，重新攻占了代、雁门、云中等郡。"是时"后的语句，介绍匈奴对汉朝的侵扰，下文叙述汉朝与冒顿和亲，每年送给匈奴一定数量的财物、粮食等。例37中，上文叙述汉朝派杨信出使匈奴，"是时"后的语句，表述汉朝的战绩，即汉朝在东边打败了秽貉、朝鲜并在那里设郡，同时在西边设置了酒泉郡来隔绝匈奴与羌的交通之路。例38中，上文叙述皇帝赏赐大将军卫青千金，"是时"后的语句，介绍王夫人得到皇帝宠幸这一情况作为背景信息，甯乘劝说卫青把皇帝的赏赐拿出来给王夫人的父母。例39中，上文叙述公孙弘做了御史大夫，"是时"，引入西南夷事件，下文表述公孙弘对这件事的态度。"是时"，有导引解说现实背景信息的语篇衔接功能。例40中，上文叙述公孙弘、卜式、兒宽这样地位不高的人，是遇到了好的机遇才能够得到官位。"是时"后的语句，解说是什么样的机遇，即汉朝建立六十多年，天下安定，国库充实，而四方的蛮夷还没有臣服，制度有很多缺漏，皇帝正准备选用文武人才。例41中，上文叙述汉武帝派人修建西南夷的道路，而西南夷又多次反叛，消耗了人力、物力，汉武帝派公孙弘去调查，公孙弘报告说开发西南夷没有好处，"是时"后的语句，介绍背景信息，下文叙述公孙弘向汉武帝言说开通西南夷的害处。例42中，上文叙述司马相如说话结巴却善于撰写文章，他曾经跟随皇上到长杨宫狩猎，"是时"，有导引解说的语篇衔接功能，介绍皇帝好猎的信息，下文叙述司马相如劝谏这件事。例 43 中，"是时"后的语句，介绍背景信息，即汉朝正在讨伐匈奴，招抚四方少数民族。下文叙述汲黯提倡和亲政策。例 44 中，上文叙述赵绾、王臧向孝景帝引荐了他们的老师申公，申公到了京师，拜见天子。天子向申公询问国家安危的事情，申公回答说："执政的人不需要多说话，只需要努力实干罢了。""是时"，介绍天子的喜好，有导引解说的语篇衔接功能。下文描述天子对申公的态度。例 45 中，上文叙述孝文帝时期，朝廷想寻找能够研究《尚书》的人，听说伏生能够讲授，打算征召他。"是时"后的语句，引入介绍有关伏生的背景信息。例 46 中，上文叙述董仲舒是一个非常廉洁正直的人。"是时"，引入介绍背景信息，下文叙述公孙弘憎恨董仲舒，向皇帝推荐董仲舒去担任狠毒暴戾的胶西王的国相。例 47 中，上文叙述郅都升任中尉，"是时"，引入介绍背景信息，为下文做铺垫，有导引解说的语篇衔接功能。下文顺承叙述郅都的严酷执法。例 48 中，"是时"，引入介绍背景信息，即九卿犯了罪而应该被处死的就直接处死了，很少遭受一般的刑罚，为下文做铺垫。例 49 中，上文叙述张汤为人奸诈，善于交际，"是时"，引入介绍铺垫的背景信息，下文继而叙述张汤如何讨好汉武帝。例 50 中，上文叙述，张骞在汉武帝建元年间被选为郎官，"是时"，引入介绍背景信息，为张骞出使月氏做铺垫，有导引解说的语篇衔接功能。例 51 中，上文叙述自张骞出使后，西北各国和汉朝有了来往，"是时"后的语句，介绍汉朝与周边国家的关系。例 52 中，上文叙述贰师将军李广利围困大宛城，大宛的贵族官员将国王杀死，和汉军谈判，"是时"，引入介绍康居救兵的信息，有导引解说的语篇衔接功能。

此外，还有 3 个实例，"是时"的语篇位置是在句中的人物之后。例句如下：

53.《史记·晋世家》：桓叔是时年五十八矣，好德，晋国之众皆附焉。

54.《史记·张耳陈馀列传》：张耳是时脱身游，女家厚奉给张耳，张耳以故致千里客。

55.《史记·田儋列传》：彭越是时居梁地，中立，且为汉，且为楚。

这 3 个实例中的"是时"在人物之后，解说人物的相关信息，例 53 说明了人物的年龄、品行等；例 54 说明了张耳的游历情况；例 55 介绍了彭越所在的地方和所持的立场。

上述 55 个实例中的"是时"在语篇中，均表现为导引解说这一语篇衔接功能，介绍相关背景信息，为下文的叙述做铺垫，从接受者的角度，补充了输入的背景信息，达到了最佳语境认知效果。

(二) 关联理论与"当是时"的导引解说功能

根据检索结果，有 17 处含有"当是时"的语段具有导引解说的语篇衔接功能，分布在"本纪""世家"和"列传"中，列表 4-29。

表 4-29　　　　　　"当是时"的导引解说功能

序号	篇名	例句
1	《殷本纪》	当是时，夏桀为虐政淫荒，而诸侯昆吾氏为乱。
2	《秦本纪》	当是时，晋文公丧尚未葬。
3	《秦始皇本纪》	当是时，商君佐之，内立法度，务耕织，修守战之备，外连衡而斗诸侯，于是秦人拱手而取西河之外。
4	《秦始皇本纪》	当是时，齐有孟尝，赵有平原，楚有春申，魏有信陵。
5	《项羽本纪》	当是时，项羽兵四十万，在新丰鸿门，沛公兵十万，在霸上。
6	《项羽本纪》	当是时，项王军在鸿门下，沛公军在霸上，相去四十里。
7	《吕太后本纪》	当是时，诸吕用事擅权，欲为乱，畏高帝故大臣绛、灌等，未敢发。
8	《晋世家》	当是时，晋国政皆决知伯，晋哀公不得有所制。
9	《郑世家》	当是时，晋六卿强，侵夺郑，郑遂弱。
10	《陈涉世家》	当是时也，商君佐之，内立法度，务耕织，修守战之备；外连横而斗诸侯。于是秦人拱手而取西河之外。
11	《荆燕世家》	当是时也，高祖子孙幼，昆弟少，又不贤，欲王同姓以镇天下，乃诏曰："将军刘贾有功，及择子弟可以为王者。"
12	《伍子胥列传》	当是时，吴以伍子胥、孙武之谋，西破强楚，北威齐、晋，南服越人。
13	《吕不韦列传》	当是时，魏有信陵君，楚有春申君，赵有平原君，齐有孟尝君，皆下士喜宾客以相倾。
14	《淮阴侯列传》	当是时，臣唯独知韩信，非知陛下也。
15	《刘敬叔孙通列传》	当是时，冒顿为单于，兵强，控弦三十万，数苦北边。

续表

序号	篇名	例句
16	《西南夷列传》	当是时，巴、蜀四郡通西南夷道，戍转相饷。
17	《淮南衡山列传》	当是时，薄太后及太子诸大臣皆惮厉王，厉王以此归国益骄恣，不用汉法，出入称警跸，称制，自为法令，拟于天子。

例 1 中，上文写汤出行，看见猎人打猎时从四个方向撒网，想捕尽所有的鸟兽，汤认为不可以这样做，于是汤撤去三个方向的网，这一段是写汤的德行以及诸侯们对汤的认可，这个"当是时"在这里标示语篇引入内容，即夏王的统治状况，为下文的汤带领诸侯讨伐昆吾氏和夏桀做了铺垫。例 2 中，这句话的意思是："就在那个时候，晋文公去世还没来得及安葬。"上文叙述秦国要偷袭郑国，但是在滑国遇到郑国的商人，知道偷袭不成，于是消灭了晋国边境的滑国。"当是时"引入晋国的状况，有导引解说的语篇衔接功能，下文叙述晋国以晋文公新丧为由，拦截了秦军，俘虏了秦国的三位将军。例 3 中，上文叙述秦国的地理优势以及秦孝公的宏图大志，"当是时"，引入商君的辅佐及其成绩，有导引解说的语篇衔接功能。例 4 中，上文叙述秦国的迅速发展，使得各诸侯国感到恐慌，从而结盟共商削弱秦国的对策，"当是时"，导引解说的语篇衔接功能明显，引入介绍各国贤能的代表，下文叙述各诸侯国的结盟及失败。例 5 中，上文叙述沛公先攻破咸阳，项羽进入函谷关后想要攻打沛公，"当是时"，总结上文，列出双方兵力和驻扎营地，有导引解说的语篇衔接功能，下文叙述范增劝说项羽抓住机会击溃沛公，再往下即是项伯私会张良，以及沛公赴鸿门宴。例 6 中，上文叙述鸿门宴中，沛公趁上厕所的机会逃离了，"当是时"，介绍项王、沛公两军的驻扎地和距离，有导引解说的语篇衔接功能，下文介绍，沛公丢下车骑，一人骑马从小路逃回营地。例 7 中，上文叙述吕后去世，"当是时"，引入介绍吕氏家族当时的情形，有导引解说的语篇衔接功能，下文叙述刘章鼓动齐王夺权。例 8 中，上文叙述知伯立了骄（晋哀公）当国君，"当是时"，介绍晋国朝政实际上是知伯在把持着，有导引解说的语篇衔接功能，下文叙述知伯强占土地，势力强大。例 9 中，上文叙述声公即位，"当是时"，补充介绍晋国侵占郑国领土，郑国开始衰落了，在一个时间点上展开事件的背景。例 10 中，上文

叙述秦孝公励精图治，"当是时"，引入商君和辅佐下的政治情况，有导引解说的语篇衔接功能。例11中，上文叙述汉王刘邦在陈县会见了各诸侯王，罢黜了楚王韩信，并把他的封地分成两个封国。"当是时"，引入介绍高祖子孙的情况及高祖分封的想法，下文叙述分封。例12中，上文阖闾派夫差攻打楚国，夺取了番地，楚国迁都，"当是时"后的语句，介绍了吴国的强盛。例13中，上文叙述嬴政被立为秦王，吕不韦为相国，"当是时"，引入介绍同时期其他国家有名的四公子，这四位公子争相招纳贤士，下文叙述吕不韦也开始招纳贤士。例14中，上文叙述，因蒯通曾教韩信造反，高祖要杀蒯通，蒯通辩解说，秦朝失去统治地位，豪杰遍起，而在这个时候，蒯通只是知道韩信，不知有汉王。"当是时"后，引入蒯通的主观认知态度，有导引解说的语篇衔接功能。例15中，上文叙述高祖从平城回来，韩信逃到了匈奴那里，"当是时"后的语句，转入说明匈奴的情况，即冒顿是单于，兵力强大，多次侵犯汉朝北部边境，下文叙述皇帝向刘敬询问对策。例16中，上文叙述汉武帝收服南夷和西夷，并调遣巴郡和蜀郡的士兵修筑道路"当是时"，引入介绍修路情形。例17中，上文叙述厉王杀了辟阳侯，孝文帝怜悯厉王的心愿，没有治他的罪。"当是时"，引入介绍薄太后、太子、群臣的态度。

这17个实例中，"当是时"，为接受者输入相关的背景信息，能够使接受者在语篇识解中，达到最佳语境认知效果，利于接受者对语篇连贯性的认知。

（三）关联理论与"当是之时"的导引解说功能

根据检索结果，有14处含有"当是之时"的语段具有导引解说的语篇衔接功能，分布在"本纪""书"和"列传"中。列表4-30。

表4-30　　　　　　　　"当是之时"的导引解说功能

序号	篇名	例句
1	《秦始皇本纪》	当是之时，秦地已并巴、蜀、汉中，越宛有郢，置南郡矣。北收上郡以东，有河东、太原、上党郡。东至荥阳，灭二周，置三川郡。
2	《秦始皇本纪》	当是之时，天下大旱，六月至八月乃雨。
3	《高祖本纪》	当是之时，赵歇为王，秦将王离围之巨鹿城，此所谓河北之军也。
4	《平准书》	当是之时，招尊方正贤良文学之士，或至公卿大夫。

续表

序号	篇名	例句
5	《孟子荀卿列传》	当是之时，秦用商君，富国强兵。楚、魏用吴起，战胜弱敌。齐威王、宣王用孙子、田忌之徒，而诸侯东面朝齐。
6	《春申君列传》	当是之时，秦已前使白起攻楚，取巫、黔中之郡，拔鄢郢，东至竟陵，楚顷襄王东徙治于陈县。
7	《季布栾布列传》	当是之时，彭王一顾，与楚则汉破，与汉而楚破。
8	《张释之冯唐列传》	当是之时，赵几霸。
9	《匈奴列传》	当是之时，秦、晋为强国。
10	《匈奴列传》	当是之时，冠带战国七，而三国边于匈奴。
11	《匈奴列传》	当是之时，东胡强而月氏盛。
12	《平津侯主父列传》	非权轻于匹夫而兵弱于陈涉也，当是之时，先帝之德泽未衰而安土乐俗之民众，故诸侯无境外之助。
13	《东越列传》	当是之时，项籍主命，弗王，以故不附楚。
14	《淮南衡山列传》	当是之时，男子疾耕不足于糟糠，女子纺绩不足于盖形。

例1中，"当是之时"后的语句，介绍了赵政被拥立为秦王时，秦国的领土情况。例2中，这句话的意思是："那个时候，全国发生大旱灾，只有六月到八月这段时间才下雨。""当是之时"，指十二年（前235），有导引解说的语篇衔接功能。例3中，上文叙述章邯击溃了项梁的部队后，向北攻击赵地，大败赵军。"当是之时"，引入介绍背景信息。例4中，上文叙述汉朝官吏执法残酷急迫，法令也更加明细严明了。"当是之时"，插入背景信息介绍，即朝廷正招揽方正、贤良、文学等士人，有的被升任为公卿大夫。例5中，上文叙述孟轲的观念不被齐宣王和梁惠王采纳，"当是之时"，引入介绍背景信息，即各国都任用能够使国家富强或善于攻伐的人，秦国任用商鞅，楚国和魏国任用吴起，齐威王和宣王任用孙膑和田忌，天下正热衷征战攻伐、合纵连横，孟轲的德政观点不被这些国家所接受。例6中，上文叙述黄歇出使秦国，听说了秦国想要攻打楚国的打算，"当是之时"，介绍背景信息，即秦国已经占领了楚国的一些郡城。例7中，上文叙述彭王与汉军联合令楚军受到牵制，"当是之时"，引入说明了三方的关系。例8中，上文叙述李牧担任赵国将领驻守边疆，功勋卓著，"当是之时"，引入说明了赵国的强盛。例9中，上文叙述了

周王室衰微,秦国和晋国如何援助周王室,"当是之时",引入说明秦国、晋国都是强国,下文叙述晋国和秦国对戎狄的影响以及戎狄的地理分布。例10中,上文叙述了秦国、赵国和燕国对胡人的抗击。"当是之时",引入介绍背景信息,即文明衣冠之国家有七个,其中三个国家与匈奴接壤。例11中,上文叙述秦国灭了六国,秦始皇派蒙恬率领十万大军向北进攻匈奴,全部收复了河套以南的地区,并修筑长城,建立要塞,"当是之时",引入介绍东胡、月氏的情况。例12中,上文解释了什么是"土崩",这几句话解释什么是"瓦解"。"当是之时",强调原因,有导引解说的语篇衔接功能。例13中,上文叙述诸侯反叛秦朝时,无诸、摇带领越人归顺了鄱阳县令,追随诸侯消灭秦朝。"当是之时",叙述背景信息,即项籍掌握大权,没有封无诸、摇为王,因此他们不归附楚国,下文叙述汉军攻打项籍,无诸、摇带领越人帮助汉王。例14中,上文叙述秦朝崇尚欺诈与暴力,"当是之时",引入介绍这种统治下的老百姓的生活,即男子努力耕作却吃不饱糟糠,女子奋力织布却衣不遮体。

"当是之时"与前文论述的"当是时"的作用是一样的,解说背景信息,为接受者提供最佳关联条件。

(四)关联理论与"当此之时"的导引解说功能

根据数据库的检索结果,有7处含有"当此之时"的语段具有导引解说的语篇衔接功能,主要分布在"书""世家"和"列传"中(见表4-31)。

表4-31　　　　"当此之时"的导引解说功能

序号	篇名	例句
1	《平准书》	当此之时,网疏而民富,役财骄溢,或至兼并豪党之徒,以武断于乡曲。
2	《陈涉世家》	当此之时,诸将之徇地者,不可胜数。
3	《陈涉世家》	当此之时,齐有孟尝,赵有平原,楚有春申,魏有信陵。此四君者,皆明知而忠信,宽厚而爱人,尊贤而重士。
4	《魏公子列传》	当此之时,平原君不敢自比于人。
5	《淮阴侯列传》	当此之时,忧在亡秦而已。
6	《滑稽列传》	日暮酒阑,合尊促坐,男女同席,履舄交错,杯盘狼藉,堂上烛灭,主人留髡而送客,罗襦襟解,微闻芗泽,当此之时,髡心最欢,能饮一石。

续表

序号	篇名	例句
7	《滑稽列传》	当此之时，公卿大臣皆敬重乳母。

例1中，"当此之时"，根据上文指汉武帝登位后，引入介绍当时的社会现实信息，即法网宽疏，百姓富裕，那些人依仗钱财役使他人，骄奢放纵，有的甚至大肆兼并土地成为豪强，横行乡里。例2中，上文叙述很多将领自立为王，"当此之时"，引入介绍各路将领攻略城池之多，是对事件背景信息的介绍。例3中，上文叙述诸侯结盟谋求削弱秦国的方法，"当此之时"，引入介绍四国中贤能的封君，属于背景解说。例4中，上文叙述公子无忌解救了赵国，赵王称颂公子无忌。"当此之时"，引入平原君的态度，即平原君不敢拿自己跟公子无忌相比。例5中，这句话的意思是："在这个时候，诸侯关心的事情是使秦朝灭亡。""当此之时"，承接上文，指天下发兵起义的时候，根据上下文语境，有导引解说的语篇衔接功能。例6中，"当此之时"，承接上文，指聚会结束之时，有导引解说的语篇衔接功能。例7中，上文叙述汉武帝会满足乳母所有的要求，听信乳母的话。"当此之时"，指汉武帝宠信乳母之时，引入介绍相关背景信息，即公卿大臣都很尊敬乳母。

通过分析可知，上面7例中的"当此之时"后的语句都是为接受者补充了背景信息，利于语篇连贯性的识解，达到最佳语境认知效果。

（五）关联理论与"是岁"的导引解说功能

根据检索结果，有6处含有"是岁"的语段具有导引解说的语篇衔接功能，分布在"本纪""书"和"列传"中（见表4-32）。

表4-32　　　　　　"是岁"的导引解说功能

序号	篇名	例句	备注
1	《周本纪》	是岁也，三川竭，岐山崩。	
2	《孝武本纪》	是岁旱。	
3	《封禅书》	是岁旱。	（同例2）
4	《平准书》	是岁费凡百余巨万。	

续表

序号	篇名	例句	备注
5	《平准书》	是岁小旱，上令官求雨，卜式言曰："县官当食租衣税而已，今弘羊令吏坐市列肆，贩物求利。亨弘羊，天乃雨。"	
6	《卫将军骠骑列传》	是岁，失两将军军，亡翕侯，军功不多，故大将军不益封。	

例1中，这句话的意思是："这年，泾、渭、洛的水源枯竭，岐山崩颓。"是岁，指幽王二年，这一年，周西的部丰、镐和泾、渭、洛一带发生地震。伯阳甫预测说水源枯竭，高山崩塌。"是岁"后面的内容印证了伯阳甫的预测，"是岁"引入现实背景信息。例2中，这句话的意思是："这一年天时干旱。""是岁"后，说明天时干旱，下文叙述，汉武帝去万里沙祈雨。例3同例2的解析。例4中，这句话的意思是："这一年，耗资达到了一百多亿。"这一句承接上文，上文叙述浑邪王率领几百万人投降汉朝，普遍受到奖赏。"是岁"后的语句，说明奖赏耗资极大。例5中，"是岁"是被陈述对象，引入说明气候条件。例6中，上文叙述皇帝封赏了霍去病和郝贤，"是岁"后，并列叙述大将军卫青的情况，即由于军功不多，没有得到封赏。这6个实例中的"是岁"，都在主语位置上，是被陈述的对象，"是岁"后的语句与上下文联系密切，例1中，"是岁"后的语句印证了前文的预言。例2中，"是岁"后面的语句，与下文事件密切相关，因为天旱，皇帝才会去祈雨。例4中，"是岁"的语句，与上文事件紧密相连，因为奖赏浑邪王，所以耗资巨大。例5中，"是岁"后陈述天气干旱，所以会求雨，且与弘羊这一人物联系起来。例6中，"是岁"，通过上下文，把霍去病、郝贤和卫青这几个人物联系起来了。这种上下文的联系，需要接受者的认知推理，以完成对整个语篇的识解过程。

（六）关联理论与"是后"的导引解说功能

根据检索结果，共有14处含有"是后"的语段，且都表现为导引解说的语篇衔接功能，分布在"表""书""世家"和"列传"中（见表4-33）。

表 4-33　　"是后"的导引解说功能

序号	篇名	例句
1	《十二诸侯年表》	是后或力政，强乘弱，兴师不请天子。
2	《六国年表》	是后陪臣执政，大夫世禄，六卿擅晋权，征伐会盟，威重于诸侯。
3	《礼书》	是后官者养交安禄而已，莫敢复议。
4	《陈丞相世家》	是后吕嬃谗乃不得行。
5	《梁孝王世家》	是后成王没齿不敢有戏言，言必行之。
6	《魏公子列传》	是后魏王畏公子之贤能，不敢任公子以国政。
7	《张丞相列传》	是后戚姬子如意为赵王，年十岁，高祖忧即万岁之后不全也。
8	《魏其武安侯列传》	是后乃退。
9	《匈奴列传》	是后六十有五年，而山戎越燕而伐齐，齐釐公与战于齐郊。
10	《匈奴列传》	是后韩王信为匈奴将，及赵利、王黄等数背约，侵盗代、云中。
11	《匈奴列传》	是后匈奴远遁，而幕南无王庭。
12	《儒林列传》	是后学者莫敢明受命放杀者。
13	《儒林列传》	是后能言《礼》为容者，由徐氏焉。
14	《大宛列传》	是后天子数问骞大夏之属。

例 1 中，上文叙述周厉王逃到了彘，祸乱从京师开始，后来朝廷由周公、召公联合执政。"是后"，引入说明不同的诸侯国互相开始使用武力征伐，强国欺压弱国，征讨也不会向周天子请示。例 2 中，上文叙述秦穆公修明国政，实力堪比齐国、晋国。"是后"，指这种形势形成之后，引入说明陪臣们掌握着国政，大夫们世世代代享有俸禄；六卿擅自掌握着国家（晋国）的政权，利用征伐或者会盟，他们的权势压倒了别的诸侯。例 3 中，"是"，指代上文的晁错被杀。"是后"的语句叙述晁错被杀后的影响。例 4 中，"是"，指代上文陈平被吕太后任命为郎中令。"是后"，引入说明吕嬃的谗言行不通了。例 5 中，"是"，指代前文周成王分封弟弟之事，"是后"，引入说明成王终生不敢有戏言，只要说了就一定做到。例 6 中，上文叙述，魏王与公子无忌下棋的时候，发现无忌对赵国的情况了如指掌，魏王以为赵王来犯，而无忌却知道赵王只是打猎。"是"，指代这件事。"是后"，引入说明魏王忌惮公子无忌的贤能，不敢把魏国的

政事交给无忌来处理。例7中，"是"，指代上文高祖欲废太子，周昌劝谏这件事，"是后"，引入说明高祖担忧赵王。例8中，"是"指代上文武安侯请求皇帝把考工官署的土地划归给他扩建住宅，皇帝对这件事很生气。"是后"，引入说明武安侯的行为态度。例9中，"是"，指代上文中秦襄公征伐犬戎一直打到岐山这件事。"是后"，引入说明山戎越过燕国攻打齐国，齐釐公与山戎在齐国郊外开战的信息。例10中，上文叙述汉朝和匈奴交战，但最后还是缔结了和亲的盟约，"是"指代这件事。"是后"，引入说明韩信担任匈奴的将军，与赵利、王黄等人多次违背盟约，侵犯、掠夺代郡和云中郡。例11中，上文叙述骠骑将军霍去病带领汉军打败匈奴一直到翰海的边上，"是"，指代这件事。"是后"，引入说明匈奴远离汉地，沙漠以南再也没有匈奴的王庭。例12中，上文叙述辕固生和黄生争论商汤、周武是承受天命还是弑君这个问题，汉景帝批评他们愚蠢，"是"，指代这件事。"是后"，引入说明学者没有人敢争辩商汤、周武是承受天命还是弑君这个问题。例13中，上文叙述徐生的后人通晓《礼经》，且会演习礼节仪式，并凭此担任汉朝的礼官大夫，"是"指代这件事，"是后"，引入说明能够讲解《礼经》并且能够演习礼节仪式的人，都出自徐氏。例14中，"是"指代上文汉朝军队打跑了匈奴单于这件事。"是后"，引入说明天子多次问张骞和大夏有关的事情。这14个实例中，"是后"后面的语句所引入说明的情况，都是与上下文紧密连接，补充了人物或事件的相关信息，尤其是阐释了事件的深远影响，便于接受者进行语篇识解。

（七）关联理论与"自是之后"的导引解说功能

根据检索结果，共有25处含有"自是之后"的语段，且都表现为导引解说的语篇衔接功能，在"书""世家"和"列传"中都有分布（见表4-34）。

表4-34　　　　　"自是之后"的导引解说功能

序号	篇名	例句
1	《律书》	自是之后，名士迭兴，晋用咎犯，而齐用孙武，申明军约，赏罚必信，卒伯诸侯，兼列邦土，虽不及三代之诰誓，然身宠君尊，当世显扬，可不谓荣焉？

续表

序号	篇名	例句
2	《天官书》	天子微，诸侯力政，五伯代兴，更为主命。<u>自是之后</u>，众暴寡，大并小。
3	《封禅书》	<u>自是之后</u>，文帝怠于改正朔服色神明之事，而渭阳、长门五帝使祠官领，以时致礼，不往焉。
4	《河渠书》	<u>自是之后</u>，荥阳下引河东南为鸿沟，以通宋、郑、陈、蔡、曹、卫，与济、汝、淮、泗会。
5	《河渠书》	<u>自是之后</u>，用事者争言水利。
6	《平准书》	<u>自是之后</u>，严助、朱买臣等招来东瓯，事两越，江、淮之间萧然烦费矣。
7	《平准书》	<u>自是之后</u>，有腹诽之法比，而公卿大夫多谄谀取容矣。
8	《平准书》	<u>自是之后</u>，天下争于战国，贵诈力而贱仁义，先富有而后推让。
9	《赵世家》	<u>自是之后</u>，简子尽召诸子与语，毋恤最贤。
10	《齐悼惠王世家》	<u>自是之后</u>，诸吕惮朱虚侯，虽大臣皆依朱虚侯，刘氏为益强。
11	《五宗世家》	<u>自是之后</u>，王齐数上书告言汉公卿及幸臣所忠等。
12	《孟尝君列传》	<u>自是之后</u>，客皆服。
13	《范雎蔡泽列传》	楚、赵天下之强国而秦之仇敌也，<u>自是之后</u>，楚、赵皆慑伏不敢攻秦者，白起之势也。
14	《李将军列传》	<u>自是之后</u>，李氏名败，而陇西之士居门下者皆用为耻焉。
15	《匈奴列传》	<u>自是之后</u>，荒服不至。
16	《匈奴列传》	<u>自是之后</u>百有余年，晋悼公使魏绛和戎翟，戎翟朝晋。
17	《匈奴列传》	<u>自是之后</u>，汉使欲辩论者，中行说辄曰："汉使无多言，顾汉所输匈奴缯絮米蘖，令其量中，必善美而已矣，何以为言乎？且所给备善则已；不备，苦恶，则候秋孰，以骑驰蹂而稼穑耳。"
18	《匈奴列传》	<u>自是之后</u>，孝景帝复与匈奴和亲，通关市，给遗匈奴，遣公主，如故约。
19	《匈奴列传》	<u>自是之后</u>，匈奴绝和亲，攻当路塞，往往入盗于汉边，不可胜数。
20	《卫将军骠骑列传》	<u>自是之后</u>，大将军青日退，而骠骑日益贵。
21	《儒林列传》	<u>自是之后</u>，言《诗》于鲁则申培公，于齐则辕固生，于燕则韩太傅。
22	《儒林列传》	<u>自是之后</u>，齐言《诗》皆本辕固生也。
23	《儒林列传》	<u>自是之后</u>，而燕、赵间言《诗》者由韩生。

续表

序号	篇名	例句
24	《游侠列传》	<u>自是之后</u>，为侠者极众，敖而无足数者。
25	《佞幸列传》	<u>自是之后</u>，内宠嬖臣大底外戚之家，然不足数也。

例1中，"是"，承接上文，"自是之后"，引入说明崇尚刑名的人相继出现，咎犯、孙武等人辅助诸侯成为霸主，这些人自身得到荣宠，他们的国君受人尊奉。例2中，"自是之后"，承接上文，引入说明势众的欺凌孤弱的，大国吞并小国。例3中，"是"，指代前文有人告发新垣平欺骗，新垣平被诛杀并被灭了族，"自是之后"，引入说明汉文帝因这件事受到的影响，即汉文帝对神明相关的事情不感兴趣了，也不亲自参加渭阳、长门的五帝庙坛的祭祀了，只是让祠官去管理和祭祀。例4中，"是"指代大禹治水。"自是之后"，引入说明后来的情况，即后人往东南方引黄河水，水流把宋、郑、陈、蔡、曹、卫各国连结起来，并在济水、汝水、淮水、泗水相会。例5中，上文叙述皇帝（汉武帝）亲临治理黄河决口，"是"就是指代这件事。"自是之后"，引入说明负责河渠事宜的官员争相谈论水利的事。例6中，上文叙述汉武帝登位以来，法网宽疏，百姓富裕。"是"指代汉武帝登位以来的繁荣和皇族的奢侈。"自是之后"，引入说明繁荣后的萧条，即严助、朱买臣等人招来东瓯族内迁，向南越和闽越发动了战事，使江、淮一带受到骚扰，百姓烦劳，耗费巨大，一下子变得萧条起来。例7中，"是"指代前文所述的颜异与客人闲谈时稍微动了动嘴唇，客人以为颜异不认可自己的看法就反唇相讥了几句，张汤听说这件事后，在皇帝那里诬陷颜异在心里诽谤朝廷颁布的法令，其罪当诛。"自是之后"，引入说明这件事的影响，即有了可以比照执行的"腹诽"的刑法条文，公卿大夫们多阿谀奉承、谄媚逢迎取悦于人以保全自己。例8中，"是"指代上文叙述的齐国称霸，魏国强大，"自是之后"，引入说明战国时期的风气，即崇尚阴谋武力、轻视仁义道德，先强大、富有而后才能谦让。例9中，"是"指代上文叙述的子卿认为简子的儿子毋恤是能当将军的人，"自是之后"，引入说明简子发现毋恤最贤能。例10中，"是"指代上文叙述的朱虚侯以军法来执行酒令，杀掉了中途离席的吕氏家族的人。"自是之后"，引入说明吕氏家族的人害怕朱虚侯，

即使是大臣也仍然很依从朱虚侯，刘氏从此开始日渐强盛。例11中，"是"指代上文叙述的刘齐想杀掉桑距，桑距上书朝廷告发刘齐与同胞姐妹通奸这件事。"自是之后"，引入说明刘齐的行为，即刘齐屡次上书朝廷控告汉朝公卿以及宠臣所忠等人的罪行以求自保。例12中，"是"指代前文孟尝君在秦国遭难，依靠两位级别很低的门客才脱离危险这件事。"自是之后"，引入说明这件事的影响，即宾客们都对他们信服了。例13中，这一语段出自蔡泽和范雎的对话，蔡泽劝说范雎辞去相国的官职。"是"指代上文叙述的白起打败了楚国和赵国。"自是之后"，引入说明楚国和赵国因为白起的威势不敢进攻秦国。例14中，"是"指代前文李凌投降了匈奴，娶了单于的女儿，汉朝把李凌的全家灭族了这件事。"自是之后"，引入说明这件事的影响，即李家名声败落。例15中，这句话的意思是："从此以后，荒服之国的人就不来朝贡了。""荒服"指西戎东夷，"是"指代上文叙述的周穆王征伐犬戎。"自是之后"，有解说的语篇衔接功能。例16中，上文叙述晋文公驱逐了戎狄，秦穆公得到由余，西戎的八个国家都臣服于秦国。戎狄各部落分散居住在溪谷地区，各自有君主首领。"是"指代上文叙述的这一形势。"自是之后"，引入说明晋国与戎狄的关系，即晋悼公派魏绛去缓和与戎狄的关系，戎狄向晋国称臣。例17中，上文叙述汉朝使者与中行说辩论，"是"指代这件事。"自是之后"，引入说明中行说拒绝与汉朝使者辩论。例18中，上文叙述孝景帝即位，赵王刘遂联络匈奴，吴、楚等国反叛，匈奴和赵王谋划进犯边界，汉朝军队攻破了赵国，匈奴也放弃了进犯计划，"是"指代这件事。"自是之后"，引入说明孝景帝对匈奴的策略，即孝景帝再次与匈奴和亲，开通边关贸易，送给匈奴礼物，送公主给单于做阏氏，就像以前盟约的那样。例19中，上文叙述汉朝军队在马邑设围，想诱杀单于，被单于识破，"是"指代这件事。"自是之后"，引入说明匈奴的态度，即匈奴断绝和亲，进攻交通要塞，经常侵犯汉朝的边境。例20中，上文叙述汉朝增设了大司马的官位，大将军和骠骑将军都是大司马，并定下了法令，骠骑将军和大将军的官阶俸禄相等，"是"指代这件事。"自是之后"，引入说明大将军卫青的权势日益衰退，而骠骑将军霍去病则日益显贵。例21中，"是"指代上文叙述汉武帝喜欢儒学，朝廷招揽品德贤良方正而且通晓经学的人。"自是之后"，引入说明通晓经学的人，讲《诗》的在鲁地有申培公，在齐地有辕固生，在燕地有韩太傅。例22中，"是"指代前文公孙弘不敢正视辕固生，辕固生批评公孙弘。"自是之后"，引入说明辕固生的影响，即齐地人谈论《诗》都依循辕固生的见解。例23中，"是"指代上文叙述韩生在孝文帝时期出任博士，景帝时期任常山王的太傅，他推究《诗》的意旨写了《内传》《外传》等书。"自是之后"，引入说明韩生的影响，即燕、赵一带的讲解《诗》的人都依循韩生的见解。例24中，"是"，指代上文郭解的作为和下场。"自是之后"，引入说明行侠义的人的情况，即行侠义的人特别多，但是都很傲慢，没有什么可值得称道的了。例25中，"是"指代上文李延年的经历和下场。"自是之后"，引入说明外戚的情况，即宫中受宠幸的臣子大都来自皇上的外戚家族，但是都没什么值得称道的了。

"自是之后"的意思就是"从此以后"，"自是之后"的语句主要阐释人物的后续情况或是事件的后续影响，其与上文的紧密联系是不言而喻的，有的实例中的"自是之后"把叙述与评介连接起来，如例24和例25，把叙述者的态度和选择直接引入接受者的识解之中。

（八）关联理论与"其后"的导引解说功能

根据检索结果，共有11处含有"其后"的语段表现为导引解说的语篇衔接功能，主要分布在"本纪"和"列传"中，列表4-35。

表4-35　　　　　　　"其后"的导引解说功能

序号	篇名	例句
1	《周本纪》	其后不信，诸侯益亦不至。
2	《周本纪》	其后诸侯皆为王。
3	《秦始皇本纪》	其后公卿希得朝见，盗贼益多，而关中卒发东击盗者毋已。
4	《商君列传》	其后民莫敢议令。
5	《平原君虞卿列传》	其后门下乃复稍稍来。
6	《屈原贾生列传》	其后楚日以削，数十年竟为秦所灭。
7	《韩长孺列传》	其后梁王益亲欢。
8	《匈奴列传》	其后汉方南诛两越，不击匈奴，匈奴亦不侵入边。
9	《酷吏列传》	其后郡中不寒而栗，猾民佐吏为治。
10	《酷吏列传》	其后小吏畏诛，虽有盗不敢发，恐不能得，坐课累府，府亦使其不言。

续表

序号	篇名	例句
11	《大宛列传》	其后益习而衰少焉。

例1中,"其"指代前文的周幽王为逗笑褒姒而烽火戏诸侯。"其后",引入说明诸侯都不再相信周幽王,看到点起的烽火,诸侯也不来了。例2中,"其"指代前文的"四十四年,秦惠王称王。""其后",引入说明诸侯都称王。例3中,"其"指代上文赵高劝说秦二世不上朝听政,秦二世在禁宫中和赵高两个人一起决断各种政务。"其后",引入说明公卿大臣很少有机会见到皇帝了,盗贼越来越多,关中被调发到东部地区去攻打反贼的士兵一批接一批。例4中,"其"指代上文卫鞅把说新法令不适宜的秦国百姓都迁移到边疆居住,"其后",引入说明百姓中再也没有人敢议论法令了。例5中,"其"指代前文叙述的平原君杀了嘲笑瘸子的美人,并亲自登门向瘸子道歉。"其后",引入说明平原君门下才逐渐又有宾客前来。例6中,"其"指屈原死了以后,楚国没有出现像他这样的直言进谏的人。"其后",引入说明楚国一天天衰弱下去,几十年后最终被秦国灭亡了。例7中,"其"指代上文叙述的梁国的使者韩安国进言使得太后和皇帝消除对梁王的疑虑。"其后",引入说明梁王更受宠爱。例8中,"其"指代上文乌维单于即位,"其后",引入说明汉朝正致力于诛灭南越和东越,没有和匈奴作战,匈奴也没有进犯汉朝的边境。例9中,"其"指代前文的义纵到任后就杀了四百多人。"其后",引入说明郡中的人都不寒而栗,就连刁滑的人也来辅佐官吏处理政事。例10中,"其"指代上文朝廷颁布施行"沈命法","其后",引入说明情况,即级别小的官员害怕被诛杀,即使发现了盗贼也不敢上报,担心不仅抓不到盗贼,还会触犯法令被判刑,并且还会连累上级官府,上级官府也因此要求他们不要上报。例11中,这句话的意思是:"后来越来越熟悉了,人数就渐渐少了。""其"指代前文中叙述的出使外国。"其后"有解说的语篇衔接功能。"其后"中的"其"起到了指代的作用,而"后"则体现了时间的顺序性,"其后"在发挥语篇衔接功能的同时,顺应接受者的认知特点。

通过上述分析,我们了解到"是时""当是时""当是之时""当此之时""是岁""是后""自是之后""其后"都具有导引解说这一语篇衔接功能，这些指称事件时间连接成分在建构语篇的同时，也为接受者的识解补足背景信息，甚至向接受者传递了叙述者的态度和评价。这里要加以强调的是"是后""自是之后""其后"这3个指称事件时间连接成分，其后面的语句内容顺承前文的事件发展，从叙述者的全能视角对后续影响加以说明，因此，尽管也是信息的补充，但是时间的顺序性略有差异，即"是后""自是之后""其后"是以全能视角向后看的。

二 关联理论与因果关系

根据检索结果，有5处"是时"的实例具有构建因果关系的语篇衔接功能（见表4-36）。

表4-36　　　　　　　　"是时"的构建因果关系功能

序号	篇名	例句
1	《河渠书》	是时东郡烧草，以故薪柴少，而下淇园之竹以为楗。
2	《齐太公世家》	是时景公好治宫室，聚狗马，奢侈，厚赋重刑，故晏子以此谏之。
3	《晋世家》	是时楚庄王强，以挫晋兵河上也。
4	《楚世家》	是时楚益弱。
5	《赵世家》	是时王少，成、兑专政，畏诛，故围主父。

例1中，上文叙述皇帝（汉武帝）亲自到了黄河决口的地方，把白马和玉璧投入河中，以祭祀河神，并且命令臣子，都要背负柴薪来堵塞黄河的决口，"是时"后的语句，介绍百姓没有柴薪做饭，这时候，东郡的百姓做饭的燃料是草，由于缺乏柴薪，就砍下竹子用来作楗桩。"是时"使得上下文构成因果关系。例2中，上文叙述彗星出现，晏婴说了一番话劝谏景公，"是时"之后的语句，阐释了晏婴劝谏的原因，与前文构成因果关系。例3中，上文叙述，晋国发兵攻打郑国，原因是郑国曾帮助楚国攻打晋国。是时，插入介绍楚庄王的实力，即这时楚庄王的势力很强大，接着叙述战争结果，即晋军被楚军击败。"是时"，使得上下文构成因果关系。例4中，上文叙述考烈王元年（前262），楚国把州邑献给了秦国以求和，"是时"，插入介绍楚国的势力衰败，与上文有因果关系。例5

中，这段话的大意是:"这时惠文王年纪还小,公子成和李兑独揽大权,他们担心被诛杀,因此就包围了主父。"上文叙述公子成和李兑追杀公子章时包围了主父,主父被饿死在沙丘宫中,"是时",进一步强调了公子成和李兑包围主父的原因,与前文形成了因果关系,前果后因,即补充说明了原因。

由上述分析可知,"是时"的上下文语句形成因果关系,既在表层体现了语篇的衔接关系,又在深层体现了语篇的连贯性,对于接受者来说,要通过认知推理来准确接收语篇信息,语义推导是语言的理解机制的必备的一个部分。

关联理论强调了人们在交际中的认知推理的心理活动,这也体现出语言机能与人类认知活动的适应性。Steven Pinker 在 *Language as an Adaptation by Natural Selection* 一文中,指出"语言的特定机能在于编码叙事性信息并与他人分享,这与人类认知活动中因果推理所具有的高度社会性特点相一致"。[①] 我们在这一节中以"关联理论"为基础,也正是要阐释说明语篇中的信息与接受者认知的相互适应性。

第四节 本章小结

在这一章中,我们把接受者列入探讨对象,叙述者所创造的文本表面上看与接受者是没有关系的,叙述者独立创造,独立讲述,叙述者的作品是确定的,而接受者却总是在不断变化,且可能千差万别。但是从信息加工理论的角度,从认知与功能的角度,叙述者的文本创造对接受者是有影响的。在这一章中,我们以信息加工理论的基本原则为指导原则,以语类结构潜势理论、概念整合理论以及关联理论为理论基础,探讨《史记》指称事件时间连接成分引导下的接受者的语篇识解。

从神经认知语言学理论模式的角度出发,语言系统是一个关系网络模式,《史记》语篇建构的网状系统与语言系统模式是一致的。人脑中的语言系统是信息加工系统,语篇能力是人脑的一个基础能力。《史记》中的指称事件时间连接成分的作用体现在其激活了接受者的认知系统,增加了

---

① Steven Pinker, *Language as an Adaptation by Natural Selection*,《心理学报》2007 年第 3 期。

接受者认知的语篇信息量。

在第三章中，我们已经讨论过，叙述者、人物、时间、事件是《史记》的语篇结构要素，而时间、人物、事件的组构，形成了《史记》的语类结构潜势，《史记》语篇结构的整体性和统一性对接受者有影响，具有指称性质的时间连接成分在起到语篇衔接作用的同时，也激活了这种潜势影响。

在第三章中，我们指出司马迁创造了一个叙事空间，而对于接受者来说，接受者在阅读过程中也建构了心理空间，如果我们把历史事件的进程称为"历史事件空间"，把作者的评述称为"叙述者空间"，把接受者的心理空间称为"接受者空间"，那么指称事件时间连接成分就是叙述时间与历史时间的交叉点。根据概念整合理论，历史事件空间是输入空间，叙述者空间是共用空间，接受者空间是复合空间，历史事件空间是源域，叙述者空间是目标域，叙述者空间既是目标域也是源域，接受者空间是源域，接受者的语篇识解过程也是源域向目标域不断投射的过程，而指称事件时间连接成分，如"是时"等，是立体空间中的"桥梁"。

从关联理论角度来看，《史记》中的指称事件时间连接成分是广义上的话语标记语，能够触发接受者的认知理解，从而完成语篇识解，接受者在对语篇识解过程中需要一定的认知推理。

第五章

结　语

姜望琪（2012）在《Halliday 论语篇分析及有关学科》一文中强调，Halliday 的语篇思想是语篇研究一定要与语言系统相联系。本文的研究正是遵循了 Halliday 的这一语篇研究思想。本书从《史记》的指称事件时间连接成分这一角度切入，注重汉语自身表达的特点，以 Halliday 和 Hasan 的语篇思想为基础，以数理分析、结构主义语言学、认知语言学和功能语言学的研究路径作为方法论的指导，探讨《史记》中的指称事件时间连接成分的语篇衔接功能、语篇模式建构功能以及语篇识解功能。我们的讨论仍旧是以时间为主导的，陈振宇（2006）在其博士论文《现代汉语时间系统的认知模型与运算》中说："时间主导的地址陈述则具有革命性的意义，表示时间的成分第一次具有了自己的独立的品格，必须单列出来，首先予以关注。从信息传递方式的角度，单列在前的时间成分获得了'主题'的地位，事件则成了对该主题的'说明'。我们说，时间成分给出了一个有关时间的范围，这是说话者和听话者所关注的那部分时间，从认知上讲，由于世界的整体性，说话者不可能一下把它全部说清楚，必须一个部分一个部分地进行表述，就好像对着时间世界开出一个一个认知的'窗口'（window），认知者通过这一窗口来看事件。"[①] 如果说《史记》中的时间连接成分是"认知窗口"，那么，指称事件时间连接成分则是"隐性的认知窗口"，从总体上看，这些指称事件时间连接成分，没有具体的时间边界（"是岁"和"是年"的实例除外），而是以其指称性的特点，成为《史记》语篇中的一条隐性线索，不仅能够起到语篇衔接和语

[①] 陈振宇：《现代汉语时间系统的认知模型与运算》，博士学位论文，复旦大学，2006年。

篇建构的作用，还能够把叙述者、语篇、接受者联系起来，从这一角度来说，这些指称事件时间连接成分促成了《史记》语篇的整体性和系统性。

从语篇衔接角度，《史记》的指称事件时间连接成分表现出多种衔接功能，如顺承连接、转换视角、总评上文、引入人物、引入事件、补充说明时间、导引解说以及构成因果关系等；从语篇建构角度，《史记》的指称事件时间连接成分引导语篇模式的建构，形成顺承、并列、补充等语篇模式；从语篇识解角度，《史记》的指称事件时间连接成分是立体空间的桥梁和纽带，是接受者进行认知推理的触发语。程琪龙（2001）在《认知语言学概论——语言的神经认知基础》一书中指出，"大脑神经网络中神经元的激活延伸是一个接一个地串行进行的。由于一个神经元可以和上百个其它神经元连通，一个神经元的激活可能会导致许多和它连通的神经元的激活。如果没有限制，短短数秒钟内整个神经网络都有可能激活。……尽管可以在单位时间内加工的信息量有限，它并不妨碍神经网络的并行加工"。[1]《史记》中的指称事件时间连接成分就像是一个一个的神经元，激发了接受者的认知系统，使得接受者能够把握语篇的连贯性，获得语篇的外在的衔接机制和内在的语义结构。

在心理学中有一个观点叫"适宜可用性"，即 fitness affordance，Geoffrey Miller 在 *Reconciling Evolutionary Psychology and Ecological Psychology: How to Perceive Fitness Affordances*（《进化心理学与生态心理学的整合：理解适宜可用性》）一文中详细阐释了这一观点。"适宜可用性的观点认为，生存与繁衍问题中的代价与利益分析有助于特定种群的动物采取趋近或回避行为来保证潜在适宜性。"[2]"适宜可用性"观点也可以用来阐释叙述者、语篇和接受者之间的关系。《史记》的语篇是叙述者选择和创造的结果，但是叙述者的这种选择和创造离不开语言系统本身，语言系统本身的适宜可用性可以作用于叙述者，当然也可以作用于接受者。因此，从"适宜可用性"的角度，也能够说明叙述者、语篇和接受者构成了一个整体性的系统，而《史记》中的指称事件时间连接成分是这一系统中具有重要作用和重要地位的子系统，这些指称事件时间连接成分联系着叙述

---

[1] 程琪龙：《认知语言学概论——语言的神经认知基础》，外语教学与研究出版社2001年版。

[2] Geoffrey Miller, *Reconciling Evolutionary Psychology and Ecological Psychology: How to Perceive Fitness Affordances*,《心理学报》2007年第3期。

者，也联系着接受者。

最后，要强调的是，由于时间、视野及条件的限制，本书尚有诸多不足之处，如：

第一，在语篇识解部分缺乏实验数据支撑。

第二，没能够在心理学方面对接受者的认知规律做更为深入的探究。

第三，数学建模部分应用的是总体性、概括性的分析，分析的准确性还有提升空间。

第四，语篇衔接功能的分析具有一定的主观性，对指示代词的语篇功能没有深入探讨。

上述的问题以及其他的问题，请学者指正补足。

附　　录

　　我们在《中华经典古籍库》中以穷尽方式对选定的指称事件时间连接成分进行检索，检索结果如下："是时"158处，"当是时"51处，"当是之时"19处，"方是时"1处，"方是之时"1处，"此时"23处，"当此时"9处，"当此之时"9处，"是日"16处，"是岁"84处，"是年"8处，"是后"14处，"自是后"3处，"自是之后"25处，"其后"173处。经统计，我们在《史记》正文中提取语段共计594处（检索所用词语为繁体字形式：是時、當是時、當是之時、方是時、方是之時、此時、當此時、當此之時、是日、是歲、是年、是後、自是後、自是之後、其後，此处的数据包含了不符合语义要求的实例，因此与正文分析有所不同）。下面我们以表格的形式列举检索所得语料，为避免错漏，我们在附录中提供的语段字体为繁体（《中华经典古籍库》中《史记》的文字为繁体），这里需要说明的是我们提取的语段实例是有选择的，具体情况在正文中详细说明，同时，为了保证理解的连续性，我们在附录中提供的检索语段相比于正文中的语段实例要更为详细、完整，尽量注重上下文语境的连续性。

表1　　　　　　　　"是时"的检索（158处语段）

序号	篇目名称	选取的语段（字体为繁体）
1	《史记·殷本纪》	帝武丁卽位，思復興殷，而未得其佐。三年不言，政事決定於冢宰，以觀國風。武丁夜夢得聖人，名曰說。以夢所見視羣臣百吏，皆非也。於是迺使百工營求之野，得說於傅險中。是時說爲胥靡，築於傅險。見於武丁，武丁曰是也。得而與之語，果聖人，舉以爲相，殷國大治。故遂以傅險姓之，號曰傅說。

续表

序号	篇目名称	选取的语段（字体为繁体）
2	《史记·周本纪》	九年，武王上祭于畢。東觀兵，至于盟津。爲文王木主，載以車，中軍。武王自稱太子發，言奉文王以伐，不敢自專。乃告司馬、司徒、司空、諸節："齊栗，信哉！予無知，以先祖有德臣，小子受先功，畢立賞罰，以定其功。"遂興師。師尚父號曰："總爾衆庶，與爾舟楫，後至者斬。"武王渡河，中流，白魚躍入王舟中，武王俯取以祭。既渡，有火自上復于下，至于王屋，流爲烏，其色赤，其聲魄云。是時，諸侯不期而會盟津者八百諸侯。諸侯皆曰："紂可伐矣。"武王曰："女未知天命，未可也。"乃還師歸。
3	《史记·秦本纪》	其玄孫曰中潏，在西戎，保西垂。生蜚廉。蜚廉生惡來。惡來有力，蜚廉善走，父子俱以材力事殷紂。周武王之伐紂，并殺惡來。是時蜚廉爲紂石北方，還，無所報，爲壇霍太山而報，得石棺，銘曰"帝令處父不與殷亂，賜爾石棺以華氏"。死，遂葬於霍太山。蜚廉復有子曰季勝。季勝生孟增。孟增幸於周成王，是爲宅皋狼。皋狼生衡父，衡父生造父。造父以善御幸於周繆王，得驥、溫驪、驊駵、騄耳之駟，西巡狩，樂而忘歸。徐偃王作亂，造父爲繆王御，長驅歸周，一日千里以救亂。繆王以趙城封造父，造父族由此爲趙氏。自蜚廉生季勝已下五世至造父，別居趙。趙衰其後也。惡來革者，蜚廉子也，蚤死。有子曰女防。女防生旁皋，旁皋生太几，太几生大駱，大駱生非子。以造父之寵，皆蒙趙城，姓趙氏。
4	《史记·秦本纪》	十四年，秦饑，請粟於晉。晉君謀之羣臣。虢射曰："因其饑伐之，可有大功。"晉君從之。十五年，興兵將攻秦。繆公發兵，使丕豹將，自往擊之。九月壬戌，與晉惠公夷吾合戰於韓地。晉君棄其軍，與秦争利，還而馬騺。繆公與麾下馳追之，不能得晉君，反爲晉軍所圍。晉擊繆公，繆公傷。於是岐下食善馬者三百人馳冒晉軍，晉軍解圍，遂脱繆公而反生得晉君。初，繆公亡善馬，岐下野人共得而食之者三百餘人，吏逐得，欲法之。繆公曰："君子不以畜産害人。吾聞食善馬肉不飲酒，傷人。"乃皆賜酒而赦之。三百人者聞秦擊晉，皆求從，從而見繆公窘，亦皆推鋒争死，以報食馬之德。於是繆公虜晉君以歸，令於國，"齊宿，吾將以晉君祠上帝"。周天子聞之，曰"晉我同姓"，爲請晉君。夷吾姊亦爲繆公夫人，夫人聞之，乃衰絰跣，曰："妾兄弟不能相救，以辱君命。"繆公曰："我得晉君以爲功，今天子爲請，夫人是憂。"乃與晉君盟，許歸之，更舍上舍，而饋之七牢。十一月，歸晉君夷吾，夷吾獻其河西地，使太子圉爲質於秦。秦妻子圉以宗女。是時秦地東至河。
5	《史记·项羽本纪》	秦二世元年七月，陳涉等起大澤中。其九月，會稽守通謂梁曰："江西皆反，此亦天亡秦之時也。吾聞先即制人，後則爲人所制。吾欲發兵，使公及桓楚將。"是時桓楚亡在澤中。梁曰："桓楚亡，人莫知其處，獨籍知之耳。"梁乃出，誡籍持劍居外待。梁復入，與守坐，曰："請召籍，使受命召桓楚。"守曰："諾。"梁召籍入。須臾，梁眴籍曰："可行矣！"於是籍遂拔劍斬守頭。項梁持守頭，佩其印綬。門下大驚，擾亂，籍所擊殺數十百人。一府中皆慴伏，莫敢起。梁乃召故所知豪吏，諭以所爲起大事，遂舉吴中兵。使人收下縣，得精兵八千人。梁部署吴中豪傑爲校尉、候、司馬。有一人不得用，自言於梁。梁曰："前時某喪使公主某事，不能辦，以此不任用公。"衆乃皆伏。於是梁爲會稽守，籍爲裨將，徇下縣。
6	《史记·项羽本纪》	楚左尹項伯者，項羽季父也，素善留侯張良。張良是時從沛公，項伯乃夜馳之沛公軍，私見張良，具告以事，欲呼張良與俱去。曰："毋從俱死也。"張良曰："臣爲韓王送沛公，沛公今事有急，亡去不義，不可不語。"良乃入，具告沛公。

续表

序号	篇目名称	选取的语段（字体为繁体）
7	《史记·项羽本纪》	是時，漢還定三秦。項羽聞漢王皆已并關中，且東，齊、趙叛之，大怒。乃以故吳令鄭昌爲韓王，以距漢。令蕭公角等擊彭越。彭越敗蕭公角等。漢使張良徇韓，乃遺項王書曰："漢王失職，欲得關中，如約卽止，不敢東。"又以齊、梁反書遺項王曰："齊欲與趙并滅楚。"楚以此故無西意，而北擊齊。徵兵九江王布。布稱疾不往，使將將數千人行。項王由此怨布也。
8	《史记·项羽本纪》	是時呂后兄周呂侯爲漢將兵居下邑，漢王閒往從之，稍稍收其士卒。至滎陽，諸敗軍皆會，蕭何亦發關中老弱未傅悉詣滎陽，復大振。楚起於彭城，常乘勝逐北，與漢戰滎陽南京、索閒，漢敗楚，楚以故不能過滎陽而西。
9	《史记·项羽本纪》	是時，彭越渡河擊楚東阿，殺楚將軍薛公。項王乃自東擊彭越。漢王得淮陰侯兵，欲渡河南。鄭忠說漢王，乃止壁河內。使劉賈將兵佐彭越，燒楚積聚。項王東擊破之，走彭越。漢王則引兵渡河，復取成皋，軍廣武，就敖倉食。項王已定東海來，西，與漢俱臨廣武而軍，相守數月。
10	《史记·项羽本纪》	項王聞淮陰侯已舉河北，破齊、趙，且欲擊楚，乃使龍且往擊之。淮陰侯與戰，騎將灌嬰擊之，大破楚軍，殺龍且。韓信因自立爲齊王。項王聞龍且軍破，則恐，使盱台人武涉往說淮陰侯。淮陰侯弗聽。是時，彭越復反，下梁地，絶楚糧。項王乃謂海春侯大司馬曹咎等曰："謹守成皋，則漢欲挑戰，慎勿與戰，毋令得東而已。我十五日必誅彭越，定梁地，復從將軍。"乃東，行擊陳留、外黃。
11	《史记·项羽本纪》	是時，漢兵盛食多，項王兵罷食絶。漢遣陸賈說項王，請太公，項王弗聽。漢王復使侯公往說項王，項王乃與漢約，中分天下，割鴻溝以西者爲漢，鴻溝而東者爲楚。項王許之，卽歸漢王父母妻子。軍皆呼萬歲。漢王乃封侯公爲平國君。匿弗肯復見。曰："此天下辯士，所居傾國，故號爲平國君。"項王已約，乃引兵解而東歸。
12	《史记·项羽本纪》	於是項王乃上馬騎，麾下壯士騎從者八百餘人，直夜潰圍南出，馳走。平明，漢軍乃覺之，令騎將灌嬰以五千騎追之。項王渡淮，騎能屬者百餘人耳。項王至陰陵，迷失道，問一田父，田父紿曰"左"。左，乃陷大澤中。以故漢追及之。項王乃復引兵而東，至東城，乃有二十八騎。漢騎追者數千人。項王自度不得脱。謂其騎曰："吾起兵至今八歲矣，身七十餘戰，所當者破，所擊者服，未嘗敗北，遂霸有天下。然今卒困於此，此天之亡我，非戰之罪也。今日固决死，願爲諸君快戰，必三勝之，爲諸君潰圍，斬將，刈旗，令諸君知天亡我，非戰之罪也。"乃分其騎以爲四隊，四嚮。漢軍圍之數重。項王謂其騎曰："吾爲公取彼一將。"令四面騎馳下，期山東爲三處。於是項王大呼馳下，漢軍皆披靡，遂斬漢一將。是時，赤泉侯爲騎將，追項王，項王瞋目而叱之，赤泉侯人馬俱驚，辟易數里，與其騎會爲三處。漢軍不知項王所在，乃分軍爲三，復圍之。項王乃馳，復斬漢一都尉，殺數十百人，復聚其騎，亡其兩騎耳。乃謂其騎曰："何如？"騎皆伏曰："如大王言。"
13	《史记·高祖本纪》	高祖，沛豐邑中陽里人，姓劉氏，字季。父曰太公，母曰劉媪。其先劉媪嘗息大澤之陂，夢與神遇。是時雷電晦冥，太公往視，則見蛟龍於其上。已而有身，遂產高祖。

续表

序号	篇目名称	选取的语段（字体为繁体）
14	《史记·高祖本纪》	沛公病，還之沛。沛公怨雍齒與豐子弟叛之，聞東陽甯君、秦嘉立景駒爲假王，在留，乃往從之，欲請兵以攻豐。是時秦將章邯從陳，別將司馬將兵北定楚地，屠相，至碭。東陽甯君、沛公引兵西，與戰蕭西，不利。還收兵聚留，引兵攻碭，三日乃取碭。因收碭兵，得五六千人。攻下邑，拔之。還軍豐。聞項梁在薛，從騎百餘往見之。項梁益沛公卒五千人，五大夫將十人。沛公還，引兵攻豐。
15	《史记·高祖本纪》	南陽守欲自剄。其舍人陳恢曰："死未晚也。"乃踰城見沛公，曰："臣聞足下約，先入咸陽者王之。今足下留守宛，宛，大郡之都也，連城數十，人民衆，積蓄多，吏人自以爲降必死，故皆堅守乘城。今足下盡日止攻，士死傷者必多；引兵去宛，宛必隨足下後：足下前則失咸陽之約，後又有彊宛之患。爲足下計，莫若約降，封其守，因使止守，引其甲卒與之西。諸城未下者，聞聲爭開門而待，足下通行無所累。"沛公曰："善。"乃以宛守爲殷侯，封陳恢千户。引兵西，無不下者。至丹水，高武侯鰓、襄侯王陵降西陵。還攻胡陽，遇番君別將梅鋗，與皆，降析、酈。遣魏人甯昌使秦，使者未來。是時章邯已以軍降項羽於趙矣。
16	《史记·高祖本纪》	十一月中，項羽果率諸侯兵西，欲入關，關門閉。聞沛公已定關中，大怒，使黥布等攻破函谷關。十二月中，遂至戲。沛公左司馬曹無傷聞項王怒，欲攻沛公，使人言項羽曰："沛公欲王關中，令子嬰爲相，珍寶盡有之。"欲以求封。亞父勸項羽擊沛公。方饗士，旦日合戰。是時項羽兵四十萬，號百萬。沛公兵十萬，號二十萬，力不敵。會項伯欲活張良，夜往見良，因以文諭項羽，項羽乃止。沛公從百餘騎，驅之鴻門，見謝項羽。項羽曰："此沛公左司馬曹無傷言之。不然，籍何以生此！"沛公以樊噲、張良故，得解歸。歸，立誅曹無傷。
17	《史记·高祖本纪》	是時項王北擊齊，田榮與戰城陽。田榮敗，走平原，平原民殺之。齊皆降楚。楚因焚燒其城郭，係虜其子女。齊人叛之。田榮弟横立榮子廣爲齊王，齊王反楚城陽。項羽雖聞漢東，既已連齊兵，欲遂破之而擊漢。
18	《史记·高祖本纪》	是時九江王布與龍且戰，不勝，與隨何閒行歸漢。漢王稍收士卒，與諸將及關中卒益出，是以兵大振滎陽，破楚京、索閒。
19	《史记·高祖本纪》	漢王軍滎陽南，築甬道屬之河，以取敖倉。與項羽相距歲餘。項羽數侵奪漢甬道，漢軍乏食，遂圍漢王。漢王請和，割滎陽以西者爲漢。項王不聽。漢王患之，乃用陳平之計，予陳平金四萬斤，以閒疏楚君臣。於是項羽乃疑亞父。亞父是時勸項羽遂下滎陽，及其見疑，乃怒，辭老，願賜骸骨歸卒伍，未至彭城而死。
20	《史记·高祖本纪》	項羽聞漢王在宛，果引兵南。漢王堅壁不與戰。是時彭越渡睢水，與項聲、薛公戰下邳，彭越大破楚軍。項羽乃引兵東擊彭越。漢王亦引兵北軍成皋。項羽已破走彭越，聞漢王復軍成皋，乃復引兵西，拔滎陽，誅周苛、樅公，而虜韓王信，遂圍成皋。
21	《史记·吕太后本纪》	高祖十二年四月甲辰，崩長樂宫，太子襲號爲帝。是時高祖八子：長男肥，孝惠兄也，異母，肥爲齊王；餘皆孝惠弟，戚姬子如意爲趙王，薄夫人子恆爲代王，諸姬子子恢爲梁王，子友爲淮陽王，子長爲淮南王，子建爲燕王。高祖弟交爲楚王，兄子濞爲吳王。非劉氏功臣番君吴芮子臣爲長沙王。
22	《史记·孝文本纪》	是時北平侯張蒼爲丞相，方明律曆。魯人公孫臣上書陳終始傳五德事，言方今土德時，土德應黄龍見，當改正朔服色制度。天子下其事與丞相議。丞相推以爲今水德，始明正十月上黑事，以爲其言非是，請罷之。

附　录　217

续表

序号	篇目名称	选取的语段（字体为繁体）
23	《史记·孝武本纪》	明年，上初至雍，郊見五畤。後常三歲一郊。是時上求神君，舍之上林中蹏氏觀。神君者，長陵女子，以子死悲哀，故見神於先後宛若。宛若祠之其室，民多往祠。平原君往祠，其後子孫以尊顯。及武帝卽位，則厚禮置祠之內中，聞其言，不見其人云。
24	《史记·孝武本纪》	是時而李少君亦以祠竈、穀道、卻老方見上，上尊之。少君者，故深澤侯入以方主。匿其年及所生長，常自謂七十，能使物，卻老。其游以方徧諸侯。無妻子。人聞其能使物及不死，更饋遺之，常餘金錢帛衣食。人皆以爲不治産業而饒給，又不知其何所人，愈信，爭事之。
25	《史记·孝武本纪》	是時上方憂河決，而黃金不就，乃拜大爲五利將軍。居月餘，得四金印，佩天士將軍、地士將軍、大通將軍、天道將軍印。制詔御史："昔禹疏九江，決四瀆。閒者河溢皋陸，隄繇不息。朕臨天下二十有八年，天若遺朕士而大通焉。乾稱'蜚龍'，'鴻漸于般'，意庶幾與焉。其以二千户封地士將軍大爲樂通侯。"
26	《史记·孝武本纪》	是時既滅南越，越人勇之乃言"越人俗信鬼，而其祠皆見鬼，數有效。昔東甌王敬鬼，壽至百六十歲。後世謾怠，故衰秏"。乃令越巫立越祝祠，安臺無壇，亦祠天神上帝百鬼，而以雞卜。上信之，越祠雞卜始用焉。
27	《史记·历书》	其後戰國並爭，在於彊國禽敵，救急解紛而已，豈遑念斯哉！是時獨有鄒衍，明於五德之傳，而散消息之分，以顯諸侯。而亦因秦滅六國，兵戎極煩，又升至尊之日淺，未暇遑也。而亦頗推五勝，而自以爲獲水德之瑞，更名河曰"德水"，而正以十月，色上黑。然曆度閏餘，未能睹其真也。
28	《史记·历书》	漢興，高祖曰"北畤待我而起"，亦自以爲獲水德之瑞。雖明習曆及張蒼等，咸以爲然。是時天下初定，方綱紀大基，高后女主，皆未遑，故襲秦正朔服色。
29	《史记·封禅书》	是時萇弘以方事周靈王，諸侯莫朝周，周力少，萇弘乃明鬼神事，設射貍首。貍首者，諸侯之不來者。依物怪欲以致諸侯。諸侯不從，而晉人執殺萇弘。周人之言方怪者自萇弘。
30	《史记·封禅书》	魯人公孫臣上書曰："始秦得水德，今漢受之，推終始傳，則漢當土德，土德之應黃龍見。宜改正朔，易服色，色上黃。"是時丞相張蒼好律曆，以爲漢乃水德之始，故河決金隄，其符也。年始冬十月，色外黑內赤，與德相應。如公孫臣言，非也。罷之。後三歲，黃龍見成紀。文帝乃召公孫臣，拜爲博士，與諸生草改曆服色事。其夏，下詔曰："異物之神見于成紀，無害於民，歲以有年。朕祈郊上帝諸神，禮官議，無諱以勞朕。"有司皆曰"古者天子夏親郊，祀上帝於郊，故曰郊"。於是夏四月，文帝始郊見雍五畤祠，衣皆上赤。
31	《史记·封禅书》	明年，今上初至雍，郊見五畤。後常三歲一郊。是時上求神君，舍之上林中蹏氏觀。神君者，長陵女子，以子死，見神於先後宛若。宛若祠之其室，民多往祠。平原君往祠，其後子孫以尊顯。及今上卽位，則厚禮置祠之內中。聞其言，不見其人云。（同23）

续表

序号	篇目名称	选取的语段（字体为繁体）
32	《史记·封禅书》	是時李少君亦以祠竈、穀道、卻老方見上，上尊之。少君者，故深澤侯舍人，主方。匿其年及其生長，常自謂七十，能使物，卻老。其游以方徧諸侯。無妻子。人聞其能使物及不死，更饋遺之，常餘金錢衣食。人皆以爲不治生業而饒給，又不知其何所人，愈信，爭事之。少君資好方，善爲巧發奇中。嘗從武安侯飲，坐中有九十餘老人，少君乃言與其大父游射處，老人爲兒時從其大父，識其處，一坐盡驚。少君見上，上有故銅器，問少君。少君曰："此器齊桓公十年陳於柏寢。"已而案其刻，果齊桓公器。一宮盡駭，以爲少君神，數百歲人也。（同24）
33	《史记·封禅书》	是時上方憂河決，而黄金不就，乃拜大爲五利將軍。居月餘，得四印，佩天士將軍、地士將軍、大通將軍印。制詔御史："昔禹疏九江，決四瀆。閒者河溢皋陸，隄繇不息。朕臨天下二十有八年，天若遺朕士而大通焉。乾稱'蜚龍'，'鴻漸于般'，朕意庶幾與焉。其以二千户封地士將軍大爲樂通侯。"（同25）
34	《史记·封禅书》	是時既滅兩越，越人勇之乃言"越人俗鬼，而其祠皆見鬼，數有效。昔東甌王敬鬼，壽百六十歲。後世怠慢，故衰秏"。乃令越巫立越祝祠，安臺無壇，亦祠天神上帝百鬼，而以雞卜。上信之，越祠雞卜始用。（同26，文字略有差异）
35	《史记·河渠书》	其後四十有餘年，今天子元光之中，而河決於瓠子，東南注鉅野，通於淮、泗。於是天子使汲黯、鄭當時興人徒塞之，輒復壞。是時武安侯田蚡爲丞相，其奉邑食鄃。鄃居河北，河決而南則鄃無水菑，邑收多。蚡言於上曰："江河之決皆天事，未易以人力爲彊塞，塞之未必應天。"而望氣用數者亦以爲然。於是天子久之不事復塞也。
36	《史记·河渠书》	是時鄭當時爲大農，言曰："異時關東漕粟從渭中上，度六月而罷，而漕水道九百餘里，時有難處。引渭穿渠起長安，並南山下，至河三百餘里，徑，易漕，度可令三月罷；而渠下民田萬餘頃，又可得以溉田：此損漕省卒，而益肥關中之地，得穀。"天子以爲然，令齊人水工徐伯表，悉發卒數萬人穿漕渠，三歲而通。通，以漕，大便利。其後漕稍多，而渠下之民頗得以溉田矣。
37	《史记·河渠书》	自河決瓠子後二十餘歲，歲因以數不登，而梁楚之地尤甚。天子既封禪巡祭山川，其明年，旱，乾封少雨。天子乃使汲仁、郭昌發卒數萬人塞瓠子決。於是天子已用事萬里沙，則還自臨決河，沈白馬玉璧于河，令羣臣從官自將軍已下皆負薪寘決河。是時東郡燒草，以故薪柴少，而下淇園之竹以爲楗。
38	《史记·平准书》	於是縣官大空，而富商大賈或蹛財役貧，轉轂百數，廢居居邑，封君皆低首仰給。冶鑄煑鹽，財或累萬金，而不佐國家之急，黎民重困。於是天子與公卿議，更錢造幣以贍用，而摧浮淫并兼之徒。是時禁苑有白鹿而少府多銀錫。自孝文更造四銖錢，至是歲四十餘年，從建元以來，用少，縣官往往即多銅山而鑄錢，民亦閒盜鑄錢，不可勝數。
39	《史记·平准书》	其明年，大將軍、驃騎大出擊胡，得首虜八九萬級，賞賜五十萬金，漢軍馬死者十餘萬匹，轉漕車甲之費不與焉。是時財匱，戰士頗不得祿矣。
40	《史记·平准书》	初，卜式者，河南人也，以田畜爲事。親死，式有少弟，弟壯，式脱身出分，獨取畜羊百餘，田宅財物盡予弟。式入山牧十餘歲，羊致千餘頭，買田宅。而其弟盡破其業，式輒復分予弟者數矣。是時漢方數使將擊匈奴，卜式上書，願輸家之半縣官助邊。

续表

序号	篇目名称	选取的语段（字体为繁体）
41	《史记·平准书》	其明年，貧民大徙，皆仰給縣官，無以盡贍。卜式持錢二十萬予河南守，以給徙民。河南上富人助貧人者籍，天子見卜式名，識之，曰"是固前而欲輸其家半助邊"，乃賜式外繇四百人。式又盡復予縣官。是時富豪皆爭匿財，唯式尤欲輸之助費。天子於是以式終長者，故尊顯以風百姓。
42	《史记·平准书》	初，大農筦鹽鐵官布多，置水衡，欲以主鹽鐵；及楊可告緡錢，上林財物衆，乃令水衡主上林。上林既充滿，益廣。是時越欲與漢用船戰逐，乃大修昆明池，列觀環之。治樓船，高十餘丈，旗幟加其上，甚壯。於是天子感之，乃作柏梁臺，高數十丈。宮室之修，由此日麗。
43	《史记·平准书》	是時山東被河菑，及歲不登數年，人或相食，方一二千里。天子憐之，詔曰："江南火耕水耨，令飢民得流就食江淮間，欲留，留處。"遣使冠蓋相屬於道，護之，下巴蜀粟以振之。
44	《史记·吴太伯世家》	太伯卒，無子，弟仲雍立，是爲吳仲雍。仲雍卒，子季簡立。季簡卒，子叔達立。叔達卒，子周章立。是時周武王克殷，求太伯、仲雍之後，得周章。周章已君吳，因而封之。乃封周章弟虞仲於周之北故夏虛，是爲虞仲，列爲諸侯。
45	《史记·吴太伯世家》	周章卒，子熊遂立。熊遂卒，子柯相立。柯相卒，子彊鳩夷立。彊鳩夷卒，子餘橋疑吾立。餘橋疑吾卒，子柯盧立。柯盧卒，子周繇立。周繇卒，子屈羽立。屈羽卒，子夷吾立。夷吾卒，子禽處立。禽處卒，子轉立。轉卒，子頗高立。頗高卒，子句卑立。是時晉獻公滅周北虞公，以開晉伐虢也。句卑卒，子去齊立。去齊卒，子壽夢立。壽夢立而吳始益大，稱王。
46	《史记·齐太公世家》	是時周室微，唯齊、楚、秦、晉爲彊。晉初與會，獻公死，國內亂。秦穆公辟遠，不與中國會盟。楚成王初收荊蠻有之，夷狄自置。唯獨齊爲中國會盟，而桓公能宣其德，故諸侯賓會。
47	《史记·齐太公世家》	三十二年，彗星見。景公坐柏寢，嘆曰："堂堂！誰有此乎？"羣臣皆泣，晏子笑，公怒。晏子："臣笑羣臣諛甚。"景公曰："彗星出東北，當齊分野，寡人以爲憂。"晏子曰："君高臺深池，賦斂如弗得，刑罰恐弗勝，茀星將出，彗星何懼乎？"公曰："可禳否？"晏子曰："使神可祝而來，亦可禳而去也。百姓苦怨以萬數，而君令一人禳之，安能勝衆口乎？"是時景公好治宮室，聚狗馬，奢侈，厚賦重刑，故晏子以此諫之。
48	《史记·鲁周公世家》	十八年，成公卒，子午立，是爲襄公。是時襄公三歲也。
49	《史记·鲁周公世家》	三十七年，悼公卒，子嘉立，是爲元公。元公二十一年卒，子顯立，是爲穆公。穆公三十三年卒，子奮立，是爲共公。共公二十二年卒，子屯立，是爲康公。康公九年卒，子匽立，是爲景公。景公二十九年卒，子叔立，是爲平公。是時六國皆稱王。
50	《史记·卫康叔世家》	悼公五年卒，子敬公弗立。敬公十九年卒，子昭公糾立。是時三晉彊，衛如小侯，屬之。
51	《史记·晋世家》	昭侯元年，封文侯弟成師于曲沃。曲沃邑大於翼。翼，晉君都邑也。成師封曲沃，號爲桓叔。靖侯庶孫欒賓相桓叔。桓叔是時年五十八矣，好德，晉國之衆皆附焉。君子曰："晉之亂其在曲沃矣。末大於本而得民心，不亂何待！"

续表

序号	篇目名称	选取的语段（字体为繁体）
52	《史记·晋世家》	晉文公重耳，晉獻公之子也。自少好士，年十七，有賢士五人：曰趙衰；狐偃咎犯，文公舅也；賈佗；先軫；魏武子。自獻公爲太子時，重耳固已成人矣。獻公卽位，重耳年二十一。獻公十三年，以驪姬故，重耳備蒲城守秦。獻公二十一年，獻公殺太子申生，驪姬讒之，恐，不辭獻公而守蒲城。獻公二十二年，獻公使宦者履鞮趣殺重耳。重耳踰垣，宦者逐斬其衣袪。重耳遂奔狄。狄，其母國也。是時重耳年四十三。從此五士，其餘不名者數十人，至狄。
53	《史记·晋世家》	重耳至秦，繆公以宗女五人妻重耳，故子圉妻與往。重耳不欲受，司空季子曰："其國且伐，況其故妻乎！且受以結秦親而求入，子乃拘小禮，忘大醜乎！"遂受。繆公大歡，與重耳飲。趙衰歌黍苗詩。繆公曰："知子欲急反國矣。"趙衰與重耳下，再拜曰："孤臣之仰君，如百穀之望時雨。"是時晉惠公十四年秋。惠公以九月卒，子圉立。十一月，葬惠公。十二月，晉國大夫欒、郤等聞重耳在秦，皆陰來勸重耳、趙衰等反國，爲內應甚衆。於是秦繆公乃發兵與重耳歸晉。晉聞秦兵來，亦發兵拒之。然皆陰知公子重耳入也。唯惠公之故貴臣呂、郤之屬不欲立重耳。重耳出亡凡十九歲而得入，時年六十二矣，晉人多附焉。
54	《史记·晋世家》	文公元年春，秦送重耳至河。咎犯曰："臣從君周旋天下，過亦多矣。臣猶知之，況於君乎？請從此去矣。"重耳曰："若反國，所不與子犯共者，河伯視之！"乃投璧河中，以與子犯盟。是時介子推從，在船中，乃笑曰："天實開公子，而子犯以爲己功而要市於君，固且羞也。吾不忍與同位。"乃自隱渡河。秦兵圍令狐，晉軍于廬柳。二月辛丑，咎犯與秦晉大夫盟於郇。壬寅，重耳入於晉師。丙午，入於曲沃。丁未，朝於武宫，卽位爲晉君，是爲文公。羣臣皆往。懷公圉奔高梁。戊申，使人殺懷公。
55	《史记·晋世家》	五年，伐鄭，爲助楚故也。是時楚莊王彊，以挫晉兵河上也。
56	《史记·楚世家》	是時楚國雖已立比爲王，畏靈王復來，又不聞靈王死，故觀從謂初王比曰："不殺弃疾，雖得國猶受禍。"王曰："余不忍。"從曰："人將忍王。"王不聽，乃去。弃疾歸。國人每夜驚曰："靈王入矣！"乙卯夜，弃疾使船人從江上走呼曰："靈王至矣！"國人愈驚。又使曼成然告初王比及令尹子晳曰："王至矣！國人將殺君，司馬將至矣！君蚤自圖，無取辱焉。衆怒如水火，不可救也。"初王及子晳遂自殺。丙辰，弃疾卽位爲王，改名熊居，是爲平王。
57	《史记·楚世家》	平王二年，使費無忌如秦爲太子建取婦。婦好，來，未至，無忌先歸，說平王曰："秦女好，可自娶，爲太子更求。"平王聽之，卒自娶秦女，生熊珍。更爲太子娶。是時伍奢爲太子太傅，無忌爲少傅。無忌無寵於太子，常讒惡太子建。建時年十五矣，其母蔡女也，無寵於王，王稍益疏外建也。
58	《史记·楚世家》	十三年，吳王夫差彊，陵齊、晉，來伐楚。十六年，越滅吳。四十二年，楚滅蔡。四十四年，楚滅。與秦平。是時越已滅吳而不能正江、淮北；楚東侵，廣地至泗上。
59	《史记·楚世家》	考烈王元年，納州于秦以平。是時楚益弱。
60	《史记·赵世家》	是時王少，成、兌專政，畏誅，故圍主父。主父初以長子章爲太子，後得吳娃，愛之，爲不出者數歲，生子何，乃廢太子章而立何爲王。吳娃死，愛弛，憐故太子，欲兩王之，猶豫未決，故亂起，以至父子俱死，爲天下笑，豈不痛乎！

续表

序号	篇目名称	选取的语段（字体为繁体）
61	《史记·孔子世家》	是時也，晉平公淫，六卿擅權，東伐諸侯；楚靈王兵彊，陵轢中國；齊大而近於魯。魯小弱，附於楚則晉怒；附於晉則楚來伐；不備於齊，齊師侵魯。
62	《史记·孔子世家》	定公八年，公山不狃不得意於季氏，因陽虎爲亂，欲廢三桓之適，更立其庶孽陽虎素所善者，遂執季桓子。桓子詐之，得脱。定公九年，陽虎不勝，奔于齊。是時孔子年五十。
63	《史记·孔子世家》	孔子曰："魯衛之政，兄弟也。"是時，衛君輒父不得立，在外，諸侯數以爲讓。而孔子弟子多仕於衛，衛君欲得孔子爲政。子路曰："衛君待子而爲政，子將奚先？"孔子曰："必也正名乎！"子路曰："有是哉，子之迂也！何其正也？"孔子曰："野哉由也！夫名不正則言不順，言不順則事不成，事不成則禮樂不興，禮樂不興則刑罰不中，刑罰不中則民無所錯手足矣。夫君子爲之必可名，言之必可行。君子於其言，無所苟而已矣。"
64	《史记·外戚世家》	及諸侯畔秦，魏豹立爲魏王，而魏媪内其女於魏宫。媪之許負所相，相薄姬，云當生天子。是時項羽方與漢王相距滎陽，天下未有所定。豹初與漢擊楚，及聞許負言，心獨喜，因背漢而畔，中立，更與楚連和。漢使曹參等擊虜魏王豹，以其國爲郡，而薄姬輸織室。豹已死，漢王入織室，見薄姬有色，詔内後宫，歲餘不得幸。始姬少時，與管夫人、趙子兒相愛，約曰："先貴無相忘。"已而管夫人、趙子兒先幸漢王。漢王坐河南宫成皋臺，此兩美人相與笑薄姬初時約。漢王聞之，問其故，兩人具以實告漢王。漢王心慘然，憐薄姬，是日召而幸之。薄姬曰："昨暮夜妾夢蒼龍據吾腹。"高帝曰："此貴徵也，吾爲女遂成之。"一幸生男，是爲代王。其後薄姬希見高祖。
65	《史记·外戚世家》	李夫人蚤卒，其兄李延年以音幸，號協律。協律者，故倡也。兄弟皆坐姦，族。是時其長兄廣利爲貳師將軍，伐大宛，不及誅，還，而上既夷李氏，後憐其家，乃封爲海西侯。
66	《史记·外戚世家》	是時平陽主寡居，當用列侯尚主。主與左右議長安中列侯可爲夫者，皆言大將軍可。主笑曰："此出吾家，常使令騎從我出入耳，奈何用爲夫乎？"左右侍御者曰："今大將軍姊爲皇后，三子爲侯，富貴振動天下，主何以易之乎？"於是主乃許之。言之皇后，令白之武帝，乃詔衛將軍尚平陽公主焉。
67	《史记·楚元王世家》	漢已平吳楚，孝景帝欲以德侯子續吳，以元王子禮續楚。竇太后曰："吳王，老人也，宜爲宗室順善。今乃首率七國，紛亂天下，奈何續其後！"不許吳，許立楚後。是時禮爲漢宗正。乃拜禮爲楚王，奉元王宗廟，是爲楚文王。
68	《史记·齐悼惠王世家》	齊有宦者徐甲，入事漢皇太后。皇太后有愛女曰脩成君，脩成君非劉氏，太后憐之。脩成君有女名娥，太后欲嫁之於諸侯，宦者甲乃請使齊，必令王上書請娥。皇太后喜，使甲之齊。是時齊人主父偃知甲之使齊以取后事，亦因謂甲："即事成，幸言偃女願得充王後宫。"甲既至齊，風以此事。紀太后大怒，曰："王有后，後宫具備。且甲，齊貧人，急乃爲宦者，入事漢，無補益，乃欲亂吾王家！且主父偃何爲者？乃欲以女充後宫！"徐甲大窘，還報皇太后曰："王已願尚娥，然有一害，恐如燕王。"燕王者，與其子昆弟姦，新坐以死，亡國，故以燕感太后。太后曰："無復言嫁女齊事。"事浸潯（不得）聞於天子。主父偃由此亦與齊有卻。
69	《史记·齐悼惠王世家》	是時趙王懼主父偃一出廢齊，恐其漸疏骨肉，乃上書言偃受金及輕重之短。天子亦既囚偃。公孫弘言："齊王以憂死毋後，國入漢，非誅偃無以塞天下之望。"遂誅偃。

续表

序号	篇目名称	选取的语段（字体为繁体）
70	《史记·留侯世家》	於是上自將兵而東，羣臣居守，皆送至灞上。留侯病，自彊起，至曲郵，見上曰："臣宜從，病甚。楚人剽疾，願上無與楚人爭鋒。"因說上曰："令太子爲將軍，監關中兵。"上曰："子房雖病，彊卧而傅太子。"是時叔孫通爲太傅，留侯行少傅事。
71	《史记·陈丞相世家》	平遂至修武降漢，因魏無知求見漢王，漢王召入。是時萬石君奮爲漢王中涓，受平謁，入見平。平等七人俱進，賜食。
72	《史记·梁孝王世家》	梁王十四年，入朝。十七年，十八年，比年入朝，留，其明年，乃之國。二十一年，入朝。二十二年，孝文帝崩。二十四年，入朝。二十五年，復入朝。是時上未置太子也。上與梁王燕飲，嘗從容言曰："千秋萬歲後傳於王。"王辭謝。雖知非至言，然心內喜。太后亦然。
73	《史记·仲尼弟子列传》	孔子聞衛亂，曰："嗟乎，由死矣！"已而果死。故孔子曰："自吾得由，惡言不聞於耳。"是時子貢爲魯使於齊。
74	《史记·苏秦列传》	是時周天子致文武之胙於秦惠王。惠王使犀首攻魏，禽將龍賈，取魏之雕陰，且欲東兵。蘇秦恐秦兵之至趙也，乃激怒張儀，入之于秦。
75	《史记·白起王翦列传》	其九月，秦復發兵，使五大夫王陵攻趙邯鄲。是時武安君病，不任行。四十九年正月，陵攻邯鄲，少利，秦益發兵佐陵。陵兵亡五校。武安君病愈，秦王欲使武安君代陵將。武安君言曰："邯鄲實未易攻也。且諸侯救日至，彼諸侯怨秦之日久矣。今秦雖破長平軍，而秦卒死者過半，國內空。遠絶河山而爭人國都，趙應其内，諸侯攻其外，破秦軍必矣。不可。"秦王自命，不行；乃使應侯請之，武安君終辭不肯行，遂稱病。
76	《史记·孟尝君列传》	孟嘗君怨秦，將以齊爲韓、魏攻楚，因與韓、魏攻秦，而借兵食於西周。蘇代爲西周謂曰："君以齊爲韓、魏攻楚九年，取宛、葉以北以彊韓、魏，今復攻秦以益之。韓、魏南無楚憂，西無秦患，則齊危矣。韓、魏必輕齊畏秦，臣爲君危之。君不如令敝邑深合於秦，而君無攻，又無借兵食。君臨函谷而無攻，令敝邑以君之情謂秦昭王曰'薛公必不破秦以彊韓、魏。其攻秦也，欲王之令楚王割東國以與齊，〔四〕而秦出楚懷王以爲和'。君令敝邑以此惠秦，秦得無破而以東國自免也，秦必欲之。楚王得出，必德齊。齊得東國益彊，而薛世世無患矣。秦不大弱，而處三晉之西，三晉必重齊。"薛公曰："善。"因令韓、魏賀秦，使三國無攻，而不借兵食於西周矣。是時，楚懷王入秦，秦留之，故欲必出之。秦不果出楚懷王。
77	《史记·平原君虞卿列传》	平原君家樓臨民家。民家有躄者，槃散行汲。平原君美人居樓上，臨見，大笑之。明日，躄者至平原君門，請曰："臣聞君之喜士，士不遠千里而至者，以君能貴士而賤妾也。臣不幸有罷癃之病，而君之後宮臨而笑臣，臣願得笑臣者頭。"平原君笑應曰："諾。"躄者去，平原君笑曰："觀此豎子，乃欲以一笑之故殺吾美人，不亦甚乎！"終不殺。居歲餘，賓客門下舍人稍稍引去者過半。平原君怪之，曰："勝所以待諸君者未嘗敢失禮，而去者何多也？"門下一人前對曰："以君之不殺笑躄者，以君爲愛色而賤士，士卽去耳。"於是平原君乃斬笑躄者美人頭，自造門進躄者，因謝焉。其後門下乃復稍稍來。是時齊有孟嘗，魏有信陵，楚有春申，故爭相傾以待士。
78	《史记·魏公子列传》	魏公子無忌者，魏昭王少子而魏安釐王異母弟也。昭王薨，安釐王卽位，封公子爲信陵君。是時范雎亡魏相秦，以怨魏齊故，秦兵圍大梁，破魏華陽下軍，走芒卯。魏王及公子患之。

续表

序号	篇目名称	选取的语段（字体为繁体）
79	《史记·春申君列传》	春申君既相楚，是時齊有孟嘗君，趙有平原君，魏有信陵君，方爭下士，招致賓客，以相傾奪，輔國持權。
80	《史记·屈原贾生列传》	明年，秦割漢中地與楚以和。楚王曰："不願得地，願得張儀而甘心焉。"張儀聞，乃曰："以一儀而當漢中地，臣請往如楚。"如楚，又因厚幣用事者臣靳尚，而設詭辯於懷王之寵姬鄭袖。懷王竟聽鄭袖，復釋去張儀。是時屈平既疏，不復在位，使於齊，顧反，諫懷王曰："何不殺張儀？"懷王悔，追張儀不及。
81	《史记·屈原贾生列传》	是時賈生年二十餘，最爲少。每詔令議下，諸老先生不能言，賈生盡爲之對，人人各如其意所欲出。諸生於是乃以爲能不及也。孝文帝説之，超遷，一歲中至太中大夫。
82	《史记·吕不韦列传》	當是時，魏有信陵君，楚有春申君，趙有平原君，齊有孟嘗君，皆下士喜賓客以相傾。吕不韋以秦之彊，羞不如，亦招致士，厚遇之，至食客三千人。是時諸侯多辯士，如荀卿之徒，著書布天下。吕不韋乃使其客人人著所聞，集論以爲八覽、六論、十二紀，二十餘萬言。以爲備天地萬物古今之事，號曰吕氏春秋。布咸陽市門，懸千金其上，延諸侯游士賓客有能增損一字者予千金。
83	《史记·刺客列传》	方急時，不及召下兵，以故荆軻乃逐秦王。而卒惶急，無以擊軻，而以手共搏之。是時侍醫夏無且以其所奉藥囊提荆軻也。秦王方環柱走，卒惶急，不知所爲，左右乃曰："王負劍！"負劍，遂拔以擊荆軻，斷其左股。荆軻廢，乃引其匕首以擿秦王，不中，中桐柱。秦王復擊軻，軻被八創。軻自知事不就，倚柱而笑，箕踞以罵曰："事所以不成者，以欲生劫之，必得約契以報太子也。"於是左右既前殺軻，秦王不怡者良久。已而論功，賞羣臣及當坐者各有差，而賜夏無且黃金二百溢，曰："無且愛我，乃以藥囊提荆軻也。"
84	《史记·李斯列传》	是時二世在甘泉，方作觳抵優俳之觀。李斯不得見，因上書言趙高之短曰："臣聞之，臣疑其君，無不危國；妾疑其夫，無不危家。今有大臣於陛下擅利擅害，與陛下無異，此甚不便。昔者司城子罕相宋，身行刑罰，以威行之，朞年遂劫其君。田常爲簡公臣，爵列無敵於國，私家之富與公家均，布惠施德，下得百姓，上得羣臣，陰取齊國，殺宰予於庭，卽弑簡公於朝，遂有齊國。此天下所明知也。今高有邪佚之志，危反之行，如子罕相宋也；私家之富，若田氏之於齊也。兼行田常、子罕之逆道而劫陛下之威信，其志若韓玘爲韓安相也。陛下不圖，臣恐其爲變也。"
85	《史记·蒙恬列传》	始皇二十六年，蒙恬因家世得爲秦將，攻齊，大破之，拜爲内史。秦已并天下，乃使蒙恬將三十萬衆北逐戎狄，收河南。築長城，因地形，用制險塞，起臨洮，至遼東，延袤萬餘里。於是渡河，據陽山，逶蛇而北。暴師於外十餘年，居上郡。是時蒙恬威振匈奴。始皇甚尊寵蒙氏，信任賢之。而親近蒙毅，位至上卿，出則參乘，入則御前。恬任外事而毅常爲内謀，名爲忠信，故雖諸將相莫敢與之爭焉。
86	《史记·蒙恬列传》	始皇至沙丘崩，祕之，羣臣莫知。是時丞相李斯、公子胡亥、中車府令趙高常從。高雅得幸於胡亥，欲立之，又怨蒙毅法治之而不爲己也，因有賊心，迺與丞相李斯、公子胡亥陰謀，立胡亥爲太子。太子已立，遣使者以罪賜公子扶蘇、蒙恬死。扶蘇已死，蒙恬疑而復請之。使者以蒙恬屬吏，更置。胡亥以李斯舍人爲護軍。使者還報，胡亥已聞扶蘇死，卽欲釋蒙恬。趙高恐蒙氏復貴而用事，怨之。

续表

序号	篇目名称	选取的语段（字体为繁体）
87	《史记·张耳陈馀列传》	張耳者，大梁人也。其少時，及魏公子毋忌爲客。張耳嘗亡命游外黃。外黃富人女甚美，嫁庸奴，亡其夫，去抵父客。父客素知張耳，乃謂女曰："必欲求賢夫，從張耳。"女聽，乃卒爲請決，嫁之張耳。張耳是時脱身游，女家厚奉給張耳，張耳以故致千里客。乃宦魏爲外黃令。名由此益賢。陳餘者，亦大梁人也，好儒術，數游趙苦陘。富人公乘氏以其女妻之，亦知陳餘非庸人也。餘年少，父事張耳，兩人相與爲刎頸交。
88	《史记·田儋列传》	齊王廣東走高密，相横走博（陽），守相田光走城陽，將軍田既軍於膠東。楚使龍且救齊，齊王與合軍高密。漢將韓信與曹參破殺龍且，虜齊王廣。漢將灌嬰追得齊守相田光。至博（陽），而横聞齊王死，自立爲齊王，還擊嬰，嬰敗横之軍於嬴下。田横亡走梁，歸彭越。彭越是時居梁地，中立，且爲漢，且爲楚。韓信已殺龍且，因令曹參進兵破殺田既於膠東，使灌嬰破殺齊將田吸於千乘。韓信遂平齊，乞自立爲齊假王，漢因而立之。
89	《史记·樊郦滕灌列传》	其後盧綰反，高帝使噲以相國擊燕。是時高帝病甚，人有惡噲黨於吕氏，卽上一日宫車晏駕，則噲欲以兵盡誅滅戚氏、趙王如意之屬。高帝聞之大怒，乃使陳平載絳侯代將，而卽軍中斬噲。陳平畏吕后，執噲詣長安。至則高祖已崩，吕后釋噲，使復爵邑。
90	《史记·张丞相列传》	遷爲計相，一月，更以列侯爲主計四歲。是時蕭何爲相國，而張蒼乃自秦時爲柱下史，明習天下圖書計籍。蒼又善用算律曆，故令蒼以列侯居相府，領主郡國上計者。黥布反亡，漢立皇子長爲淮南王，而張蒼相之。十四年，遷爲御史大夫。
91	《史记·张丞相列传》	嘉爲人廉直，門不受私謁。是時太中大夫鄧通方隆愛幸，賞賜累巨萬。
92	《史记·张丞相列传》	文帝嘗燕飲通家，其寵如是。是時丞相入朝，而通居上傍，有怠慢之禮。丞相奏事畢，因言曰："陛下愛幸臣，則富貴之；至於朝廷之禮，不可以不肅！"上曰："君勿言，吾私之。"罷朝坐府中，嘉爲檄召鄧通詣丞相府，不來，且斬通。通恐，入言文帝。
93	《史记·刘敬叔孙通列传》	漢七年，韓王信反，高帝自往擊之。至晉陽，聞信與匈奴欲共擊漢，上大怒，使人使匈奴。匈奴匿其壯士肥牛馬，但見老弱及羸畜。使者十輩來，皆言匈奴可擊。上使劉敬復往使匈奴，還報曰："兩國相擊，此宜夸矜見所長。今臣往，徒見羸瘠老弱，此必欲見短，伏奇兵以爭利。愚以爲匈奴不可擊也。"是時漢兵已踰句注，二十餘萬兵已業行。上怒，罵劉敬曰："齊虜！以口舌得官，今迺妄言沮吾軍。"械繫敬廣武。遂往，至平城，匈奴果出奇兵圍高帝白登，七日然後得解。高帝至廣武，赦敬，曰："吾不用公言，以困平城。吾皆已斬前使十輩言可擊者矣。"迺封敬二千户，爲關内侯，號爲建信侯。
94	《史记·季布栾布列传》	孝惠時，爲中郎將。單于嘗爲書嫚吕后，不遜，吕后大怒，召諸將議之。上將軍樊噲曰："臣願得十萬衆，横行匈奴中。"諸將皆阿吕后意，曰"然"。季布曰："樊噲可斬也！夫高帝將兵四十餘萬衆，困於平城，今噲柰何以十萬衆横行匈奴中，面欺！且秦以事於胡，陳勝等起。于今創痍未瘳，噲又面諛，欲摇動天下。"是時殿上皆恐，太后罷朝，遂不復議擊匈奴事。

续表

序号	篇目名称	选取的语段（字体为繁体）
95	《史记·袁盎晁错列传》	絳侯爲丞相，朝罷趨出，意得甚。上禮之恭，常自送之。袁盎進曰："陛下以丞相何如人？"上曰："社稷臣。"盎曰："絳侯所謂功臣，非社稷臣。社稷臣主在與在，主亡與亡。方呂后時，諸呂用事，擅爲相王，劉氏不絕如帶。是時絳侯爲太尉，主兵柄，弗能正。呂后崩，大臣相與共畔諸呂，太尉主兵，適會其成功，所謂功臣，非社稷臣。丞相如有驕主色。陛下謙讓，臣主失禮，竊爲陛下不取也。"後朝，上益莊，丞相益畏。已而絳侯望袁盎曰："吾與而兄善，今兒廷毀我！"盎遂不謝。
96	《史记·张释之冯唐列传》	頃之，至中郎將。從行至霸陵，居北臨廁。是時慎夫人從，上指示慎夫人新豐道，曰："此走邯鄲道也。"使慎夫人鼓瑟，上自倚瑟而歌，意慘悽悲懷，顧謂羣臣曰："嗟乎！以北山石爲椁，用紵絮斮陳，蕠漆其間，豈可動哉！"
97	《史记·张释之冯唐列传》	久之，文帝與太后言之，乃許廷尉當。是時，中尉條侯周亞夫與梁相山都侯王恬開見釋之持議平，乃結爲親友。張廷尉由此天下稱之。
98	《史记·万石张叔列传》	元鼎五年秋，丞相有罪，罷。制詔御史："萬石君先帝尊之，子孫孝，其以御史大夫慶爲丞相，封爲牧丘侯。"是時漢方南誅兩越，東擊朝鮮，北逐匈奴，西伐大宛，中國多事。天子巡狩海内，修上古神祠，封禪，興禮樂。公家用少，桑弘羊等致利，王溫舒之屬峻法，兒寬等推文學至九卿，更進用事，事不關決於丞相，丞相醇謹而已。在位九歲，無能有所匡言。嘗欲請治上近臣所忠、九卿咸宣罪，不能服，反受其過，贖罪。
99	《史记·田叔列传》	會陳豨反代，漢七年，高祖往誅之，過趙，趙王張敖自持案進食，禮恭甚，高祖箕踞罵之。是時趙相趙午等數十人皆怒，謂張王曰："王事上禮備矣，今遇王如是，臣等請爲亂。"趙王齧指出血，曰："先人失國，微陛下，臣等當蟲出。公等奈何言若是！毋復出口矣！"
100	《史记·田叔列传》	於是貫高等曰："王長者，不倍德。"卒私相與謀弒上。會事發覺，漢下詔捕趙王及羣臣反者。於是趙午等皆自殺，唯貫高就繫。是時漢下詔書："趙有敢隨王者辠三族。"唯孟舒、田叔等十餘人赭衣自髡鉗，稱王家奴，隨趙王敖至長安。貫高事明白，趙王敖得出，廢爲宣平侯，乃進言田叔等十餘人。上盡召見，與語，漢廷臣毋能出其右者，上説，盡拜爲郡守、諸侯相。叔爲漢中守十餘年，會高后崩，諸呂作亂，大臣誅之，立孝文帝。
101	《史记·田叔列传》	孝文帝既立，召田叔問之曰："公知天下長者乎？"對曰："臣何足以知之！"上曰："公，長者也，宜知之。"叔頓首曰："故雲中守孟舒，長者也。"是時孟舒坐虜大入塞盜劫，雲中尤甚，免。上曰："先帝置孟舒雲中十餘年矣，虜曾一入，孟舒不能堅守，毋故士卒戰死者數百人。長者固殺人乎？何以言孟舒爲長者也？"叔叩頭對曰："是乃孟舒所以爲長者也。夫貫高等謀反，上下明詔，趙有敢隨張王，罪三族。然孟舒自髡鉗，隨張王敖之所在，欲以身死之，豈自知爲雲中守哉！漢與楚相距，士卒罷敝。匈奴冒頓新服北夷，來爲邊害，孟舒知士卒罷敝，不忍出言，士爭臨城死敵，如子爲父，弟爲兄，以故死者數百人。孟舒豈故驅戰之哉！是乃孟舒所以爲長者也。"於是上曰："賢哉孟舒！"復召孟舒以爲雲中守。
102	《史记·田叔列传》	田仁上書言："天下郡太守多爲姦利，三河尤甚，臣請先刺舉三河。三河太守皆内倚中貴人，與三公有親屬，無所畏憚，宜先正三河以警天下姦吏。"是時河南、河内太守皆御史大夫杜父兄子弟也，河東太守石丞相子孫也。

续表

序号	篇目名称	选取的语段（字体为繁体）
103	《史记·田叔列传》	是時石氏九人爲二千石，方盛貴。田仁數上書言之。杜大夫及石氏使人謝，謂田少卿曰："吾非敢有語言也，願少卿無相誣汙也。"仁已刺三河，三河太守皆下吏誅死。仁還奏事，武帝説，以仁爲能不畏彊禦，拜仁爲丞相司直，威振天下。
104	《史记·田叔列传》	其後逢太子有兵事，丞相自將兵，使司直主城門。司直以爲太子骨肉之親，父子之間不甚欲近，去之諸陵過。是時武帝在甘泉，使御史大夫暴君下責丞相"何爲縱太子"，丞相對言"使司直部守城門而開太子"。上書以聞，請捕繫司直。司直下吏，誅死。
105	《史记·田叔列传》	是時任安爲北軍使者護軍，太子立車北軍南門外，召任安，與節令發兵。安拜受節，入，閉門不出。武帝聞之，以爲任安詳邪，不傅事，何也？任安笞辱北軍錢官小吏，小吏上書言之，以受太子節，言"幸與我其鮮好者"。書上聞，武帝曰："是老吏也，見лісlabels事起，欲坐觀成敗，見勝者欲合從之，有兩心。安有當死之罪甚衆，吾常活之，今懷詐，有不忠之心。"下安吏，誅死。
106	《史记·魏其武安侯列传》	梁孝王者，孝景弟也，其母竇太后愛之。梁孝王朝，因昆弟燕飲。是時上未立太子，酒酣，從容言曰："千秋之後傳梁王。"太后驩。竇嬰引卮酒進上，曰："天下者，高祖天下，父子相傳，此漢之約也，上何以得擅傳梁王！"太后由此憎竇嬰。竇嬰亦薄其官，因病免。太后除竇嬰門籍，不得入朝請。
107	《史记·魏其武安侯列传》	即罷起入，上食太后。太后亦已使人候伺，具以告太后。太后怒，不食，曰："今我在也，而人皆藉吾弟，令我百歲後，皆魚肉之矣。且帝寧能爲石人邪！此特帝在，即録録，設百歲後，是屬寧有可信者乎？"上謝曰："俱宗室外家，故廷辯之。不然，此一獄吏所決耳。"是時郎中令石建爲上分别言兩人事。
108	《史记·韩长孺列传》	明年，匈奴大入邊，殺遼西太守，及入鴈門，所殺略數千人。車騎將軍衛青擊之，出鴈門。衛尉安國爲材官將軍，屯於漁陽。安國捕生虜，言匈奴遠去。即上書言方田作時，請且罷軍屯。罷軍屯月餘，匈奴大入上谷、漁陽。安國壁乃有七百餘人，出與戰，不勝，復入壁。匈奴虜略千餘人及畜産而去。天子聞之，怒，使使責讓安國。徙安國益東，屯右北平。是時匈奴虜言當入東方。
109	《史记·李将军列传》	廣令諸騎曰："前！"前未到匈奴陳二里所，止，令曰："皆下馬解鞍！"其騎曰："虜多且近，即有急，柰何？"廣曰："彼虜以我爲走，今皆解鞍以示不走，用堅其意。"於是胡騎遂不敢擊。有白馬將出護其兵，李廣上馬與十餘騎犇射殺胡白馬將，而復還至其騎中，解鞍，令士皆縱馬卧。是時會暮，胡兵終怪之，不敢擊。夜半時，胡兵亦以爲漢有伏軍於旁欲夜取之，胡皆引兵而去。平旦，李廣乃歸其大軍。大軍不知廣所之，故弗從。
110	《史记·李将军列传》	及出擊胡，而廣行無部伍行陳，就善水草屯，舍止，人人自便，不擊刀斗以自衛，莫府省約文書籍事，然亦遠斥候，未嘗遇害。程不識正部曲行伍營陳，擊刀斗，士吏治軍簿至明，軍不得休息，然亦未嘗遇害。不識曰："李廣軍極簡易，然虜卒犯之，無以禁也；而其士卒亦佚樂，咸樂爲之死。我軍雖煩擾，然虜亦不得犯我。"是時漢邊郡李廣、程不識皆爲名將，然匈奴畏李廣之略，士卒亦多樂從李廣而苦程不識。程不識孝景時以數直諫爲太中大夫。爲人廉，謹於文法。
111	《史记·李将军列传》	後漢以馬邑城誘單于，使大軍伏馬邑旁谷，而廣爲驍騎將軍，領屬護軍將軍。是時單于覺之，去，漢軍皆無功。其後四歲，廣以衛尉爲將軍，出鴈門擊匈奴。匈奴兵多，破敗廣軍，生得廣。

附　　录　　227

续表

序号	篇目名称	选取的语段（字体为繁体）
112	《史记·李将军列传》	明日，復力戰，而博望侯軍亦至，匈奴軍乃解去。漢軍罷，弗能追。是時廣軍幾沒，罷歸。漢法，博望侯留遲後期，當死，贖爲庶人。廣軍功自如，無賞。
113	《史记·李将军列传》	大將軍青亦陰受上誡，以爲李廣老，數奇，毋令當單于，恐不得所欲。而是時公孫敖新失侯，爲中將軍從大將軍，大將軍亦欲使敖與俱當單于，故徙前將軍廣。廣時知之，固自辭於大將軍。大將軍不聽，令長史封書與廣之莫府，曰："急詣部，如書。"廣不謝大將軍而起行，意甚慍怒而就部，引兵與右將軍食其合軍出東道。
114	《史记·匈奴列传》	冒頓既立，是時東胡彊盛，聞冒頓殺父自立，乃使使謂冒頓，欲得頭曼時有千里馬。冒頓問羣臣，羣臣皆曰："千里馬，匈奴寶馬也，勿與。"
115	《史记·匈奴列传》	及冒頓以兵至，擊，大破滅東胡王，而虜其民人及畜產。既歸，西擊走月氏，南并樓煩、白羊河南王。（侵燕代）悉復收秦所使蒙恬所奪匈奴地者，與漢關故河南塞，至朝㤝、膚施，遂侵燕、代。是時漢兵與項羽相距，中國罷於兵革，以故冒頓得自彊，控弦之士三十餘萬。
116	《史记·匈奴列传》	是時漢初定中國，徙韓王信於代，都馬邑。匈奴大攻圍馬邑，韓王信降匈奴。匈奴得信，因引兵南踰句注，攻太原，至晉陽下。高帝自將兵往擊之。會冬大寒雨雪，卒之墮指者十二三，於是冒頓詳敗走，誘漢兵。漢兵逐擊冒頓，冒頓匿其精兵，見其羸弱，於是漢悉兵，多步兵，三十二萬，北逐之。
117	《史记·匈奴列传》	是後韓王信爲匈奴將，及趙利、王黄等數倍約，侵盜代、雲中。居無幾何，陳豨反，又與韓信合謀擊代。漢使樊噲往擊之，復拔代、鴈門、雲中郡縣，不出塞。是時匈奴以漢將衆往降，故冒頓常往來侵盜代地。於是漢患之，高帝乃使劉敬奉宗室女公主爲單于閼氏，歲奉匈奴絮繒酒米食物各有數，約爲昆弟以和親，冒頓乃少止。後燕王盧綰反，率其黨數千人降匈奴，往來苦上谷以東。
118	《史记·匈奴列传》	至孝文帝初立，復修和親之事。其三年五月，匈奴右賢王入居河南地，侵盜上郡葆塞蠻夷，殺略人民。於是孝文帝詔丞相灌嬰發車騎八萬五千，詣高奴，擊右賢王。右賢王走出塞。文帝幸太原。是時濟北王反，文帝歸，罷丞相擊胡之兵。
119	《史记·匈奴列传》	漢伏兵三十餘萬馬邑旁，御史大夫韓安國爲護軍，護四將軍以伏單于。單于既入漢塞，未至馬邑百餘里，見畜布野而無人牧者，怪之，乃攻亭。是時鴈門尉史行徼，見寇，葆此亭，知漢兵謀，單于得，欲殺之，尉史乃告單于漢兵所居。單于大驚曰："吾固疑之。"乃引兵還。出曰："吾得尉史，天也，天使若言。"以尉史爲"天王"。漢兵約單于入馬邑而縱，單于不至，以故漢兵無所得。漢將軍王恢部出代擊胡輜重，聞單于還，兵多，不敢出。漢以恢本造兵謀而不進，斬恢。
120	《史记·匈奴列传》	其明年春，漢使驃騎將軍去病將萬騎出隴西，過焉支山千餘里，擊匈奴，得胡首虜（騎）萬八千餘級，破得休屠王祭天金人。其夏，驃騎將軍復與合騎侯數萬騎出隴西、北地二千里，擊匈奴。過居延，攻祁連山，得胡首虜三萬餘人，裨小王以下七十餘人。是時匈奴亦來入代郡、鴈門，殺略數百人。漢使博望侯及李將軍廣出右北平，擊匈奴左賢王。左賢王圍李將軍，卒可四千人，且盡，殺虜亦過當。會博望侯軍救至，李將軍得脱。漢失亡數千人，合騎侯後驃騎將軍期，及與博望侯皆當死，贖爲庶人。

续表

序号	篇目名称	选取的语段（字体为繁体）
121	《史记·匈奴列传》	是時天子巡邊，至朔方，勒兵十八萬騎以見武節，而使郭吉風告單于。郭吉既至匈奴，匈奴主客問所使，郭吉禮卑言好，曰："吾見單于而口言。"單于見吉，吉曰："南越王頭已懸於漢北闕。今單于（能）即〔能〕前與漢戰，天子自將兵待邊；單于即不能，即南面而臣於漢。何徒遠走，亡匿於幕北寒苦無水草之地，毋爲也。"語卒而單于大怒，立斬主客見者，而留郭吉不歸，遷之北海上。
122	《史记·匈奴列传》	漢使楊信於匈奴。是時漢東拔穢貉、朝鮮以爲郡，而西置酒泉郡以鬲絶胡與羌通之路。漢又西通月氏、大夏，又以公主妻烏孫王，以分匈奴西方之援國。又北益廣田至眩雷爲塞，而匈奴終不敢以爲言。
123	《史记·卫将军骠骑列传》	大將軍既還，賜千金。是時王夫人方幸於上，甯乘説大將軍曰："將軍所以功未甚多，身食萬户，三子皆爲侯者，徒以皇后故也。今王夫人幸而宗族未富貴，願將軍奉所賜千金爲王夫人親壽。"大將軍乃以五百金爲壽。天子聞之，問大將軍，大將軍以實言，上乃拜甯乘爲東海都尉。
124	《史记·卫将军骠骑列传》	其秋，單于怒渾邪王居西方數爲漢所破，亡數萬人，以驃騎之兵也。單于怒，欲召誅渾邪王。渾邪王與休屠王等謀欲降漢，使人先要邊。是時大行李息將城河上，得渾邪王使，即馳傳以聞。天子聞之，於是恐其以詐降而襲邊，乃令驃騎將軍將兵往迎之。驃騎既渡河，與渾邪王衆相望。
125	《史记·卫将军骠骑列传》	是時匈奴衆失單于十餘日，右谷蠡王聞之，自立爲單于。單于後得其衆，右王乃去單于之號。
126	《史记·平津侯主父列传》	建元元年，天子初即位，招賢良文學之士。是時弘年六十，徵以賢良爲博士。使匈奴，還報，不合上意，上怒，以爲不能，弘迺病免歸。
127	《史记·平津侯主父列传》	元光五年，有詔徵文學，菑川國復推上公孫弘。弘讓謝國人曰："臣已嘗西應命，以不能罷歸，願更推選。"國人固推弘，弘至太常。太常令所徵儒士各對策，百餘人，弘第居下。策奏，天子擢弘對爲第一。召入見，狀貌甚麗，拜爲博士。是時通西南夷道，置郡，巴蜀民苦之，詔使弘視之。還奏事，盛毀西南夷無所用，上不聽。
128	《史记·平津侯主父列传》	元朔三年，張歐免，以弘爲御史大夫。是時通西南夷，東置滄海，北築朔方之郡。弘數諫，以爲罷敝中國以奉無用之地，願罷之。於是天子乃使朱買臣等難弘置朔方之便。發十策，弘不得一。弘迺謝曰："山東鄙人，不知其便若是，願罷西南夷、滄海而專奉朔方。"上乃許之。
129	《史记·平津侯主父列传》	是時趙人徐樂、齊人嚴安俱上書言世務，各一事。
130	《史记·平津侯主父列传》	主父始爲布衣時，嘗游燕、趙，及其貴，發燕事。趙王恐其爲國患，欲上書言其陰事，爲偃居中，不敢發。及爲齊相，出關，即使人上書，告言主父偃受諸侯金，以故諸侯子弟多以得封者。及齊王自殺，上聞大怒，以爲主父劫其王令自殺，乃徵下吏治。主父服受諸侯金，實不劫王令自殺。上欲勿誅，是時公孫弘爲御史大夫，乃言曰："齊王自殺無後，國除爲郡，入漢，主父偃本首惡，陛下不誅主父偃，無以謝天下。"乃遂族主父偃。
131	《史记·平津侯主父列传》	班固稱曰：公孫弘、卜式、兒寬皆以鴻漸之翼困於燕雀，遠迹羊豕之間，非遇其時，焉能致此位乎？是時漢興六十餘載，海内乂安，府庫充實，而四夷未賓，制度多闕，上方欲用文武，求之如弗及。

续表

序号	篇目名称	选取的语段（字体为繁体）
132	《史记·东越列传》	至元鼎五年，南越反，東越王餘善上書，請以卒八千人從樓船將軍擊呂嘉等。兵至揭揚，以海風波爲解，不行，持兩端，陰使南越。及漢破番禺，不至。是時樓船將軍楊僕使使上書，願便引兵擊東越。上曰士卒勞倦，不許，罷兵，令諸校屯豫章梅領待命。
133	《史记·东越列传》	元鼎六年秋，餘善聞樓船請誅之，漢兵臨境，且往，乃遂反，發兵距漢道。號將軍騶力等爲"吞漢將軍"，入白沙、武林、梅嶺，殺漢三校尉。是時漢使大農張成、故山州侯齒將屯，弗敢擊，卻就便處，皆坐畏懦誅。
134	《史记·西南夷列传》	及弘爲御史大夫，是時方築朔方以據河逐胡，弘因數言西南夷害，可且罷，專力事匈奴。上罷西夷，獨置南夷夜郎兩縣一都尉，稍令犍爲自葆就。
135	《史记·司马相如列传》	司馬相如者，蜀郡成都人也，字長卿。少時好讀書，學擊劍，故其親名之曰犬子。相如既學，慕藺相如之爲人，更名相如。以貲爲郎，事孝景帝，爲武騎常侍，非其好也。會景帝不好辭賦，是時梁孝王來朝，從游說之士齊人鄒陽、淮陰枚乘、吳莊忌夫子之徒，相如見而說之，因病免，客游梁。梁孝王令與諸生同舍，相如得與諸生游士居數歲，乃著子虛之賦。
136	《史记·司马相如列传》	至日中，謁司馬長卿，長卿謝病不能往，臨邛令不敢嘗食，自往迎相如。相如不得已，彊往，一坐盡傾。酒酣，臨邛令前奏琴曰："竊聞長卿好之，願以自娛。"相如辭謝，爲鼓一再行。是時卓王孫有女文君新寡，好音，故相如繆與令相重，而以琴心挑之。相如之臨邛，從車騎，雍容閒雅甚都；及飲卓氏，弄琴，文君竊從户窺之，心悅而好之，恐不得當也。
137	《史记·司马相如列传》	相如還報。唐蒙已略通夜郎，因通西南夷道，發巴、蜀、廣漢卒，作者數萬人。治道二歲，道不成，士卒多物故，費以巨萬計。蜀民及漢用事者多言其不便。是時邛筰之君長聞南夷與漢通，得賞賜多，多欲願爲内臣妾，請吏，比南夷。
138	《史记·司马相如列传》	相如口吃而善著書。常有消渴疾。與卓氏婚，饒於財。其進仕宦，未嘗肯與公卿國家之事，稱病閒居，不慕官爵。常從上至長楊獵，是時天子方好自擊熊彘，馳逐野獸，相如上疏諫之。
139	《史记·淮南衡山列传》	盡誅所與謀者。於是乃遣淮南王，載以輜車，令縣以次傳。是時袁盎諫上曰："上素驕淮南王，弗爲置嚴傅相，以故至此。且淮南王爲人剛，今暴摧折之，臣恐卒逢霧露病死，陛下爲有殺弟之名，柰何！"上曰："吾特苦之耳，今復之。"
140	《史记·淮南衡山列传》	王恐事發，太子遷謀曰："漢使即逮王，王令人衣衛士衣，持戟居庭中，王旁有非是，則刺殺之，臣亦使人刺殺淮南中尉，乃舉兵，未晚。"是時上不許公卿請，而遣漢中尉宏即訊驗王。王聞漢使來，即如太子謀計。漢中尉至，王視其顏色和，訊王以斥雷被事耳，王自度無何，不發。
141	《史记·淮南衡山列传》	書聞，上以其事下廷尉，廷尉下河南治。是時故辟陽侯孫審卿善丞相公孫弘，怨淮南厲王殺其大父，乃深購淮南事於弘，弘乃疑淮南有畔逆計謀，深窮治其獄。河南治建，辭引淮南太子及黨與。

续表

序号	篇目名称	选取的语段（字体为繁体）
142	《史记·汲郑列传》	是時，漢方征匈奴，招懷四夷。黯務少事，乘上閒，常言與胡和親，無起兵。上方向儒術，尊公孫弘。及事益多，吏民巧弄。上分別文法，湯等數奏決讞以幸。而黯常毀儒，面觸弘等徒懷詐飾智以阿人主取容，而刀筆吏專深文巧詆，陷人於罪，使不得反其真，以勝爲功。上愈益貴弘、湯，弘、湯深心疾黯，唯天子亦不説也，欲誅之以事。弘爲丞相，乃言上曰："右内史界部中多貴人宗室，難治，非素重臣不能任，請徙黯爲右内史。"爲右内史數歲，官事不廢。
143	《史记·儒林列传》	自孔子卒後，七十子之徒散游諸侯，大者爲師傅卿相，小者友教士大夫，或隱而不見。故子路居衞，子張居陳，澹臺子羽居楚，子夏居西河，子貢終於齊。如田子方、段干木、吳起、禽滑釐之屬，皆受業於子夏之倫，爲王者師。是時獨魏文侯好學。後陵遲以至于始皇，天下並爭於戰國，儒術既絀焉，然齊魯之閒，學者獨不廢也。於威、宣之際，孟子、荀卿之列，咸遵夫子之業而潤色之，以學顯於當世。
144	《史记·儒林列传》	於是天子使使束帛加璧安車駟馬迎申公，弟子二人乘軺傳從。至，見天子。天子問治亂之事，申公時已八十餘，老，對曰："爲治者不在多言，顧力行何如耳。"是時天子方好文詞，見申公對，默然。然已招致，則以爲太中大夫，舍魯邸，議明堂事。太皇竇太后好老子言，不説儒術，得趙綰、王臧之過以讓上，上因廢明堂事，盡下趙綰、王臧吏，後皆自殺。申公亦疾免以歸，數年卒。
145	《史记·儒林列传》	伏生者，濟南人也。故爲秦博士。孝文帝時，欲求能治尚書者，天下無有，乃聞伏生能治，欲召之。是時伏生年九十餘，老，不能行，於是乃詔太常使掌故朝錯往受之。秦時焚書，伏生壁藏之。其後兵大起，流亡，漢定，伏生求其書，亡數十篇，獨得二十九篇，即以教于齊魯之閒。學者由是頗能言尚書，諸山東大師無不涉尚書以教矣。
146	《史记·儒林列传》	伏生教濟南張生及歐陽生，歐陽生教千乘兒寬。兒寬既通尚書，以文學應郡舉，詣博士受業，受業孔安國。兒寬貧無資用，常爲弟子都養，及時時閒行傭賃，以給衣食。行常帶經，止息則誦之。以試第次，補廷尉史。是時張湯方鄉學，以爲奏讞掾，以古法議決疑大獄，而愛幸寬。
147	《史记·儒林列传》	董仲舒，廣川人也。以治春秋，孝景時爲博士。下帷講誦，弟子傳以久次相受業，或莫見其面，蓋三年董仲舒不觀於舍園，其精如此。進退容止，非禮不行，學士皆師尊之。今上即位，爲江都相。以春秋災異之變推陰陽所以錯行，故求雨閉諸陽，縱諸陰，其止雨反是。行之一國，未嘗不得所欲。中廢爲中大夫，居舍，著災異之記。是時遼東高廟災，主父偃疾之，取其書奏之天子。天子召諸生示其書，有刺譏。董仲舒弟子吕步舒不知其師書，以爲下愚。於是下董仲舒吏，當死，詔赦之。於是董仲舒竟不敢復言災異。
148	《史记·儒林列传》	董仲舒爲人廉直。是時方外攘四夷，公孫弘治春秋不如董仲舒，而弘希世用事，位至公卿。董仲舒以弘爲從諛。弘疾之，乃言上曰："獨董仲舒可使相膠西王。"膠西王素聞董仲舒有行，亦善待之。董仲舒恐久獲罪，疾免居家。至卒，終不治産業，以脩學著書爲事。故漢興至于五世之閒，唯董仲舒名爲明於春秋，其傳公羊氏也。
149	《史记·酷吏列传》	到都遷爲中尉。丞相條侯至貴倨也，而都揖丞相。是時民朴，畏罪自重，而都獨先嚴酷，致行法不避貴戚，列侯宗室見都側目而視，號曰"蒼鷹"。

续表

序号	篇目名称	选取的语段（字体为繁体）
150	《史记·酷吏列传》	武帝卽位，徙爲内史。外戚多毀成之短，抵罪髠鉗。是時九卿罪死卽死，少被刑，而成極刑，自以爲不復收，於是解脫，詐刻傳出關歸家。稱曰："仕不至二千石，賈不至千萬，安可比人乎！"乃貰貸買陂田千餘頃，假貧民，役使數千家。數年，會赦。致產數千金，爲任俠，持吏長短，出從數十騎。其使民威重於郡守。
151	《史记·酷吏列传》	是時上方鄉文學，湯決大獄，欲傅古義，乃請博士弟子治尚書、春秋補廷尉史，亭疑法。奏讞疑事，必像先爲上分别其原，上所是，受而著讞決法廷尉絜令，揚主之明。
152	《史记·酷吏列传》	是時趙禹、張湯以深刻爲九卿矣，然其治尚寬，輔法而行，而縱以鷹擊毛摯爲治。後會五銖錢白金起，民爲姦，京師尤甚，乃以縱爲右内史，王温舒爲中尉。
153	《史记·酷吏列传》	温舒擊東越還，議有不中意者，坐小法抵罪免。是時天子方欲作通天臺而未有人，温舒請覆中尉脫卒，得數萬人作。上説，拜爲少府。徙爲右内史，治如其故，姦邪少禁。坐法失官。復爲右輔，行中尉事，如故操。
154	《史记·大宛列传》	大宛之跡，見自張騫。張騫，漢中人。建元中爲郎。是時天子問匈奴降者，皆言匈奴破月氏王，以其頭爲飲器，月氏遁逃而常怨仇匈奴，無與共擊之。
155	《史记·大宛列传》	是時漢既滅越，而蜀、西南夷皆震，請吏入朝。於是置益州、越嶲、牂柯、沈黎、汶山郡，欲地接以前通大夏。乃遣使柏始昌、呂越人等歲十餘輩，出此初郡抵大夏，皆復閉昆明，爲所殺，奪幣財，終莫能通至大夏焉。於是漢發三輔罪人，因巴蜀士數萬人，遣兩將軍郭昌、衛廣等往擊昆明之遮漢使者，斬首虜數萬人而去。其後遣使，昆明復爲寇，竟莫能得通。而北道酒泉抵大夏，使者既多，而外國益厭漢幣，不貴其物。
156	《史记·大宛列传》	是時上方數巡狩海上，乃悉從外國客，大都多人則過之，散財帛以賞賜，厚具以饒給之，以覽示漢富厚焉。於是大觳抵，出奇戲諸怪物，多聚觀者，行賞賜，酒池肉林，令外國客徧觀（名）〔各〕倉庫府藏之積，見漢之廣大，傾駭之。及加其眩者之工，而觳抵奇戲歲增變，甚盛益興，自此始。
157	《史记·大宛列传》	是時康居候視漢兵，漢兵尚盛，不敢進。貳師與趙始成、李哆等計："聞宛城中新得秦人，知穿井，而其内食尚多。所爲來，誅首惡者毋寡。毋寡頭已至，如此而不許解兵，則堅守，而康居候漢罷而來救宛，破漢軍必矣。"軍吏皆以爲然，許宛之約。宛乃出其善馬，令漢自擇之，而多出食食給漢軍。漢軍取其善馬數十匹，中馬以下牡牝三千餘匹，而立宛貴人之故待遇漢使善者名昧蔡以爲宛王，與盟而罷兵。終不得入中城。乃罷而引歸。
158	《史记·游侠列传》	是時濟南瞷氏、陳周庸亦以豪聞，景帝聞之，使使盡誅此屬。其後代諸白、梁韓無辟、陽翟薛兄、陝韓孺紛紛復出焉。

表 2　　　　　"当是时"的检索（51 处语段，文字为繁体）

序号	篇目名称	选取的语段（文字为繁体）
1	《史记·殷本纪》	當是時，夏桀爲虐政淫荒，而諸侯昆吾氏爲亂。湯乃興師率諸侯，伊尹從湯，湯自把鉞以伐昆吾，遂伐桀。湯曰："格女衆庶，來，女悉聽朕言。匪台小子敢行舉亂，有夏多罪，予維聞女衆言，夏氏有罪。予畏上帝，不敢不正。今夏多罪，天命殛之。今女有衆，女曰'我君不恤我衆，舍我嗇事而割政'。女其曰'有罪，其奈何'？夏王率止衆力，率奪夏國。有衆率怠不和，曰'是日何時喪？予與女皆亡'！夏德若茲，今朕必往。爾尚及予一人致天之罰，予其大理女。女毋不信，朕不食言。女不從誓言，予則帑僇女，無有攸赦。"以告令師，作湯誓。於是湯曰"吾甚武"，號曰武王。
2	《史记·秦本纪》	五年，晉獻公滅虞、虢，虜虞君與其大夫百里傒，以璧馬賂於虞故也。既虜百里傒，以爲秦繆公夫人媵於秦。百里傒亡秦走宛，楚鄙人執之。繆公聞百里傒賢，欲重贖之，恐楚人不與，乃使人謂楚曰："吾媵臣百里傒在焉，請以五羖羊皮贖之。"楚人遂許與之。當是時，百里傒年已七十餘。
3	《史记·秦本纪》	當是時，晉文公喪尚未葬。太子襄公怒曰："秦侮我孤，因喪破我滑。"遂墨衰絰，發兵遮秦兵於殽，擊之，大破秦軍，無一人得脫者。虜秦三將以歸。文公夫人，秦女也，爲秦三囚將請曰："繆公之怨此三人人於骨髓，願令此三人歸，令我君得自快烹之。"晉君許之，歸秦三將。三將至，繆公素服郊迎，嚮三人哭曰："孤以不用百里傒、蹇叔言以辱三子，三子何罪乎？子其悉心雪恥，毋怠。"遂復三人官秩如故，愈益厚之。
4	《史记·秦始皇本纪》	盧生說始皇曰："臣等求芝奇藥仙者常弗遇，類物有害之者。方中，人主時爲微行以辟惡鬼，惡鬼辟，真人至。人主所居而人臣知之，則害於神。真人者，入水不濡，入火不爇，陵雲氣，與天地久長。今上治天下，未能恬倓。願上所居宫毋令人知，然后不死之藥殆可得也。"於是始皇曰："吾慕真人，自謂'真人'，不稱'朕'。"乃令咸陽之旁二百里內宫觀二百七十復道甬道相連，帷帳鍾鼓美人充之，各案署不移徙。行所幸，有言其處者，罪死。始皇帝幸梁山宫，從山上見丞相車騎衆，弗善也。中人或告丞相，丞相後損車騎。始皇怒曰："此中人泄吾語。"案問莫服。當是時，詔捕諸時在旁者，皆殺之。自是後莫知行之所在。聽事，羣臣受決事，悉於咸陽宫。
5	《史记·秦始皇本纪》	秦孝公據殽函之固，擁雍州之地，君臣固守而窺周室，有席卷天下，包舉宇內，囊括四海之意，并吞八荒之心。當是時，商君佐之，內立法度，務耕織，修守戰之備，外連衡而鬥諸侯，〔四〕於是秦人拱手而取西河之外。
6	《史记·秦始皇本纪》	孝公既没，惠王、武王蒙故業，因遺册，南兼漢中，西舉巴、蜀，東割膏腴之地，收要害之郡。諸侯恐懼，會盟而謀弱秦，不愛珍器重寶肥美之地，以致天下之士，合從締交，相與爲一。當是時，齊有孟嘗，趙有平原，楚有春申，魏有信陵。此四君者，皆明知而忠信，寬厚而愛人，尊賢重士，約從離衡，并韓、魏、燕、楚、齊、趙、宋、衛、中山之衆。
7	《史记·项羽本纪》	當是時，秦嘉已立景駒爲楚王，軍彭城東，欲距項梁。項梁謂軍吏曰："陳王先首事，戰不利，未聞所在。今秦嘉倍陳王而立景駒，逆無道。"乃進兵擊秦嘉。秦嘉軍敗走，追之至胡陵。嘉還戰一日，嘉死，軍降。景駒走死梁地。項梁已并秦嘉軍，軍胡陵，將引軍而西。章邯軍至栗，項梁使別將朱雞石、餘樊君與戰。餘樊君死。朱雞石軍敗，亡走胡陵。項梁乃引兵入薛，誅雞石。項梁前使項羽別攻襄城，襄城堅守不下。已拔，皆阬之。還報項梁。項梁聞陳王定死，召諸別將會薛計事。此時沛公亦起沛往焉。

续表

序号	篇目名称	选取的语段（文字为繁体）
8	《史记·项羽本纪》	項羽曰："將戮力而攻秦，久留不行。今歲饑民貧，士卒食芋菽，軍無見糧，乃飲酒高會，不引兵渡河因趙食，與趙并力攻秦，乃曰'承其敝'。夫以秦之彊，攻新造之趙，其勢必舉趙。趙舉而秦彊，何敝之承！且國兵新破，王坐不安席，埽境内而專屬於將軍，國家安危，在此一舉。今不恤士卒而徇其私，非社稷之臣。"項羽晨朝上將軍宋義，即其帳中斬宋義頭，出令軍中曰："宋義與齊謀反楚，楚王陰令羽誅之。"當是時，諸將皆慴服，莫敢枝梧。皆曰："首立楚者，將軍家也。今將軍誅亂。"乃相與共立羽爲假上將軍。使人追宋義子，及之齊，殺之。使桓楚報命於懷王。懷王因使項羽爲上將軍，當陽君、蒲將軍皆屬項羽。
9	《史记·项羽本纪》	項羽已殺卿子冠軍，威震楚國，名聞諸侯。乃遣當陽君、蒲將軍將卒二萬渡河，救鉅鹿。戰少利，陳餘復請兵。項羽乃悉引兵渡河，皆沈船，破釜甑，燒廬舍，持三日糧，以示士卒必死，無一還心。於是至則圍王離，與秦軍遇，九戰，絕其甬道，大破之，殺蘇角，虜王離。涉閒不降楚，自燒殺。當是時，楚兵冠諸侯。諸侯兵救鉅鹿下者十餘壁，莫敢縱兵。及楚擊秦，諸將皆從壁上觀。楚戰士無不一以當十，楚兵呼聲動天，諸侯軍無不人人惴恐。於是已破秦軍，項羽召見諸侯將，入轅門，無不膝行而前，莫敢仰視。項羽由是始爲諸侯上將軍，諸侯皆屬焉。
10	《史记·项羽本纪》	行略定秦地。函谷關有兵守關，不得入。又聞沛公已破咸陽，項羽大怒，使當陽君等擊關。項羽遂入，至于戲西。沛公軍霸上，未得與項羽相見。沛公左司馬曹無傷使人言於項羽曰："沛公欲王關中，使子嬰爲相，珍寶盡有之。"項羽大怒，曰："旦日饗士卒，爲擊破沛公軍！"當是時，項羽兵四十萬，在新豐鴻門，沛公兵十萬，在霸上。范增說項羽曰："沛公居山東時，貪於財貨，好美姬。今入關，財物無所取，婦女無所幸，此其志不在小。吾令人望其氣，皆爲龍虎，成五采，此天子氣也。急擊勿失。"
11	《史记·项羽本纪》	沛公已出，項王使都尉陳平召沛公。沛公曰："今者出，未辭也，爲之奈何？"樊噲曰："大行不顧細謹，大禮不辭小讓。如今人方爲刀俎，我爲魚肉，何辭爲。"於是遂去。乃令張良留謝。良問曰："大王來何操？"曰："我持白璧一雙，欲獻項王，玉斗一雙，欲與亞父，會其怒，不敢獻。公爲我獻之。"張良曰："謹諾。"當是時，項王軍在鴻門下，沛公軍在霸上，相去四十里。
12	《史记·项羽本纪》	漢果數挑楚軍戰，楚軍不出。使人辱之，五六日，大司馬怒，渡兵汜水。士卒半渡，漢擊之，大破楚軍，盡得楚國貨賂。大司馬咎、長史翳、塞王欣皆自剄汜水上。大司馬咎者，故蘄獄掾，長史欣亦故櫟陽獄吏，兩人嘗有德於項梁，是以項王信任之。當是時，項王在睢陽，聞海春侯軍敗，則引兵還。漢軍方圍鍾離眛於滎陽東，項王至，漢軍畏楚，盡走險阻。
13	《史记·高祖本纪》	當是時，秦兵彊，常乘勝逐北，諸將莫利先入關。獨項羽怨秦破項梁軍，奮，願與沛公西入關。
14	《史记·高祖本纪》	當是時，趙別將司馬卬方欲渡河入關，沛公乃北攻平陰，絕河津。南，戰雒陽東，軍不利，還至陽城，收軍中馬騎，與南陽守齮戰犨東，破之。
15	《史记·高祖本纪》	是時項王北擊齊，田榮與戰城陽。田榮敗，走平原，平原民殺之。齊皆降楚。楚因焚燒其城郭，係虜其子女。齊人叛之。田榮弟橫立榮子廣爲齊王，齊王反楚城陽。項羽雖聞漢東，既已連齊兵，欲遂破之而擊漢。漢王以故得劫五諸侯兵，遂入彭城。項羽聞之，乃引兵去齊，從魯出胡陵，至蕭，與漢大戰彭城靈壁東睢水上，大破漢軍，多殺士卒，睢水爲之不流。乃取漢王父母妻子於沛，置之軍中以爲質。當是時，諸侯見楚彊漢敗，還皆去漢復爲楚。塞王欣亡入楚。

续表

序号	篇目名称	选取的语段（文字为繁体）
16	《史记·吕太后本纪》	朱虛侯劉章有氣力，東牟侯興居其弟也，皆齊哀王弟，居長安。當是時，諸呂用事擅權，欲爲亂，畏高帝故大臣絳、灌等，未敢發。朱虛侯婦，呂禄女，陰知其謀。恐見誅，迺陰令人告其兄齊王，欲令發兵西，誅諸呂而立。朱虛侯欲從中與大臣爲應。齊王欲發兵，其相弗聽。八月丙午，齊王欲使人誅相，相召平迺反，舉兵欲圍王，王因殺其相，遂發兵東，詐奪琅邪王兵，并將之而西。語在齊王語中。
17	《史记·吕太后本纪》	呂禄、呂產欲發亂關中，内憚絳侯、朱虛等，外畏齊、楚兵，又恐灌嬰畔之，欲待灌嬰兵與齊合而發，猶豫未决。當是時，濟川王太、淮陽王武、常山王朝名爲少帝弟，及魯元王呂后外孫，皆年少未之國，居長安。趙王禄、梁王產各將兵居南北軍，皆呂氏之人。列侯羣臣莫自堅其命。
18	《史记·平准书》	其後漢連歲以數萬騎出擊胡，及車騎將軍衛青取匈奴河南地，築朔方。當是時，漢通西南夷道，作者數萬人，千里負擔饋糧，率十餘鍾致一石，散幣於邛僰以集之。數歲道不通，蠻夷因以數攻，吏發兵誅之。悉巴蜀租賦不足以更之，乃募豪民田南夷，入粟縣官，而内受錢於都内。東至滄海之郡，人徒之費擬於南夷。又興十萬餘人築衛朔方，轉漕甚遼遠，自山東咸被其勞，費數十百巨萬，府庫益虛。乃募民能入奴婢得以終身復，爲郎增秩，及入羊爲郎，始於此。
19	《史记·晋世家》	哀公大父雍，晉昭公少子也，號爲戴子。戴子生忌。忌善知伯，蚤死，故知伯欲盡并晉，未敢，乃立忌子驕爲君。當是時，晉國政皆决知伯，晉哀公不得有所制。知伯遂有范、中行地，最彊。
20	《史记·越王勾践世家》	句踐已平吴，乃以兵北渡淮，與齊、晉諸侯會於徐州，致貢於周。周元王使人賜句踐胙，命爲伯。句踐已去，渡淮南，以淮上地與楚，歸吴所侵宋地於宋，與魯泗東方百里。當是時，越兵横行於江、淮東，諸侯畢賀，號稱霸王。
21	《史记·郑世家》	十三年，定公卒，子獻公蠆立。獻公十三年卒，子聲公勝立。當是時，晉六卿彊，侵奪鄭，鄭遂弱。
22	《史记·陈涉世家》	秦孝公據殽函之固，擁雍州之地，君臣固守，以窺周室。有席卷天下，包舉宇内，囊括四海之意，并吞八荒之心。當是時也，商君佐之，内立法度，務耕織，修守戰之備；外連衡而鬭諸侯。於是秦人拱手而取西河之外。
23	《史记·荆燕世家》	漢六年春，會諸侯於陳，廢楚王信，因之，分其地爲二國。當是時也，高祖子幼，昆弟少，又不賢，欲王同姓以鎮天下，乃詔曰："將軍劉賈有功，及擇子弟可以爲王者。"羣臣皆曰："立劉賈爲荆王，王淮東五十二城；高祖弟交爲楚王，王淮西三十六城。"因立子肥爲齊王。始王昆弟劉氏也。
24	《史记·萧相国世家》	王衛尉曰："夫職事苟有便於民而請之，真宰相事，陛下奈何乃疑相國受賈人錢乎！且陛下距楚數歲，陳豨、黥布反，陛下自將而往，當是時，相國守關中，摇足則關以西非陛下有也。相國不以此時爲利，今乃利賈人之金乎？且秦以不聞其過亡天下，李斯之分過，又何足法哉。陛下何疑宰相之淺也。"高帝不懌。是日，使使持節赦出相國。相國年老，素恭謹，入，徒跣謝。高帝曰："相國休矣！相國爲民請苑，吾不許，我不過爲桀紂主，而相國爲賢相。吾故繫相國，欲令百姓聞吾過也。"
25	《史记·伍子胥列传》	後二歲，闔廬使太子夫差將兵伐楚，取番。楚懼吴復大來，乃去郢，徙於鄀。當是時，吴以伍子胥、孫武之謀，西破彊楚，北威齊晉，南服越人。

续表

序号	篇目名称	选取的语段（文字为繁体）
26	《史记·白起王翦列传》	太史公曰：鄙語云"尺有所短，寸有所長"。白起料敵合變，出奇無窮，聲震天下，然不能救患於應侯。王翦爲秦將，夷六國，當是時，翦爲宿將，始皇師之，然不能輔秦建德，固其根本，偷合取容，以至圽身。及孫王離爲項羽所虜，不亦宜乎！彼各有所短也。
27	《史记·魏公子列传》	公子爲人仁而下士，士無賢不肖皆謙而禮交之，不敢以其富貴驕士。士以此方數千里爭往歸之，致食客三千人。當是時，諸侯以公子賢，多客，不敢加兵謀魏十餘年。
28	《史记·魏公子列传》	公子引車入市，侯生下見其客朱亥，俾倪，故久立與其客語，微察公子。公子顏色愈和。當是時，魏將相宗室賓客滿堂，待公子舉酒。市人皆觀公子執轡。從騎皆竊罵侯生。侯生視公子色終不變，乃謝客就車。
29	《史记·魏公子列传》	魏王見公子，相與泣，而以上將軍印授公子，公子遂將。魏安釐王三十年，公子使使遍告諸侯。諸侯聞公子將，各遣將將兵救魏。公子率五國之兵破秦軍於河外，走蒙驁。遂乘勝逐秦軍至函谷關，抑秦兵，秦兵不敢出。當是時，公子威振天下，諸侯之客進兵法，公子皆名之，故世俗稱魏公子兵法。
30	《史记·春申君列传》	春申君爲楚相四年，秦破趙之長平軍四十餘萬。五年，圍邯鄲。邯鄲告急於楚，楚使春申君將兵往救之，秦兵亦去，春申君歸。春申君相楚八年，爲楚北伐滅魯，以荀卿爲蘭陵令。當是時，楚復彊。
31	《史记·范雎蔡泽列传》	當是時，昭王已立三十六年。南拔楚之鄢郢，楚懷王幽死於秦。秦東破齊。湣王嘗稱帝，後去之。數困三晉。厭天下辯士，無所信。
32	《史记·范雎蔡泽列传》	秦封范雎以應，號爲應侯。當是時，秦昭王四十一年也。
33	《史记·乐毅列传》	當是時，齊湣王彊，南敗楚相唐眛於重丘，西摧三晉於觀津，遂與三晉擊秦，助趙滅中山，破宋，廣地千餘里。與秦昭王爭重爲帝，已而復歸之。諸侯皆欲背秦而服於齊。湣王自矜，百姓弗堪。
34	《史记·鲁仲连邹阳列传》	魯仲連曰："固也，吾將言之。昔者九侯、鄂侯、文王，紂之三公也。九侯有子而好，獻之於紂，紂以爲惡，醢九侯。鄂侯爭之彊，辯之疾，故脯鄂侯。文王聞之，喟然而歎，故拘之牖里之庫百日，欲令之死。曷爲與人俱稱王，卒就脯醢之地？齊湣王之魯，夷維子爲執策而從，謂魯人曰：'子將何以待吾君？'魯人曰：'吾將以十太牢待子之君。'夷維子曰：'子安取禮而來〔待〕吾君？彼吾君者，天子也。天子巡狩，諸侯辟舍，納筦籥，攝衽抱机，視膳於堂下，天子已食，乃退而聽朝也。'魯人投其籥，不果納。不得入於魯，將之薛，假途於鄒。當是時，鄒君死，湣王欲入弔，夷維子謂鄒之孤曰：'天子弔，主人必將倍殯柩，設北面於南方，然後天子南面弔也。'鄒之羣臣曰：'必若此，吾將伏劍而死。'固不敢入於鄒。鄒、魯之臣，生則不得事養，死則不得賻襚，然且欲行天子之禮於鄒、魯，鄒、魯之臣不果納。今秦萬乘之國也，梁亦萬乘之國也。俱據萬乘之國，各有稱王之名，睹其一戰而勝，欲從而帝之，是使三晉之大臣不如鄒、魯之僕妾也。且秦無已而帝，則且變易諸侯之大臣。彼將奪其所不肖而與其所賢，奪其所憎而與其所愛。彼又將使其子女讒妾爲諸侯妃姬，處梁之宮。梁王安得晏然而已乎？而將軍又何以得故寵乎？"

续表

序号	篇目名称	选取的语段（文字为繁体）
35	《史记·吕不韦列传》	當是時，魏有信陵君，楚有春申君，趙有平原君，齊有孟嘗君，皆下士喜賓客以相傾。吕不韋以秦之彊，羞不如，亦招致士，厚遇之，至食客三千人。是時諸侯多辯士，如荀卿之徒，著書布天下。吕不韋乃使其客人人著所聞，集論以爲八覽、六論、十二紀，二十餘萬言。以爲備天地萬物古今之事，號曰吕氏春秋。布咸陽市門，懸千金其上，延諸侯游士賓客有能增損一字者予千金。
36	《史记·张耳陈馀列传》	當是時，燕、齊、楚聞趙急，皆來救。張敖亦北收代兵，得萬餘人，來，皆壁餘旁，未敢擊秦。項羽兵數絕章邯甬道，王離軍乏食，項羽悉引兵渡河，遂破章邯。章邯引兵解，諸侯軍乃敢擊圍鉅鹿秦軍，遂虜王離。涉閒自殺。卒存鉅鹿者，楚力也。
37	《史记·黥布列传》	項梁涉淮而西，擊景駒、秦嘉等，布常冠軍。項梁至薛，聞陳王定死，迺立楚懷王。項梁號爲武信君，英布爲當陽君。項梁敗死定陶，懷王徙都彭城，諸將英布亦皆保聚彭城。當是時，秦急圍趙，趙數使人請救。懷王使宋義爲上將，范曾爲末將，項籍爲次將，英布、蒲將軍皆爲將軍，悉屬宋義，北救趙。
38	《史记·淮阴侯列传》	漢四年，遂皆降平齊。使人言漢王曰："齊僞詐多變，反覆之國也，南邊楚，不爲假王以鎮之，其勢不定。願爲假王便。"當是時，楚方急圍漢王於滎陽，韓信使者至，發書，漢王大怒，罵曰："吾困於此，旦暮望若來佐我，乃欲自立爲王！"張良、陳平躡漢王足，因附耳語曰："漢方不利，寧能禁信之王乎？不如因而立，善遇之，使自爲守。不然，變生。"漢王亦悟，因復罵曰："大丈夫定諸侯，即爲真王耳，何以假爲！"乃遣張良往立信爲齊王，徵其兵擊楚。
39	《史记·淮阴侯列传》	高祖已從豨軍來，至，見信死，且喜且憐之，問："信死亦何言？"呂后曰："信言恨不用蒯通計。"高祖曰："是齊辯士也。"乃詔齊捕蒯通。蒯通至，上曰："若教淮陰侯反乎？"對曰："然，臣固教之。豎子不用臣之策，故令自夷於此。如彼豎子用臣之計，陛下安得而夷之乎！"上怒曰："亨之。"通曰："嗟乎，冤哉亨也！"上曰："若教韓信反，何冤？"對曰："秦之綱絕而維弛，山東大擾，異姓並起，英俊烏集。秦失其鹿，天下共逐之，於是高材疾足者先得焉。蹠之狗吠堯，堯非不仁，狗因吠非其主。當是時，臣唯獨知韓信，非知陛下也。且天下銳精持鋒欲爲陛下所爲者甚眾，顧力不能耳。又可盡亨之邪？"高帝："置之。"乃釋通之罪。
40	《史记·韩信卢绾列传》	漢十一年秋，陳豨反代地，高祖如邯鄲擊豨兵，燕王綰亦擊其東北。當是時，陳豨使王黃求救匈奴。燕王綰亦使其臣張勝於匈奴，言豨等軍破。張勝至胡，故燕王臧荼子衍出亡在胡，見張勝曰："公所以重於燕者，以習胡事也。燕所以久存者，以諸侯數反，兵連不決也。今公爲燕欲急滅豨等，豨等已盡，次亦至燕，公等亦且爲虜矣。公何不令燕且緩豨而與胡和？事寬，得長王燕；即有漢急，可以安國。"張勝以爲然，迺私令匈奴助豨等擊燕。燕王綰疑張勝與胡反，上書請族張勝。勝還，具道所以爲者。燕王寤，迺詐論它人，脫勝家屬，使得爲匈奴閒，而陰使范齊之陳豨所，欲令久亡，連兵勿決。
41	《史记·刘敬叔孙通列传》	高帝罷平城歸，韓王信亡入胡。當是時，冒頓爲單于，兵彊，控弦三十萬，數苦北邊。
42	《史记·季布栾布列传》	汝陰侯滕公心知朱家大俠，意季布匿其所，迺許曰："諾。"待閒，果言如朱家指。上迺赦季布。當是時，諸公皆多季布能摧剛爲柔，朱家亦以此名聞當世。季布召見，謝，上拜爲郎中。

续表

序号	篇目名称	选取的语段（文字为繁体）
43	《史记·季布栾布列传》	季布弟季心，氣蓋關中，遇人恭謹，爲任俠，方數千里，士皆争爲之死。嘗殺人，亡之吴，從袁絲匿。長事袁絲，弟畜灌夫、籍福之屬。嘗爲中司馬，中尉郄都不敢不加禮。少年多時時竊籍其名以行。當是時，季心以勇，布以諾，著聞關中。
44	《史记·袁盎晁错列传》	錯爲人陗直刻深。孝文帝時，天下無治尚書者，獨聞濟南伏生故秦博士，治尚書，年九十餘，老不可徵，乃詔太常使人往受之。太常遣錯受尚書伏生所。還，因上便宜事，以書稱説。詔以爲太子舍人、門大夫、家令。以其辯得幸太子，太子家號曰"智囊"。數上書孝文時，言削諸侯事，及法令可更定者。書數十上，孝文不聽，然奇其材，遷爲中大夫。當是時，太子善錯計策，袁盎諸大功臣多不好錯。
45	《史记·魏其武安侯列传》	武安者，貌侵，生貴甚。又以爲諸侯王多長，上初即位，富於春秋，蚡以肺腑爲京師相，非痛折節以禮詘之，天下不肅。當是時，丞相入奏事，坐語移日，所言皆聽。薦人或起家至二千石，權移主上。上乃曰："君除吏已盡未？吾亦欲除吏。"嘗請考工地益宅，上怒曰："君何不遂取武庫！"是後乃退。嘗召客飲，坐其兄蓋侯南鄉，自坐東鄉，以爲漢相尊，不可以兄故私橈。武安由此滋驕，治宅甲諸第。田園極膏腴，而市買郡縣器物相屬於道。前堂羅鍾鼓，立曲旃；後房婦女以百數。諸侯奉金玉狗馬玩好，不可勝數。
46	《史记·韩长孺列传》	當是時，漢伏兵車騎材官三十餘萬，匿馬邑旁谷中。衛尉李廣爲驍騎將軍，太僕公孫賀爲輕車將軍，大行王恢爲將屯將軍，太中大夫李息爲材官將軍。御史大夫韓安國爲護軍將軍，諸將皆屬護軍。約單于入馬邑而漢兵縱發。王恢、李息、李廣别從代主擊其輜重。於是單于入漢長城武州塞。未至馬邑百餘里，行掠鹵，徒見畜牧於野，不見一人。單于怪之，攻烽燧，得武州尉史。欲刺問尉史。尉史曰："漢兵數十萬伏馬邑下。"單于顧謂左右曰："幾爲漢所賣！"乃引兵還。出塞，曰："吾得尉史，乃天也。"命尉史爲"天王"。塞下傳言單于已引去。漢兵追至塞，度弗及，卽罷。王恢等兵三萬，聞單于不與漢合，度往擊輜重，必與單于精兵戰，漢兵勢必敗，則以便宜罷兵，皆無功。
47	《史记·平津侯主父列传》	秦乃使尉佗將卒以戍越。當是時，秦禍北構於胡，南挂於越，宿兵無用之地，進而不得退。行十餘年，丁男被甲，丁女轉輸，苦不聊生，自經於道樹，死者相望。及秦皇帝崩，天下大叛。
48	《史记·西南夷列传》	當是時，巴蜀四郡通西南夷道，戍轉相饟。數歲，道不通，士罷餓離溼，死者甚衆；西南夷又數反，發兵興擊，秏費無功。上患之，使公孫弘往視問焉。還對，言其不便。及弘爲御史大夫，是時方築朔方以據河逐胡，弘因數言西南夷害，可且罷，專力事匈奴。上罷西夷，獨置南夷夜郎兩縣一都尉，稍令犍爲自葆就。
49	《史记·淮南衡山列传》	孝文傷其志，爲親故，弗治，赦厲王。當是時，薄太后及太子諸大臣皆憚厲王，厲王以此歸國益驕恣，不用漢法，出入稱警蹕，稱制，自爲法令，擬於天子。

续表

序号	篇目名称	选取的语段（文字为繁体）
50	《史记·淮南衡山列传》	元朔五年，太子學用劍，自以爲人莫及，聞郎中雷被巧，乃召與戲。被一再辭讓，誤中太子。太子怒，被恐。此時有欲從軍者輒詣京師，被即願奮擊匈奴。太子遷數惡被於王，王使郎中令斥免，欲以禁後，被遂亡至長安，上書自明。詔下其事廷尉、河南。河南治，逮淮南太子，王、王后計欲無遣太子，遂發兵反，計猶豫，十餘日未定。會有詔，即訊太子。當是時，淮南相怒壽春丞留太子逮不遣，劾不敬。王以請相，相弗聽。王使人上書告相，事下廷尉治。蹤跡連王，王使人候伺漢公卿，公卿請逮捕治王。
51	《史记·汲郑列传》	當是時，太后弟武安侯蚡爲丞相，中二千石來拜謁，蚡不爲禮。然黯見蚡未嘗拜，常揖之。天子方招文學儒者，上曰吾欲云云，黯對曰："陛下內多欲而外施仁義，柰何欲效唐虞之治乎！"上默然，怒，變色而罷朝。公卿皆爲黯懼。上退，謂左右曰："甚矣，汲黯之憨也！"羣臣或數黯，黯曰："天子置公卿輔弼之臣，寧令從諛承意，陷主於不義乎？且已在其位，縱愛身，柰辱朝廷何！"

表3　"当是之时"的检索（19处语段，选取语段的文字为繁体）

序号	篇目名称	选取的语段（文字为繁体）
1	《史记·秦本纪》	桓公三年，晉敗我一將。十年，楚莊王服鄭，北敗晉兵於河上。當是之時，楚霸，爲會盟合諸侯。二十四年，晉厲公初立，與秦桓公夾河而盟。歸而秦倍盟，與翟合謀擊晉。二十六年，晉率諸侯伐秦，秦軍敗走，追至涇而還。桓公立二十七年卒，子景公立。
2	《史记·秦始皇本纪》	秦始皇帝者，秦莊襄王子也。莊襄王爲秦質子於趙，見呂不韋姬，悅而取之，生始皇。以秦昭王四十八年正月生於邯鄲。及生，名爲政，姓趙氏。年十三歲，莊襄王死，政代立爲秦王。當是之時，秦地已并巴、蜀、漢中，越宛有郢，置南郡矣；北收上郡以東，有河東、太原、上黨郡；東至滎陽，滅二周，置三川郡。呂不韋爲相，封十萬戶，號曰文信侯。招致賓客游士，欲以并天下。李斯爲舍人。蒙驁、王齮、麃公等爲將軍。王年少，初即位，委國事大臣。
3	《史记·秦始皇本纪》	十一年，王翦、桓齮、楊端和攻鄴，取九城。王翦攻閼與、橑楊，皆并爲一軍。翦將十八日，軍歸斗食以下，什推二人從軍。取鄴安陽，桓齮將。十二年，文信侯不韋死，竊葬。其舍人臨者，晉人也逐出之；秦人六百石以上奪爵，遷；五百石以下不臨，遷，勿奪爵。自今以來，操國事不道如嫪毐、不韋者籍其門，視此。秋，復嫪毐舍人遷蜀者。當是之時，天下大旱，六月至八月乃雨。
4	《史记·高祖本纪》	章邯已破項梁軍，則以爲楚地兵不足憂，乃渡河，北擊趙，大破之。當是之時，趙歇爲王，秦將王離圍之鉅鹿城，此所謂河北之軍也。
5	《史记·平准书》	當是之時，招尊方正賢良文學之士，或至公卿大夫。公孫弘以漢相，布被，食不重味，爲天下先。然無益於俗，稍騖於功利矣。
6	《史记·老子韩非列传》	楚威王聞莊周賢，使使厚幣迎之，許以爲相。莊周笑謂楚使者曰："千金，重利；卿相，尊位也。子獨不見郊祭之犧牛乎？養之數歲，衣以文繡，以入大廟。當是之時，雖欲爲孤豚，豈可得乎？子亟去，無污我。我寧游戲污瀆之中自快，無爲有國者所羈，終身不仕，以快吾志焉。"

续表

序号	篇目名称	选取的语段（文字为繁体）
7	《史记·孟子荀卿列传》	孟軻，騶人也。受業子思之門人。道既通，游事齊宣王，宣王不能用。適梁，梁惠王不果所言，則見以爲迂遠而闊於事情。當是之時，秦用商君，富國彊兵；楚、魏用吳起，戰勝弱敵；齊威王、宣王用孫子、田忌之徒，而諸侯東面朝齊。天下方務於合從連衡，以攻伐爲賢，而孟軻乃述唐、虞、三代之德，是以所如者不合。退而與萬章之徒序詩書，述仲尼之意，作孟子七篇。其後有騶子之屬。
8	《史记·春申君列传》	春申君者，楚人也，名歇，姓黃氏。游學博聞，事楚頃襄王。頃襄王以歇爲辯，使於秦。秦昭王使白起攻韓、魏，敗之於華陽，禽魏將芒卯，韓、魏服而事秦。秦昭王方令白起與韓、魏共伐楚，未行，而楚使黃歇適至於秦，聞秦之計。當是之時，秦已前使白起攻楚，取巫、黔中之郡，拔鄢郢，東至竟陵，楚頃襄王東徙治於陳縣。黃歇見楚懷王之爲秦所誘而入朝，遂見欺，留死於秦。
9	《史记·季布栾布列传》	布曰："方上之困於彭城，敗滎陽、成皋間，項王所以（遂）不能〔遂〕西，徒以彭王居梁地，與漢合從苦楚也。當是之時，彭王一顧，與楚則漢破，與漢而楚破。且垓下之會，微彭王，項氏不亡。天下已定，彭王剖符受封，亦欲傳之萬世。今陛下一徵兵於梁，彭王病不行，而陛下疑以爲反，反形未見，以苛小案誅滅之，臣恐功臣人人自危也。今彭王已死，臣生不如死，請就亨。"於是上迺釋布罪，拜爲都尉。
10	《史记·张释之冯唐列传》	當是之時，匈奴新大入朝邶，殺北地都尉印。
11	《史记·张释之冯唐列传》	唐對曰："臣聞上古王者之遣將也，跪而推轂，曰閫以內者，寡人制之；閫以外者，將軍制之。軍功爵賞皆決於外，歸而奏之。此非虛言也。臣大父言，李牧爲趙將居邊，軍市之租皆自用饗士，賞賜決於外，不從中擾也。委任而責成功，故李牧乃得盡其智能，遣選車千三百乘，彀騎萬三千，百金之士十萬，是以北逐單于，破東胡，滅澹林，西抑彊秦，南支韓、魏。當是之時，趙幾霸。其後會趙王遷立，其母倡也。王遷立，乃用郭開讒，卒誅李牧，令顏聚代之。是以兵破士北，爲秦所禽滅。今臣竊聞魏尚爲雲中守，其軍市租盡以饗士卒，〔出〕私養錢，五日一椎牛，饗賓客軍吏舍人，是以匈奴遠避，不近雲中之塞。虜曾一入，尚率車騎擊之，所殺甚衆。夫士卒盡家人子，起田中從軍，安知尺籍伍符。終日力戰，斬首捕虜，上功莫府，一言不相應，文吏以法繩之。其賞不行而吏奉法必用。臣愚，以爲陛下法太明，賞太輕，罰太重。且雲中守魏尚坐上功首虜差六級，陛下下之吏，削其爵，罰作之。由此言之，陛下雖得廉頗、李牧，弗能用也。臣誠愚，觸忌諱，死罪死罪！"
12	《史记·匈奴列传》	穆王之後二百有餘年，周幽王用寵姬褒姒之故，與申侯有卻。申侯怒而與犬戎共攻殺周幽王于驪山之下，遂取周之焦穫，而居於涇渭之間，侵暴中國。秦襄公救周，於是周平王去酆鄗而東徙雒邑。當是之時，秦襄公伐戎至岐，始列爲諸侯。是後六十有五年，而山戎越燕而伐齊，齊釐公與戰于齊郊。其後四十四年，而山戎伐燕。燕告急于齊，齊桓公北伐山戎，山戎走。
13	《史记·匈奴列传》	當是之時，秦晉爲彊國。晉文公攘戎翟，居於河西圁、洛之間，號曰赤翟、白翟。秦穆公得由余，西戎八國服於秦，故自隴以西有緜諸、緄戎、翟、豲之戎，岐、梁山、涇、漆之北有義渠、大荔、烏氏、朐衍之戎。而晉北有林胡、樓煩之戎，燕北有東胡、山戎。各分散居谿谷，自有君長，往往而聚者百有餘戎，然莫能相一。

续表

序号	篇目名称	选取的语段（文字为繁体）
14	《史记·匈奴列传》	燕亦築長城，自造陽至襄平。置上谷、漁陽、右北平、遼西、遼東郡以拒胡。當是之時，冠帶戰國七，而三國邊於匈奴。其後趙將李牧時，匈奴不敢入趙邊。後秦滅六國，而始皇帝使蒙恬將十萬之衆北擊胡，悉收河南地。
15	《史记·匈奴列传》	當是之時，東胡彊而月氏盛。匈奴單于曰頭曼，頭曼不勝秦，北徙。十餘年而蒙恬死，諸侯畔秦，中國擾亂，諸秦所徙適戍邊者皆復去，於是匈奴得寬，復稍度河南與中國界於故塞。
16	《史记·平津侯主父列传》	臣聞天下之患在於土崩，不在於瓦解，古今一也。何謂土崩？秦之末世是也。陳涉無千乘之尊，尺土之地，身非王公大人名族之後，無鄉曲之譽，非有孔、墨、曾子之賢，陶朱、猗頓之富也，然起窮巷，奮棘矜，偏袒大呼而天下從風，此其故何也？由民困而主不恤，下怨而上不知（也），俗已亂而政不脩，此三者陳涉之所以爲資也。是之謂土崩。故曰天下之患在於土崩。何謂瓦解？吳、楚、齊、趙之兵是也。七國謀爲大逆，號皆稱萬乘之君，帶甲數十萬，威足以嚴其境內，財足以勸其士民，然不能西攘尺寸之地而身爲禽於中原者，此其故何也？非權輕於匹夫而兵弱於陳涉也，當是之時，先帝之德澤未衰而安土樂俗之民衆，故諸侯無境外之助。此之謂瓦解，故曰天下之患不在瓦解。由是觀之，天下誠有土崩之勢，雖布衣窮處之士或首惡而危海內，陳涉是也。況三晉之君或存乎！天下雖未有大治也，誠能無土崩之勢，雖有彊國勁兵不得旋踵而身爲禽矣，吳、楚、齊、趙是也。況羣臣百姓能爲亂乎哉！此二體者，安危之明要也，賢主所留意而深察也。
17	《史记·东越列传》	閩越王無諸及越東海王搖者，其先皆越王句踐之後也，姓騶氏。秦已并天下，皆廢爲君長，以其地爲閩中郡。及諸侯畔秦，無諸、搖率越歸鄱陽令吳芮，所謂鄱君者也，從諸侯滅秦。當是之時，項籍主命，弗王，以故不附楚。漢擊項籍，無諸、搖率越人佐漢。漢五年，復立無諸爲閩越王，王閩中故地，都東冶。孝惠三年，舉高帝時越功，曰閩君搖功多，其民便附，乃立搖爲東海王，都東甌，世俗號爲東甌王。
18	《史记·淮南衡山列传》	被曰："不，直來爲大王畫耳。臣聞聰者聽於無聲，明者見於未形，故聖人萬舉萬全。昔文王一動而功顯于千世，列爲三代，此所謂因天心以動作者也，故海內不期而隨。此千歲之可見者。夫百年之秦，近世之吳楚，亦足以喻國家之存亡矣。臣不敢避子胥之誅，願大王毋爲吳王之聽。昔秦絕聖人之道，殺術士，燔詩書，棄禮義，尚詐力，任刑罰，轉負海之粟致之西河。當是之時，男子疾耕不足於糟糠，女子紡績不足於蓋形。遣蒙恬築長城，東西數千里，暴兵露師常數十萬，死者不可勝數，僵尸千里，流血頃畝，百姓力竭，欲爲亂者十家而五。……"
19	《史记·酷吏列传》	孔子曰："導之以政，齊之以刑，民免而無恥。導之以德，齊之以禮，有恥且格。"老氏稱："上德不德，是以有德；下德不失德，是以無德。法令滋章，盜賊多有。"太史公曰：信哉是言也！法令者治之具，而非制治清濁之源也。昔天下之網嘗密矣，然姦僞萌起，其極也，上下相遁，至於不振。當是之時，吏治若救火揚沸，非武健嚴酷，惡能勝其任而愉快乎！言道德者，溺其職矣。故曰"聽訟，吾猶人也，必也使無訟乎"。"下士聞道大笑之"。非虛言也。漢興，破觚而爲圜，斲雕而爲樸，網漏於吞舟之魚，而吏治烝烝，不至於姦，黎民艾安。由是觀之，在彼不在此。

表4　　"此时"的检索（23处语段）

序号	篇目名称	选取的语段（文字为繁体）
1	《史记·秦始皇本纪》	於是二世乃遵用趙高，申法令。乃陰與趙高謀曰："大臣不服，官吏尚彊，及諸公子必與我爭，爲之柰何？"高曰："臣固願言而未敢也。先帝之大臣，皆天下累世名貴人也，積功勞世以相傳久矣。今高素小賤，陛下幸稱舉，令在上位，管中事。大臣鞅鞅，特以貌從臣，其心實不服。今上出，不因此時案郡縣守尉有罪者誅之，上以振威天下，下以除去上生平所不可者。今時不師文而決於武力，願陛下遂從時毋疑，卽羣臣不及謀。明主收舉餘民，賤者貴之，貧者富之，遠者近之，則上下集而國安矣。"
2	《史记·项羽本纪》	當是時，秦嘉已立景駒爲楚王，軍彭城東，欲距項梁。項梁謂軍吏曰："陳王先首事，戰不利，未聞所在。今秦嘉倍陳王而立景駒，逆無道。"乃進兵擊秦嘉。秦嘉軍敗走，追之至胡陵。嘉還戰一日，嘉死，軍降。景駒走死梁地。項梁已并秦嘉軍，軍胡陵，將引軍而西。章邯軍至栗，項梁使別將朱雞石、餘樊君與戰。餘樊君死。朱雞石軍敗，亡走胡陵。項梁乃引兵入薛，誅雞石。項梁前使項羽別攻襄城，襄城堅守不下。已拔，皆阬之。還報項梁。項梁聞陳王定死，召諸別將會薛計事。此時沛公亦起沛往焉。
3	《史记·吴太伯世家》	十二年冬，楚平王卒。十三年春，吴欲因楚喪而伐之，使公子蓋餘、燭庸以兵圍楚之六、灊。使季札於晉，以觀諸侯之變。楚發兵絶吳兵後，吳兵不得還。於是吳公子光曰："此時不可失也。"
4	《史记·晋世家》	此時重耳、夷吾來朝。人或告驪姬曰："二公子怨驪姬譖殺太子。"驪姬恐，因譖二公子："申生之藥胙，二公子知之。"二子聞之，恐，重耳走蒲，夷吾走屈，保其城，自備守。初，獻公使士蒍爲二公子築蒲、屈城，弗就。夷吾以告公，公怒士蒍。士蒍謝曰："邊城少寇，安用之？"退而歌曰："狐裘蒙茸，一國三公，吾誰適從！"卒就城。及申生死，二子亦歸保其城。
5	《史记·越王句践世家》	越王曰："柰何？"曰："楚三大夫張九軍，北圍曲沃、於中，以至無假之關者三千七百里，景翠之軍北聚魯、齊、南陽，分有大此者乎？且王之所求者，鬭晉楚也；晉楚不鬭，越兵不起，是知二五而不知十也。此時不攻楚，臣以是知越大不王，小不伯。復讎、龐、長沙，楚之粟也；竟澤陵，楚之材也。越窺兵通無假之關，此四邑者不上貢事於郢矣。臣聞之，圖王不王，其敝可以伯。然而不伯者，王道失也。故願大王之轉攻楚也。"
6	《史记·韩世家》	二十五年，旱，作高門。屈宜曰："昭侯不出此門。何也？不時。吾所謂時者，非時日也，人固有利不利時。昭侯嘗利矣，不作高門。往年秦拔宜陽，今年旱，昭侯不以此時卹民之急，而顧益奢，此謂'時絀舉贏'。"二十六年，高門成，昭侯卒，果不出此門。子宣惠王立。
7	《史记·萧相国世家》	王衞尉曰："夫職事苟有便於民而請之，真宰相事，陛下柰何乃疑相國受賈人錢乎！且陛下距楚數歲，陳豨、黥布反，陛下自將而往，當是時，相國守關中，搖足則關以西非陛下有也。相國不以此時爲利，今乃利賈人之金乎？且秦以不聞其過亡天下，李斯之分過，又何足法哉。陛下何疑宰相之淺也。"高帝不懌。是日，使使持節赦出相國。相國年老，素恭謹，入，徒跣謝。高帝曰："相國休矣！相國爲民請苑，吾不許，我不過爲桀紂主，而相國爲賢相。吾故繫相國，欲令百姓聞吾過也。"

续表

序号	篇目名称	选取的语段（文字为繁体）
8	《史记·绛侯周勃世家》	歲餘，每河東守尉行縣至絳，絳侯勃自畏恐誅，常被甲，令家人持兵以見之。其後人有上書告勃欲反，下廷尉。廷尉下其事長安，逮捕勃治之。勃恐，不知置辭。吏稍侵辱之。勃以千金與獄吏，獄吏乃書牘背示之，曰"以公主爲證"。公主者，孝文帝女也，勃太子勝之尚之，故獄吏教引爲證。勃之益封受賜，盡以予薄昭。及繫急，薄昭爲言薄太后，太后亦以爲無反事。文帝朝，太后以冒絮提文帝，曰："絳侯綰皇帝璽，將兵於北軍，不以此時反，今居一小縣，顧欲反邪！"文帝既見絳侯獄辭，乃謝曰："吏（事）方驗而出之。"於是使使持節赦絳侯，復爵邑。絳侯既出，曰："吾嘗將百萬軍，然安知獄吏之貴乎！"
9	《史记·商君列传》	其明年，齊敗魏兵於馬陵，虜其太子申，殺將軍龐涓。其明年，衛鞅說孝公曰："秦之與魏，譬若人之有腹心疾，非魏并秦，秦即并魏。何者？魏居領阨之西，都安邑，與秦界河而獨擅山東之利。利則西侵秦，病則東收地。今以君之賢聖，國賴以盛。而魏往年大破於齊，諸侯畔之，可因此時伐魏。魏不支秦，必東徙。東徙，秦據河山之固，東鄉以制諸侯，此帝王之業也。"孝公以爲然，使衛鞅將而伐魏。魏使公子卬將而擊之。
10	《史记·穰侯列传》	昭王三十六年，相國穰侯言客卿竈，欲伐齊取剛、壽，以廣其陶邑。於是魏人范雎自謂張禄先生，譏穰侯之伐齊，乃越三晉以攻齊也，以此時奸說秦昭王。昭王於是用范雎。范雎言宣太后專制，穰侯擅權於諸侯，涇陽君、高陵君之屬太侈，富於王室。於是秦昭王悟，乃免相國，令涇陽之屬皆出關，就封邑。穰侯出關，輜車千乘有餘。
11	《史记·孟尝君列传》	齊湣王二十五年，復卒使孟嘗君入秦，昭王卽以孟嘗君爲秦相。人或說秦昭王曰："孟嘗君賢，而又齊族也，今相秦，必先齊而後秦，秦其危矣。"於是秦昭王乃止。囚孟嘗君，謀欲殺之。孟嘗君使人抵昭王幸姬求解。幸姬曰："妾願得君狐白裘。"此時孟嘗君有一狐白裘，直千金，天下無雙，入秦獻之昭王，更無他裘。孟嘗君患之，徧問客，莫能對。
12	《史记·魏公子列传》	秦王患之，乃行金萬斤於魏，求晉鄙客，令毁公子於魏王曰："公子亡在外十年矣，今爲魏將，諸侯將皆屬，諸侯徒聞魏公子，不聞魏王。公子亦欲因此時定南面而王，諸侯畏公子之威，方欲共立之。"秦數使反間，僞賀公子得立爲魏王未也。魏王日聞其毁，不能不信，後果使人代公子將。公子自知再以毁廢，乃謝病不朝，與賓客爲長夜飲，飲醇酒，多近婦女。日夜爲樂飲者四歲，竟病酒而卒。其歲，魏安釐王亦薨。

续表

序号	篇目名称	选取的语段（文字为繁体）
13	《史记·范雎蔡泽列传》	蔡澤曰："今主之親忠臣不忘舊故不若孝公、悼王、句踐，而君之功績愛信親幸又不若商君、吳起、大夫種，然而君之祿位貴盛，私家之富過於三子，而身不退者，恐患之甚於三子，竊爲君危之。語曰'日中則移，月滿則虧'。物盛則衰，天地之常數也。進退盈縮，與時變化，聖人之常道也。故'國有道則仕，國無道則隱'。聖人曰'飛龍在天，利見大人'。'不義而富且貴，於我如浮雲'。今君之怨已讎而德已報，意欲至矣，而無變計，竊爲君不取也。且夫翠、鵠、犀、象，其處勢非不遠死也，而所以死者，惑於餌也。蘇秦、智伯之智，非不足以辟辱遠死也，而所以死者，惑於貪利不止也。是以聖人制禮節欲，取於民有度，使之以時，用之有止，故志不溢，行不驕，常與道俱而不失，故天下承而不絕。昔者齊桓公九合諸侯，一匡天下，至於葵丘之會，有驕矜之志，畔者九國。吳王夫差兵無敵於天下，勇彊以輕諸侯，陵齊晉，故遂以殺身亡國。夏育、太史噭叱呼駭三軍，然而身死於庸夫。此皆乘至盛而不返道理，不居卑退儉約之患也。夫商君爲秦孝公明法令，禁姦本，尊爵必賞，有罪必罰，平權衡，正度量，調輕重，決裂阡陌，以静生民之業而一其俗，勸民耕農利土，一室無二事，力田稸積，習戰陳之事，是以兵動而地廣，兵休而國富，故秦無敵於天下，立威諸侯，成秦國之業。功已成矣，而遂以車裂。楚地方數千里，持戟百萬，白起率數萬之師以與楚戰，一戰舉鄢郢以燒夷陵，再戰南并蜀漢。又越韓、魏而攻彊趙，北阬馬服，誅屠四十餘萬之衆，盡之于長平之下，流血成川，沸聲若雷，遂入圍邯鄲，使秦有帝業。楚、趙天下之彊國而秦之仇敵也，自是之後，楚、趙皆懾伏不敢攻秦者，白起之勢也。身所服者七十餘城，功已成矣，而遂賜劍死於杜郵。吳起爲楚悼王立法，卑減大臣之威重，罷無能，廢無用，損不急之官，塞私門之請，一楚國之俗，禁游客之民，精耕戰之士，南收楊越，北并陳、蔡，破橫散從，使馳說之士無所開其口，禁朋黨以勵百姓，定楚國之政，兵震天下，威服諸侯。功已成矣，而卒枝解。大夫種爲越王深謀遠計，免會稽之危，以亡爲存，因辱爲榮，墾草入邑，辟地殖穀，率四方之士，專上下之力，輔句踐之賢，報夫差之讎，卒擒勁吳，令越成霸。功已彰而信矣，句踐終負而殺之。此四子者，功成不去，禍至於此。此所謂信而不能詘，往而不能返者也。范蠡知之，超然辟世，長爲陶朱公。君獨不觀夫博者乎？或欲大投，或欲分功，此皆君之所明知也。今君相秦，計不下席，謀不出廊廟，坐制諸侯，利施三川，以實宜陽，決羊腸之險，塞太行之道，又斬范、中行之塗，六國不得合從，棧道千里，通於蜀漢，使天下皆畏秦，秦之欲得矣，君之功極矣，此亦秦之分功之時也。如是而不退，則商君、白公、吳起、大夫種是也。吾聞之，'鑒於水者見面之容，鑒於人者知吉與凶'。書曰'成功之下，不可久處'。四子之禍，君何居焉？君何不以此時歸相印，讓賢者而授之，退而巖居川觀，必有伯夷之廉，長爲應侯，世世稱孤，而有許由、延陵季子之讓，喬松之壽，孰與以禍終哉？即君何居焉？忍不能自離，疑不能自決，必有四子之禍矣。易曰'亢龍有悔'，此言上而不能下，信而不能詘，往而不能自返者也。願君執計之！"
14	《史记·鲁仲连邹阳列传》	此時魯仲連適游趙，會秦圍趙，聞魏將欲令趙尊秦爲帝，乃見平原君曰："事將柰何？"平原君曰："勝也何敢言事！前亡四十萬之衆於外，今又内圍邯鄲而不能去。魏王使客將軍新垣衍令趙帝秦，今其人在是。勝也何敢言事！"

续表

序号	篇目名称	选取的语段（文字为繁体）
15	《史记·鲁仲连邹阳列传》	吾聞之，智者不倍時而弃利，勇士不卻死而滅名，忠臣不先身而後君。今公行一朝之忿，不顧燕王之無臣，非忠也；殺身亡聊城，而威不信於齊，非勇也；功敗名滅，後世無稱焉，非智也。三者世主不臣，説士不載，故智者不再計，勇士不怯死。今死生榮辱，貴賤尊卑，此時不再至，願公詳計而無與俗同。
16	《史记·吕不韦列传》	不韋因使其姊説夫人曰："吾聞之，以色事人者，色衰而愛弛。今夫人事太子，甚愛而無子，不以此時蚤自結於諸子中賢孝者，舉立以爲適而子之，夫在則重尊，夫百歲之後，所子者爲王，終不失勢，此所謂一言而萬世之利也。不以繁華時樹本，即色衰愛弛後，雖欲開一語，尚可得乎？今子楚賢，而自知中男也，次不得爲適，其母又不得幸，自附夫人，夫人誠以此時拔以爲適，夫人則竟世有寵於秦矣。"
17	《史记·刺客列传》	光既得專諸，善客待之。九年而楚平王死。春，吳王僚欲因楚喪，使其二弟公子蓋餘、屬庸將兵圍楚之灊；使延陵季子於晉，以觀諸侯之變。楚發兵絶吳將蓋餘、屬庸路，吳兵不得還。於是公子光謂專諸曰："此時不可失，不求何獲！且光真王嗣，當立，季子雖來，不吾廢也。"專諸曰："王僚可殺也。母老子弱，而兩弟將兵伐楚，楚絶其後。方今吳外困於楚，而内空無骨鯁之臣，是無如我何。"公子光頓首曰："光之身，子之身也。"
18	《史记·蒙恬列传》	太史公曰：吾適北邊，自直道歸，行觀蒙恬所爲秦築長城亭障，塹山堙谷，通直道，固輕百姓力矣。夫秦之初滅諸侯，天下之心未定，痍傷者未瘳，而恬爲名將，不以此時彊諫，振百姓之急，養老存孤，務修衆庶之和，而阿意興功，此其兄弟遇誅，不亦宜乎？何乃罪地脈哉？
19	《史记·张耳陈馀列传》	武臣等從白馬渡河，至諸縣，説其豪桀曰："秦爲亂政虐刑以殘賊天下，數十年矣。北有長城之役，南有五嶺之戍，外内騷動，百姓罷敝，頭會箕斂，以供軍費，財匱力盡，民不聊生。重之以苛法峻刑，使天下父子不相安。陳王奮臂爲天下倡始，王楚之地，方二千里，莫不響應，家自爲怒，人自爲鬭，各報其怨而攻其讎，縣殺其令丞，郡殺其守尉。今已張大楚，王陳，使吴廣、周文將卒百萬西擊秦。於此時而不成封侯之業者，非人豪也。諸君試相與計之！夫天下同心而苦秦久矣。因天下之力而攻無道之君，報父兄之怨而成割地有土之業，此士之一時也。"豪桀皆然其言。乃行收兵，得數萬人，號武臣爲武信君。下趙十城，餘皆城守，莫肯下。
20	《史记·淮阴侯列传》	楚已亡龍且，項王恐，使盱眙人武涉往説齊王信曰："天下共苦秦久矣，相與勠力擊秦。秦已破，計功割地，分土而王之，以休士卒。今漢王復興兵而東，侵人之分，奪人之地，已破三秦，引兵出關，收諸侯之兵以東擊楚，其意非盡吞天下者不休，其不知厭足如是甚也。且漢王不可必，身居項王掌握中數矣，項王憐而活之，然得脱，輒倍約，復擊項王，其不可親信如此。今足下雖自以與漢王爲厚交，爲之盡力用兵，終爲之所禽矣。足下所以得須臾至今者，以項王尚存也。當今二王之事，權在足下。足下右投則漢王勝，左投則項王勝。項王今日亡，則次取足下。足下與項王有故，何不反漢與楚連和，參分天下王之？今釋此時，而自必於漢以擊楚，且爲智者固若此乎！"韓信謝曰："臣事項王，官不過郎中，位不過執戟，言不聽，畫不用，故倍楚而歸漢。漢王授我上將軍印，予我數萬衆，解衣衣我，推食食我，言聽計用，故吾得以至於此。夫人深親信我，我倍之不祥，雖死不易。幸爲信謝項王！"

附　录

续表

序号	篇目名称	选取的语段（文字为繁体）
21	《史记·南越列传》	佗孫胡爲南越王。此時閩越王郢興兵擊南越邊邑，胡使人上書曰："兩越俱爲藩臣，毋得擅興兵相攻擊。今閩越興兵侵臣，臣不敢興兵，唯天子詔之。"於是天子多南越義，守職約，爲興師，遣兩將軍往討閩越。兵未踰嶺，閩越王弟餘善殺郢以降，於是罷兵。
22	《史记·淮南衡山列传》	元朔五年，太子學用劍，自以爲人莫及，聞郎中靁被巧，乃召與戲。被一再辭讓，誤中太子。太子怒，被恐。此時有欲從軍者輒詣京師，被即願奮擊匈奴。太子遷數惡被於王，王使郎中令斥免，欲以禁後，被遂亡至長安，上書自明。詔下其事廷尉、河南。
23	《史记·大宛列传》	是後天子數問騫大夏之屬。騫既失侯，因言曰："臣居匈奴中，聞烏孫王號昆莫，昆莫之父，匈奴西邊小國也。匈奴攻殺其父，而昆莫生，弃於野。烏嗛肉蜚其上，狼往乳之。單于怪以爲神，而收長之。及壯，使將兵，數有功，單于復以其父之民予昆莫，令長守於西（城）〔域〕。昆莫收養其民，攻旁小邑，控弦數萬，習攻戰。單于死，昆莫乃率其衆遠徙，中立，不肯朝會匈奴。匈奴遣奇兵擊，不勝，以爲神而遠之，因羈屬之，不大攻。今單于新困於漢，而故渾邪地空無人。蠻夷俗貪漢財物，今誠以此時而厚幣賂烏孫，招以益東，居故渾邪地，與漢結昆弟，其勢宜聽，聽則是斷匈奴右臂也。既連烏孫，自其西大夏之屬皆可招來而爲外臣。"天子以爲然，拜騫爲中郎將，將三百人，馬各二匹，牛羊以萬數，齎金幣帛直數千巨萬，多持節副使，道可使，使遣之他旁國。

表5　　　　　　　　　　"当此时"的检索（9处语段）

序号	篇目名称	选取的语段（文字为繁体）
1	《史记·秦始皇本纪》	秦王足己不問，遂過而不變。二世受之，因而不改，暴虐以重禍。子嬰孤立無親，危弱無輔。三主惑而終身不悟，亡，不亦宜乎？當此時也，世非無深慮知化之士也，然所以不敢盡忠拂過者，秦俗多忌諱之禁，忠言未卒於口而身爲戮沒矣。故使天下之士，傾耳而聽，重足而立，拑口而不言。
2	《史记·项羽本纪》	章邯已破項梁軍，則以爲楚地兵不足憂，乃渡河擊趙，大破之。當此時，趙歇爲王，陳餘爲將，張耳爲相，皆走入鉅鹿城。章邯令王離、涉間圍鉅鹿，章邯軍其南，築甬道而輸之粟。陳餘爲將，將卒數萬人而軍鉅鹿之北，此所謂河北之軍也。
3	《史记·项羽本纪》	當此時，彭越數反梁地，絕楚糧食，項王患之。爲高俎，置太公其上，告漢王曰："今不急下，吾烹太公。"漢王曰："吾與項羽俱北面受命懷王，曰'約爲兄弟'，吾翁即若翁，必欲烹而翁，則幸分我一桮羹。"項王怒，欲殺之。項伯曰："天下事未可知，且爲天下者不顧家，雖殺之無益，祇益禍耳。"項王從之。
4	《史记·高祖本纪》	淮陰已受命東，未渡平原。漢王使酈生往說齊王田廣、廣叛楚，與漢和，共擊項羽。韓信用蒯通計，遂襲破齊。齊王烹酈生，東走高密。項羽聞韓信已舉河北兵破齊、趙，且欲擊楚，則使龍且、周蘭往擊之。韓信與戰，騎將灌嬰擊，大破楚軍，殺龍且。齊王廣犇彭越。當此時，彭越將兵居梁地，往來苦楚兵，絕其糧食。

续表

序号	篇目名称	选取的语段（文字为繁体）
5	《史记·高祖本纪》	當此時，彭越將兵居梁地，往來苦楚兵，絕其糧食。田橫往從之。項羽數擊彭越等，齊王信又進擊楚。項羽恐，乃與漢王約，中分天下，割鴻溝而西者爲漢，鴻溝而東者爲楚。項王歸漢王父母妻子，軍中皆呼萬歲，乃歸而別去。
6	《史记·晋世家》	當此時，晉彊，西有河西，與秦接境，北邊翟，東至河內。
7	《史记·陈涉世家》	當此時，諸郡縣苦秦吏者，皆刑其長吏，殺之以應陳涉。乃以吳叔爲假王，監諸將以西擊滎陽。
8	《史记·陈涉世家》	令陳人武臣、張耳、陳餘徇趙地，令汝陰人鄧宗徇九江郡。當此時，楚兵數千人爲聚者，不可勝數。
9	《史记·范雎蔡泽列传》	當此時，秦昭王使謁者王稽於魏。鄭安平詐爲卒，侍王稽。王稽問："魏有賢人可與俱西游者乎？"鄭安平曰："臣里中有張祿先生，欲見君，言天下事。其人有仇，不敢晝見。"王稽："夜與俱來。"鄭安平夜與張祿見王稽。語未究，王稽知范雎賢，謂曰："先生待我於三亭之南。"與私約而去。

注：例4与例5选取语段相同，但上下文语境不同。

表6 "当此之时"的检索（9处语段，选取的语段文字为繁体）

序号	篇目名称	选取的语段（文字为繁体）
1	《史记·平准书》	至今上即位數歲，漢興七十餘年之閒，國家無事，非遇水旱之災，民則人給家足，都鄙廩庾皆滿，而府庫餘貨財。京師之錢累巨萬，貫朽而不可校。太倉之粟陳陳相因，充溢露積於外，至腐敗不可食。衆庶街巷有馬，阡陌之閒成羣，而乘字牝者儐而不得聚會。守閭閻者食粱肉，爲吏者長子孫，居官者以爲姓號。故人人自愛而重犯法，先行義而後絀恥辱焉。當此之時，網疏而民富，役財驕溢，或至兼并豪黨之徒，以武斷於鄉曲。宗室有土公卿大夫以下，爭于奢侈，室廬輿服僭于上，無限度。物盛而衰，固其變也。
2	《史记·陈涉世家》	當此之時，諸將之徇地者，不可勝數。周市北徇地至狄，狄人田儋殺狄令，自立爲齊王，以齊反，擊周市。市軍散，還至魏地，欲立魏後故甯陵君咎爲魏王。時咎在陳王所，不得之魏。魏地已定，欲相與立周市爲魏王，周市不肯。使者五反，陳王乃立甯陵君咎爲魏王，遣之國。周市卒爲相。
3	《史记·陈涉世家》	孝公既没，惠文王、武王、昭王蒙故業，因遺策，南取漢中，西舉巴蜀，東割膏腴之地，收要害之郡。諸侯恐懼，會盟而謀弱秦。不愛珍器重寶肥饒之地，以致天下之士。合從締交，相與爲一。當此之時，齊有孟嘗，趙有平原，楚有春申，魏有信陵：此四君者，皆明知而忠信，寬厚而愛人，尊賢而重士。約從連衡，兼韓、魏、燕、趙、宋、衞、中山之衆。

续表

序号	篇目名称	选取的语段（文字为繁体）
4	《史記·魏公子列傳》	至鄴，矯魏王令代晉鄙。晉鄙合符，疑之，舉手視公子曰："今吾擁十萬之衆，屯於境上，國之重任，今單車來代之，何如哉？"欲無聽。朱亥袖四十斤鐵椎，椎殺晉鄙，公子遂將晉鄙軍。勒兵下令軍中曰："父子俱在軍中，父歸；兄弟俱在軍中，兄歸；獨子無兄弟，歸養。"得選兵八萬人，進兵擊秦軍。秦軍解去，遂救邯鄲，存趙。趙王及平原君自迎公子於界，平原君負韊矢爲公子先引。趙王再拜曰："自古賢人未有及公子者也。"當此之時，平原君不敢自比於人。公子與侯生決，至軍，侯生果北鄉自剄。
5	《史記·范雎蔡澤列傳》	信陵君聞之，畏秦，猶豫未肯見，曰："虞卿何如人也？"時侯嬴在旁，曰："人固未易知，知人亦未易也。夫虞卿躡屩檐簦，一見趙王，賜白璧一雙，黃金百鎰；再見，拜爲上卿；三見，卒受相印，封萬戶侯。當此之時，天下爭知之。夫魏齊窮困過虞卿，虞卿不敢重爵祿之尊，解相印，捐萬戶侯而閒行。急士之窮而歸公子，公子曰'何如人'。人固不易知，知人亦未易也！"信陵君大慙，駕如野迎。魏齊聞信陵君之初難見之，怒而自剄。趙王聞之，卒取其頭予秦。秦昭王乃出平原君歸趙。
6	《史記·張耳陳餘列傳》	上賢貫高爲人能立然諾，使泄公具告之，曰："張王已出。"因赦貫高。貫高喜曰："吾王審出乎？"泄公曰："然。"泄公曰："上多足下，故赦足下。"貫高曰："所以不死一身無餘者，白張王不反也。今王已出，吾責已塞，死不恨矣。且人臣有篡殺之名，何面目復事上哉！縱上不殺我，我不愧於心乎？"乃仰絕肮，遂死。當此之時，名聞天下。
7	《史記·淮陰侯列傳》	蒯通曰："天下初發難也，俊雄豪桀建號壹呼，天下之士雲合霧集，魚鱗襍遝，熛至風起。當此之時，憂在亡秦而已。今楚漢分争，使天下無罪之人肝膽塗地，父子暴骸骨於中野，不可勝數。楚人起彭城，轉鬭逐北，至於滎陽，乘利席卷，威震天下。然兵困於京、索之閒，迫西山而不能進者，三年於此矣。漢王將數十萬之衆，距鞏、雒，阻山河之險，一日數戰，無尺寸之功，折北不救，敗滎陽，傷成皋，遂走宛、葉之閒，此所謂智勇俱困者也。夫銳氣挫於險塞，而糧食竭於內府，百姓罷極怨望，容容無所倚。以臣料之，其勢非天下之賢聖固不能息天下之禍。當今兩主之命縣於足下。足下爲漢則漢勝，與楚則楚勝。臣願披腹心，輸肝膽，效愚計，恐足下不能用也。誠能聽臣之計，莫若兩利而俱存之，參分天下，鼎足而居，其勢莫敢先動。夫以足下之賢聖，有甲兵之衆，據彊齊，從燕、趙，出空虛之地而制其後，因民之欲，西鄉爲百姓請命，則天下風走而響應矣，孰敢不聽！割大弱彊，以立諸侯，諸侯已立，天下服聽而歸德於齊。案齊之故，有膠、泗之地，懷諸侯以德，深拱揖讓，則天下之君王相率而朝於齊矣。蓋聞天與弗取，反受其咎；時至不行，反受其殃。願足下孰慮之。"
8	《史記·滑稽列傳》	髡曰："賜酒大王之前，執法在傍，御史在後，髡恐懼俯伏而飲，不過一斗徑醉矣。若親有嚴客，髡帣韝鞠䞛，侍酒於前，時賜餘瀝，奉觴上壽，數起，飲不過二斗徑醉矣。若朋友交遊，久不相見，卒然相覩，歡然道故，私情相語，飲可五六斗徑醉矣。若乃州閭之會，男女雜坐，行酒稽留，六博投壺，相引爲曹，握手無罰，目眙不禁，前有墮珥，後有遺簪，髡竊樂此，飲可八斗而醉二參。日暮酒闌，合尊促坐，男女同席，履舃交錯，杯盤狼藉，堂上燭滅，主人留髡而送客，羅襦襟解，微聞薌澤，當此之時，髡心最歡，能飲一石。故曰酒極則亂，樂極則悲；萬事盡然。"

续表

序号	篇目名称	选取的语段（文字为繁体）
9	《史记·滑稽列传》	武帝時有所幸倡郭舍人者，發言陳辭雖不合大道，然令人主和説。武帝少時，東武侯母常養帝，帝壯時，號之曰"大乳母"。率一月再朝。朝奏入，有詔使幸臣馬游卿以帛五十匹賜乳母，又奉飲糒飧養乳母。乳母上書曰："某所有公田，願得假倩之。"帝曰："乳母欲得之乎？"以賜乳母。乳母所言，未嘗不聽。有詔得令乳母乘車行馳道中。當此之時，公卿大臣皆敬重乳母。乳母家子孫奴從者橫暴長安中，當道掣頓人車馬，奪人衣服。

表7　　"方是时"的检索（1处语段，选取语段的文字为繁体）

序号	篇章名称	选取的语段（文字为繁体）
1	《史记·苏秦列传》	初，蘇秦之燕，貸人百錢爲資，及得富貴，以百金償之。徧報諸所嘗見德者。其從者有一人獨未得報，乃前自言。蘇秦曰："我非忘子。子之與我至燕，再三欲去我易水之上，方是時，我困，故望子深，是以後子。子今亦得矣。"

表8　　"方是之时"的检索（1处语段，选取语段的文字为繁体）

序号	篇章名称	选取的语段（文字为繁体）
1	《史记·孙子吴起列传》	(卽封) 吳起爲西河守，甚有聲名。魏置相，相田文。吳起不悦，謂田文曰："請與子論功，可乎？"田文曰："可。"起曰："將三軍，使士卒樂死，敵國不敢謀，子孰與起？"文曰："不如子。"起曰："治百官，親萬民，實府庫，子孰與起？"文曰："不如子。"起曰："守西河而秦兵不敢東鄉，韓趙賓從，子孰與起？"文曰："不如子。"起曰："此三者，子皆出吾下，而位加吾上，何也？"文曰："主少國疑，大臣未附，百姓不信，方是之時，屬之於子乎？屬之於我乎？"起默然良久，曰："屬之子矣。"文曰："此乃吾所以居子之上也。"吳起乃自知弗如田文。

表9　　"是日"的检索（16处语段，选取语段的文字为繁体）

序号	篇目名称	选取的语段（文字为繁体）
1	《史记·殷本纪》	當是時，夏桀爲虐政淫荒，而諸侯昆吾氏爲亂。湯乃興師率諸侯，伊尹從湯，湯自把鉞以伐昆吾，遂伐桀。湯曰："格女衆庶，來，女悉聽朕言。匪台小子敢行舉亂，有夏多罪，予維聞女衆言，夏氏有罪。予畏上帝，不敢不正。今夏多罪，天命殛之。今女有衆，女曰'我君不恤我衆，舍我嗇事而割政'。女其曰'有罪，其柰何'？夏王率止衆力，率奪夏國。有衆率怠不和，曰'是日何時喪？予與女皆亡'！夏德若兹，今朕必往。爾尚及予一人致天之罰，予其大理女。女毋不信，朕不食言。女不從誓言，予則帑僇女，無有攸赦。"以告令師，作湯誓。於是湯曰"吾甚武"，號曰武王。

续表

序号	篇目名称	选取的语段（文字为繁体）
2	《史记·高祖本纪》	高祖欲長都雒陽，齊人劉敬說，及留侯勸上入都關中，高祖是日駕，入都關中。六月，大赦天下。
3	《史记·高祖本纪》	十二月，人有上變事告楚王信謀反，上問左右，左右爭欲擊之。用陳平計，乃偽遊雲夢，會諸侯於陳，楚王信迎，即因執之。是日，大赦天下。田肯賀，因説高祖曰："陛下得韓信，又治秦中。秦，形勝之國，帶河山之險，縣隔千里，持戟百萬，秦得百二焉。地執便利，其以下兵於諸侯，譬猶居高屋之上建瓴水也。夫齊，東有琅邪、即墨之饒，南有泰山之固，西有濁河之限，北有勃海之利。地方二千里，持戟百萬，縣隔千里之外，齊得十二焉。故此東西秦也。非親子弟，莫可使王齊矣。"高祖曰："善。"賜黄金五百斤。
4	《史记·天官书》	是日光明，聽都邑人民之聲。聲宫，則歲善，吉；商，則有兵；徵，旱；羽，水；角，歲惡。
5	《史记·田敬仲完世家》	威王初即位以來，不治，委政卿大夫，九年之間，諸侯並伐，國人不治。於是威王召即墨大夫而語之曰："自子之居即墨也，毁言日至。然吾使人視即墨，田野闢，民人給，官無留事，東方以寧。是子不事吾左右以求譽也。"封之萬家。召阿大夫語曰："自子之守阿，譽言日聞。然使使視阿，田野不闢，民貧苦。昔日趙攻甄，子弗能救。衞取薛陵，子弗知。是子以幣厚吾左右以求譽也。"是日，烹阿大夫，及左右嘗譽者皆并烹之。遂起兵西擊趙、衞，敗魏於濁澤而圍惠王。惠王請獻觀以和解，趙人歸我長城。於是齊國震懼，人人不敢飾非，務盡其誠。齊國大治。諸侯聞之，莫敢致兵於齊二十餘年。
6	《史记·孔子世家》	秋，季桓子病，輦而見魯城，喟然歎曰："昔此國幾興矣，以吾獲罪於孔子，故不興也。"顧謂其嗣康子："我即死，若必相魯；相魯，必召仲尼。"後數日，桓子卒，康子代立。已葬，欲召仲尼。公之魚曰："昔吾先君用之不終，終爲諸侯笑。今又用之，不能終，是再爲諸侯笑。"康子曰："則誰召而可？"曰："必召冉求。"於是使使召冉求，冉求將行，孔子曰："魯人召求，非小用之，將大用之也。"是日，孔子："歸乎歸乎！吾黨之小子狂簡，斐然成章，吾不知所以裁之。"子贛知孔子思歸，送冉求，因誡曰"即用，以孔子爲招"云。
7	《史记·孔子世家》	是日哭，則不歌。見齊衰、瞽者，雖童子必變。
8	《史记·外戚世家》	漢王坐河南宫成皋臺，此兩美人相與笑薄姬初時約。漢王聞之，問其故，兩人具以實告漢王。漢王心慘然，憐薄姬，是日召而幸之。薄姬曰："昨暮夜妾夢蒼龍據吾腹。"高帝曰："此貴徵也，吾爲女遂成之。"一幸生男，是爲代王。其後薄姬希見高祖。
9	《史记·外戚世家》	衞皇后字子夫，生微矣。蓋其家號曰衞氏，出平陽侯邑。子夫爲平陽主謳者。武帝初即位，數歲無子。平陽主求諸良家子女十餘人，飾置家。武帝祓霸上還，因過平陽主。主見所侍美人，上弗説。既飲，謳者進，上望見，獨説衞子夫。是日，武帝起更衣，子夫侍尚衣軒中，得幸。
10	《史记·萧相国世家》	上曰："吾聞進賢受上賞。蕭何功雖高，得鄂君乃益明。"於是因鄂君故所食關内侯邑封爲安平侯。是日，悉封何父子兄弟十餘人，皆有食邑。乃益封何二千户，以帝嘗繇咸陽時吾送我獨贏奉錢二也。
11	《史记·萧相国世家》	高帝不懌。是日，使使持節赦出相國。相國年老，素恭謹，入，徒跣謝。高帝曰："相國休矣！相國爲民請苑，吾不許，我不過爲桀紂主，而相國爲賢相。吾故繫相國，欲令百姓聞吾過也。"

续表

序号	篇目名称	选取的语段（文字为繁体）
12	《史记·陈丞相世家》	於是漢王與語而説之，問曰："子之居楚何官？"曰："爲都尉。"是日乃拜平爲都尉，使爲參乘，典護軍。諸將盡讙，曰："大王一日得楚之亡卒，未知其高下，而卽與同載，反使監護軍長者！"漢王聞之，愈益幸平。遂與東伐項王。至彭城，爲楚所敗。引而還，收散兵至滎陽，以平爲亞將，屬於韓王信，軍廣武。
13	《史记·范雎蔡泽列传》	於是范雎乃得見於離宮，詳爲不知永巷而入其中。王來而宦者怒，逐之，曰："王至！"范雎繆爲曰："秦安得王？秦獨有太后、穰侯耳。"欲以感怒昭王。昭王至，聞其與宦者爭言，遂延迎，謝曰："寡人宜以身受命久矣，會義渠之事急，寡人旦暮自請太后；今義渠之事已，寡人乃得受命。竊閔然不敏，敬執賓主之禮。"范雎辭讓。是日觀范雎之見者，羣臣莫不洒然變色易容者。
14	《史记·樊郦滕灌列传》	項羽在戲下，欲攻沛公。沛公從百餘騎因項伯面見項羽，謝無有閉關事。項羽既饗軍士，中酒，亞父謀欲殺沛公，令項莊拔劍舞坐中，欲擊沛公，項伯常（肩）〔屛〕蔽之。時獨沛公與張良得入坐，樊噲在營外，聞事急，乃持鐵盾入到營。營衛止噲，噲直撞入，立帳下。項羽目之，問爲誰。張良曰："沛公參乘樊噲。"項羽曰："壯士。"賜之卮酒彘肩。噲既飲酒，拔劍切肉食，盡之。項羽曰："能復飲乎？"噲曰："臣死且不辭，豈特卮酒乎！且沛公先入定咸陽，暴師霸上，以待大王。大王今日至，聽小人之言，與沛公有隙，臣恐天下解，心疑大王也。"項羽默然。沛公如廁，麾樊噲去。既出，沛公留車騎，獨騎一馬，與樊噲等四人步從，從閒道山下歸走霸上軍，而使張良謝項羽。項羽亦因遂已，無誅沛公之心矣。是日微樊噲犇入營譙讓項羽，沛公事幾殆。
15	《史记·张释之冯唐列传》	文帝説。是日令馮唐持節赦魏尚，復以爲雲中守，而拜唐爲車騎都尉，主中尉及郡國車士。
16	《史记·酷吏列传》	寧成家居，上欲以爲郡守。御史大夫弘曰："臣居山東爲小吏時，寧成爲濟南都尉，其治如狼牧羊。成不可使治民。"上乃拜成爲關都尉。歲餘，關東吏隸郡國出入關者，號曰"寧見乳虎，無值寧成之怒"。義縱自河內遷爲南陽太守，聞寧成家居南陽，及縱至關，寧成側行送迎，然縱氣盛，弗爲禮。至郡，遂案寧氏，盡破碎其家。成坐有罪，及孔、暴之屬皆犇亡，南陽吏民重足一迹。而平氏朱彊、杜衍、杜周爲縱牙爪之吏，任用，遷爲廷史。軍數出定襄，定襄吏民亂敗，於是徙縱爲定襄太守。縱至，掩定襄獄中重罪輕繫二百餘人，及賓客昆弟私入相視亦二百餘人。縱一捕鞠，曰"爲死罪解脱"。是日皆報殺四百餘人。其後郡中不寒而栗，猾民佐吏爲治。

（注：表9中，例1不符合语义要求，在正文分析中已排除。）

表10　　"是岁"的检索（84处语段，选取语段的文字为繁体）

序号	篇目名称	选取的语段（文字为繁体）
1	《史记·周本纪》	四十六年，宣王崩，子幽王宮湦立。幽王二年，西周三川皆震。伯陽甫曰："周將亡矣。夫天地之氣，不失其序；若過其序，民亂之也。陽伏而不能出，陰迫而不能蒸，於是有地震。今三川實震，是陽失其所而填陰也。陽失而在陰，原必塞；原塞，國必亡。夫水土演而民用也。土無所演，民乏財用，不亡何待！昔伊、洛竭而夏亡，河竭而商亡。今周德若二代之季矣，其川原又塞，塞必竭。夫國必依山川，山崩川竭，亡國之徵也。川竭必山崩。若國亡不過十年，數之紀也。天之所棄，不過其紀。"是歲也，三川竭，岐山崩。
2	《史记·周本纪》	二十四年，崩，子安王驕立。是歲盜殺楚聲王。
3	《史记·秦本纪》	孝公卒，子惠文君立。是歲，誅衛鞅。鞅之初爲秦施法，法不行，太子犯禁。鞅曰："法之不行，自於貴戚。君必欲行法，先於太子。太子不可黥，黥其傅師。"於是法大用，秦人治。及孝公卒，太子立，宗室多怨鞅，鞅亡，因以爲反，而卒車裂以徇秦國。
4	《史记·秦始皇本纪》	二十七年，始皇巡隴西、北地，出雞頭山，過回中。焉作信宮渭南，已更命信宮爲極廟，象天極。自極廟道通酈山，作甘泉前殿。築甬道，自咸陽屬之。是歲，賜爵一級。治馳道。
5	《史记·高祖本纪》	九年，趙相貫高等事發覺，夷三族。廢趙王敖爲宣平侯。是歲，徙貴族楚昭、屈、景、懷、齊田氏關中。
6	《史记·孝武本纪》	其明年冬，天子郊雍，議曰："今上帝朕親郊，而后土毋祀，則禮不答也。"有司與太史公、祠官寬舒等議："天地牲角繭栗。今陛下親祀后土，后土宜於澤中圜丘爲五壇，壇一黃犢太牢具，已祠盡瘞，而從祠衣上黃。"於是天子遂東，始立后土祠汾陰脽上，如寬舒等議。上親望拜，如上帝禮。禮畢，天子遂至滎陽而還。過雒陽，下詔曰："三代邈絕，遠矣難存。其以三十里地封周後爲周子南君，以奉先王祀焉。"是歲，天子始巡郡縣，侵尋於泰山矣。
7	《史记·孝武本纪》	其秋，上幸雍，且郊。或曰"五帝，泰一之佐也，宜立泰一而上親郊之"。上疑未定。齊人公孫卿曰："今年得寶鼎，其冬辛巳朔旦冬至，與黃帝時等。"卿有札書曰："黃帝得寶鼎宛（侯）〔朐〕，問於鬼臾區。區對曰：'（黃）帝得寶鼎神筴，是歲己酉朔旦冬至，得天之紀，終而復始。'於是黃帝迎日推筴，後率二十歲得朔旦冬至，凡二十推，三百八十年，黃帝僊登于天。"
8	《史记·孝武本纪》	其春，公孫卿言見神人東萊山，若云"見天子"。天子於是幸緱氏城，拜卿爲中大夫。遂至東萊，宿留之數日，毋所見，見大人跡。復遣方士求神怪采芝藥以千數。是歲旱。於是天子既出毋名，乃禱萬里沙，過祠泰山。還至瓠子，自臨塞決河，留二日，沈祠而去。使二卿將卒塞決河，河徙二渠，復禹之故跡焉。
9	《史记·孝武本纪》	夏，漢改曆，以正月爲歲首，而色上黃，官名更印章以五字，因爲太初元年。是歲，西伐大宛。蝗大起。丁夫人、雒陽虞初等以方祠詛匈奴、大宛焉。
10	《史记·封禅书》	於是桓公乃止。是歲，秦繆公内晉君夷吾。其後三置晉國之君，平其亂，繆公立三十九年而卒。

续表

序号	篇目名称	选取的语段（文字为繁体）
11	《史记·封禅书》	是歲，制曰："朕卽位十三年于今，賴宗廟之靈，社稷之福，方内艾安，民人靡疾。閒者比年登，朕之不德，何以饗此？皆上帝諸神之賜也。蓋聞古者饗其德必報其功，欲有增諸神祠。有司議增雍五時路車各一乘，駕被具；西時畦時禺車各一乘，禺馬四匹，駕被具；其河、湫、漢水加玉各二；及諸祠，各增廣壇場，珪幣俎豆以加之。而祝釐者歸福於朕，百姓不與焉。自今祝致敬，毋有所祈。"
12	《史记·封禅书》	禮畢，天子遂至滎陽而還。過雒陽，下詔曰："三代邈絕，遠矣難存。其以三十里地封周後爲周子南君，以奉其先祀焉。"是歲，天子始巡郡縣，侵尋於泰山矣。（同6）
13	《史记·封禅书》	其秋，上幸雍，且郊。或曰"五帝，太一之佐也，宜立太一而上親郊之"。上疑未定。齊人公孫卿曰："今年得寶鼎，其冬辛巳朔旦冬至，與黄帝時等。"卿有札書曰："黄帝得寶鼎宛朐，問於鬼臾區。鬼臾區對曰：'（黄）帝得寶鼎神策，是歲己酉朔旦冬至，得天之紀，終而復始。'於是黄帝迎日推策，後率二十歲復朔旦冬至，凡二十推，三百八十年，黄帝僊登于天。"（同7，文字上略有差异）
14	《史记·封禅书》	其春，公孫卿言見神人東萊山，若云"欲見天子"。天子於是幸緱氏城，拜卿爲中大夫。遂至東萊，宿留之數日，無所見，見大人跡云。復遣方士求神怪采芝藥以千數。是歲旱。於是天子既出無名，乃禱萬里沙，過祠泰山。還至瓠子，自臨塞決河，留二日，沈祠而去。使二卿將卒塞決河，徙二渠，復禹之故跡焉。（同8）
15	《史记·封禅书》	夏，漢改曆，以正月爲歲首，而色上黄，官名更印章以五字，爲太初元年。是歲，西伐大宛。蝗大起。丁夫人、雒陽虞初等以方祠詛匈奴、大宛焉。（同9）
16	《史记·平准书》	其明年，驃騎仍再出擊胡，獲首四萬。其秋，渾邪王率數萬之衆來降，於是漢發車二萬乘迎之。既至，受賞，賜及有功之士。是歲費凡百餘巨萬。
17	《史记·平准书》	於是縣官大空，而富商大賈或蹛財役貧，轉轂百數，廢居居邑，封君皆低首仰給。冶鑄煑鹽，財或累萬金，而不佐國家之急，黎民重困。於是天子與公卿議，更錢造幣以贍用，而摧浮淫并兼之徒。是時禁苑有白鹿而少府多銀錫。自孝文更造四銖錢，至是歲四十餘年，從建元以來，用少，縣官往往卽多銅山而鑄錢，民亦閒盜鑄錢，不可勝數。錢益多而輕，物益少而貴。有司言曰："古者皮幣，諸侯以聘享。金有三等，黄金爲上，白金爲中，赤金爲下。今半兩錢法重四銖，而姦或盜摩錢裏取鋊，錢益輕薄而物貴，則遠方用幣煩費不省。"乃以白鹿皮方尺，緣以藻繢，爲皮幣，直四十萬。王侯宗室朝覲聘享，必以皮幣薦璧，然後得行。
18	《史记·平准书》	是歲也，張湯死而民不思。
19	《史记·平准书》	是歲小旱，上令官求雨。卜式言曰："縣官當食租衣稅而已，今弘羊令吏坐市列肆，販物求利。亨弘羊，天乃雨。"

附　录　253

续表

序号	篇目名称	选取的语段（文字为繁体）
20	《史记·齐太公世家》	三十年春，齊桓公率諸侯伐蔡，蔡潰。遂伐楚。楚成王興師問曰："何故涉吾地？"管仲對曰："昔召康公命我先君太公曰：'五侯九伯，若實征之，以夾輔周室。'賜我先君履，東至海，西至河，南至穆陵，北至無棣。楚貢包茅不入，王祭不具，是以來責。昭王南征不復，是以來問。"楚王曰："貢之不入，有之，寡人罪也，敢不共乎！昭王之出不復，君其問之水濱。"齊師進次于陘。夏，楚王使屈完將兵扦齊，齊師退次召陵。桓公矜屈完以其衆。屈完曰："君以道則可；若不，則楚方城以爲城，江、漢以爲溝，君安能進乎？"乃與屈完盟而去。過陳，陳袁濤塗詐齊，令出東方，覺。秋，齊伐陳。是歲，晉殺太子申生。
21	《史记·齐太公世家》	三十五年夏，會諸侯于葵丘。周襄王使宰孔賜桓公文武胙、彤弓矢、大路，命無拜。桓公欲許之，管仲曰"不可"，乃下拜受賜。秋，復會諸侯於葵丘，益有驕色。周使宰孔會。諸侯頗有叛者。晉侯病，後，遇宰孔。宰孔曰："齊侯驕矣，弟無行。"從之。是歲，晉獻公卒，里克殺奚齊、卓子，秦穆公以夫人入公子夷吾爲晉君。桓公於是討晉亂，至高梁，使隰朋立晉君，還。
22	《史记·齐太公世家》	四十一年，秦穆公虜晉惠公，復歸之。是歲，管仲、隰朋皆卒。
23	《史记·齐太公世家》	四十二年，戎伐周，周告急於齊，齊令諸侯各發卒戍周。是歲，晉公子重耳來，桓公妻之。
24	《史记·齐太公世家》	四十八年，與魯定公好會夾谷。犁鉏曰："孔丘知禮而怯，請令萊人爲樂，因執魯君，可得志。"景公害孔丘相魯，懼其霸，故從犁鉏之計。方會，進萊樂，孔子歷階上，使有司執萊人斬之，以禮讓景公。景公慙，乃歸魯侵地以謝，而罷去。是歲，晏嬰卒。
25	《史记·燕召公世家》	惠侯卒，子釐侯立。是歲，周宣王初即位。釐侯二十一年，鄭桓公初封於鄭。三十六年，釐侯卒，子頃侯立。
26	《史记·燕召公世家》	桓公十六年卒，宣公立。宣公十五年卒，昭公立。昭公十三年卒，武公立。是歲晉滅三郤大夫。
27	《史记·燕召公世家》	十五年，孝公卒，成公立。成公十六年卒，湣公立。湣公三十一年卒，釐公立。是歲，三晉列爲諸侯。
28	《史记·燕召公世家》	釐公三十年，伐敗齊于林營。釐公卒，桓公立。桓公十一年卒，文公立。是歲，秦獻公卒，秦益彊。
29	《史记·燕召公世家》	三十三年，秦拔遼東，虜燕王喜，卒滅燕。是歲，秦將王賁亦虜代王嘉。
30	《史记·管蔡世家》	成公三年，晉厲公伐曹，虜成公以歸，已復釋之。五年，晉欒書、中行偃使程滑弑其君厲公。二十三年，成公卒，子武公勝立。武公二十六年，楚公子弃疾弑其君靈王代立。二十七年，武公卒，子平公（頃）〔須〕立。平公四年卒，子悼公午立。是歲，宋、衛、陳、鄭皆火。
31	《史记·陈杞世家》	二十三年，幽公卒，子釐公孝立。釐公六年，周宣王即位。三十六年，釐公卒，子武公靈立。武公十五年卒，子夷公說立。是歲，周幽王即位。夷公三年卒，弟平公燮立。平公七年，周幽王爲犬戎所殺，周東徙。秦始列爲諸侯。

续表

序号	篇目名称	选取的语段（文字为繁体）
32	《史記·陳杞世家》	三十七年，齊桓公伐蔡，蔡敗；南侵楚，至召陵，還過陳。陳大夫轅濤塗惡其過陳，詐齊令出東道。東道惡，桓公怒，執陳轅濤塗。是歲，晉獻公殺其太子申生。（同20）
33	《史記·陳杞世家》	四十五年，宣公卒，子款立，是爲穆公。穆公五年，齊桓公卒。十六年，晉文公敗楚師于城濮。是歲，穆公卒，子共公朔立。共公六年，楚太子商臣弑其父成王代立，是爲穆王。十一年，秦穆公卒。十八年，共公卒，子靈公平國立。
34	《史記·陳杞世家》	（二十）八年，楚莊王卒。二十九年，陳倍楚盟。三十年，楚共王伐陳。是歲，成公卒，子哀公弱立。楚以陳喪，罷兵去。
35	《史記·陳杞世家》	二十四年，楚惠王復國，以兵北伐，殺陳湣公，遂滅陳而有之。是歲，孔子卒。
36	《史記·宋微子世家》	九年，大司馬孔父嘉妻好，出，道遇太宰華督，督説，目而觀之。督利孔父妻，乃使人宣言國中曰："殤公卽位十年耳，而十一戰，民苦不堪，皆孔父爲之，我且殺孔父以寧民。"是歲，魯弑其君隱公。十年，華督攻殺孔父，取其妻。殤公怒，遂弑殤公，而迎穆公子馮於鄭而立之，是爲莊公。
37	《史記·晉世家》	是歲也，晉復假道於虞以伐虢。虞之大夫宮之奇諫虞君曰："晉不可假道也，是且滅虞。"虞君曰："晉我同姓，不宜伐我。"宮之奇："太伯、虞仲，太王之子也，太伯亡去，是以不嗣。虢仲、虢叔，王季之子也，爲文王卿士，其記勳在王室，藏於盟府。將虢是滅，何愛於虞？且虞之親能親於桓、莊之族乎？桓、莊之族何罪，盡滅之。虞之與虢，脣之與齒，脣亡則齒寒。"虞公不聽，遂許晉。宮之奇以其族去虞。
38	《史記·晉世家》	九年冬，晉文公卒，子襄公歡立。是歲鄭伯亦卒。
39	《史記·晉世家》	十月，葬襄公。十一月，賈季奔翟。是歲，秦繆公亦卒。
40	《史記·晉世家》	二十七年，烈公卒，子孝公頎立。孝公九年，魏武侯初立，襲邯鄲，不勝而去。十七年，孝公卒，子静公俱酒立。是歲，齊威王元年也。
41	《史記·楚世家》	莊王卽位三年，不出號令，日夜爲樂，令國中曰："有敢諫者死無赦！"伍舉入諫。莊王左抱鄭姬，右抱越女，坐鍾鼓之間。伍舉曰："願有進。"隱曰："有鳥在於阜，三年不蜚不鳴，是何鳥也？"莊王曰："三年不蜚，蜚將沖天；三年不鳴，鳴將驚人。舉退矣，吾知之矣。"居數月，淫益甚。大夫蘇從乃入諫。王曰："若不聞令乎？"對曰："殺身以明君，臣之願也。"於是乃罷淫樂，聽政，所誅者數百人，所進者數百人，任伍舉、蘇從以政，國人大説。是歲滅庸。六年，伐宋，獲五百乘。
42	《史記·楚世家》	惠王二年，子西召故平王太子建之子勝於吳，以爲巢大夫，號曰白公。白公好兵而下士，欲報仇。六年，白公請兵令尹子西伐鄭。初，白公父建亡在鄭，鄭殺之，白公亡歸吳，子西復召之，故以此怨鄭，欲伐之。子西許而未爲發兵。八年，晉伐鄭，鄭告急楚，楚使子西救鄭，受賂而去。白公勝怒，乃遂與勇力死士石乞等襲殺令尹子西、子綦於朝，因劫惠王，置之高府，欲弑之。惠王從者屈固負王亡走昭王夫人宮。白公自立爲王。月餘，會葉公來救楚，楚惠王之徒與共攻白公，殺之。惠王乃復位。是歲也，〔四〕滅陳而縣之。

续表

序号	篇目名称	选取的语段（文字为繁体）
43	《史记·楚世家》	鄭袖卒言張儀於王而出之。儀出，懷王因善遇儀，儀因說楚王以叛從約而與秦合親，約婚姻。張儀已去，屈原使從齊來，諫王曰："何不誅張儀？"懷王悔，使人追儀，弗及。是歲，秦惠王卒。
44	《史记·楚世家》	二十五年，考烈王卒，子幽王悍立。李園殺春申君。幽王三年，秦、魏伐楚。秦相呂不韋卒。九年，秦滅韓。十年，幽王卒，同母弟猶代立，是爲哀王。哀王立二月餘，哀王庶兄負芻之徒襲殺哀王而立負芻爲王。是歲，秦虜趙王遷。
45	《史记·郑世家》	武公十年，娶申侯女爲夫人，曰武姜。生太子寤生，生之難，及生，夫人弗愛。後生少子叔段，段生易，夫人愛之。二十七年，武公疾。夫人請公，欲立段爲太子，公弗聽。是歲，武公卒，寤生立，是爲莊公。
46	《史记·郑世家》	子亹元年七月，齊襄公會諸侯於首止，鄭子亹往會，高渠彌相，從，祭仲稱疾不行。所以然者，子亹自齊襄公爲公子之時，嘗會鬭，相仇，及會諸侯，祭仲請子亹無行。子亹曰："齊彊，而厲公居櫟，即不往，是率諸侯伐我，內厲公。我不如往，往何遽必辱，且又何至是！"卒行。於是祭仲恐齊并殺之，故稱疾。子亹至，不謝齊侯，齊侯怒，遂伏甲而殺子亹。高渠彌亡歸，歸與祭仲謀，召子亹弟公子嬰於陳而立之，是爲鄭子。是歲，齊襄公使彭生醉拉殺魯桓公。
47	《史记·郑世家》	二年，楚伐鄭，晉兵來救。是歲，悼公卒，立其弟睔，是爲成公。
48	《史记·赵世家》	晉定公三十年，定公與吳王夫差爭長於黃池，趙簡子從晉定公，卒長吳。定公三十七年卒，而簡子除三年之喪，期而已。是歲，越王句踐滅吳。
49	《史记·赵世家》	九年，烈侯卒，弟武公立。武公十三年卒，趙復立烈侯太子章，是爲敬侯。是歲，魏文侯卒。
50	《史记·魏世家》	三十八年，伐秦，敗我武下，得其將識。是歲，文侯卒，子擊立，是爲武侯。
51	《史记·魏世家》	三十六年，復與齊王會甄。是歲，惠王卒，子襄王立。
52	《史记·韩世家》	列侯三年，聶政殺韓相俠累。九年，秦伐我宜陽，取六邑。十三年，列侯卒，子文侯立。是歲魏文侯卒。
53	《史记·韩世家》	二十一年，與秦共攻楚，敗楚將屈丐，斬首八萬於丹陽。是歲，宣惠王卒，太子倉立，是爲襄王。
54	《史记·韩世家》	二十三年，趙、魏攻我華陽。韓告急於秦，秦不救。韓相國謂陳筮曰："事急，願公雖病，爲一宿之行。"陳筮見穰侯。穰侯曰："事急乎？故使公來。"陳筮曰："未急也。"穰侯怒曰："是可以爲公之主使乎？夫冠蓋相望，告敝邑甚急，公來言未急，何也？"陳筮曰："彼韓急則將變而佗從，以未急，故復來耳。"穰侯曰："公無見王，請今發兵救韓。"八日而至，敗趙、魏於華陽之下。是歲，釐王卒，子桓惠王立。
55	《史记·田敬仲完世家》	六年，救衛。桓公卒，子威王因齊立。是歲，故齊康公卒，絕無後，奉邑皆入田氏。

续表

序号	篇目名称	选取的语段（文字为繁体）
56	《史记·孔子世家》	孔子年十七，魯大夫孟釐子病且死，誡其嗣懿子曰："孔丘，聖人之後，滅於宋。其祖弗父何始有宋而嗣讓厲公。及正考父佐戴、武、宣公，三命兹益恭，故鼎銘云：'一命而僂，再命而傴，三命而俯，循牆而走，亦莫敢余侮。饘於是，粥於是，以餬余口。'其恭如是。吾聞聖人之後，雖不當世，必有達者。今孔丘年少好禮，其達者歟？吾即没，若必師之。"及釐子卒，懿子與魯人南宮敬叔往學禮焉。是歲，季武子卒，平子代立。
57	《史记·孔子世家》	居衛月餘，靈公與夫人同車，宦者雍渠參乘，出，使孔子爲次乘，招摇市過之。孔子曰："吾未見好德如好色者也。"於是醜之，去衛，過曹。是歲，魯定公卒。
58	《史记·孔子世家》	夏，衛靈公卒，立孫輒，是爲衛出公。六月，趙鞅内太子蒯聵于戚。陽虎使太子絻，八人衰絰，僞自衛迎者，哭而入，遂居焉。冬，蔡遷于州來。是歲魯哀公三年，而孔子年六十矣。齊助衛圍戚，以衛太子蒯聵在故也。
59	《史记·孔子世家》	於是孔子自楚反乎衛。是歲也，孔子年六十三，而魯哀公六年也。
60	《史记·齐悼惠王世家》	是歲，齊哀王卒，太子（側）〔則〕立，是爲文王。
61	《史记·苏秦列传》	秦惠王以其女爲燕太子婦。是歲，文侯卒，太子立，是爲燕易王。
62	《史记·白起王翦列传》	白起者，郿人也。善用兵，事秦昭王。昭王十三年，而白起爲左庶長，將而擊韓之新城。是歲，穰侯相秦，舉任鄙以爲漢中守。
63	《史记·孟尝君列传》	宣王七年，田嬰使於韓、魏，韓、魏服於齊。嬰與韓昭侯、魏惠王會齊宣王東阿南，盟而去。明年，復與梁惠王會甄。是歲，梁惠王卒。宣王九年，田嬰相齊。齊宣王與魏襄王會徐州而相王也。
64	《史记·春申君列传》	是歲也，秦始皇帝立九年矣。嫪毐亦爲亂於秦，覺，夷其三族，而吕不韋廢。
65	《史记·廉颇蔺相如列传》	是歲，廉頗東攻齊，破其一軍。居二年，廉頗復伐齊幾，拔之。
66	《史记·樊郦滕灌列传》	商事孝惠、高后時，商病，不治。其子寄，字況，與吕禄善。及高后崩，大臣欲誅諸吕，吕禄爲將軍，軍於北軍，太尉勃不得入北軍，於是乃使人劫酈商，令其子況紿吕禄，吕禄信之，故與出游，而太尉勃乃得入據北軍，遂誅諸吕。是歲商卒，謚爲景侯。子寄代侯。天下稱酈況賣交也。
67	《史记·樊郦滕灌列传》	三歲，絳侯勃免相就國，嬰爲丞相，罷太尉官。是歲，匈奴大入北地、上郡，令丞相嬰將騎八萬五千往擊匈奴。匈奴去，濟北王反，詔乃罷嬰之兵。
68	《史记·李将军列传》	後二歲，大將軍、驃騎將軍大出擊匈奴，廣數自請行。天子以爲老，弗許；良久乃許之，以爲前將軍。是歲，元狩四年也。
69	《史记·匈奴列传》	其明年，衛青復出雲中以西至隴西，擊胡之樓煩、白羊王於河南，得胡首虜數千，牛羊百餘萬。於是漢遂取河南地，築朔方，復繕故秦時蒙恬所爲塞，因河爲固。漢亦棄上谷之什辟縣造陽地以予胡。是歲，漢之元朔二年也。

续表

序号	篇目名称	选取的语段（文字为繁体）
70	《史记·匈奴列传》	數歲，伊稚斜單于立十三年死，子烏維立爲單于。是歲，漢元鼎三年也。烏維單于立，而漢天子始出巡郡縣。其後漢方南誅兩越，不擊匈奴，匈奴亦不侵入邊。
71	《史记·匈奴列传》	漢使楊信於匈奴。是時漢東拔穢貉、朝鮮以爲郡，而西置酒泉郡以鬲絕胡與羌通之路。漢又西通月氏、大夏，又以公主妻烏孫王，以分匈奴西方之援國。又北益廣田至眩雷爲塞，〔四〕而匈奴終不敢以爲言。是歲，翕侯信死，漢用事者以匈奴爲已弱，可臣從也。
72	《史记·匈奴列传》	烏維單于立十歲而死，子烏師廬立爲單于。年少，號爲兒單于。是歲元封六年也。自此之後，單于益西北，左方兵直雲中，右方直酒泉、燉煌郡。
73	《史记·匈奴列传》	是歲，漢使貳師將軍廣利西伐大宛，而令因杅將軍敖築受降城。其冬，匈奴大雨雪，畜多飢寒死。兒單于年少，好殺伐，國人多不安。左大都尉欲殺單于，使人間告漢曰："我欲殺單于降漢，漢遠，即兵來迎我，我即發。"初，漢聞此言，故築受降城，猶以爲遠。
74	《史记·匈奴列传》	兒單于立三歲而死。子年少，匈奴乃立其季父烏維單于弟右賢王呴犁湖爲單于。是歲太初三年也。
75	《史记·匈奴列传》	其秋，匈奴大入定襄、雲中，殺略數千人，敗數二千石而去，行破壞光祿所築城列亭鄣。又使右賢王入酒泉、張掖，略數千人。會任文擊救，盡復失所得而去。是歲，貳師將軍破大宛，斬其王而還。匈奴欲遮之，不能至。其冬，欲攻受降城，會單于病死。
76	《史记·匈奴列传》	漢既誅大宛，威震外國。天子意欲遂困胡，乃下詔曰："高皇帝遺朕平城之憂，高后時單于書絕悖逆。昔齊襄公復九世之讎，春秋大之。"是歲太初四年也。
77	《史记·匈奴列传》	後二歲，復使貳師將軍將六萬騎，步兵十萬，出朔方。彊弩都尉路博德將萬餘人，與貳師會。游擊將軍說將步騎三萬人，出五原。因杅將軍敖將萬騎步兵三萬人，出鴈門。匈奴聞，悉遠其累重於余吾水北，而單于以十萬騎待水南，與貳師將軍接戰。貳師乃解而引歸，與單于連戰十餘日。貳師聞其家以巫蠱族滅，因并衆降匈奴，得來還千人一兩人耳。游擊說無所得。因杅敖與左賢王戰，不利，引歸。是歲漢兵之出擊匈奴者不得言功多少，功不得御。有詔捕太醫令隨但，言貳師將軍家室族滅，使廣利得降匈奴。
78	《史记·卫将军骠骑列传》	是歲也，大將軍姊子霍去病年十八，幸，爲天子侍中。善騎射，再從大將軍，受詔與壯士，爲剽姚校尉，與輕勇騎八百直弃大軍數百里赴利，斬捕首虜過當。
79	《史记·卫将军骠骑列传》	是歲，失兩將軍軍，亡翕侯，軍功不多，故大將軍不益封。右將軍建至，天子不誅，赦其罪，贖爲庶人。
80	《史记·卫将军骠骑列传》	其明年，天子與諸將議曰："翕侯趙信爲單于畫計，常以爲漢兵不能度幕輕留，今大發士卒，其勢必得所欲。"是歲元狩四年也。
81	《史记·大宛列传》	騫以校尉從大將軍擊匈奴，知水草處，軍得以不乏，乃封騫爲博望侯。是歲元朔六年也。

续表

序号	篇目名称	选取的语段（文字为繁体）
82	《史记·大宛列传》	其明年，騫爲衞尉，與李將軍俱出右北平擊匈奴。匈奴圍李將軍，軍失亡多；而騫後期當斬，贖爲庶人。是歲漢遣驃騎破匈奴西（城）〔域〕數萬人，至祁連山。
83	《史记·大宛列传》	趙始成爲軍正，故浩侯王恢使導軍，而李哆爲校尉，制軍事。是歲太初元年也。而關東蝗大起，蜚西至敦煌。
84	《史记·太史公自序》	是歲天子始建漢家之封，而太史公留滯周南，不得與從事，故發憤且卒。而子遷適使反，見父於河洛之間。

注：表10中的例17不符合指称事件这一语义要求，在正文中分析时被排除在外，正文中用于分析的实例共83处。

表11　　"是年"的检索（8处语段，选取的语段文字为繁体）

序号	篇目名称	选取的语段（文字为繁体）
1	《史记·管蔡世家》	楚滅蔡三歲，楚公子弃疾弑其君靈王代立，爲平王。平王乃求蔡景侯少子廬，立之，是爲平侯。是年，楚亦復立陳。楚平王初立，欲親諸侯，故復立陳、蔡後。
2	《史记·陈杞世家》	二十八年，吳王闔閭與子胥敗楚入郢。是年，惠公卒，子懷公柳立。
3	《史记·陈杞世家》	湣公六年，孔子適陳。吳王夫差伐陳，取三邑而去。十三年，吳復來伐陳，陳告急楚，楚昭王來救，軍於城父，吳師去。是年，楚昭王卒於城父。
4	《史记·卫康叔世家》	三年，吳延陵季子使過衞，見蘧伯玉、史鰌，曰："衞多君子，其國無故。"過宿，孫林父爲擊磬，曰："不樂，音大悲，使衞亂乃此矣。"是年，獻公卒，子襄公惡立。
5	《史记·宋微子世家》	是年，晉公子重耳過宋，襄公以傷於楚，欲得晉援，厚禮重耳以馬二十乘。
6	《史记·晋世家》	八年，周頃王崩，公卿爭權，故不赴。晉使趙盾以車八百乘平周亂而立匡王。是年，楚莊王初即位。十二年，齊人弑其君懿公。
7	《史记·晋世家》	七年，成公與楚莊王爭彊，會諸侯于扈。陳畏楚，不會。晉使中行桓子伐陳，因救鄭，與楚戰，敗楚師。是年，成公卒，子景公據立。
8	《史记·楚世家》	宣王六年，周天子賀秦獻公。秦始復彊，而三晉益大，魏惠王、齊威王尤彊。三十年，秦封衞鞅於商，南侵楚。是年，宣王卒，子威王熊商立。

附　录

表 12　"是后"的检索（14 处语段，选取的语段文字为繁体）

序号	篇目名称	选取的语段（文字为繁体）
1	《史记·十二诸侯年表》	太史公讀春秋曆譜諜，至周厲王，未嘗不廢書而歎也。曰：嗚呼，師摯見之矣！紂爲象箸而箕子唏。周道缺，詩人本之衽席，關雎作。仁義陵遲，鹿鳴刺焉。及至厲王，以惡聞其過，公卿懼誅而禍作，厲王遂奔于彘，亂自京師始，而共和行政焉。是後或力政，彊乘弱，興師不請天子。
2	《史记·六国年表》	太史公讀秦記，至犬戎敗幽王，周東徙洛邑，秦襄公始封爲諸侯，作西畤用事上帝，僭端見矣。禮曰："天子祭天地，諸侯祭其域内名山大川。"今秦雜戎翟之俗，先暴戾，後仁義，位在藩臣而臚於郊祀，君子懼焉。及文公踰隴，攘夷狄，尊陳寶，營岐雍之間，而穆公脩政，東竟至河，則與齊桓、晉文中國侯伯侔矣。是後陪臣執政，大夫世禄，六卿擅晉權，征伐會盟，威重於諸侯。及田常殺簡公而相齊國，諸侯晏然弗討，海内争於戰功矣。
3	《史记·礼书》	孝景用其計，而六國畔逆，以錯首名，天子誅錯以解難。事在袁盎語中。是後官者養交安禄而已，莫敢復議。
4	《史记·陈丞相世家》	平行聞高帝崩，平恐吕太后及吕嬃讒怒，乃馳傳先去。逢使者詔平與灌嬰屯於滎陽。平受詔，立復馳至宫，哭甚哀，因奏事喪前。吕太后哀之，曰："君勞，出休矣。"平畏讒之就，因固請得宿衛中。太后乃以爲郎中令，曰："傅教孝惠。"是後吕嬃讒乃不得行。樊噲至，則赦復爵邑。
5	《史记·梁孝王世家》	故成王與小弱弟立樹下，取一桐葉以與之，曰："吾用封汝。"周公聞之，進見曰："天王封弟，甚善。"成王曰："吾直與戲耳。"周公曰："人主無過舉，不當有戲言，言之必行之。"於是乃封小弟以應縣。是後成王没齒不敢有戲言，言必行之。孝經曰："非法不言，非道不行。"此聖人之法言也。今主上不宜出好言於梁王。梁王上有太后之重，驕蹇日久，數聞景帝好言，千秋萬世之後傳王，而實不行。
6	《史记·魏公子列传》	公子與魏王博，而北境傳舉烽，言"趙寇至，且入界"。魏王釋博，欲召大臣謀。公子止王曰："趙王田獵耳，非爲寇也。"復博如故。王恐，心不在博。居頃，復從北方來傳言曰："趙王獵耳，非爲寇也。"魏王大驚，曰："公子何以知之？"公子曰："臣之客有能深得趙王陰事者，趙王所爲，客輒以報臣，臣以此知之。"是後魏王畏公子之賢能，不敢任公子以國政。
7	《史记·张丞相列传》	是後戚姬子如意爲趙王，年十歲，高祖憂即萬歲之後不全也。
8	《史记·魏其武安侯列传》	武安者，貌侵，生貴甚。又以爲諸侯王多長，上初即位，富於春秋，蚡以肺腑爲京師相，非痛折節以禮詘之，天下不肅。當是時，丞相入奏事，坐語移日，所言皆聽。薦人或起家至二千石，權移主上。上乃曰："君除吏已盡未？吾亦欲除吏。"嘗請考工地益宅，上怒曰："君何不遂取武庫！"是後乃退。
9	《史记·匈奴列传》	其後二百有餘年，周道衰，而穆王伐犬戎，得四白狼四白鹿以歸。自是之後，荒服不至。於是周遂作甫刑之辟。穆王之後二百有餘年，周幽王用寵姬襃姒之故，與申侯有卻。申侯怒而與犬戎共攻殺周幽王於驪山之下，遂取周之焦穫，而居於涇渭之間，侵暴中國。秦襄公救周，於是周平王去酆鄗而東徙雒邑。當是之時，秦襄公伐戎至岐，始列爲諸侯。是後六十有五年，而山戎越燕而伐齊，齊釐公與戰于齊郊。
10	《史记·匈奴列传》	是後韓王信爲匈奴將，及趙利、王黄等數倍約，侵盗代、雲中。

续表

序号	篇目名称	选取的语段（文字为繁体）
11	《史记·匈奴列传》	是後匈奴遠遁，而幕南無王庭。漢度河自朔方以西至令居，往往通渠置田，官吏卒五六萬人，稍蠶食，地接匈奴以北。
12	《史记·儒林列传》	清河王太傅轅固生者，齊人也。以治詩，孝景時爲博士。與黃生爭論景帝前。黃生曰："湯武非受命，乃弑也。"轅固生："不然。夫桀紂虐亂，天下之心皆歸湯武，湯武與天下之心而誅桀紂，桀紂之民不爲之使而歸湯武，湯武不得已而立，非受命爲何？"黃生曰："冠雖敝，必加於首；履雖新，必關於足。何者，上下之分也。今桀紂雖失道，然君上也；湯武雖聖，臣下也。夫主有失行，臣下不能正言匡過以尊天子，反因過而誅之，代立踐南面，非弑而何也？"轅固生曰："必若所云，是高帝代秦即天子之位，非邪？"於是景帝曰："食肉不食馬肝，不爲不知味；言學者無言湯武受命，不爲愚。"遂罷。是後學者莫敢明受命放殺者。
13	《史记·儒林列传》	而魯徐生善爲容。孝文帝時，徐生以容爲禮官大夫。傳子至孫徐延、徐襄。襄，其天姿善爲容，不能通禮經；延頗能，未善也。襄以容爲漢禮官大夫，至廣陵內史。延及徐氏弟子公户滿意、桓生、單次，皆嘗爲漢禮官大夫。而瑕丘蕭奮〔四〕以禮爲淮陽太守。是後能言禮爲容者，由徐氏焉。
14	《史记·大宛列传》	是後天子數問騫大夏之屬。騫既失侯，因言曰："臣居匈奴中，聞烏孫王號昆莫，昆莫之父，匈奴西邊小國也。匈奴攻殺其父，而昆莫生，棄於野。烏嗛肉蜚其上，狼往乳之。單于怪以爲神，而收長之。及壯，使將兵，數有功，單于復以其父之民予昆莫，令長守於西（城）〔域〕。昆莫收養其民，攻旁小邑，控弦數萬，習攻戰。單于死，昆莫乃率其衆遠徙，中立，不肯朝會匈奴。匈奴遣奇兵擊，不勝，以爲神而遠之，因羈屬之，不大攻。今單于新困於漢，而故渾邪地空無人。蠻夷俗貪漢財物，今誠以此時而厚幣賂烏孫，招以益東，居故渾邪之地，與漢結昆弟，其勢宜聽，聽則是斷匈奴右臂也。既連烏孫，自其西大夏之屬皆可招來而爲外臣。"

表13　　"自是后"的检索（3处语段，选取的语段文字为繁体）

序号	篇目名称	选取的语段（文字为繁体）
1	《史记·秦始皇本纪》	盧生說始皇曰："臣等求芝奇藥仙者常弗遇，類物有害之者。方中，人主時爲微行以辟惡鬼，惡鬼辟，真人至。人主所居而人臣知之，則害於神。真人者，入水不濡，入火不爇，陵雲氣，與天地久長。今上治天下，未能恬惔。願上所居宮毋令人知，然后不死之藥殆可得也。"於是始皇曰："吾慕真人，自謂'真人'，不稱'朕'。"乃令咸陽之旁二百里內宮觀二百七十復道甬道相連，帷帳鍾鼓美人充之，各案署不移徙。行所幸，有言其處者，罪死。始皇帝幸梁山宮，從山上見丞相車騎衆，弗善也。中人或告丞相，丞相後損車騎。始皇怒曰："此中人泄吾語。"案問莫服。當是時，詔捕諸時在旁者，皆殺之。自是後莫知行之所在。聽事，羣臣受決事，悉於咸陽宮。
2	《史记·建元以来侯者年表》	太史公曰：匈奴絕和親，攻當路塞；閩越擅伐，東甌請降。二夷交侵，當盛漢之隆，以此知功臣受封侔於祖考矣。何者？自詩書稱三代"戎狄是膺，荆荼是徵"，齊桓越燕伐山戎，武靈王以區區趙服單于，秦繆用百里霸西戎，吳楚之君以諸侯役百越。況乃以中國一統，明天子在上，兼文武，席卷四海，內輯億萬之衆，豈以晏然不爲邊境征伐哉！自是後，遂出師北討彊胡，南誅勁越，將卒以次封矣。

序号	篇目名称	选取的语段（文字为繁体）
3	《史记·鲁周公世家》	懿公九年，懿公兄括之子伯御與魯人攻弒懿公，而立伯御爲君。伯御即位十一年，周宣王伐魯，殺其君伯御，而問魯公子能道順諸侯者，以爲魯後。樊穆仲曰："魯懿公弟稱，肅恭明神，敬事耆老；賦事行刑，必問於遺訓而咨於固實；不干所問，不犯所（知）〔咨〕。"宣王曰："然，能訓治其民矣。"乃立稱於夷宮，是爲孝公。自是後，諸侯多畔王命。

表14　　"自是之后"的检索（25处语段，选取的语段文字为繁体）

序号	篇目名称	选取的语段（文字为繁体）
1	《史记·律书》	自是之後，名士迭興，晉用咎犯，而齊用王子，吳用孫武，申明軍約，賞罰必信，卒伯諸侯，兼列邦土，雖不及三代之誥誓，然身寵君尊，當世顯揚，可不謂榮焉？豈與世儒闇於大較，不權輕重，猥云德化，不當用兵，大至君辱失守，小乃侵犯削弱，遂執不移等級！故教笞不可廢於家，刑罰不可捐於國，誅伐不可偃於天下，用之有巧拙，行之有逆順耳。
2	《史记·天官书》	太史公推古天變，未有可考于今者。蓋略以春秋二百四十二年之間，日蝕三十六，彗星三見，宋襄公時星隕如雨。天子微，諸侯力政，五伯代興，更爲主命。自是之後，衆暴寡，大并小。秦、楚、吳、越，夷狄也，爲彊伯。田氏篡齊，三家分晉，並爲戰國。爭於攻取，兵革更起，城邑數屠，因以饑饉疾疫焦苦，臣主共憂患，其察機祥候星氣尤急。近世十二諸侯七國相王，言從衡者繼踵，而皋、唐、甘、石因時務論其書傳，故其占驗凌雜米鹽。
3	《史记·封禅书》	人有上書告新垣平所言氣神事皆詐也。下平吏治，誅夷新垣平。自是之後，文帝怠於改正朔服色神明之事，而渭陽、長門五帝使祠官領，以時致禮，不往焉。
4	《史记·河渠书》	自是之後，滎陽下引河東南爲鴻溝，以通宋、鄭、陳、蔡、曹、衛，與濟、汝、淮、泗會。于楚，西方則通渠漢水、雲夢之野，東方則通（鴻）溝江淮之間。於吳，則通渠三江、五湖。於齊，則通菑濟之間。於蜀，蜀守冰鑿離碓，辟沫水之害，穿二江成都之中。此渠皆可行舟，有餘則用溉浸，百姓饗其利。至于所過，往往引其水益用溉田疇之渠，以萬億計，然莫足數也。
5	《史记·河渠书》	自是之後，用事者爭言水利。朔方、西河、河西、酒泉皆引河及川谷以溉田；而關中輔渠、靈軹引堵水；汝南、九江引淮；東海引鉅定；泰山下引汶水：皆穿渠爲溉田，各萬餘頃。佗小渠披山通道者，不可勝言。然其著者在宣房。
6	《史记·平准书》	自是之後，嚴助、朱買臣等招來東甌，事兩越，江淮之間蕭然煩費矣。唐蒙、司馬相如開路西南夷，鑿山通道千餘里，以廣巴蜀，巴蜀之民罷焉。彭吳賈滅朝鮮，置滄海之郡，則燕齊之間靡然發動。及王恢設謀馬邑，匈奴絕和親，侵擾北邊，兵連而不解，天下苦其勞，而干戈日滋。行者齎，居者送，中外騷擾而相奉，百姓抏獘以巧法，財賂衰秏而不贍。入物者補官，出貨者除罪，選舉陵遲，廉恥相冒，武力進用，法嚴令具。興利之臣自此始也。

续表

序号	篇目名称	选取的语段（文字为繁体）
7	《史记·平准书》	而大農顏異誅。初，異爲濟南亭長，以廉直稍遷至九卿。上與張湯既造白鹿皮幣，問異。異曰："今王侯朝賀以蒼璧，直數千，而其皮薦反四十萬，本末不相稱。"天子不説。張湯又與異有郤，及有人告異以它議，事下張湯治異。異與客語，客語初令下有不便者，異不應，微反脣。湯奏當異九卿見令不便，不入言而腹誹，論死。自是之後，有腹誹之法（以此）〔比〕，而公卿大夫多諂諛取容矣。
8	《史记·平准书》	太史公曰：農工商交易之路通，而龜貝金錢刀布之幣興焉。所從來久遠，自高辛氏之前尚矣，靡得而記云。故書道唐虞之際，詩述殷周之世，安寧則長庠序，先本絀末，以禮義防于利；事變多故而亦反是。是以物盛則衰，時極而轉，一質一文，終始之變也。禹貢九州，各因其土地所宜，人民所多少而納職焉。湯武承獘易變，使民不倦，各兢兢所以爲治，而稍陵遲衰微。齊桓公用管仲之謀，通輕重之權，徼山海之業，以朝諸侯，用區區之齊顯成霸名。魏用李克，盡地力，爲彊君。自是之後，天下争於戰國，貴詐力而賤仁義，先富有而後推讓。故庶人之富者或累巨萬，而貧者或不厭糟糠；有國彊者或并羣小以臣諸侯，而弱國或絶祀而滅世。
9	《史记·赵世家》	異日，姑布子卿見簡子，簡子徧召諸子相之。子卿曰："無爲將軍者。"簡子曰："趙氏其滅乎？"子卿曰："吾嘗見一子於路，殆君之子也。"簡子召毋卹。毋卹至，則子卿起曰："此真將軍矣！"簡子曰："此其母賤，翟婢也，奚道貴哉？"子卿曰："天所授，雖賤必貴。"自是之後，簡子盡召諸子與語，毋卹最賢。
10	《史记·齐悼惠王世家》	朱虛侯年二十，有氣力，忿劉氏不得職。嘗入侍高后燕飲，高后令朱虛侯劉章爲酒吏。章自請曰："臣，將種也，請得以軍法行酒。"高后曰："可。"酒酣，章進飲歌舞。已而曰："請爲太后言耕田歌。"高后兒子畜之，笑曰："顧而父知田耳。若生而爲王子，安知田乎？"章曰："臣知之。"太后曰："試爲我言田。"章曰："深耕穊種，立苗欲疏；非其種者，鉏而去之。"呂后默然。頃之，諸呂有一人醉，亡酒，章追，拔劍斬之而還，報曰："有亡酒一人，臣謹行法斬之。"太后左右皆大驚。業已許其軍法，無以罪也。因罷。自是之後，諸呂憚朱虛侯，雖大臣皆依朱虛侯，劉氏爲益彊。
11	《史记·五宗世家》	十二年卒，子齊立爲王。齊有幸臣桑距。已而有罪，欲誅距，距亡，王因禽其宗族。距怨王，乃上書告齊王與同産姦。自是之後，王齊數上書告言漢公卿及幸臣所忠等。
12	《史记·孟尝君列传》	齊湣王二十五年，復卒使孟嘗君入秦，昭王即以孟嘗君爲秦相。人或説秦昭王曰："孟嘗君賢，而又齊族也，今相秦，必先齊而後秦，秦其危矣。"於是秦昭王乃止。囚孟嘗君，謀欲殺之。孟嘗君使人抵昭王幸姬求解。幸姬曰："妾願得君狐白裘。"此時孟嘗君有一狐白裘，直千金，天下無雙，入秦獻之昭王，更無他裘。孟嘗君患之，徧問客，莫能對。最下坐有能爲狗盜者，曰："臣能得狐白裘。"乃夜爲狗，以入秦宮臧中，取所獻狐白裘至，以獻秦王幸姬。幸姬爲言昭王，昭王釋孟嘗君。孟嘗君得出，即馳去，更封傳，變名姓以出關。夜半至函谷關。秦昭王後悔出孟嘗君，求之已去，即使人馳傳逐之。孟嘗君至關，關法雞鳴而出客，孟嘗君恐追至，客之居下坐者有能爲雞鳴，而雞齊鳴，遂發傳出。出如食頃，秦追果至關，已後孟嘗君出，乃還。始孟嘗君列此二人於賓客，賓客盡羞之，及孟嘗君有秦難，卒此二人拔之。自是之後，客皆服。

续表

序号	篇目名称	选取的语段（文字为繁体）
13	《史记·范雎蔡泽列传》	楚地方數千里，持戟百萬，白起率數萬之師以與楚戰，一戰舉鄢郢以燒夷陵，再戰南并蜀漢。又越韓、魏而攻彊趙，北阬馬服，誅屠四十餘萬之衆，盡之于長平之下，流血成川，沸聲若靁，遂入圍邯鄲，使秦有帝業。楚、趙天下之彊國而秦之仇敵也，自是之後，楚、趙皆懾伏不敢攻秦者，白起之勢也。身所服者七十餘城，功已成矣，而遂賜劍死於杜郵。
14	《史记·李将军列传》	單于既得陵，素聞其家聲，及戰又壯，乃以其女妻陵而貴之。漢聞，族陵母妻子。自是之後，李氏名敗，而隴西之士居門下者皆用爲恥焉。
15	《史记·匈奴列传》	夏道衰，而公劉失其稷官，變于西戎，邑于豳。其後三百有餘歲，戎狄攻大王亶父，亶父亡走岐下，而豳人悉從亶父而邑焉，作周。其後百有餘歲，周西伯昌伐畎夷氏。後十有餘年，武王伐紂而營雒邑，復居于酆鄗，放逐戎夷涇、洛之北，以時入貢，命曰"荒服"。其後二百有餘年，周道衰，而穆王伐犬戎，得四白狼四白鹿以歸。自是之後，荒服不至。於是周遂作甫刑之辟。
16	《史记·匈奴列传》	自是之後百有餘年，晉悼公使魏絳和戎翟，戎翟朝晉。
17	《史记·匈奴列传》	自是之後，漢使欲辯論者，中行説輒曰："漢使無多言，顧漢所輸匈奴繒絮米糵，令其量中，必善美而已矣，何以爲言乎？且所給備善則已；不備，苦惡，則候秋孰，以騎馳蹂而稼穡耳。"日夜教單于候利害處。
18	《史记·匈奴列传》	軍臣單于立四歲，匈奴復絶和親，大入上郡、雲中各三萬騎，所殺略甚衆而去。於是漢使三將軍軍屯北地，代屯句注，趙屯飛狐口，緣邊亦各堅守以備胡寇。又置三將軍，軍長安西細柳、渭北棘門、霸上以備胡。胡騎入代句注邊，烽火通於甘泉、長安。數月，漢兵至邊，匈奴亦去遠塞，漢兵亦罷。後歲餘，孝文帝崩，孝景帝立，而趙王遂乃陰使人於匈奴。吳楚反，欲與趙合謀入邊。漢圍破趙，匈奴亦止。自是之後，孝景帝復與匈奴和親，通關市，給遺匈奴，遣公主，如故約。終孝景時，時小入盜邊，無大寇。
19	《史记·匈奴列传》	漢兵約單于入馬邑而縱，單于不至，以故漢兵無所得。漢將軍王恢部出代擊胡輜重，聞單于還，兵多，不敢出。漢以恢本造兵謀而不進，斬恢。自是之後，匈奴絶和親，攻當路塞，往往入盜於漢邊，不可勝數。然匈奴貪，尚樂關市，嗜漢財物，漢亦尚關市不絶以中之。
20	《史记·卫将军骠骑列传》	兩軍之出塞，塞閲官及私馬凡十四萬匹，而復入塞者不滿三萬匹。乃益置大司馬位，大將軍、驃騎將軍皆爲大司馬。定令，令驃騎將軍秩禄與大將軍等。自是之後，大將軍青日退，而驃騎日益貴。舉大將軍故人門下多去事驃騎，輒得官爵，唯任安不肯。
21	《史记·儒林列传》	及今上即位，趙綰、王臧之屬明儒學，而上亦鄉之，於是招方正賢良文學之士。自是之後，言詩於魯則申培公，於齊則轅固生，於燕則韓太傅。言尚書自濟南伏生。言禮自魯高堂生。言易自菑川田生。言春秋於齊魯自胡毋生，於趙自董仲舒。及竇太后崩，武安侯田蚡爲丞相，絀黄老、刑名百家之言，延文學儒者數百人，而公孫弘以春秋白衣爲天子三公，封以平津侯。天下之學士靡然鄉風矣。
22	《史记·儒林列传》	今上初即位，復以賢良徵固。諸諛儒多疾毁固，曰"固老"，罷歸之。時固已九十餘矣。固之徵也，薛人公孫弘亦徵，側目而視固。固曰："公孫子，務正學以言，無曲學以阿世！"自是之後，齊言詩皆本轅固生也。諸齊人以詩顯貴，皆固之弟子也。

续表

序号	篇目名称	选取的语段（文字为繁体）
23	《史记·儒林列传》	韓生者，燕人也。孝文帝時爲博士，景帝時爲常山王太傅。韓生推詩之意而爲内外傳數萬言，其語頗與齊魯閒殊，然其歸一也。淮南賁生受之。自是之後，而燕趙閒言詩者由韓生。韓生孫商爲今上博士。
24	《史记·游侠列传》	自是之後，爲俠者極衆，敖而無足數者。然關中長安樊仲子，槐里趙王孫，長陵高公子，西河郭公仲，太原鹵公孺，臨淮兒長卿，東陽田君孺，雖爲俠而逡逡有退讓君子之風。至若北道姚氏，西道諸杜，南道仇景，東道趙他、羽公子，南陽趙調之徒，此盜跖居民閒者耳，曷足道哉！此乃鄉者朱家之羞也。
25	《史记·佞幸列传》	自是之後，内寵嬖臣大底外戚之家，然不足數也。衛青、霍去病亦以外戚貴幸，然頗用材能自進。

表15　"其后"的检索（173处语段，选取的语段文字为繁体）

序号	篇目名称	选取的语段（文字为繁体）
1	《史记·周本纪》	褒姒不好笑，幽王欲其笑萬方，故不笑。幽王爲燧燧大鼓，有寇至則舉燧火。諸侯悉至，至而無寇，褒姒乃大笑。幽王説之，爲數舉燧火。其後不信，諸侯益亦不至。
2	《史记·周本纪》	十年，烈王崩，弟扁立，是爲顯王。顯王五年，賀秦獻公，獻公稱伯。九年，致文武胙於秦孝公。二十五年，秦會諸侯於周。二十六年，周致伯於秦孝公。三十三年，賀秦惠王。三十五年，致文武胙於秦惠王。四十四年，秦惠王稱王。其後諸侯皆爲王。
3	《史记·秦始皇本纪》	趙高説二世曰："先帝臨制天下久，故羣臣不敢爲非，進邪説。今陛下富於春秋，初即位，柰何與公卿廷決事？事即有誤，示羣臣短也。天子稱朕，固不聞聲。"於是二世常居禁中，與高決諸事。其後公卿希得朝見，盜賊益多，而關中卒發東擊盜者毋已。
4	《史记·秦始皇本纪》	今秦二世立，天下莫不引領而觀其政。夫寒者利裋褐而飢者甘糟穅，天下之嗷嗷，新主之資也。此言勞民之易爲仁也。鄉使二世有庸主之行，而任忠賢，臣主一心而憂海内之患，縞素而正先帝之過，裂地分民以封功臣之後，建國立君以禮天下，虛囹圄而免刑戮，除去收帑汙穢之罪，使各反其鄉里，發倉廩，散財幣，以振孤獨窮困之士，輕賦少事，以佐百姓之急，約法省刑以持其後，使天下之人皆得自新，更節修行，各慎其身，塞萬民之望，而以威德與天下，天下集矣。
5	《史记·孝武本纪》	亳人薄誘忌奏祠泰一方，曰："天神貴者泰一，泰一佐曰五帝。古者天子以春秋祭泰一東南郊，用太牢具，七日，爲壇開八通之鬼道。"於是天子令太祝立其祠長安東南郊，常奉祠如忌方。其後人有上書，言"古者天子三年一用太牢具祠神三一：天一，地一，泰一"。天子許之，令太祝領祠之忌泰一壇上，如其方。後人復有上書，言"古者天子常以春秋解祠，祠黄帝用一梟破鏡；冥羊用羊；祠馬行用一青牡馬；泰一、皋山山君、地長用牛；武夷君用乾魚；陰陽使者以一牛"。令祠官領之如其方，而祠於忌泰一壇旁。
6	《史记·孝武本纪》	其後，天子苑有白鹿，以其皮爲幣，以發瑞應，造白金焉。

续表

序号	篇目名称	选取的语段（文字为繁体）
7	《史记·孝武本纪》	其後則又作柏梁、銅柱、承露僊人掌之屬矣。
8	《史记·孝武本纪》	其後三年，有司言元宜以天瑞命，不宜以一二數。一元曰建元，二元以長星曰元光，三元以郊得一角獸曰元狩云。
9	《史记·孝武本纪》	於是五利常夜祠其家，欲以下神。神未至而百鬼集矣，然頗能使之。其後治裝行，東入海，求其師云。大見數月，佩六印，貴振天下，而海上燕齊之間，莫不搤捥而自言有禁方，能神僊矣。
10	《史记·孝武本纪》	黃帝郊雍上帝，宿三月。鬼臾區號大鴻，死葬雍，故鴻冢是也。其後黃帝接萬靈明廷。明廷者，甘泉也。
11	《史记·孝武本纪》	其後二歲，十一月甲子朔旦冬至，推曆者以本統。天子親至泰山，以十一月甲子朔旦冬至日祠上帝明堂，每脩封禪。其贊饗曰："天增授皇帝泰元神筴，周而復始。皇帝敬拜泰一。"東至海上，考入海及方士求神者，莫驗，然益遣，冀遇之。
12	《史记·孝武本纪》	上還，以柏梁災故，朝受計甘泉。公孫卿曰："黃帝就青靈臺，十二日燒，黃帝乃治明庭。明庭，甘泉也。"方士多言古帝王有都甘泉者。其後天子又朝諸侯甘泉，甘泉作諸侯邸。
13	《史记·孝武本纪》	公玉帶曰："黃帝時雖封泰山，然風后、封鉅、岐伯令黃帝封東泰山，禪凡山合符，然後不死焉。"天子既令設祠具，至東泰山，東泰山卑小，不稱其聲，乃令祠官禮之，而不封禪焉。其後令帶奉祠候神物。夏，遂還泰山，脩五年之禮如前，而加禪祠石閭。石閭者，在泰山下阯南方，方士多言此僊人之閭也，故上親禪焉。
14	《史记·孝武本纪》	其後五年，復至泰山脩封，還過祭常山。
15	《史记·孝武本纪》	今天子所興祠，泰一、后土，三年親郊祠，建漢家封禪，五年一脩封。薄忌泰一及三一、冥羊、馬行、赤星，五，寬舒之祠官以歲時致禮。凡六祠，皆太祝領之。至如八神諸神，明年、凡山他名詞，行過則祀，去則已。方士所興祠，各自主，其人終則已，祠官弗主。他祠皆如其故。今上封禪，其後十二歲而還，徧於五嶽、四瀆矣。而方士之候祠神人，入海求蓬萊，終無有驗。而公孫卿之候神者，猶以大人跡為解，無其效。天子益怠厭方士之怪迂語矣，然終羈縻弗絕，冀遇其真。自此之後，方士言祠神者彌衆，然其效可睹矣。
16	《史记·秦楚之际月表》	昔虞、夏之興，積善累功數十年，德洽百姓，攝行政事，考之于天，然後在位。湯、武之王，乃由契、后稷脩仁行義十餘世，不期而會孟津八百諸侯，猶以為未可，其後乃放弒。秦起襄公，章於文、繆、獻、孝之後，稍以蠶食六國，百有餘載，至始皇乃能并冠帶之倫。以德若彼，用力如此，蓋一統若斯之難也。
17	《史记·历书》	其後三苗服九黎之德，故二官咸廢所職，而閏餘乖次，孟陬殄滅，攝提無紀，曆數失序。堯復遂重黎之後，不忘舊者，使復典之，而立羲和之官。明時正度，則陰陽調，風雨節，茂氣至，民無夭疫。年耆禪舜，申戒文祖，云"天之曆數在爾躬"。舜亦以命禹由是觀之，王者所重也。
18	《史记·历书》	其後戰國並爭，在於彊國禽敵，救急解紛而已，豈遑念斯哉！是時獨有鄒衍，明於五德之傳，而散消息之分，以顯諸侯。而亦因秦滅六國，兵戎極煩，又升至尊之日淺，未暇遑也。而亦頗推五勝，而自以為獲水德之瑞，更名河曰"德水"，而正以十月，色上黑。然曆度閏餘，未能睹其真也。

续表

序号	篇目名称	选取的语段（文字为繁体）
19	《史记·历书》	至孝文時，魯人公孫臣以終始五德上書，言"漢得土德，宜更元，改正朔，易服色。當有瑞，瑞黃龍見"。事下丞相張蒼，張蒼亦學律曆，以爲非是，罷之。其後黃龍見成紀，張蒼自黜，所欲論著不成。而新垣平以望氣見，頗言正曆服色事，貴幸，後作亂，故孝文帝廢不復問。
20	《史记·天官书》	秦始皇之時，十五年彗星四見，久者八十日，長或竟天。其後秦遂以兵滅六王，并中國，外攘四夷，死人如亂麻，因以張楚並起，三十年之閒兵相駘藉，不可勝數。自蚩尤以來，未嘗若斯也。
21	《史记·天官书》	漢之興，五星聚于東井。平城之圍，月暈參、畢七重。諸呂作亂，日蝕，晝晦。吳楚七國叛逆，彗星數丈，天狗過梁野；及兵起，遂伏尸流血其下。元光、元狩，蚩尤之旗再見，長則半天。其後京師師四出，誅夷狄者數十年，而伐胡尤甚。越之亡，熒惑守斗；朝鮮之拔，星茀于河戍；兵征大宛，星茀招搖：此其犖犖大者。若至委曲小變，不可勝道。由是觀之，未有不先形見而應隨之者也。
22	《史记·封禅书》	禹遵之。後十四世，至帝孔甲，淫德好神，神瀆，二龍去之。其後三世，湯伐桀，欲遷夏社，不可，作夏社。
23	《史记·封禅书》	自周克殷後十四世，世益衰，禮樂廢，諸侯恣行，而幽王爲犬戎所敗，周東徙雒邑。秦襄公攻戎救周，始列爲諸侯。秦襄公既侯，居西垂，自以爲主少暤之神，作西畤，祠白帝，其牲用駵駒黃牛羝羊各一云。其後十六年，秦文公東獵汧渭之間，卜居之而吉。文公夢黃蛇自天下屬地，其口止於鄜衍。文公問史敦，敦曰："此上帝之徵，君其祠之。"於是作鄜畤，用三牲郊祭白帝焉。
24	《史记·封禅书》	德公立二年卒。其後（六）〔四〕年，秦宣公作密畤於渭南，祭青帝。
25	《史记·封禅书》	其後十四年，秦繆公立，病臥五日不寤；寤，乃言夢見上帝，上帝命繆公平晉亂。史書而記藏之府。而後世皆曰秦繆公上天。
26	《史记·封禅书》	於是桓公乃止。是歲，秦繆公内晉君夷吾。其後三置晉國之君，平其亂，繆公立三十九年而卒。
27	《史记·封禅书》	其後百有餘年，而孔子論述六蓺，傳略言易姓而王，封泰山禪乎梁父者七十餘王矣，其俎豆之禮不章，蓋難言之。或問禘之說，孔子曰："不知。知禘之說，其於天下也視其掌。"詩云紂在位，文王受命，政不及泰山。武王克殷二年，天下未寧而崩。爰周德之洽維成王，成王之封禪則近之矣。及後陪臣執政，季氏旅於泰山，仲尼譏之。
28	《史记·封禅书》	其後百餘年，秦靈公作吳陽上畤，祭黃帝；作下畤，祭炎帝。
29	《史记·封禅书》	其後百二十歲而秦滅周，周之九鼎入于秦。或曰宋太丘社亡，而鼎没于泗水彭城下。
30	《史记·封禅书》	其後百一十五年而秦并天下。
31	《史记·封禅书》	其後二歲，或曰周興而邑邰，立后稷之祠，至今血食天下。於是高祖制詔御史："其令郡國縣立靈星祠，常以歲時祠以牛。"
32	《史记·封禅书》	其後十八年，孝文帝即位。即位十三年，下詔曰："今祕祝移過于下，朕甚不取。自今除之。"

续表

序号	篇目名称	选取的语段（文字为繁体）
33	《史记·封禅书》	明年，今上初至雍，郊見五畤。後常三歲一郊。是時上求神君，舍之上林中蹏氏觀。神君者，長陵女子，以子死，見神於先後宛若。宛若祠之其室，民多往祠。平原君往祠，其後子孫以尊顯。及今上即位，則厚禮置祠之内中。聞其言，不見其人云。
34	《史记·封禅书》	亳人謬忌奏祠太一方，曰："天神貴者太一，太一佐曰五帝。古者天子以春秋祭太一東南郊，用太牢，七日，爲壇開八通之鬼道。"於是天子令太祝立其祠長安東南郊，常奉祠如忌方。其後人有上書，言"古者天子三年壹用太牢祠神三一：天一、地一、太一"。天子許之，令太祝領祠之於忌太一壇上，如其方。後人復有上書，言"古者天子常以春解祠，祠黃帝用一梟破鏡；冥羊用羊祠；馬行用一青牡馬；太一、澤山君地長用牛；武夷君用乾魚，陰陽使者以一牛"。令祠官領之如其方，而祠於忌太一壇旁。（同5，文字上略有差异）
35	《史记·封禅书》	其後，天子苑有白鹿，以其皮爲幣，以發瑞應，造白金焉。（同6）
36	《史记·封禅书》	其後則又作柏梁、銅柱、承露仙人掌之屬矣。（同7）
37	《史记·封禅书》	其後三年，有司言元宜以天瑞命，不宜以一二數。一元曰"建"，二元以長星曰"光"，三元以郊得一角獸曰"狩"云。（同8）
38	《史记·封禅书》	於是天子又刻玉印曰"天道將軍"，使使衣羽衣，夜立白茅上，五利將軍亦衣羽衣，夜立白茅上受印，以示不臣也。而佩"天道"者，且爲天子道天神也。於是五利常夜祠其家，欲以下神。神未至而百鬼集矣，然頗能使之。其後裝治行，東入海，求其師云。大見數月，佩六印，貴震天下，而海上燕齊之閒，莫不搤捥而自言有禁方，能神僊矣。（同9，文字上略有差异）
39	《史记·封禅书》	黄帝郊雍上帝，宿三月。鬼臾區號大鴻，死葬雍，故鴻冢是也。其後黃帝接萬靈明廷。明廷者，甘泉也。（同10）
40	《史记·封禅书》	其後二歲，十一月甲子朔旦冬至，推曆者以本統。天子親至泰山，以十一月甲子朔旦冬至日祠上帝明堂，毋脩封禪。其贊饗曰："天增授皇帝太元神策，周而復始。皇帝敬拜太一。"東至海上，考入海及方士求神者，莫驗，然益遣，冀遇之。（同11）
41	《史记·封禅书》	上還，以柏梁烖故，朝受計甘泉。公孫卿曰："黃帝就青靈臺，十二日燒，黃帝乃治明廷。明廷，甘泉也。"方士多言古帝王有都甘泉者。其後天子又朝諸侯甘泉，甘泉作諸侯邸。（同12）
42	《史记·封禅书》	公王帶曰："黃帝時雖封泰山，然風后、封巨、岐伯令黃帝封東泰山，禪凡山，合符，然后不死焉。"天子既令設祠具，至東泰山，〔東〕泰山卑小，不稱其聲，乃令祠官禮之，而不封禪焉。其後令帶奉祠候神物。夏，遂還泰山，脩五年之禮如前，而加以禪祠石閭。石閭者，在泰山下阯南方，方士多言此僊人之閭也，故上親禪焉。（同13）
43	《史记·封禅书》	其後五年，復至泰山脩封。還過祭恆山。（同14，文字上略有差异）

续表

序号	篇目名称	选取的语段（文字为繁体）
44	《史记·封禅书》	今天子所興祠，太一、后土，三年親郊祠，建漢家封禪，五年一脩封。薄忌太一及三一、冥羊、馬行、赤星，五，寬舒之祠官以歲時致禮。凡六祠，皆太祝領之。至如八神諸神，明年、凡山他名祠，行過則祠，行去則已。方士所興祠，各自主，其人終則已，祠官不主。他祠皆如其故。今上封禪，其後十二歲而還，徧於五嶽、四瀆矣。而方士之候祠神人，入海求蓬萊，終無有驗。而公孫卿之候神者，猶以大人之跡爲解，無有效。天子益怠厭方士之怪迂語矣，然羈縻不絕，冀遇其真。自此之後，方士言神祠者彌衆，然其效可睹矣。（同15）
45	《史记·河渠书》	其後四十有餘年，今天子元光之中，而河決於瓠子，東南注鉅野，通於淮、泗。於是天子使汲黯、鄭當時興人徒塞之，輒復壞。是時武安侯田蚡爲丞相，其奉邑食鄃。鄃居河北，河決而南則鄃無水菑，邑收多。蚡言於上曰："江河之決皆天事，未易以人力爲彊塞，塞之未必應天。"而望氣用數者亦以爲然。於是天子久之不事復塞也。
46	《史记·河渠书》	是時鄭當時爲大農，言曰："異時關東漕粟從渭中上，度六月而罷，而漕水道九百餘里，時有難處。引渭穿渠起長安，並南山下，至河三百餘里，徑，易漕，度可令三月罷；而渠下民田萬餘頃，又可得以溉田：此損漕省卒，而益肥關中之地，得穀。"天子以爲然，令齊人水工徐伯表，悉發卒數萬人穿漕渠，三歲而通。通，以漕，大便利。其後漕稍多，而渠下之民頗得以溉田矣。
47	《史记·河渠书》	其後河東守番係言："漕從山東西，歲百餘萬石，更砥柱之限，敗亡甚多，而亦煩費。穿渠引汾溉皮氏、汾陰下，引河溉汾陰、蒲坂下，度可得五千頃。五千頃故盡河壖棄地，民茭牧其中耳，今溉田之，度可得穀二百萬石以上。穀從渭上，與關中無異，而砥柱之東可無復漕。"天子以爲然，發卒數萬人作渠田。數歲，河移徙，渠不利，則田者不能償種。久之，河東渠田廢，予越人，令少府以爲稍入。
48	《史记·河渠书》	其後人有上書欲通襃斜道及漕事，下御史大夫張湯。湯問其事，因言："抵蜀從故道，故道多阪，回遠。今穿襃斜道，少阪，近四百里；而襃水通沔，斜水通渭，皆可以行船漕。漕從南陽上沔入襃，襃之絕水至斜，閒百餘里，以車轉，從斜下下渭。如此，漢中之穀可致，山東從沔無限，便於砥柱之漕。且襃斜材木竹箭之饒，擬於巴蜀。"天子以爲然，拜湯子卬爲漢中守，發數萬人作襃斜道五百餘里。道果便近，而水湍石，不可漕。
49	《史记·河渠书》	其後莊熊羆言："臨晉民願穿洛以溉重泉以東萬餘頃故鹵地。誠得水，可令畝十石。"於是爲發卒萬餘人穿渠，自徵引洛水至商顏山下。岸善崩，乃鑿井，深者四十餘丈。往往爲井，井下相通行水。水穨以絕商顏，東至山嶺十餘里閒。井渠之生自此始。穿渠得龍骨，故名曰龍首渠。作之十餘歲，渠頗通，猶未得其饒。
50	《史记·平准书》	至孝文時，荚錢益多，輕，乃更鑄四銖錢，其文爲"半兩"，令民縱得自鑄錢。故吳，諸侯也，以即山鑄錢，富埒天子，其後卒以叛逆。鄧通，大夫也，以鑄錢財過王者。故吳、鄧氏錢布天下，而鑄錢之禁生焉。
51	《史记·平准书》	其後漢將歲以數萬騎出擊胡，及車騎將軍衛青取匈奴河南地，築朔方。當是時，漢通西南夷道，作者數萬人，千里負擔饋糧，率十餘鍾致一石，散幣於邛僰以集之。數歲道不通，蠻夷因以數攻，吏發兵誅之。悉巴蜀租賦不足以更之，乃募豪民田南夷，入粟縣官，而内受錢於都内。東至滄海之郡，人徒之費擬於南夷。又興十萬餘人築衛朔方，轉漕甚遼遠，自山東咸被其勞，費數十百巨萬，府庫益虛。乃募民能入奴婢得以終身復，爲郎增秩，及入羊爲郎，始於此。

续表

序号	篇目名称	选取的语段（文字为繁体）
52	《史记·平准书》	其後四年，而漢遣大將將六將軍，軍十餘萬，擊右賢王，獲者虜萬五千級。
53	《史记·平准书》	初，先是往十餘歲河決觀，梁楚之地固已數困，而緣河之郡隄塞河，輒決壞，費不可勝計。其後番係欲省底柱之漕，穿汾、河渠以爲溉田，作者數萬人；鄭當時爲渭漕渠回遠，鑿直渠自長安至華陰，作者數萬人；朔方亦穿渠，作者數萬人：各歷二三期，功未就，費亦各巨萬十數。
54	《史记·平准书》	其後二歲，赤側錢賤，民巧法用之，不便，又廢。於是悉禁郡國無鑄錢，專令上林三官鑄。錢既多，而令天下非三官錢不得行，諸郡國所前鑄錢皆廢銷之，輸其銅三官。而民之鑄錢益少，計其費不能相當，唯真工大姦乃盜爲之。
55	《史记·鲁周公世家》	其後武王既崩，成王少，在強葆之中。周公恐天下聞武王崩而畔，周公乃踐阼代成王攝行政當國。
56	《史记·卫康叔世家》	孔子自陳入衛。九年，孔文子問兵於仲尼，仲尼不對。其後魯迎仲尼，仲尼反魯。
57	《史记·宋微子世家》	其後箕子朝周，過故殷虛，感宮室毀壞，生禾黍，箕子傷之，欲哭則不可，欲泣爲其近婦人，乃作麥秀之詩以歌詠之。其詩曰："麥秀漸漸兮，禾黍油油。彼狡僮兮，不與我好兮！"所謂狡童者，紂也。殷民聞之，皆爲流涕。
58	《史记·宋微子世家》	殤公元年，衛公子州吁弑其君完自立，欲得諸侯，使告於宋曰："馮在鄭，必爲亂，可與我伐之。"宋許之，與伐鄭，至東門而還。二年，鄭伐宋，以報東門之役。其後諸侯數來侵伐。
59	《史记·晋世家》	懷公故大臣呂省、郤芮本不附文公，文公立，恐誅，乃欲與其徒謀燒公宮，殺文公。文公不知。始嘗欲殺文公宦者履鞮知其謀，欲以告文公，解前罪，求見文公。文公不見，使人讓曰："蒲城之事，女斬予袪。其後我從狄君獵，女爲惠公來求殺我。惠公與女期三日至，而女一日至，何速也？女其念之。"
60	《史记·晋世家》	太史公曰：晉文公，古所謂明君也，亡居外十九年，至困約，及即位而行賞，尚忘介子推，況驕主乎？靈公既弑，其後成、景致嚴，至厲大刻，大夫懼誅，禍作。悼公以後日衰，六卿專權。故君道之御其臣下，固不易哉！
61	《史记·越王句践世家》	其後四年，越復伐吳。吳士民罷弊，輕銳盡死於齊、晉。而越大破吳，因而留圍之三年，吳師敗，越遂復棲吳王於姑蘇之山。
62	《史记·赵世家》	其後娶空同氏，生五子。襄子爲伯魯之不立也，不肯立子，且必欲傳位與伯魯子代成君。成君先死，乃取代成君子浣立爲太子。襄子立三十三年卒，浣立，是爲獻侯。
63	《史记·魏世家》	其後十四歲而孔子相魯。後四歲，趙簡子以晉陽之亂也，而與韓、魏共攻范、中行氏。魏獻子生魏侈。魏侈與趙鞅共攻范、中行氏。
64	《史记·田敬仲完世家》	其後成侯騶忌與田忌不善，公孫閱謂成侯忌曰："公何不謀伐魏，田忌必將。戰勝有功，則公之謀中也；戰不勝，非前死則後北，而命在公矣。"於是成侯言威王，使田忌南攻襄陵。十月，邯鄲拔，齊因起兵擊魏，大敗之桂陵。於是齊最彊於諸侯，自稱爲王，以令天下。

续表

序号	篇目名称	选取的语段（文字为繁体）
65	《史记·田敬仲完世家》	二年，魏伐趙。趙與韓親，共擊魏。趙不利，戰於南梁。宣王召田忌復故位。韓氏請救於齊。宣王召大臣而謀曰："蚤救孰與晚救？"騶忌子曰："不如勿救。"田忌曰："弗救，則韓且折而入於魏，不如蚤救之。"孫子曰："夫韓、魏之兵未弊而救之，是吾代韓受魏之兵，顧反聽命於韓也。且魏有破國之志，韓見亡，必東面而愬於齊矣。吾因深結韓之親而晚承魏之弊，則可重利而得尊名也。"宣王曰："善。"乃陰告韓之使者而遣之。韓因恃齊，五戰不勝，而東委國於齊。齊因起兵，使田忌、田嬰將，孫子爲（帥）〔師〕，救韓、趙以擊魏，大敗之馬陵，殺其將龐涓，虜魏太子申。其後三晉之王皆因田嬰朝齊王於博望，盟而去。
66	《史记·孔子世家》	孔子年三十五，而季平子與郈昭伯以鬪雞故得罪魯昭公，昭公率師擊平子，平子與孟氏、叔孫氏三家共攻昭公，昭公師敗，奔於齊，齊處昭公乾侯。其後頃之，魯亂。孔子適齊，爲高昭子家臣，欲以通乎景公。與齊太師語樂，聞韶音，學之，三月不知肉味，齊人稱之。
67	《史记·孔子世家》	其後定公以孔子爲中都宰，一年，四方皆則之。由中都宰爲司空，由司空爲大司寇。
68	《史记·外戚世家》	已而管夫人、趙子兒先幸漢王。漢王坐河南宮成皋臺，此兩美人相與笑薄姬初時約。漢王聞之，問其故，兩人具以實告漢王。漢王心慘然，憐薄姬，是日召而幸之。薄姬曰："昨暮夜妾夢蒼龍據吾腹。"高帝曰："此貴徵也，吾爲女遂成之。"一幸生男，是爲代王。其後薄姬希見高祖。
69	《史记·外戚世家》	其後帝閒居，問左右曰："人言云何？"左右對曰："人言且立其子，何去其母乎？"帝曰："然。是非兒曹愚人所知也。往古國家所以亂也，由主少母壯也。女主獨居驕蹇，淫亂自恣，莫能禁也。女不聞呂后邪？"故諸爲武帝生子者，無男女，其母無不譴死，豈可謂非賢聖哉！昭然遠見，爲後世計慮，固非淺聞愚儒之所及也。謚爲"武"，豈虛哉！
70	《史记·曹相国世家》	其後從攻東郡尉軍，破之成武南。擊王離軍成陽南，復攻之杠里，大破之。追北，西至開封，擊趙賁軍，破之，圍趙賁開封城中。西擊秦將楊熊軍於曲遇，破之，虜秦司馬及御史各一人。遷爲執珪。從攻陽武，下轘轅、緱氏，絶河津，還擊趙賁軍尸北，破之。從南攻犨，與南陽守齮戰陽城郭東，陷陳，取宛，虜齮，盡定南陽郡。從西攻武關、嶢關，取之。前攻秦軍藍田南，又夜擊其北，秦軍大破，遂至咸陽，滅秦。
71	《史记·陈丞相世家》	其後，楚急攻，絶漢甬道，圍漢王於滎陽城。久之，漢王患之，請割滎陽以西以和。項王不聽。
72	《史记·陈丞相世家》	其後常以護軍中尉從攻陳豨及黥布。凡六出奇計，輒益邑，凡六益封。奇計或頗祕，世莫能聞也。
73	《史记·陈丞相世家》	食其亦沛人。漢王之敗彭城，西，楚太上皇、呂后爲質，食其以舍人侍呂后。其後從破項籍爲侯，幸於呂太后。及爲相，居中，百官皆因決事。
74	《史记·绛侯周勃世家》	歲餘，每河東守尉行縣至絳，絳侯勃自畏恐誅，常被甲，令家人持兵以見之。其後人有上書告勃欲反，下廷尉。廷尉下其事長安，逮捕勃治之。勃恐，不知置辭。

续表

序号	篇目名称	选取的语段（文字为繁体）
75	《史记·绛侯周勃世家》	條侯亞夫自未侯爲河內守時，許負相之，曰："君後三歲而侯。侯八歲爲將相，持國秉，貴重矣，於人臣無兩。其後九歲而君餓死。"亞夫笑曰："臣之兄已代父侯矣，有如卒，子當代，亞夫何説侯乎？然既已貴如負言，又何説餓死？指示我。"許負指其口曰："有從理入口，此餓死法也。"居三歲，其兄絳侯勝之有罪，孝文帝擇絳侯子賢者，皆推亞夫，乃封亞夫爲條侯，續絳侯後。
76	《史记·绛侯周勃世家》	其後匈奴王〔唯〕徐盧等五人降，景帝欲侯之以勸後。丞相亞夫曰："彼背其主降陛下，陛下侯之，則何以責人臣不守節者乎？"景帝曰："丞相議不可用。"乃悉封〔唯〕徐盧等爲列侯。亞夫因謝病。景帝中三年，以病免相。
77	《史记·梁孝王世家》	其春，吳楚齊趙七國反。吳楚先擊梁棘壁，殺數萬人。梁孝王城守睢陽，而使韓安國、張羽等爲大將軍，以距吳楚。吳楚以梁爲限，不敢過而西，與太尉亞夫等相距三月。吳楚破，而梁所破殺虜略與漢中分。明年，漢立太子。其後梁最親，有功，又爲大國，居天下膏腴地。地北界泰山，西至高陽，四十餘城，皆多大縣。
78	《史记·五宗世家》	右四國本王皆王夫人兒姁子也。其後漢益封其支子爲六安王、泗水王二國。凡兒姁子孫，於今爲六王。
79	《史记·五宗世家》	太史公曰：高祖時諸侯皆賦，得自除内史以下，漢獨爲置丞相，黄金印。諸侯自除御史、廷尉正、博士，擬於天子。自吳楚反後，五宗王世，漢爲置二千石，去"丞相"曰"相"，銀印。諸侯獨得食租税，奪之權。其後諸侯貧者或乘牛車也。
80	《史记·三王世家》	其後胥果作威福，通楚王使者。楚王宣言曰："我先元王，高帝少弟也，封三十二城。今地邑益少，我欲與廣陵王共發兵云。"〔立〕廣陵王爲上，我復王楚三十二城，如元王時。"
81	《史记·三王世家》	事發覺，公卿有司請行罰誅。天子以骨肉之故，不忍致法於胥，下詔書無治廣陵王，獨誅首惡楚王。傳曰"蓬生麻中，不扶自直；白沙在泥中，與之皆黑"者，土地教化使之然也。其後胥復祝詛謀反，自殺，國除。
82	《史记·三王世家》	其後旦復與左將軍上官桀等謀反，宣言曰"我次太子，太子不在，我當立，大臣共抑我"云云。大將軍光輔政，與公卿大臣議曰："燕王旦不改過悔正，行惡不變。"於是脩法直斷，行罰誅。旦自殺，國除，如其策指。有司請誅旦妻子。孝昭以骨肉之親，不忍致法，寬赦旦妻子，免爲庶人。傳曰"蘭根與白芷，漸之滫中，君子不近，庶人不服"者，所以漸然也。
83	《史记·管晏列传》	晏子爲齊相，出，其御之妻從門間而闚其夫。其夫爲相御，擁大蓋，策駟馬，意氣揚揚，甚自得也。既而歸，其妻請去。夫問其故。妻曰："晏子長不滿六尺，身相齊國，名顯諸侯。今者妾觀其出，志念深矣，常有以自下者。今子長八尺，乃爲人僕御，然子之意自以爲足，妾是以求去也。"其後夫自抑損。晏子怪而問之，御以實對。晏子薦以爲大夫。
84	《史记·司马穰苴列传》	已而大夫鲍氏、高、國之屬害之，譖於景公。景公退穰苴，苴發疾而死。田乞、田豹之徒由此怨高、國等。其後及田常殺簡公，盡滅高子、國子之族。至常曾孫和，因自立，爲齊威王，用兵行威，大放穰苴之法，而諸侯朝齊。
85	《史记·孙子吴起列传》	其後魏伐趙，趙急，請救於齊。齊威王欲將孫臏，臏辭謝曰："刑餘之人不可。"於是乃以田忌爲將，而孫子爲師，居輜車中，坐爲計謀。

续表

序号	篇目名称	选取的语段（文字为繁体）
86	《史记·伍子胥列传》	其後四年，孔子相魯。
87	《史记·伍子胥列传》	其後五年，而吳王聞齊景公死而大臣爭寵，新君弱，乃興師北伐齊。伍子胥諫曰："句踐食不重味，弔死問疾，且欲有所用之也。此人不死，必爲吳患。今吳之有越，猶人之有腹心疾也。而王不先越而乃務齊，不亦謬乎！"吳王不聽，伐齊，大敗齊師於艾陵，遂威鄒魯之君以歸。益疏子胥之謀。
88	《史记·伍子胥列传》	其後四年，吳王將北伐齊，越王句踐用子貢之謀，乃率其衆以助吳，而重寶以獻遺太宰嚭。太宰嚭既數受越賂，其愛信越殊甚，日夜爲言於吳王。吳王信用嚭之計。
89	《史记·伍子胥列传》	吳王既誅伍子胥，遂伐齊。齊鮑氏殺其君悼公而立陽生。吳王欲討其賊，不勝而去。其後二年，吳王召魯衛之君會於橐皋。其明年，因北大會諸侯於黃池，以令周室。越王句踐襲殺吳太子，破吳兵。吳王聞之，乃歸，使使厚幣與越平。後九年，越王句踐遂滅吳，殺王夫差；而誅太宰嚭，以不忠於其君，而外受重賂，與己比周也。
90	《史记·伍子胥列传》	其後四歲，白公勝與石乞襲殺楚令尹子西、司馬子綦於朝。石乞曰："不殺王，不可。"乃劫（之）王如高府。石乞從者屈固負楚惠王亡走昭夫人之宮。葉公聞白公爲亂，率其國人攻白公。白公之徒敗，亡走山中，自殺。而虜石乞，而問白公尸處，不言將亨。石乞曰："事成爲卿，不成而亨，固其職也。"終不肯告其尸處。遂亨石乞，而求惠王復立之。
91	《史记·商君传》	令行於民朞年，秦民之國都言初令之不便者以千數。於是太子犯法。衛鞅曰："法之不行，自上犯之。"將法太子。太子，君嗣也，不可施刑，刑其傅公子虔，黥其師公孫賈。明日，秦人皆趨令。行之十年，秦民大說，道不拾遺，山無盜賊，家給人足。民勇於公戰，怯於私鬥，鄉邑大治。秦民初言令不便者有來言令便者，衛鞅曰"此皆亂化之民也"，盡遷之於邊城。其後民莫敢議令。
92	《史记·苏秦列传》	其後秦使犀首欺齊、魏，與共伐趙，欲敗從約。齊、魏伐趙，趙王讓蘇秦。蘇秦恐，請使燕，必報齊。蘇秦去趙而從約皆解。
93	《史记·苏秦列传》	齊宣王卒，湣王即位，說湣王厚葬以明孝，高宮室大苑囿以明得意，欲破敝齊而爲燕。燕易王卒，燕噲立爲王。其後齊大夫多與蘇秦爭寵者，而使人刺蘇秦，不死，殊而走。齊王使人求賊，不得。蘇秦且死，乃謂齊王曰："臣即死，車裂臣於徇於市，曰'蘇秦爲燕作亂於齊'，如此則臣之賊必得矣。"於是如其言，而殺蘇秦者果自出，齊王因而誅之。燕聞之曰："甚矣，齊之爲蘇生報仇也！"
94	《史记·张仪列传》	其後二年，使與齊、楚之相會齧桑。東還而免相，相魏以爲秦，欲令魏先事秦而諸侯效之。魏王不肯聽儀。秦王怒，伐取魏之曲沃、平周，復陰厚張儀益甚。張儀慚，無以歸報。留魏四歲而魏襄王卒，哀王立。張儀復說哀王，哀王不聽。於是張儀陰令秦伐魏。魏與秦戰，敗。
95	《史记·张仪列传》	義渠君朝於魏。犀首聞張儀復相秦，害之。犀首乃謂義渠君曰："道遠不得復過，請謁事情。"曰："中國無事，秦將燒掇焚杅君之國；有事，秦將輕使重幣事君之國。"其後五國伐秦。會陳軫謂秦王曰："義渠君者，蠻夷之賢君也，不如賂之以撫其志。"秦王曰："善。"乃以文繡千純，婦女百人遺義渠君。義渠君致羣臣而謀曰："此公孫衍所謂邪？"乃起兵襲秦，大敗秦人李伯之下。

续表

序号	篇目名称	选取的语段（文字为繁体）
96	《史记·孟子荀卿列传》	如此者九，乃有大瀛海環其外，天地之際焉。其術皆此類也。然要其歸，必止乎仁義節儉，君臣上下六親之施始也濫耳。王公大人初見其術，懼然顧化，其後不能行之。
97	《史记·孟尝君列传》	其後，秦亡將呂禮相齊，欲困蘇代。代乃謂孟嘗君曰："周最於齊，至厚也，而齊王逐之，而聽親弗相呂禮者，欲取秦也。齊、秦合，則親弗與呂禮重矣。有用，齊、秦必輕君。君不如急北兵，趨趙以和秦、魏，收周最以厚行，且反齊王之信，又禁天下之變。〔四〕齊無秦，則天下集齊，親弗必走，則齊王孰與爲其國也！"於是孟嘗君從其計，而呂禮嫉害於孟嘗君。
98	《史记·平原君虞卿列传》	於是平原君乃斬笑躄者美人頭，自造門進躄者，因謝焉。其後門下乃復稍稍來。是時齊有孟嘗，魏有信陵，楚有春申，故爭相傾以待士。
99	《史记·魏公子列传》	秦聞公子死，使蒙驁攻魏，拔二十城，初置東郡。其後秦稍蠶食魏，十八歲而虜魏王，屠大梁。
100	《史记·乐毅列传》	樂毅者，其先祖曰樂羊。樂羊爲魏文侯將，伐取中山，魏文侯封樂羊以靈壽。樂羊死，葬於靈壽，其子孫因家焉。中山復國，至趙武靈王時復滅中山，而樂氏後有樂毅。
101	《史记·乐毅列传》	其明年，樂乘、廉頗爲趙圍燕，燕重禮以和，乃解。後五歲，趙孝成王卒。襄王使樂乘代廉頗。廉頗攻樂乘，樂乘走，廉頗亡入魏。其後十六年而秦滅趙。
102	《史记·乐毅列传》	其後二十餘年，高帝過趙，問："樂毅有後世乎？"對曰："有樂叔。"高帝封之樂卿，號曰華成君。華成君，樂毅之孫也。而樂氏之族有樂瑕公、樂臣公，趙且爲秦所滅，亡之齊高密。樂臣公善修黃帝、老子之言，顯聞於齊，稱賢師。
103	《史记·廉颇蔺相如列传》	其後秦伐趙，拔石城。明年，復攻趙，殺二萬人。
104	《史记·廉颇蔺相如列传》	李牧至，如故約。匈奴數歲無所得。終以爲怯。邊士日得賞賜而不用，皆願一戰。於是乃具選車得千三百乘，選騎得萬三千匹，百金之士五萬人，彀者十萬人，悉勒習戰。大縱畜牧，人民滿野。匈奴小入，詳北不勝，以數千人委之。單于聞之，大率衆來入。李牧多爲奇陳，張左右翼擊之，大破殺匈奴十餘萬騎。滅襜襤，破東胡，降林胡，單于奔走。其後十餘歲，匈奴不敢近趙邊城。
105	《史记·鲁仲连邹阳列传》	其後二十餘年，燕將攻下聊城，聊城人或讒之燕，燕將懼誅，因保守聊城，不敢歸。齊田單攻聊城歲餘，士卒多死而聊城不下。魯連乃爲書，約之矢以射城中，遺燕將。
106	《史记·屈原贾生列传》	屈平既絀，其後秦欲伐齊，齊與楚從親，惠王患之，乃令張儀詳去秦，厚幣委質事楚，曰："秦甚憎齊，齊與楚從親，楚誠能絶齊，秦願獻商、於之地六百里。"楚懷王貪而信張儀，遂絶齊，使使如秦受地。
107	《史记·屈原贾生列传》	其後諸侯共擊楚，大破之，殺其將唐眛。

续表

序号	篇目名称	选取的语段（文字为繁体）
108	《史记·屈原贾生列传》	屈原既死之後，楚有宋玉、唐勒、景差之徒者，皆好辭而以賦見稱；然皆祖屈原之從容辭令，終莫敢直諫。其後楚日以削，數十年竟爲秦所滅。
109	《史记·刺客列传》	其後百六十有七年而吳有專諸之事。
110	《史记·刺客列传》	其後七十餘年而晉有豫讓之事。
111	《史记·刺客列传》	其後四十餘年而軹有聶政之事。
112	《史记·刺客列传》	其後二百二十餘年秦有荆軻之事。
113	《史记·刺客列传》	荆卿好讀書擊劍，以術說衛元君，衛元君不用。其後秦伐魏，置東郡，徙衛元君之支屬於野王。
114	《史记·刺客列传》	居頃之，會燕太子丹質秦亡歸燕。燕太子丹者，故嘗質於趙，而秦王政生於趙，其少時與丹驩。及政立爲秦王，而丹質於秦。秦王之遇燕太子丹不善，故丹怨而亡歸。歸而求爲報秦王者，國小，力不能。其後秦日出兵山東以伐齊、楚、三晉，稍蠶食諸侯，且至於燕，燕君臣皆恐禍之至。
115	《史记·刺客列传》	居有閒，秦將樊於期得罪於秦王，亡之燕，太子受而舍之。鞠武諫曰："不可。夫以秦王之暴而積怒於燕，足爲寒心，又況聞樊將軍之所在乎？是謂'委肉當餓虎之蹊'也，禍必不振矣！雖有管、晏，不能爲之謀也。願太子疾遣樊將軍入匈奴以滅口。請西約三晉，南連齊、楚，北購於單于，其後迺可圖也。"太子曰："太傅之計，曠日彌久，心惛然，〔四〕恐不能須臾。且非獨於此也，夫樊將軍窮困於天下，歸身於丹，丹終不以迫於彊秦而棄所哀憐之交，置之匈奴，是固丹命卒之時也。願太傅更慮之。"鞠武曰："夫行危欲求安，造禍而求福，計淺而怨深，連結一人之後交，不顧國家之大害，此所謂'資怨而助禍'矣。夫以鴻毛燎於爐炭之上，必無事矣。且以鵰鷙之秦，行怨暴之怒，豈足道哉！燕有田光先生，其爲人智深而勇沈，可與謀。"太子曰："願因太傅而得交於田先生，可乎？"鞠武曰："敬諾。"出見田先生，道"太子願圖國事於先生也"。田光曰："敬奉教。"乃造焉。
116	《史记·刺客列传》	於是秦王大怒，益發兵詣趙，詔王翦軍以伐燕。十月而拔薊城。燕王喜、太子丹等盡率其精兵東保於遼東。秦將李信追擊燕王急，代王嘉乃遺燕王喜書曰："秦所以尤追燕急者，以太子丹故也。今王誠殺丹獻之秦王，秦王必解，而社稷幸得血食。"其後李信追丹，丹匿衍水中，燕王乃使使斬太子丹，欲獻之秦。秦復進兵攻之。後五年，秦卒滅燕，虜燕王喜。

续表

序号	篇目名称	选取的语段（文字为繁体）
117	《史記·樊酈滕灌列傳》	項籍既死，漢王爲帝，以噲堅守戰有功，益食八百户。從高帝攻反燕王臧荼，虜荼，定燕地。楚王韓信反，噲從至陳，取信，定楚。更賜爵列侯，與諸侯剖符，世世勿絶，食舞陽，號爲舞陽侯，除前所食。以將軍從高祖攻反韓王信於代。自霍人以往至雲中，與絳侯等共定之，益食千五百户。因擊陳豨與曼丘臣軍，戰襄國，破柏人，先登，降定清河、常山凡二十七縣，殘東垣，遷爲左丞相。破得綦毋卬、尹潘軍於無終、廣昌。破豨别將胡人王黄軍於代南，因擊韓信軍於参合。軍所將卒斬韓信，破豨胡騎橫谷，斬將軍趙既，虜代丞相馮梁、守孫奮、大將王黄、將軍（太卜）太僕解福等十人。與諸將共定代鄉邑七十三。其後燕王盧綰反，噲以相國擊盧綰，破其丞相抵薊南，定燕地，凡縣十八，鄉邑五十一。益食邑千三百户。定食舞陽五千四百户。從，斬首百七十六級，虜二百八十八人。别，破軍七，下城五，定郡六，縣五十二，得丞相一人，將軍十二人，二千石已下至三百石十一人。
118	《史記·樊酈滕灌列傳》	其後盧綰反，高帝使噲以相國擊燕。是時高帝病甚，人有惡噲黨於吕氏，卽上一日宫車晏駕，則噲欲以兵盡誅滅戚氏、趙王如意之屬。高帝聞之大怒，乃使陳平載絳侯代將，而卽軍中斬噲。陳平畏吕后，執噲詣長安。至則高祖已崩，吕后釋噲，使復爵邑。
119	《史記·張丞相列傳》	蒼爲丞相十餘年，魯人公孫臣上書言漢土德時，其符有黄龍當見。詔下其議張蒼，張蒼以爲非是，罷之。其後黄龍見成紀，於是文帝召公孫臣以爲博士，草土德之曆制度，更元年。張丞相由此自絀，謝病稱老。蒼任人爲中候，大爲姦利，上以讓蒼，蒼遂病免。蒼爲丞相十五歲而免。孝景前五年，蒼卒，謚爲文侯。子康侯代，八年卒。子類代爲侯，八年，坐臨諸侯喪後就位不敬，國除。
120	《史記·張丞相列傳》	邴丞相卒，黄丞相代。長安中有善相工田文者，與韋丞相、魏丞相、邴丞相微賤時會於客家，田文言曰："今此三君者，皆丞相也。"其後三人竟更相代爲丞相，何見之明也。
121	《史記·袁盎晁錯列傳》	袁盎雖家居，景帝時使人問籌策。梁王欲求爲嗣，袁盎進説，其後語塞。梁王以此怨盎，曾使人刺盎。刺者至關中，問袁盎，諸君譽之皆不容口。乃見袁盎曰："臣受梁王金來刺君，君長者，不忍刺君。然後刺君者十餘曹，備之！"袁盎心不樂，家又多怪，乃之棓生所問占。還，梁刺客後曹輩果遮刺殺盎安陵郭門外。
122	《史記·張釋之馮唐列傳》	頃之，至中郎將。從行至霸陵，居北臨廁。是時慎夫人從，上指示慎夫人新豐道，曰："此走邯鄲道也。"使慎夫人鼓瑟，上自倚瑟而歌，意慘悽悲懷，顧謂羣臣曰："嗟乎！以北山石爲椁，用紵絮斮陳，蕠漆其間，豈可動哉！"左右皆曰："善。"釋之前進曰："使其中有可欲者，雖錮南山猶有郤；使其中無可欲者，雖無石椁，又何戚焉！"文帝稱善。其後拜釋之爲廷尉。
123	《史記·張釋之馮唐列傳》	其後有人盜高廟坐前玉環，捕得，文帝怒，下廷尉治。釋之案律盜宗廟服御物者爲奏，奏當弃市。上大怒曰："人之無道，乃盜先帝廟器，吾屬廷尉者，欲致之族，而君以法奏之，非吾所以共承宗廟意也。"釋之免冠頓首謝曰："法如是足也。且罪等，然以逆順爲差。今盜宗廟器而族之，有如萬分之一，假令愚民取長陵一抔土，陛下何以加其法乎？"久之，文帝與太后言之，乃許廷尉當。是時，中尉條侯周亞夫與梁相山都侯王恬開見釋之持議平，乃結爲親友。張廷尉由此天下稱之。

续表

序号	篇目名称	选取的语段（文字为繁体）
124	《史记·张释之冯唐列传》	當是之時，匈奴新大入朝䢘，殺北地都尉卬。上以胡寇爲意，乃卒復問唐曰："公何以知吾不能用廉頗、李牧也？"唐對曰："臣聞上古王者之遣將也，跪而推轂，曰閫以內者，寡人制之；閫以外者，將軍制之。軍功爵賞皆決於外，歸而奏之。此非虛言也。臣大父言，李牧爲趙將居邊，軍市之租皆自用饗士，賞賜決於外，不從中擾也。委任而責成功，故李牧乃得盡其智能，遣選車千三百乘，彀騎萬三千，百金之士十萬，是以北逐單于，破東胡，滅澹林，西抑彊秦，南支韓、魏。當是之時，趙幾霸。其後會趙王遷立，其母倡也。王遷立，乃用郭開讒，卒誅李牧，令顏聚代之。……"
125	《史记·万石张叔列传》	爲丞相三歲，景帝崩，武帝立。建元年中，丞相以景帝疾時諸官因多坐不辜者，而君不任職，免之。其後縮卒，子信代。坐酎金失侯。
126	《史记·田叔列传》	仁以壯健爲衞將軍舍人，數從擊匈奴。衞將軍進言仁，仁爲郎中。數歲，爲二千石丞相長史，失官。其後使刺舉三河。上東巡，仁奏事有辭，上說，拜爲京輔都尉。月餘，上遷拜爲司直。數歲，坐太子事。時左丞相自將兵，令司直田仁主閉守城門，坐縱太子，下吏誅死。仁發兵，長陵令車千秋上變仁，仁族死。陘城今在中山國。
127	《史记·田叔列传》	褚先生曰：臣爲郎時，聞之曰田仁故與任安相善。任安，榮陽人也。少孤貧困，爲人將車之長安，留，求事爲小吏，未有因緣也，因占著名數。武功，扶風西界小邑也，谷口蜀剗道近山。安以爲武功小邑，無豪，易高也，安留，代人爲求盜亭父。後爲亭長。邑中人民俱出獵，任安常爲人分麋鹿雉兔，部署老小當壯劇易處，衆人皆喜，曰："無傷也，任少卿分別平，有智略。"明日復合會，會者數百人。任少卿曰："某子甲何爲不來乎？"諸人皆怪其見之疾也。其後除爲三老，舉爲親民，出爲三百石長，治民。坐上行出游共帳不辦，斥免。
128	《史记·田叔列传》	其後有詔募擇衞將軍舍人以爲郎，將軍取舍人中富給者，令具鞌馬絳衣玉具劍，欲入奏之。會賢大夫少府趙禹來過衞將軍，將軍呼所舉舍人以示趙禹。趙禹以次問之，十餘人無一人習事有智略者。
129	《史记·田叔列传》	其後用任安爲益州刺史，以田仁爲丞相長史。
130	《史记·田叔列传》	其後逢太子有兵事，丞相自將兵，使司直主城門。司直以爲太子骨肉之親，父子之閒不甚欲近，去之諸陵過。是時武帝在甘泉，使御史大夫暴君下責丞相"何爲縱太子"，丞相對言"使司直部守城門而開太子"。上書以聞，請捕繫司直。司直下吏，誅死。
131	《史记·扁鹊仓公列传》	當晉昭公時，諸大夫彊而公族弱，趙簡子爲大夫，專國事。簡子疾，五日不知人，大夫皆懼，於是召扁鵲。扁鵲入視病，出，董安于問扁鵲，扁鵲曰："血脈治也，而何怪！昔秦穆公嘗如此，七日而寤。寤之日，告公孫支與子輿曰：'我之帝所甚樂。吾所以久者，適有所學也。帝告我："晉國且大亂，五世不安。其後將霸，未老而死。霸者之子且令而國男女無別。"'公孫支書而藏之，秦策於是出。夫獻公之亂，文公之霸，而襄公敗秦師於殽而歸縱淫，此子之所聞。今主君之病與之同，不出三日必閒，閒必有言也。

续表

序号	篇目名称	选取的语段（文字为繁体）
132	《史记·扁鹊仓公列传》	其後扁鵲過虢。虢太子死，扁鵲至虢宮門下，問中庶子喜方者曰："太子何病，國中治穰過於衆事？"中庶子曰："太子病血氣不時，交錯而不得泄，暴發於外，則爲中害。精神不能止邪氣，邪氣畜積而不得泄，是以陽緩而陰急，故暴蹷而死。"扁鵲曰："其死何如時？"曰："雞鳴至今。"曰："收乎？"曰："未也，其死未能半日也。""言臣齊勃海秦越人也，家在於鄭，未嘗得望精光侍謁於前也。聞太子不幸而死，臣能生之。"中庶子曰："先生得無誕之乎？何以言太子可生也！臣聞上古之時，醫有俞跗，治病不以湯液醴灑，鑱石撟引，案扤毒熨，一撥見病之應，因五藏之輸，乃割皮解肌，訣脈結筋，搦髓腦，揲荒爪幕，湔浣腸胃，漱滌五藏，練精易形。先生之方能若是，則太子可生也；不能若是而欲生之，曾不可以告咳嬰之兒。"終日，扁鵲仰天歎曰："夫子之爲方也，若以管窺天，以郄視文。越人之爲方也，不待切脈望色聽聲寫形，言病之所在。聞病之陽，論得其陰；聞病之陰，論得其陽。病應見於大表，不出千里，決者至衆，不可曲止也。子以吾言爲不誠，試入診太子，當聞其耳鳴而鼻張，循其兩股以至於陰，當尚溫也。"
133	《史记·韩长孺列传》	梁孝王，景帝母弟，竇太后愛之，令得自請置相、二千石，出入游戲，僭於天子。天子聞之，心弗善也。太后知帝不善，乃怒梁使者，弗見，案責王所爲。韓安國爲梁使，見大長公主而泣曰："何梁王爲人子之孝，爲人臣之忠，而太后曾弗省也？夫前日吴、楚、齊、趙七國反時，自關以東皆合從西鄉，惟梁最親爲艱難。梁王念太后、帝在中，而諸侯擾亂，一言泣數行下，跪送臣等六人將兵擊卻吴楚，吴楚以故兵不敢西，而卒破亡，梁王之力也。今太后以小節苛禮責望梁王。梁王父兄皆帝王，所見者大，故出稱蹕，入言警，車旗皆帝所賜也，卽欲以佗鄙縣，驅馳國中，以夸諸侯，令天下盡知太后、帝愛之也。今梁使來，輒案責。梁王恐，日夜涕泣思慕，不知所爲。何梁王之爲子孝，爲臣忠，而太后弗恤也？"大長公主具以告太后，太后喜曰："爲言之帝。"言之，帝心乃解，而免冠謝太后曰："兄弟不能相教，乃爲太后遺憂。"悉見梁使，厚賜之。其後梁王益親驩。太后、長公主更賜安國可直千餘金。名由此顯，結於漢。
134	《史记·韩长孺列传》	其後安國坐法抵罪，蒙獄吏田甲辱安國。安國曰："死灰獨不復然乎？"田甲曰："然卽溺之。"居無何，梁内史缺，漢使使者拜安國爲梁内史，起徒中爲二千石。田甲亡走。安國曰："甲不就官，我滅而宗。"甲因肉袒謝。安國笑曰："可溺矣！公等足與治乎？"卒善遇之。
135	《史记·李将军列传》	後漢以馬邑城誘單于，使大軍伏馬邑旁谷，而廣爲驍騎將軍，領屬護軍將軍。是時單于覺之，去，漢軍皆無功。其後四歲，廣以衛尉爲將軍，出鴈門擊匈奴。匈奴兵多，破敗廣軍，生得廣。單于素聞廣賢，令曰："得李廣必生致之。"胡騎得廣，廣時傷病，置廣兩馬閒，絡而盛卧廣。行十餘里，廣詳死，睨其旁有一胡兒騎善馬，廣暫騰而上胡兒馬，因推墮兒，取其弓，鞭馬南馳數十里，復得其餘軍，因引而入塞。匈奴捕者騎數百追之，廣行取胡兒弓，射殺追騎，以故得脱。於是至漢，漢下廣吏。吏當廣所失亡多，爲虜所生得，當斬，贖爲庶人。
136	《史记·匈奴列传》	夏道衰，而公劉失其稷官，變于西戎，邑于豳。其後三百有餘歲，戎狄攻大王亶父，亶父亡走岐下，而豳人悉從亶父而邑焉，作周。
137	《史记·匈奴列传》	其後百有餘歲，周西伯昌伐畎夷氏。後十有餘年，武王伐紂而營雒邑，復居于酆鄗，放逐戎夷涇、洛之北，以時入貢，命曰"荒服"。
138	《史记·匈奴列传》	其後二百有餘年，周道衰，而穆王伐犬戎，得四白狼四白鹿以歸。自是之後，荒服不至。於是周遂作甫刑之辟。

续表

序号	篇目名称	选取的语段（文字为繁体）
139	《史记·匈奴列传》	是後六十有五年，而山戎越燕而伐齊，齊釐公與戰于齊郊。其後四十四年，而山戎伐燕。燕告急于齊，齊桓公北伐山戎，山戎走。
140	《史记·匈奴列传》	其後二十有餘年，而戎狄至洛邑，伐周襄王，襄王奔於鄭之氾邑。
141	《史记·匈奴列传》	自是之後百有餘年，晉悼公使魏絳和戎翟，戎翟朝晉。後百有餘年，趙襄子踰句注而破并代以臨胡貉。其後既與韓魏共滅智伯，分晉地而有之，則趙有代、句注之北，魏有河西、上郡，以與戎界邊。
142	《史记·匈奴列传》	其後義渠之戎築城郭以自守，而秦稍蠶食，至於惠王，遂拔義渠二十五城。惠王擊魏，魏盡入西河及上郡于秦。
143	《史记·匈奴列传》	秦昭王時，義渠戎王與宣太后亂，有二子。宣太后詐而殺義渠戎王於甘泉，遂起兵伐殘義渠。於是秦有隴西、北地、上郡，築長城以拒胡。而趙武靈王亦變俗胡服，習騎射，北破林胡、樓煩。築長城，自代並陰山下，至高闕爲塞。而置雲中、鴈門、代郡。其後燕有賢將秦開，爲質於胡，胡甚信之。歸而襲破走東胡，東胡卻千餘里。與荊軻刺秦王秦舞陽者，開之孫也。燕亦築長城，自造陽至襄平。置上谷、漁陽、右北平、遼西、遼東郡以拒胡。
144	《史记·匈奴列传》	當是之時，冠帶戰國七，而三國邊於匈奴。其後趙將李牧時，匈奴不敢入趙邊。後秦滅六國，而始皇帝使蒙恬將十萬之衆北擊胡，悉收河南地。因河爲塞，築四十四縣城臨河，徙適戍以充之。而通直道，自九原至雲陽，因邊山險塹谿谷可繕者治之，起臨洮至遼東萬餘里。又度河據陽山北假中。
145	《史记·匈奴列传》	置左右賢王，左右谷蠡王，左右大將，左右大都尉，左右大當户，左右骨都侯。匈奴謂賢曰"屠耆"，故常以太子爲左屠耆王。自如左右賢王以下至當户，大者萬騎，小者數千，凡二十四長，立號曰"萬騎"。諸大臣皆世官。呼衍氏，蘭氏，其後有須卜氏，此三姓其貴種也。諸左方王將居東方，直上谷以往者，東接穢貉、朝鮮；右方王將居西方，直上郡以西，接月氏、氐、羌；而單于之庭直代、雲中：各有分地，逐水草移徙。而左右賢王、左右谷蠡王最爲大（國），左右骨都侯輔政。諸二十四長亦各自置千長、百長、什長、裨小王、相封、都、尉當户、且渠之屬。
146	《史记·匈奴列传》	其後冬，匈奴軍臣單于死。軍臣單于弟左谷蠡王伊稚斜自立爲單于，攻破軍臣單于太子於單。於單亡降漢，漢封於單爲涉安侯，數月而死。
147	《史记·匈奴列传》	數歲，伊稚斜單于立十三年死，子烏維立爲單于。是歲，漢元鼎三年也。烏維單于立，而漢天子始出巡郡縣。其後漢方南誅兩越，不擊匈奴，匈奴亦不侵入邊。
148	《史记·卫将军骠骑列传》	自驃騎將軍死後，大將軍長子宜春侯伉坐法失侯。後五歲，伉弟二人，陰安侯不疑及發干侯登皆坐酎金失侯。失侯後二歲，冠軍侯國除。其後四年，大將軍青卒，諡爲烈侯。子伉代爲長平侯。
149	《史记·卫将军骠骑列传》	將軍李息，郁郅人。事景帝。至武帝立八歲，爲材官將軍，軍馬邑；後六歲，爲將軍，出代；後三歲，爲將軍，從大將軍出朔方：皆無功。凡三爲將軍，其後常爲大行。
150	《史记·卫将军骠骑列传》	將軍張次公，河車人。以校尉從衛將軍青有功，封爲岸頭侯。其後太后崩，爲將軍，軍北軍。後一歲，爲將軍，從大將軍，再爲將軍，坐法失侯。次公父隆，輕車武射也。以善射，景帝幸近之也。

续表

序号	篇目名称	选取的语段（文字为繁体）
151	《史記·衛將軍驃騎列傳》	將軍蘇建，杜陵人。以校尉從衛將軍青，有功，爲平陵侯，以將軍築朔方。後四歲，爲游擊將軍，從大將軍出朔方。後一歲，以右將軍再從大將軍出定襄，亡翕侯，失軍，當斬，贖爲庶人。其後爲代郡太守，卒，家在大猶鄉。
152	《史記·衛將軍驃騎列傳》	將軍張騫，以使通大夏，還，爲校尉。從大將軍有功，封爲博望侯。後三歲，爲將軍，出右北平，失期，當斬，贖爲庶人。其後使通烏孫，爲大行而卒，家在漢中。
153	《史記·衛將軍驃騎列傳》	將軍路博德，平州人。以右北平太守從驃騎將軍有功，爲符離侯。驃騎死後，博德以衛尉爲伏波將軍，伐破南越，益封。其後坐法失侯。爲彊弩都尉，屯居延，卒。
154	《史記·衛將軍驃騎列傳》	自衛氏興，大將軍青首封，其後枝屬爲五侯。凡二十四歲而五侯盡奪，衛氏無爲侯者。
155	《史記·南越列傳》	天子聞嘉不聽王，王、王太后弱孤不能制，使者怯無決。又以爲王、王太后已附漢，獨呂嘉爲亂，不足以興兵，欲使莊參以二千人往使。參曰："以好往，數人足矣；以武往，二千人無足以爲也。"辭不可，天子罷參也。郟壯士故濟北相韓千秋奮曰："以區區之越，又有王、太后應，獨相呂嘉爲害，願得勇士二百人，必斬嘉以報。"於是天子遣千秋與王太后弟樛樂將二千人往，入越境。呂嘉等乃遂反，下令國中曰："王年少。太后，中國人也，又與使者亂，專欲內屬，盡持先王寶器入獻天子以自媚，多從人，行至長安，虜賣以爲僮僕。取自脫一時之利，無顧趙氏社稷，爲萬世慮計之意。"乃與其弟將卒攻殺王、太后及漢使者。遣人告蒼梧秦王及其諸郡縣，立明王長男越妻子術陽侯建德爲王。而韓千秋兵入，破數小邑。其後越直開道給食，未至番禺四十里，越以兵擊千秋等，遂滅之。使人函封漢使者節置塞上，好爲謾辭謝罪，發兵守要害處。於是天子曰："韓千秋雖無成功，亦軍鋒之冠。"封其子延年爲成安侯。樛樂，其姊爲建王太后，首願屬漢，封其子廣德爲龍亢侯。乃下赦曰："天子微，諸侯力政，譏臣不討賊。今呂嘉、建德等反，自立晏如，令罪人及江淮以南樓船十萬師往討之。"
156	《史記·南越列傳》	太史公曰：尉佗之王，本由任囂。遭漢初定，列爲諸侯。隆慮離溼疫，佗得以益驕。甌駱相攻，南越動搖。漢兵臨境，嬰齊入朝。其後亡國，徵自樛女；呂嘉小忠，令佗無後。樓船從欲，怠傲失惑；伏波困窮，智慮愈殖，因禍爲福。成敗之轉，譬若糾墨。
157	《史記·司馬相如列傳》	其後人有上書言相如使時受金，失官。居歲餘，復召爲郎。
158	《史記·淮南衡山列傳》	公卿請廢勿王，詔弗許。公卿請削五縣，詔削二縣。使中尉宏赦淮南王罪，罰以削地。中尉入淮南界，宣言赦王。王初聞漢公卿請誅之，未知得削地，聞漢使來，恐其捕，乃與太子謀刺之如前計。及中尉至，即賀王，王以故不發。其後自傷曰："吾行仁義見削，甚恥之。"然淮南王削地之後，其爲反謀益甚。諸使道從長安來，爲妄妖言，言上無男，漢不治，即喜；即言漢廷治，有男，王怒，以爲妄言，非也。

续表

序号	篇目名称	选取的语段（文字为繁体）
159	《史记·儒林列传》	伏生者，濟南人也。故爲秦博士。孝文帝時，欲求能治尚書者，天下無有，乃聞伏生能治，欲召之。是時伏生年九十餘，老，不能行，於是乃詔太常使掌故朝錯往受之。秦時焚書，伏生壁藏之。其後兵大起，流亡，漢定，伏生求其書，亡數十篇，獨得二十九篇，即以教于齊魯之間。學者由是頗能言尚書，諸山東大師無不涉尚書以教矣。
160	《史记·酷吏列传》	高后時，酷吏獨有侯封，刻轢宗室，侵辱功臣。吕氏已敗，遂（禽）〔夷〕侯封之家。孝景時，鼂錯以刻深頗用術輔其資，而七國之亂，發怒於錯，錯卒以被戮。其後有郅都、寧成之屬。
161	《史记·酷吏列传》	寧成家居，上欲以爲郡守。御史大夫弘曰："臣居山東爲小吏時，寧成爲濟南都尉，其治如狼牧羊。成不可使治民。"上乃拜成爲關都尉。歲餘，關東吏隸郡國出入關者，號曰"寧見乳虎，無值寧成之怒"。義縱自河内遷爲南陽太守，聞寧成家居南陽，及縱至關，寧成側行送迎，然縱氣盛，弗爲禮。至郡，遂案寧氏，盡破碎其家。成坐有罪，及孔、暴之屬皆犇亡，南陽吏民重足一迹。而平氏朱彊、杜衍、杜周爲縱牙爪之吏，任用，遷爲廷史。軍數出定襄，定襄吏民亂敗，於是徙縱爲定襄太守。縱至，掩定襄獄中重罪輕繫二百餘人，及賓客昆弟私入相視亦二百餘人。縱一捕鞠，曰"爲死罪解脱"。是日皆報殺四百餘人。其後郡中不寒而栗，猾民佐吏爲治。
162	《史记·酷吏列传》	自溫舒等以惡爲治，而郡守、都尉、諸侯二千石欲爲治者，其治大抵盡放溫舒，而吏民益輕犯法，盗賊滋起。南陽有梅免、白政，楚有殷中、杜少，齊有徐勃，燕趙之間有堅盧、范生之屬。大羣至數千人，擅自號，攻城邑，取庫兵，釋死罪，縛辱郡太守、都尉，殺二千石，爲檄告縣趣具食；小羣（盗）以百數，掠鹵鄉里者，不可勝數也。於是天子始使御史中丞、丞相長史督之。猶弗能禁也，乃使光禄大夫范昆、諸輔都尉及故九卿張德等衣繡衣，持節，虎符發兵以興擊，斬首大部或至萬餘級，及以法誅通飲食，坐連諸郡，甚者數千人。數歲，乃頗得其渠率。散卒失亡，復聚黨阻山川者，往往而羣居，無可奈何。於是作"沈命法"，曰羣盗起不發覺，發覺而捕弗滿品者，二千石以下至小吏主者皆死。其後小吏畏誅，雖有盗不敢發，恐不能得，坐課累府，府亦使其不言。故盗賊寖多，上下相爲匿，以文辭避法焉。
163	《史记·大宛列传》	騫以校尉從大將軍擊匈奴，知水草處，軍得以不乏，乃封騫爲博望侯。是歲元朔六年也。其明年，騫爲衛尉，與李將軍俱出右北平擊匈奴。匈奴圍李將軍，軍失亡多；而騫後期當斬，贖爲庶人。是歲漢遣驃騎破匈奴西（城）〔域〕數萬人，至祁連山。其明年，渾邪王率其民降漢，而金城、河西西并南山至鹽澤空無匈奴。匈奴時有候者到，而希矣。其後二年，漢擊走單于於幕北。
164	《史记·大宛列传》	烏孫使既見漢人衆富厚，歸報其國，其國乃益重漢。其後歲餘，騫所遣使通大夏之屬者皆頗與其人俱來，於是西北國始通於漢矣。
165	《史记·大宛列传》	然張騫鑿空，其後使往者皆稱博望侯，以爲質於外國，外國由此信之。

续表

序号	篇目名称	选取的语段（文字为繁体）
166	《史记·大宛列传》	自博望侯騫死後，匈奴聞漢通烏孫，怒，欲擊之。及漢使烏孫，若出其南，抵大宛、大月氏相屬，烏孫乃恐，使使獻馬，願得尚漢女翁主爲昆弟。天子問羣臣議計，皆曰："必先納聘，然後乃遣女"。初，天子發書易，云"神馬當從西北來"。得烏孫馬好，名曰"天馬"。及得大宛汗血馬，益壯，更名烏孫馬曰"西極"，名大宛馬曰"天馬"云。而漢始築令居以西，初置酒泉郡以通西北國。因益發使抵安息、奄蔡、黎軒、條枝、身毒國。而天子好宛馬，使者相望於道。諸使外國一輩大者數百，少者百餘人，人所齎操大放博望侯時。其後益習而衰少焉。漢率一歲中使多者十餘，少者五六輩，遠者八九歲，近者數歲而反。
167	《史记·大宛列传》	是時漢既滅越，而蜀、西南夷皆震，請吏入朝。於是置益州、越嶲、牂柯、沈黎、汶山郡，欲地接以前通大夏。乃遣使柏始昌、呂越人等歲十餘輩，出此初郡抵大夏，皆復閉昆明，爲所殺，奪幣財，終莫能通至大夏焉。於是漢發三輔罪人，因巴蜀士數萬人，遣兩將軍郭昌、衛廣等往擊昆明之遮漢使者，斬首虜數萬人而去。其後遣使，昆明復爲寇，竟莫能得通。而北道酒泉抵大夏，使者既多，而外國益厭漢幣，不貴其物。
168	《史记·大宛列传》	自博望侯開外國道以尊貴，其後從吏卒皆爭上書言外國奇怪利害，求使。天子爲其絶遠，非人所樂往，聽其言，予節，募吏民毋問所從來，爲具備人衆遣之，以廣其道。來還不能毋侵盜幣物，及使失指，天子爲其習之，輒覆案致重罪，以激怒令贖，復求使。使端無窮，而輕犯法。其吏卒亦輒復盛推外國所有，言大者予節，言小者爲副，故妄言無行之徒皆爭效之。其使皆貧人子，私縣官齎物，欲賤市以私其利外國。外國亦厭漢使人人有言輕重，度漢兵遠不能至，而禁其食物以苦漢使。漢使乏絶積怨，至相攻擊。而樓蘭、姑師小國耳，當空道，攻劫漢使王恢等尤甚。而匈奴奇兵時時遮擊使西國者。使者爭徧言外國災害，皆有城邑，兵弱易擊。於是天子以故遣從驃侯破奴將屬國騎及郡兵數萬，至匈河水，欲以擊胡，胡皆去。其明年，擊姑師，破奴與輕騎七百餘先至，虜樓蘭王，遂破姑師。因舉兵威以困烏孫、大宛之屬。還，封破奴爲浞野侯。王恢數使，爲樓蘭所苦，言天子，天子發兵令恢佐破奴擊破之，封恢爲浩侯。於是酒泉列亭鄣至玉門矣。
169	《史记·游侠列传》	是時濟南瞷氏、陳周庸亦以豪聞，景帝聞之，使使盡誅此屬。其後代諸白、梁韓無辟、陽翟薛兄、陝韓孺紛紛復出焉。
170	《史记·滑稽列传》	其後百餘年，楚有優孟。
171	《史记·滑稽列传》	其後二百餘年，秦有優旃。
172	《史记·滑稽列传》	建章宮後閣重櫟中有物出焉，其狀似麋。以聞，武帝往臨視之。問左右羣臣習事通經術者，莫能知。詔東方朔視之。朔曰："臣知之，願賜美酒梁飯大飱臣，臣乃言。"詔曰："可。"已又曰："某所有公田魚池蒲葦數頃，陛下以賜臣，臣朔乃言。"詔曰："可。"於是朔乃肯言，曰："所謂騶牙者也。遠方當來歸義，而騶牙先見。其齒前後若一，齊等無牙，故謂之騶牙。"其後一歲所，匈奴混邪王果將十萬衆來降漢。乃復賜東方生錢財甚多。

续表

序号	篇目名称	选取的语段（文字为繁体）
173	《史记·货殖列传》	周書曰："農不出則乏其食，工不出則乏其事，商不出則三寶絶，虞不出則財匱少。"財匱少而山澤不辟矣。此四者，民所衣食之原也。原大則饒，原小則鮮。上則富國，下則富家。貧富之道，莫之奪予，而巧者有餘，拙者不足。故太公望封於營丘，地潟鹵，人民寡，於是太公勸其女功，極技巧，通魚鹽，則人物歸之，繦至而輻湊。故齊冠帶衣履天下，海岱之閒斂袂而往朝焉。其後齊中衰，管子修之，設輕重九府，則桓公以霸，九合諸侯，一匡天下；而管氏亦有三歸，位在陪臣，富於列國之君。是以齊富彊至於威、宣也。

注：表 15 中，例 4 不符合指称事件这一语义要求，在分析时被排除了，因此在正文中用于分析的实例是 172 个。

参考文献

中文文献

1. 中文著作

陈平：《现代语言学研究—理论·方法与事实》，重庆出版社1991年版。

陈忠：《汉语时间结构研究》，世界图书出版公司2010年版。

程琪龙：《认知语言学概论—语言的神经认知基础》，外语教学与研究出版社1999年版。

程琪龙：《认知语言学概论—语言的神经认知基础》，外语教学与研究出版社2001年版。

程琪龙：《神经认知语言学引论》，外文出版社2005年版。

戴耀晶：《现代汉语时体系统研究》，浙江教育出版社1997年版。

丁琴海：《中国史传叙事研究》，国际文化出版公司2002年版。

高原：《照应词的认知分析》，外语教学与研究出版社2003年版。

龚千炎：《汉语的时相时制时态》，商务印书馆1995年版。

桂诗春：《实验心理语言学纲要—语言的感知、理解与产生》，湖南教育出版社1991年版。

韩兆琦：《史记（全本全注全译）》，中华书局2013年版。

何自然：《认知语用学：言语交际的认知研究》，上海外语教育出版社2006年版。

何兆熊：《语用学文献选读》，上海外语教育出版社2003年版。

胡培安：《时间词语的内部组构与表达功能研究》，吉林人民出版社

2006 年版。

胡曙中：《语篇语言学导论》，上海外语教育出版社 2012 年版。

胡壮麟：《语篇的衔接与连贯》，上海外语教育出版社 1994 年版。

黄国文：《语篇分析的理论与实践：广告语篇研究》，上海外语教育出版社 2001 年版。

贾改琴：《现代汉语时间副词的形式语义研究》，中国社会科学出版社 2016 年版。

姜望琪：《语篇语言学研究》，北京大学出版社 2011 年版。

李翰文：《名家集评全注全译史记》，新世界出版社 2014 年版。

李绍山：《语言研究中的统计学（2 版）》，西安交通大学出版社 2008 年版。

李向农：《现代汉语时点时段研究》，华中师范大学出版社 1997 年版。

梁昆淼：《数学物理方法（第四版）》，高等教育出版社 2010 年版。

刘道峰：《〈史记〉动词系统研究》，四川大学出版社 2010 年版。

吕叔湘著，江蓝生补：《近代汉语指代词》，学林出版社 1985 年版。

潘文杰：《傅里叶分析及其应用》，北京大学出版社 2000 年版。

任绍曾：《叶斯柏森语言学选集》，湖南教育出版社 2005 年版。

（汉）司马迁：《史记》，中华书局 2014 年版。

（汉）司马迁：《史记》，上海古籍出版社 2011 年版。

沈家煊：《不对称和标记论》，江西教育出版社 1999 年版。

谭永基、蔡志杰：数学模型（第二版），复旦大学出版社 2011 年版。

唐青叶：《语篇语言学》，上海大学出版社 2009 年版。

同济大学数学系：《高等数学（第六版）下册》，高等教育出版社 2007 年版。

王海棻：《古汉语时间范畴词典》，安徽教育出版社 2004 年版。

王文斌、毛智慧：《心理空间理论和概念合成理论研究》，上海外语教育出版社 2011 年。

王正行：《量子力学原理》，北京大学出版社 2003 年版。

吴炳章、徐盛桓：《认知语用学研究》，上海外语教育出版社 2011 年版。

吴念阳：《现代汉语心理空间的认知研究》，商务印书馆 2014 年版。

熊学亮：《语言使用中的推理》，上海外语教育出版社 2007 年版。

徐赳赳：《现代汉语篇章回指研究》，中国社会科学出版社 2003 年版。

徐志民：《欧美语义学导论》，复旦大学出版社 2008 年版。

许余龙：《篇章回指的功能语用探索》，上海外语教育出版社 2004 年版。

杨同用：《徐德宽. 汉语语篇中的时间表现形式研究》，语文出版社 2007 年版。

杨玉芳：《心理语言学》，科学出版社 2015 年版。

阴法鲁：《古文观止译注》，北京大学出版社 1997 年版。

曾谨言：《量子力学 卷一（第三版）》，科学出版社 2000 年版。

张德禄、刘汝山：《语篇衔接与连贯理论的发展及应用》，上海外语教育出版社 2003 年版。

周世勋：《量子力学教程（第二版）》，高等教育出版社 2009 年版。

周小康、李战子：《韩礼德语言学文集》，湖南教育出版社 2005 年版。

2. 中文译著

［法］埃利亚等：《话语分析基础知识》，天津人民出版社 2006 年版。

［美］安德森：《认知心理学及其启示（第 7 版）》，人民邮电出版社 2012 年版。

［美］布龙菲尔德（Bloomfield, L.）：《语言论》，商务印书馆 1980 年版。

Dan Sperber, Deirdre Wilson：《关联性：交际与认知》，何自然、冉永平译，外语教学与研究出版社 2001 年版。

［美］E. N. 洛伦兹：《混沌的本质》，刘式达，刘式适，严中伟译，气象出版社 1997 年版。

［美］弗雷德里克·亚当斯等：《认知的边界》，黄侃译，浙江大学出版社 2013 年版。

［美］弗罗姆金等：《语言引论》（An Introduction to Language, Eighth Edition），王大惟等译，北京大学出版社 2007 年版（原书第 8 版）。

［英］韩礼德（Halliday，M. A. K.）：《语篇和话语的语言学研究》，潘章仙等译，北京大学出版社 2015 年版。

［美］吉奥丹诺（Giordano，F. R.）等：数学建模（第 4 版），叶其孝等译，机械工业出版社 2009 年版。

John G. Proakis, Dimitris G. ManoLakis：《数字信号处理（第四版）》，方艳梅、刘永清译，电子工业出版社 2007 年版。

［德］康德：《纯粹理性批判》，邓晓芒译，人民出版社 2010 年版。

［美］莱肯：《当代语言哲学导论》，陈波等译，中国人民大学出版社 2011 年版。

［丹］路易斯·叶姆斯列夫：《叶姆斯列夫语符学文集》，程琪龙译，湖南教育出版社 2005 年版。

［美］帕赫蒂等著：《语言研究的数学方法》，吴道平译，商务印书馆 2012 年版。

［美］普林斯：《叙述学辞典》，乔国强等译，上海译文出版社 2011 年版。

［英］苏珊·布莱克摩尔：《谜米机器——文化之社会传递过程的"基因学"》，高申春等译，吉林人民出版社 2001 年版。

［瑞士］索绪尔（Saussure，F.）：《普通语言学教程》，商务印书馆 2011 年版。

3. 中文期刊

奥田宽：《汉语的任意性指示词"这"——有关语用学的探讨》，《汉语学习》1998 年第 2 期。

白学军、张兴利：《语篇理解时类别指称对象提取的心理机制研究》，《心理科学》2003 年第 6 期。

曹秀玲：《汉语"这/那"不对称性的语篇考察》，《汉语学习》2000 年第 4 期。

陈洁彬、鲁忠义：《路径转弯对语篇空间情境模型建构的影响》，《心理学报》2015 年第 2 期。

陈平：《汉语零形回指的话语分析》，《中国语文》1987 年第 2 期。

陈平：《论现代汉语时间系统的三元结构》，《中国语文》1988 年第 6 期。

陈新仁：《衔接的语用认知解读》，《外语学刊》2003年第4期。

池昌海、曹沸：《回指形式选择的修辞制约及其功能》，《当代修辞学》2012年第1期。

储泽祥、邓云华：《指示代词的类型和共性》，《当代语言学》2003年第4期。

储泽祥、刘琪：《制约"忽然"句法位置的若干语用因素》，《世界汉语教学》2014年第4期。

崔学勤：《语文叙事语篇时间探究》，《长江大学学报（社科版）》2014年第1期。

崔应贤：《"这"比"那"大》，《中国语文》1997年第2期。

戴浩一：《时间顺序和汉语的语序》，《国外语言学》1988年第1期。

丁建新：《话语中的时间、时间表达和时间连贯》，《外语学刊》2004年第4期。

董秀芳．：《古汉语中介宾位置上的零形回指及其演变》，《当代语言学》1998年第4期。

董秀芳：《"是"的进一步语法化：由虚词到词内成分》，《当代语言学》2004年第1期。

董秀芳：《上古汉语议论语篇的结构与特点——兼论联系语篇结构分析虚词的功能》，《中国语文》2012年第4期。

方梅：《指示词"这"和"那"在北京话中的语法化》，《中国语文》2002年第4期。

方梅．：《单音指示词与双音指示词的功能差异——"这"与"这个"、"那"与"那个"》，《世界汉语教学》2016年第2期。

方琰：《Hasan的"语体结构潜势"理论及其对语篇分析的贡献》，《外语学刊》1995年第1期。

方琰：《浅谈语类》，《外国语》1998年第1期。

凤四海、黄希庭：《时间知觉理论和实验范型》，《心理科学》2004年第5期。

高萍：《〈史记〉人物传记叙事时间模式研究》，《社会科学研究》2002年第6期。

高卫东：《回指语的预设新用功能》，《解放军外国语学院学报》2008

年第 2 期。

高卫东：《回指语的修辞性提取功能—回指语非提取功能新探之二》，《解放军外国语学院学报》2009 年第 5 期。

高彦梅：《代词衔接功能的认知研究》，《外语学刊》2003 年第 1 期。

龚晓斌：《关于衔接的几个问题》，《外语学刊》1994 年第 5 期。

关永平：《时间顺序和认知模式顺序的象似性研究》，《广西师范大学学报（哲学社会科学版）》2012 年第 1 期。

郭翠：《论语类结构的衔接功能》，《外语与外语教学》2001 年第 1 期。

韩昊：傅里叶分析之掐死教程（完整版）［EB/OL］，知乎网专栏，2014 年 6 月 6 日。

胡钋、韩进能：《构成基本串联与并联非线性系统结构模型的一种判别依据》，《贵州工业大学学报》1996 年第 2 期。

胡培安：《从功能的角度看"时间"与"时候"》，《社会科学辑刊》2006 年第 6 期。

胡壮麟：《有关语篇衔接理论多层次模式的思考》，《外国语》1996 年第 1 期。

黄仁峰：《语境配置与语篇体裁结构潜势探究》，《学术交流》2001 年第 5 期。

黄盛璋：《先秦古汉语指示词研究》，《语言研究》1983 年第 2 期。

蒋平：《影响先行语可及性的因素》，《外国语》2003 年第 5 期。

姜宏：《主观时间及其表达手段和文学篇章功能》，《解放军外国语学院学报》2012 年第 4 期。

蒋华、廖艳君、杨安红：《现代汉语中的称代代词与指示代词》，《湖南大学学报（社会科学版）》2004 年第 3 期。

蒋华：《指示代词研究述评》，《徐州师范大学学报（哲学社会科学版）》2006 年第 1 期。

姜望琪：《篇章与回指》，《外语学刊》2006 年第 4 期。

姜望琪：《现代语篇分析的萌芽——布拉格学派语篇分析思想研究》，《外语教学与研究》2008 年第 3 期。

姜望琪：《Halliday 论语篇分析及有关学科》，《中国外语》2012 年第

2 期。

金晓艳、柳英绿：《现代汉语时间连接成分研究综述》，《山西师大学报（社会科学版）》2009 年第 3 期。

金晓艳、马庆株：《汉语时间连接成分的位置考察》，《语言科学》2010 年第 3 期。

金晓艳、彭爽：《时间连接成分的本体研究综述》，《济南大学学报（社会科学版）》2008 年第 4 期。

乐耀：《从书面叙事体的语篇结构看人物指称的分布和功能》，《当代语言学》2010 年第 4 期。

李丛禾：《认知参照点模型及其语言体现》，《四川外语学院学报》2008 年第 2 期。

李国庆：《连接词在语篇的体裁构建和语篇的体裁辨认上的贡献》，《外语教学》2005 年第 1 期。

李榕：《影响代词回指的因素分析》，《当代语言学》2012 年第 2 期。

李少华：《现代汉语时间副词的分类描写》，《荆州师专学报》1996 年第 4 期。

梁银峰：《论上古汉语的指示代词在不同语体中的指示性》，《当代修辞学》2012 年第 1 期。

廖秋忠：《现代汉语篇章中指同的表达》，《中国语文》1986 年第 2 期。

刘灿、贺荟中：《西方心理语言学中回指推理的研究综述》，《心理科学》2010 年第 4 期。

刘东虹：《从语篇构建与回指解决看语篇话题》，《当代修辞学》2014 年第 1 期。

刘宁：《论〈史记〉的叙事时间》，《西安教育学院学报》2004 年第 2 期。

刘希乐：《中古新兴指示代词"尔许""那"研究概述》，《牡丹江教育学院学报》2007 年第 5 期。

刘宇红：《指示语的多元认知研究》，《外语学刊》2002 年第 4 期。

陆俭明：《现代汉语时间词说略》，《语言教学与研究》1991 年第 1 期。

罗赞:《指称问题及其关联理论概述》,《国外社会科学》2003 年第 4 期。

吕叔湘:《近代指示词"这"的来源》,《中国语文》1964 年第 4 期。

吕叔湘:《指示代词的二分法和三分法—纪念陈望道先生百年诞辰》,《中国语文》1990 年第 6 期。

马博森:《关联理论与叙事语篇》,《现代外语》2001 年第 4 期。

马国彦:《篇章回指与话语衔接—从 2009 年高考语文全国卷的语言文字运用题说起》,《语文建设》2009 年第 7 期。

孟建安:《小说话语的时间表达系统》,《汉语学报》2010 年第 4 期。

孟建钢:《关联理论与会话语篇连贯研究》,《外语学刊》2001 年第 2 期。

孟建钢:《试析关联理论对话语理解规则的解释》,《外语学刊》2004 年第 2 期。

苗兴伟:《关联理论对语篇连贯性的解释力》,《外语教学与研究》1999 年第 3 期。

苗兴伟:《语篇照应的动态分析》,《外语教学》2001 年第 6 期。

苗兴伟:《语篇向心理论述评》,《当代语言学》2003 年第 2 期。

牛保义:《隐性衔接论》,《外语教学》1998 年第 3 期。

彭宣维:《代词的语篇语法属性、范围及其语义功能分类》,《语言教学与研究》2005 年第 1 期。

彭有明:《名词性时间词语理解的原型效应》,《鄂州大学学报》2009 年第 6 期。

饶宏泉:《时量成分语序变化的动因分析》,《安徽师范大学学报》2009 年第 5 期。

饶宏泉:《基于汉语的时间推进分析框架》,《华文教学与研究》2011 年第 2 期。

饶宏泉:《篇章时间推进的相关研究综述》,《华文教学与研究》2015 年第 1 期。

宋擎擎:《叙事中的时间——〈左传〉与〈史记〉中的时间观》,《河北北方学院学报》2005 年第 5 期。

宋苏玲:《合成空间理论对语篇连贯解读的解释意义》,《外语与外语教学》2000 年第 5 期。

宋秀秀：《〈史记〉的叙事时间与叙事空间》，《滨州学院学报》2014 年第 2 期。

孙蕾：《指示性代词的语义特性》，《外语学刊》2002 年第 3 期。

石毓智：《指示代词回指的两种语序及其功能》，《汉语学习》1997 年第 6 期。

唐韧：《语用和语篇：探索衔接的关联理论方法》，《中国外语》2008 年第 2 期。

唐玉环：《论古汉语篇章中的连接成分"是时"》，《福建江夏学院学报》2015 年第 3 期。

滕慧群：《汉语语篇中的词语衔接手段及其功能》，《毕节学院学报》2014 年第 3 期。

田聪：《概念合成理论评述》，《首都师范大学学报（社会科学版）》，2006 年增刊·语言哲学研究。

王朝辉、张旭红：《回指的结构浅析》，《学术交流》2012 年第 12 期。

王丹、杨玉芳：《语篇中代词指代的研究进展》，《心理科学》2004 年第 6 期。

王道英：《"这"、"那"类指代词隐性回指》，《西南民族大学学报（人文社会科学版）》2006 年第 4 期。

王德亮：《语篇回指的认知图式分析》，《河北大学学报（哲学社会科学版）》2010 年第 1 期。

王健坤、孙启耀：《概念整合理论对语篇连贯的解释力》，《外语学刊》2008 年第 1 期。

王军：《论关联度在间接回指释义中的主导作用》，《现代外语》2004 年第 3 期。

王军：《论语言语境对回指的限定作用》，《外语学刊》2005 年第 5 期。

王军：《主题性：整体回指关系体现出的一种篇章属性》，《外语与外语教学》2007 年第 7 期。

王军：《论回指语的概念重现》，《外语学刊》2008 年第 3 期。

王军、高明强：《概念匹配、回指释义与概念转移：篇章回指研究的新思路》，《外语学刊》2009年第5期。

王军：《回指的主题重构功能》，《山东外语教学》2014年第6期。

王松茂：《汉语时体范畴论》，《齐齐哈尔师范学院学报（哲学社会科学版）》1981年第3期。

王穗苹、莫雷、肖信：《篇章阅读中先行信息通达的若干影响因素》，《心理学报》2001年第6期。

王文斌、何清强：《汉英篇章结构的时空性差异——基于对汉语话题链的回指及其英译的分析》，《外语教学与研究》2016年第5期。

王秀丽：《篇章分析中的概述回指》，《当代修辞学》2012年第3期。

王燕：《现代汉语新闻语篇时间词语用特点分析》，《思想战线》2008年第1期。

王燕：《小说叙事时间词语用特点分析》，《社会科学家》2008年第1期。

王懿：《概念整合理论在意义建构中的解释力》，《安徽大学学报（哲学社会科学版）》2006年第5期。

王勇、黄国文：《语篇结构中的递归现象》，《外语教学与研究》2006年第5期。

魏义祯：《汉韩篇章回指中空间指示词的选择与话者视角》，《汉语学习》2010年第2期。

翁依琴、熊学亮：《回指的形式语用学初探》，《外语研究》2005年第2期。

吴莉：《心理空间理论关照下的语篇分析认知图式解读》，《外语学刊》2006年第3期。

吴礼权：《〈史记〉史传体篇章结构修辞模式对传奇小说的影响》，《福建师范大学学报（哲学社会科学版）》2008年第1期。

项成东：《代词性和指示性间接回指语及其认知基础》，《外语与外语教学》2004年第3期。

邢欣：《视角转换与语篇衔接语》，《修辞学习》2007第1期。

熊学亮、翁依琴：《回指的优选解析》，《外语教学与研究》2005年第6期。

徐赳赳：《现代汉语联想回指分析》，《中国语文》2005年第3期。

徐默凡：《"这"、"那"研究述评》，《汉语学习》2001年第5期。

徐晓东、倪传斌、陈丽娟：《话题结构和动词语义对代词回指的影响——一项基于语言产生和语言理解任务的实证研究》，《现代外语》2013年第4期。

徐晓东、陈庆荣：《汉语焦点信息影响代词回指的电生理机制》，《心理科学进展》2014年第6期。

许宁云：《语篇回指博弈论》，《外国语》2005年第6期。

许宁云：《语篇构式与回指确认》，《海南大学学报人文社会科学版》2010年第6期。

许余龙：《语篇回指的认知语言学探索》，《外国语》2002年第1期。

许余龙：《语篇回指的认知语言学研究与验证》，《外国语》2003年第2期。

许余龙：《语篇回指实证研究中的数据库建设》，《外国语》2005年第2期。

许余龙：《从回指确认的角度看汉语叙述体篇章中的主题标示》，《当代语言学》2005年第2期。

许余龙：《溯因推理与篇章回指理解》，《当代修辞学》2013年第1期。

颜小娜：《语篇象似性及其认知理据初探》，《北京航空航天大学学报（社会科学版）》2008年第3期。

闫秀梅、莫雷、伍丽梅、张积家：《文本阅读中空间距离的心理表征》，《心理学报》2007年第4期。

闫秀梅、莫雷、伍丽梅：《空间描述的复杂程度对文本心理表征的影响》，《心理科学》2010年第2期。

杨炳钧、郑涌：《叙事语篇中时间表征的评定差异研究》，《心理科学》2007年第2期。

杨德峰：《时间副词作状语的全方位考察》，《语言文字应用》2006年第5期。

杨康丽：《汉民族重视时间的认知特点对汉语的影响》，《佳木斯教育学院学报》2013年第6期。

杨若东：《认知推理与语篇回指代词指代的确定——兼论形式解决方法之不足》，《外国语》1997 年第 2 期。

杨同用：《时间词的管界与标志》，《贵州师范大学学报》2002 年第 3 期。

杨玉玲：《单个"这"和"那"篇章不对称研究》，《世界汉语教学》2006 年第 4 期。

俞洪亮：《语篇连贯的外部条件：语篇回指的心理表征分析》，《解放军外国语学院学报》2003 年第 4 期。

于晖：《语篇体裁结构潜势及其应用》，《解放军外国语学院学报》2001 年第 1 期。

于善志、王文斌：《英语时制中的时间关系及语篇功能》，《外语教学与研究》2014 年第 3 期。

云燕：《从关联理论看叙述文本的接受及有效解读》，《河南师范大学学报（哲学社会科学版）》2015 年第 2 期。

曾小荣、马博森：《国外指称对象的认知本体研究现状与展望》，《新疆师范大学学报（哲学社会科学版）》2015 年第 5 期。

张德禄：《论衔接》，《外国语》2001 年第 2 期。

张德禄：《语类研究理论框架探索》，《外语教学与研究》2002 年第 5 期。

张德禄：《论衔接关系—话语组成机制研究》，《外语教学》2003 年第 1 期。

张德禄：《语篇衔接中的形式和意义》，《外国语》2005 年第 5 期。

张德禄：《语篇连贯的宏观原则研究》，《外语与外语教学》2006 年第 10 期。

张德禄、张时倩：《回指可及性影响因素的认知心理学研究述评》，《外语学刊》2014 年第 1 期。

张凤：《联想回指的话语分析》，《外语研究》2006 年第 6 期。

张俊阁：《"这"、"那"与时间词"早晚"》，《重庆文理学院学报（社会科学版）》2006 年第 6 期。

张旺熹：《"把"字句的位移图示》，《语言教学与研究》2001 年第 3 期。

赵冬梅、刘志雅：《篇章阅读中影响回指推理的因素》，《心理科学》2006 年第 5 期。

赵鸣、刘涛：《语言回指加工的 ERP 研究述评》，《心理科学进展》2011 年第 3 期。

郑庆君：《汉语话语中的时间表达》，《湖南师范大学学报（社会科学版）》2003 年第 6 期。

周东杰、纪秀生：《时间词语在汉语语篇中的重要性考察》，《济源职业技术学院学报》2015 年第 1 期。

周小涛、王军：《认知语用视域下的概述回指分析》，《外语研究》2014 年第 4 期。

朱岩：《上古语篇衔接机制的分析策略》，《扬州大学学报（人文社会科学版）》2008 年第 2 期。

朱永生、蒋勇：《空间映射理论与常规含意的推导》，《外语教学与研究》2003 年第 1 期。

4. 学位论文

陈振宇：《现代汉语时间系统的认知模型与运算》，博士学位论文，复旦大学，2006 年。

韩晓旭：《〈史记〉时间词语研究》，硕士学位论文，辽宁师范大学，2010 年。

金宝荣：《汉语指示语及其篇章衔接功能研究》，博士学位论文，复旦大学，2011 年。

李晓琳：《三个域与时间副词》，博士学位论文，南开大学，2014 年。

李宗澈：《〈史记〉量词研究》，博士学位论文，复旦大学，2004 年。

凌瑜：《〈史记〉篇章连接标记研究》，博士学位论文，浙江大学，2010 年。

刘宁：《〈史记〉叙事学研究》，博士学位论文，陕西师范大学，2006 年。

刘希乐：《〈魏书〉指示代词研究》，硕士学位论文，南京师范大学，2008 年。

苗变丽：《新世纪长篇小说叙事时间研究》，博士学位论文，河南大学，2011 年。

饶宏泉：《汉语篇章的时间推进系统及相关影响因素研究》，博士学位论文，华东师范大学，2012年。

饶萍：《时间指称的照应性研究——以汉语内嵌句和叙述篇章模式为例》，博士学位论文，上海外国语大学，2012年。

施顺玉：《〈儿女英雄传〉指示代词研究》，硕士学位论文，山东大学，2008年。

汤勤：《〈史记〉与〈战国策〉语言比较研究》，博士学位论文，华中科技大学，2006年。

王道英：《"这"、"那"的指示研究》，博士学位论文，上海师范大学，2003年。

王永超：《元明时期汉语代词研究》，博士学位论文，山东大学，2009年。

吴金花：《中古汉语时间介词研究》，博士学位论文，福建师范大学，2006年。

肖燕：《时间的概念化及其语言表征》，博士学位论文，西南大学，2012年。

谢雪梅：《虚构叙事中时间的分形》，博士学位论文，浙江大学，2006年。

徐健：《衔接、语篇组织和连贯》，博士学位论文，复旦大学，2004年。

徐志成：《与现代汉语时间表达相关的一些问题》，博士学位论文，上海师范大学，2014年。

许卫东：《〈高僧传〉时间副词研究》博士学位论文，山东大学，2006年。

杨文星：《汉、英本族语者时间思维方式对语言加工的影响》，博士学位论文，北京外国语大学，2015年。

杨一飞：《语篇中的连接手段》，博士学位论文，复旦大学，2011年。

俞晨玮：《英汉指示代词的功能对比研究》，硕士学位论文，东北师范大学，2002年。

余东涛：《现代汉语时间词研究》，博士学位论文，华中师范大学，2006年。

曾伟娟：《秦至汉初指示代词研究》，硕士学位论文，华南师范大学，2007年。

曾小霞：《〈史记〉〈汉书〉的叙述学及其研究史》，博士学位论文，苏州大学，2012年。

张贺楠：《中国当代生态小说的时间研究》，博士学位论文，吉林大学，2015年。

张明尧：《基于事件链的语篇连贯研究》，博士学位论文，武汉大学，2013年。

张田田：《与代词"并入"相关的双单词的词汇化与语法化》，博士学位论文，上海师范大学，2012年。

张彧彧：《近代汉语时间副词研究》，博士学位论文，吉林大学，2012年。

郑路：《〈左传〉时间范畴研究》，博士学位论文，中国人民大学，2008年。

外文文献

1. 外文著作

Baker, M., *In Other Words: A Coursebookon Translation*, Beijing: Foreign Language Teaching and Research Press, 2000.

Beaugrande, R. &Dressler, W., *Introduction to Text Linguistics*, London: Longman, 1981.

Chomsky, N., *Language and Mind (Third Edition)*, Beijing: China Renmin University Press, 2008.

Chomsky, N., *Lectures on Government and Binding*, Dordrecht: Foris Publications, 1981.

Croft, W., Cruse, D., *Cognitive Linguistics*, Beijing: Peking University Press, 2006.

Culicover, P. W. &Jackendoff, R., *Simpler Syntax*, Oxford: Oxford University Press, 2005.

Fauconnier, G., *Mental Spaces: Aspects of Meaning Construction in Natural Language*, Beijing: World Book Publishing Company Beijing Company, 2008.

Gilles Fauconnier, Eve Sweetser, *Spaces, worlds, and grammar*, Chicago and London: The university of Chicago press, 1996.

Gilles Fauconnier, Mark Turner, *The way we think: conceptual blending and the mind's hidden complexities*, New York: Basic Books, 2002.

Halliday, M. A. K. &Hasan, R., *Cohesion in English*, London: Longman, 1976.

Halliday. M. A. K&Hansan. R., *Language, Context and Text: Aspects of Language in a social—semictic perspective*, Victoria: Deakin University, 1985.

Hudson, G., *Essential Introductory Linguistics*, Beijing: Peking University Press, 2005.

Levinson S. C., *Pragmatics*, Beijing: Foreign Language Teaching and Research Press, 2001.

Laurence R. Horn, Gregory Ward, *The handbook of pragmatics*, Oxford: Blackwell Publishing, 2004.

Taylor, J., *Ten Lectures on Applied Cognitive Linguistics*, Beijing: Foreign Language Teaching and Research Press, 2007.

Ungerer, F., Schmid, H. -J., *An Introduction to Cognitive Linguistics*, Beijing: Foreign Language Teaching and Research Press, 2008.

Verschueren, J., *Understanding Pragmatics*, Beijing: Foreign Language Teaching and Research Press, 2000.

Vyvyan Evans, Melanie Green, *Cognitive Linguistics: An Introduction*, Beijing: World Book Publishing Company Beijing Company, 2014.

2. 外文期刊

David C. Geary, "An Integrative Model of Human Brain, Cognitive, and Behavioral Evolution", *Journal of psychology*, Vol. 39, No. 3, 2007.

Geoffrey Miller, "Reconciling Evolutionary Psychology and Ecological Psychology: How to Perceive Fitness Affordances", *Journal of psychology*, Vol. 39, No. 3, 2007.

Michael C. Corballis, *How Language Evolved*. Journal of psychology, 2007, 39 (3).

后　　记

　　本书是在我的博士学位论文《〈史记〉指称事件时间连接成分的语篇功能研究》（2017）的基础上修改而成的。本书的研究尝试基于科学理论的基本原则，从整体概括性、逻辑一致性、简单性和预测性的角度着眼，研究上古语篇《史记》中的指称事件时间连接成分的语篇功能。《史记》中的指称事件时间连接成分是《史记》中时间连接成分的重要组成部分，如"是时""当是时""当是之时""此时""当此时""当此之时""是日""是岁""是年""是后""自是后""自是之后""其后"等，都属其类。这些指称事件连接成分不仅具有多种语篇衔接功能，而且在叙述者的语篇建构和接受者的语篇识解方面发挥重要作用。本书依托《中华经典古籍库》，对《史记》中这些指称事件时间连接成分进行穷尽式检索，解析了其在具体语境中体现出的语篇衔接功能，如顺承连接、转换视角、导引解说、引入事件、引入人物、总结评述上文、补充说明时间、构成因果关系等，探讨了这些指称事件时间连接成分的语篇模式建构功能，并从数理分析的角度阐释了由这些指称事件时间连接成分引导的语篇结构关系，包括顺承串联关系、并列并联关系和补充关系等。除此之外，本书还尝试着以 Halliday 和 Hasan 的语篇衔接理论和语类结构潜势理论为基础，结合 Gilles Fauconnier 的心理空间及概念整合理论、Dan Sperber 和 Deirdre Wilson 的关联理论，从接受者的角度论证了接受者的语义识解和语篇识解过程。《史记》的语篇从整体上来说是一个系统，指称事件时间连接成分是其中的一个子系统，也是我们研究《史记》语篇的一个观测点。围绕这个观测点，我们可以对《史记》的语篇进行一维观测、二维观测、三维观测。叙述者、时间、人物、事件，是语义及语篇结构要素。这些要素以观测点为主要线索，可以取得语篇的衔接性和连贯性，也能据此激发接受者对语篇的认知系统。

在本书出版之际，我首先要感谢我的导师吴礼权教授！感谢吴礼权老师在我博士阶段四年孜孜不倦的教诲！吴礼权老师严谨的学术态度和勤奋的学术精神，深深影响了师门中的每一位弟子，尤其是我自从2013年蒙吴老师不弃，步入师门以来，受益良多。在博士毕业论文的选题、撰写和答辩过程中，吴老师都给予了无私而细致的指导，在此，再次表达深深的谢意！

回想七年前刚刚步入复旦园的自己，是一个已经工作了六年的求学者，复旦为我们这些求知的学子提供了优秀的师资、宽松而舒适的学习环境、丰富而便捷的学习资源……因此，感谢复旦对于我，这样一个平凡学子的培养，无数次地在斜阳梧桐的掩映下感受相辉堂的神韵，在去往光华楼的路上享受蓝天和金黄的银杏叶相互辉映的愉悦，在去往图书馆的路上倾听梧桐叶起叶落的密语，在研究生阅览室感染于学子们的拼搏奋进的精神，在北苑宿舍感动于同学们的相互关爱的友情；感谢所有任课老师对于我，这样一个平凡学子的教导，特别感谢出土文献与古文字研究中心的汪少华老师，汪老师在课程结束后还在耐心地指导我的课程论文，我在博士阶段的两篇学术报告也是在汪老师训诂学课程论文的基础上完成的。感谢对我的学术报告进行评点的陈振宇老师和赵国军老师，感谢参加博士论文开题评审的曹炜老师、赵毅老师，感谢参加博士论文预答辩评审的张谊生老师、彭增安老师和赵毅老师，感谢参加博士论文答辩评审的卢烈红老师、罗积勇老师、张谊生老师、曹炜老师、彭增安老师，感谢我的博士论文盲审专家，虽然我并不知道是哪两位老师，但是，在这里，一定要表达我的深深的谢意！感谢两位盲审老师给予我的论文的肯定，并给我的论文评定了"优秀"的成绩。此外，还要感谢盛益民老师和毛宁老师。

感谢同门的师兄、师姐、师妹、师弟，特别感谢谢元春师姐，在求学的道路上有缘相遇，在彼此的人生中留下美好的时光，这是一件无比幸福的事；感谢室友以及所有的同学，同学之间的互助互爱让我倍感温暖。

"博学而笃志，切问而近思"，不忘教诲！永念于心！

感谢梧州学院校长杨奔教授！感谢广西民族大学文学院院长韦树关教

授！感谢广西民族大学文学院资助出版！

  最后，要感谢我的家人和朋友们！人生路上相伴相随，让我拥有温暖与支持！

吴术燕

二〇二〇年八月三十一日

于广西民族大学